Dervla Murphy

Zweimal Kaschmir und zurück

Die abenteuerliche Reise einer Frau
zu den Quellen des Indus

Aus dem Englischen von Uta Haas

W0179735

WILHELM HEYNE VERLAG
MÜNCHEN

HEYNE SACHBUCH
Nr. 19/2044

Titel der englischen Originalausgabe:
WHERE THE INDUS IS YOUNG
Erschienen 1977 bei John Murray (Publishers) Ltd., London

Redaktion: Andrea Bubner

Diana und Jock,
meinen treuesten Freunden
in guten wie in schlechten Tagen,
in Liebe gewidmet.

Inhalt

Meine von Skardu aus unternommenen Exkursionen, vor allem jene am Shayok entlang, haben mich davon überzeugt, daß es im Winter – entgegen allen Vermutungen – in gewisser Weise leichter ist, in jene Täler vorzudringen, die meine Vorgänger als schwierig oder sogar völlig unzugänglich bezeichnet haben.

Giotto Danielli

Die Balti verdienen unsere Hochachtung und Freundschaft. Sie sind absolut rechtschaffen, zurückhaltend, freundlich, ausgeglichen und diszipliniert; sie können hart arbeiten, sind unglaublich genügsam, mit sehr wenig zufrieden und stets gut gelaunt.

Fillipo de Fillipi

Der Fluß ist ein Wunder … Eingezwängt zwischen den Felsen strömt er schnell, tief und kraftvoll dahin … Während die Felswände in granitener Unbeweglichkeit neben ihm aufragen, drängt er mit einer Gewalt vorwärts, der nichts lange standhalten kann. Hunderttausende von Jahren sind vergangen, aber er hat nie aufgehört zu fließen. Seine Kraft ist so gewaltig, daß sein Anblick fast furchterregend ist.

Sir Francis Younghusband

Vorwort

Den Anstoß zu diesem Buch gab ein Bericht Giotto Daniellis über die italienische Karakorum-Expedition der Jahre 1913/14: »... ein Gebiet – Baltistan –, das in allen früheren Reiseberichten als der äußerste Westen Tibets bezeichnet wird ...« Nach Tibet selbst hineinzugelangen ist derzeit auf normalem Weg und zu akzeptablen Bedingungen nicht möglich – und ich bin mir nicht einmal sicher, ob ich es überhaupt wollte. Aber die Aussicht, jenen »äußersten Westen Tibets« zu durchwandern, reizte mich außerordentlich. So wandte ich mich an die pakistanische Botschaft in London, um mir weitere Informationen zu holen.

In den vorangegangenen 14 Monaten hatte ich mich sehr intensiv mit Indien beschäftigt. Ich hatte nicht nur einen Reisebericht über das Land geschrieben, sondern mich außerdem gründlich mit der Kultur der Hindus auseinandergesetzt. Einen Teil dieser 14 Monate hatte ich in Indien selbst zugebracht und im übrigen viel über das Land gelesen, nachgedacht, geschrieben und so nach und nach ein gewisses Gefühl für diese Nation entwickelt. Es war eine herausfordernde, anstrengende und schöne Zeit – und dann war dieses Kapitel plötzlich abgeschlossen: Mein Buch war fertig. Keine 24 Stunden später betrat ich die pakistanische Botschaft.

Während ich mich noch auf einem schäbigen Treppenabsatz mit einer Gruppe Punjabi unterhielt, erlitt ich bereits eine leichte Form dessen, was die Amerikaner einen »Kulturschock« nennen. Wahrscheinlich wäre dies nicht passiert, wenn zwischen meiner Loslösung von Indien und meiner Einlassung auf Pakistan wenigstens eine Woche Zeit gelegen hätte. Aber so kam der krasse Wechsel für mich wohl zu plötzlich.

In den vergangenen Wochen war ich häufig im India House gewesen, das einen irgendwie inkongruenten, um nicht zu sagen irreführenden Eindruck eleganten Reichtums vermittelt. Nichts davon in der pakistanischen Botschaft am Lowndes Square (zumindest nicht im November 1974). Zweifellos entsprachen auch hier einige Räume dem Standard einer Botschaft, aber die vielen Flure, Vorhallen und Treppen, die ich passierte, zeugten eindeutig von der Armut ihres Besitzers. Auch der Mitarbeiterstab war – im Gegensatz zu den schlanken, untadelig geschulten Indern im India House – so liebenswert uninformiert, daß man mich eine halbe Stunde lang von Pontius zu Pilatus schickte, bis ich endlich den zuständigen Sachbearbeiter fand. Und dennoch fühlte ich mich an diesem Morgen wunderbar entspannt und zu Hause – es gab keine bürokratischen Schranken.

Es ist gefährlich, Vergleiche zwischen Indien und Pakistan anzustellen. Aber dennoch muß man es gelegentlich im Interesse des mit dem Subkontinent völlig unvertrauten Lesers tun, selbst auf das Risiko hin, beide Seiten zu verletzen.

Die meisten Europäer finden es leichter, freundschaftliche Beziehungen zu Pakistani herzustellen als zu Indern; wir sympathisieren instinktiv mit dem Schwächeren, und die Pakistani sind gegenüber den Indern immer die Unterlegenen gewesen. Auch bei der Teilung erbte Indien eine gut ausgestattete, gut funktionierende Verwaltungshauptstadt, während die neue Regierung in Karachi kaum über eine Schreibmaschine oder über einen Telefonanschluß verfügte und nicht in von Lutyen entworfenen Gebäuden residierte, sondern ihre Regierungsgeschäfte von Blechhütten und vollgestopften Privathäusern aus erledigte. Darüber hinaus wurden Pakistan die ihm im Teilungsvertrag zugesprochenen riesigen Mengen an militärischen Versorgungsgütern von der neuen indischen Regierung vorenthalten, und das Hauptquartier Feldmarschall Auchinlecks in Delhi wurde aufgelöst, ohne daß er Zeit hatte, die Herausgabe dieser Dinge zu überwachen. Auch die meisten Waffenfabriken und Heeresschulen lagen plötzlich – abgesehen von der berühmten Offiziersschule in Quetta – auf indischem Gebiet. Aber je schwieriger die Umstände in jenen ersten Jahren wurden, um so mehr Zähigkeit bewiesen die Pakistani, obgleich sie nicht die Unterstützung von außen erhielten, mit der sie in ihrer Naivität gerechnet hatten. Demgegenüber wurde dem weit einflußreicheren Indien von seiten der Großmächte deutlich mehr Aufmerksamkeit geschenkt.

All dies erweckt natürlich Mitgefühl für Pakistan. Aber wahrscheinlich beruht die Unkompliziertheit im Umgang mit den Pakistani vor allem auf der offenkundigen geistigen Verwandtschaft zwischen dem Christentum und dem Islam, obgleich der religiöse Faktor heutzutage eine zweischneidige Angelegenheit ist. Theokratien sind im Westen unmodern, und Pakistan stieß anfangs viele Ausländer dadurch ab, daß es sich als »Islamische Republik« bezeichnete. Das setzte jedoch nicht nur voraus, daß sich die gesamte Bevölkerung zum Islam bekannte (bereit zu bezeugen: »Es gibt keinen Gott außer Allah, und Mohammed ist sein Prophet«), sondern auch, daß jeder einzelne willens war, den Koran, die Sunna (= Tradition) und die Scharia ohne Abstriche zu akzeptieren. Die Scharia ist eine umfangreiche Sammlung komplexer Gesetzestexte, die vor über 1000 Jahren von den Theologen geschaffen wurden und über deren unveränderte Einhaltung seither die Ulema wacht – eine noch inflexiblere Institution als der Vatikan. Nun war es jedoch schlicht absurd, vorzuschreiben, daß die Mehrheit der Pakistani die Scharia in allen Punkten anerkennen müsse, zumal der einzelne durchaus einige ihrer Gesetze für sich persönlich ablehnen und trotzdem ein guter Moslem sein kann. So wurde die Bezeichnung »Islamische Republik« in der Verfassung von 1962 fallengelassen. Bereits seit 1960 waren Schritte unternommen worden, die die Ulema nicht gutheißen konnte. So hatte Präsident Ayub Khan durch seine »Muslim Family Laws Ordinance« insbesondere die Polygamie und das Scheidungsrecht eingeschränkt.

Einem Besucher Pakistans fällt schon bald das Fehlen jeder erstickenden konservativ-theokratischen Präsenz auf. Das Land gibt sich erheblich weniger religionsbewußt als die offiziell weltliche Indische Republik. Und da ich erst kürzlich sowohl in Indien als auch in Pakistan eine Reihe seit langem bestehender christlicher Institutionen besucht habe, kann ich bezeugen, daß es z. B. die christlichen Missionare seit 1947 in Pakistan wesentlich leichter hatten als in Indien. Und ich kann auch bestätigen, daß selbst die mächtigsten pakistanischen Mullahs weit weniger Einfluß haben als ein durchschnittlicher irisch-katholischer Bischof.

Schon ungefähr 70 Jahre vor der Teilung traten die Führer des India's Muslim Revival entschieden als unorthodoxe Reformer auf, deren Anstrengungen, den Islam zu modernisieren, zu einem ständigen Streit mit den Mullahs führten. Während die Idee eines selbständigen pakistanischen Staates in den Köpfen einiger dieser Reformer Gestalt annahm, stellten sich die Mullahs fast einmütig dagegen – nicht nur, weil die Fürsprecher unorthodoxes Gedankengut vertraten. Der Nationalismus widerspricht schlicht dem idealen islamischen Weltbild, wonach alle Männer ohne Rücksicht auf Rasse, Farbe, Klasse oder Besitz Brüder sind.

Das 10 000 Quadratmeilen große Baltistan wurde seit 1840 von dem Maharadscha von Kaschmir regiert. Aus diesem Grund gehört es heute zum Disputed Territory zwischen Pakistan und Indien. Seine halbkreisförmige NOO- und SO-Grenze ist die von der UN gesicherte Waffenstillstandslinie, die von der chinesischen Grenze fast bis zum Burzil-Paß reicht und das Gebiet zu einer sehr »sensitiven Zone« macht. (Wie mir ein angetrunkener Sindhi von Karachi sehr ernsthaft erklärte: »Sie ist das Gegenteil von einer ›erogenen Zone‹; sie erweckt in den Menschen Haß statt Liebe.«) Ich war daher auf einen langen und wahrscheinlich erfolglosen Kampf um die Einreiseerlaubnis vorbereitet. Mir war bekannt, daß die Inder keinen Ausländer in die Nähe ihrer Himalaja-Grenze kommen ließen, und warum sollten die Pakistani entgegenkommender sein?

Als ich schließlich das zuständige Botschaftsbüro gefunden und meine Bitte vorgetragen hatte, strahlte mich jedoch der freundliche Gentleman hinter dem großen Schreibtisch an und meinte: »Für die Northern Areas brauchen Sie weder ein Visum noch eine Einreisegenehmigung. Mit einem gültigen irischen Paß können Sie in Pakistan überall umherreisen, solange sie wollen.«

»Ohne Einreisegenehmigung?« wiederholte ich verwirrt. »Sind Sie sicher?«

»Vollkommen«, erwiderte der freundliche Gentleman. »Wir haben nichts zu verbergen. Jeder Reisende ist uns überall in Pakistan willkommen. Nach den UN-Vorschriften müssen Sie sich lediglich zehn Meilen von der Waffenstillstandslinie fernhalten. Im übrigen gibt es keinerlei Beschränkungen.«

Er zog eine Schublade auf und überreichte mir eine große, farbenprächtige, auf Glanzpapier gedruckte Broschüre. Sie trug den Titel »Gilgit – Hunza – Skardu«, und mein Herz sank. Kam ich zu spät? War selbst Baltistan mit seiner Hauptstadt Skardu bereits an das Netz der ausgetretenen Touristenwege angeschlossen? Aber ich hätte mich nicht zu beunruhigen brauchen. Die Pakistan Tourism Development Corporation (P.T.D.C.) ist eine noch junge Organisation, die bisher eher damit beschäftigt ist, Versprechungen abzugeben als Leistungen anzubieten. Ihre Broschüre über Baltistan mag vielleicht 1984 den Tatsachen entsprechen, aber 1974 war das Ganze ein bloßer Wunschtraum des Ministry of Tourism. Bislang ist Baltistan noch immer eins der am wenigsten entwickelten bewohnten Gebiete Asiens.

Die Angaben des P.T.D.C. erwiesen sich auch als unzuverlässig, was den Zugang zu den Northern Areas betraf. Nach ihrer Broschüre »verbindet jetzt eine neue, 302 Meilen lange, wetterfeste Straße Gilgit mit Saidu Sharif im Swat-Tal«. Aufgrund dieser Information hatte ich mir vor meiner Abreise aus London überlegt, in Saidu für meine Tochter ein Reitpony zu kaufen und dann von dort aus nach Baltistan zu wandern, wobei ich in der Nähe des Zusammenflusses von Indus und Gilgit vom neuen Indus-Highway abbiegen wollte. Aber schon in Pindi wurden meine Pläne durchkreuzt; andernfalls hätte ich dieses Buch vielleicht nicht mehr schreiben können: Bei einem Erdbeben in Swat starben Ende Dezember mehrere tausend Menschen. Der Indus-Highway wurde auf einer Länge von 40 Meilen zerstört.

Als wir unsere Pakistan-Reise begannen, war Rachel noch nicht ganz sechs Jahre alt, und so mancher runzelte die Stirn, daß ich ein so kleines Kind im Winter in den Karakorum mitnehmen wollte. Aber sie war bereits kein »Amateur« mehr. Während des vorangegangenen Winters war sie mit mir zusammen vier Monate in Südindien gewesen und hatte ihre ersten Erfahrungen in Asien gesammelt. Wäre diese Indienreise aus ihrer Sicht nicht ein so großer Erfolg gewesen, hätte ich niemals erwogen, sie nach Baltistan mitzunehmen. Unser tägliches Leben dort würde mit Sicherheit nicht frei von Entbehrungen sein. Unsere Art zu reisen würde von einer Sechsjährigen ein nicht geringes Durchhaltevermögen verlangen, und sie würde kaum Spielkameraden finden. Aber ich wußte auch, daß Rachel das Leben von Natur aus stoisch betrachtet und eine kräftige, vitale kleine Person ist, die durchaus ihre zehn bis zwölf Meilen am Tag laufen kann, ohne schlapp zu werden. Außerdem war sie als Einzelkind daran gewöhnt, sich selbst zu beschäftigen, und wenngleich sie an sich gesellig war, so konnte sie sich – wie die meisten Sechsjährigen – außerordentlich gut den Gegebenheiten anpassen.

Mir scheint, daß die Spanne zwischen dem fünften und dem siebten Lebensjahr die ideale Zeit für Reisen dieser Art mit kleinen Kindern ist. Unter fünf Jahren sind sie physisch noch nicht weit genug entwickelt, um sie den unvermeidbaren Gesundheitsrisiken auszusetzen, während über sieben Jahre alte Kinder dazu neigen, auf die Unannehmlichkeiten und die seltsamen Gebräuche weit entfernter Völker weit weniger gelassen zu reagieren. Im Alter von acht Jahren haben Kinder dann schon ihre eigene (gewöhnlich feste) Vorstellung von ihrem Leben und begnügen sich nicht mehr damit, automatisch ihrem elterlichen Führer zu folgen. So sollte es jedenfalls sein. Auch unser nächstes gemeinsames Unternehmen – falls es dazu kommt – muß daher so beschaffen sein, daß es Rachel und mich gleichermaßen reizt, und nichts, das ich Rachel aufdränge.

Am Morgen des 22. November bestiegen wir unsere Aeroflot-Maschine nach Karachi. Obgleich keiner von uns das erlaubte Gewicht an Freigepäck erreicht hatte, kamen wir uns höllisch beladen vor. Die unentbehrliche Ausrüstung für zwei Leute, die einen Winter im Karakorum zu überleben hoffen, muß einem zwangsläufig furchtbar schwer erscheinen, wenn man sich fest vorgenommen hat, mit »leichtem Gepäck« zu reisen. Eine Liste unserer Ausrüstungsgegenstände findet sich am Ende des Buches.

17. Juli 1975

Prolog: Warten auf Abruf

Das große Schild über der Rezeption in Rawalpindis elegantem Hotel Flashman hing dort noch genauso, wie ich es aus dem Jahr 1963 in Erinnerung hatte: »Die Besucher werden gebeten, vor Betreten des Restaurants ihre Waffen an der Rezeption abzugeben.« Das sind so die kleinen Dinge, die einem das Gefühl geben, geistig wieder in Afghanistan angekommen zu sein, obgleich Pindi selbst zum Punjab gehört und die Provinzgrenze westlich des Indus verläuft.

Die Pakistan Tourism Development Corporation hat ihr Hauptbüro im Hotel Flashman. Chef ist der Director of Tourism – ein großer, ziemlich junger Afghane mit kastanienbraunem Haar, grünen Augen und wenig Interesse für Leute, die etwas tun wollen, das seitens des Touristikbüros nicht vorgesehen ist, wie z. B. einen Winter in Baltistan zu verbringen. Immerhin sagte er uns liebenswürdigerweise, daß der Indus-Highway schon vor Monaten auf Druck der Chinesen für Fremde gesperrt worden sei. Wir müßten deshalb nach Gilgit fliegen, vorausgesetzt, es würde uns gelingen, Plätze in einem der wenigen Flugzeuge zu ergattern, die den Trans-Himalaja-Flug im Winter wagen. Später hörte ich, daß ein amerikanisches Ehepaar, das mit dem Jeep nach Gilgit gefahren war, entgegen den Warnungen in Islamabad unterwegs angehalten hatte, um die chinesischen Soldaten beim Straßenbau zu fotografieren, was diese äußerst übelnahmen. Die Folge war, daß die Straße für alle Ausländer gesperrt wurde.

Vom »Flashman« ging ich die Hauptstraße hinunter zum eindrucksvollen Bürogebäude der Pakistan International Airways. Durch einen Seiteneingang erreicht man den Sonderschalter für die Northern Areas. Hier herrscht eine ständige Krisenstimmung, mit der ich in den nächsten Wochen nur allzu vertraut werden sollte. Trotzdem habe ich niemals von einem der Mitarbeiter – selbst gegenüber dem begriffsstutzigsten Bauern oder dem aufgeblasensten Armeeoffizier – ein unhöfliches oder ungeduldiges Wort gehört. Die Passagiere, die man in diesem Buchungsbüro trifft, haben wenig Ähnlichkeit mit den wohlhabenden Pakistani, die den Hauptteil des Gebäudes aufsuchen. Die meisten haben eine helle Hautfarbe, und vereinzelt macht sich ein mongolischer Einschlag bemerkbar. Einige leiden unter quälendem Husten, ein paar haben gewaltige Kröpfe, und sehr vielen fehlt ein Auge bzw. sie sind auf einem Auge blind. Die Mehrheit trägt wollene *chitrali*-Mützen mit hochgerolltem Rand, den man bei Frost über Stirn und Ohren ziehen kann, und ein paar zeigen stolz ihre erstklassigen Bergsteigeranzüge, die sie auf irgendeiner Expedition erworben haben, die aber hier unten nicht unbedingt die praktischste Bekleidung sind. Andere wiederum tragen weite Hemden und ausgebeulte Hosen; ein junger Mann protzt mit einem billigen, im Basar geschneiderten Anzug, und eine Gruppe älterer Männer aus Gilgit prunkt in reichbestickten, knöchellangen Gewändern aus handgesponnener Wolle. Die Balti tragen außerdem häufig schwere, sauber gefaltete Ziegenhaardecken über der Schulter.

Während wir auf die Wettermeldungen warten, sitzen wir in diesem riesigen Raum stundenlang Rücken an Rücken in jadegrünen Kunstledersesseln; auf dem grauen Steinfußboden häuft sich ringsum die Zigarettenasche, und einige der Männer betrachten mit einigem Unbehagen die alleinreisende Ausländerin. Ich habe in diesem Büro nie eine andere Frau gesehen. Die Frauen aus den Northern Areas kommen selten ins Tiefland, und die wenigen, die mit dem Flugzeug fliegen – Ehefrauen oder Töchter von Beamten oder Offizieren –, schicken ausnahmslos ihre Diener, die sich der ermüdenden Prozedur der Platzreservierung annehmen.

Bei meinem ersten Besuch schüttelte der sehr hochgewachsene, höfliche Beamte hinter dem Tresen den Kopf und erklärte mir lächelnd: »Ich fürchte, Sie sind zu spät dran. Im Winter können wir keine Touristen in die Northern Areas befördern –

es könnte sein, daß Sie nicht vor April wieder zurückfliegen können.«

»Aber wir wollen gar nicht vor April zurückkommen«, erwiderte ich, »wir haben vor, den Winter in Baltistan zu verbringen.«

Der junge Mann starrte mich an – leicht besorgt, als befürchte er, ich könne ihm jeden Moment eine Szene machen. »Wissen Sie, wo Baltistan liegt?« fragte er. »Nicht einmal die Balti würden den Winter dort verbringen, wenn sie nicht müßten!«

»Machen Sie sich keine Sorgen«, versuchte ich ihn zu besänftigen, »wir haben jede Menge warme Kleidung dabei. Wie schnell können Sie uns nach Gilgit bringen?«

»Sie reisen zusammen mit Ihrem Ehemann?«

»Nein, mit meiner Tochter. Für sie hätte ich gern ein ermäßigtes Flugticket. Sie wird nächste Woche sechs.«

Der junge Mann zuckte die Schultern, um anzudeuten, daß dieser zusätzliche Beweis meiner geistigen Verwirrung mich außerhalb jenes Bereiches stellte, wo eine vernünftige Diskussion möglich war. Er warf einen Blick in ein dickes Geschäftsbuch: »Sie sind Nummer 287 auf der Warteliste. Vor dem 10. Dezember werden Sie keinen Platz bekommen. Es könnte sogar der 10. Januar werden, falls die Winterregen einsetzen.« Ich bezahlte unsere Flugscheine, die lediglich 5 £ kosteten, da die Flüge von und in die Northern Areas von der Regierung subventioniert wurden.

Während wir zum Haus unseres Gastgebers in der Nähe des National Park zurückgingen, beschloß ich, am übernächsten Tag einen Abstecher nach Saidu Sharif zu machen. Swat stand ganz oben auf der Liste der Orte, die ich elfeinhalb Jahre nach meiner ersten Reise durch Pakistan wiedersehen wollte.

Wir wohnten bei afghanischen Freunden ein paar Meilen außerhalb von Pindi in einem Dorf westlich des Indus. Ihre luxuriöse, brandneue Villa steht auf einem Hügel im Schatten eines alten befestigten Hauses. Von ihrem flachen Dach aus blickt man auf ebenes Farmland, die immergrünen Bäume des Natio-

nal Park und einen breiten Streifen rötliches durchfurchtes Öd-
land, das täglich rissiger wird, da man die Erde zur Herstellung
von Ziegelsteinen abträgt. Da der November noch keinen Winterregen gebracht hatte, machte das Land einen beängstigend
ausgedörrten Eindruck. Nur der neu angelegte Garten unserer
Freunde bot ein unglaublich üppiges Farbenspiel. Wie die meisten Mittelasiaten sind die Pathanen leidenschaftliche Gärtner:
ein unerwarteter und entwaffnender Zug bei einer Rasse kriege-
rischer Stammesangehöriger. Ebenso unerwartet ist ihr Interesse an Poesie, obgleich die meisten noch immer Analphabeten
sind. Pushtu ist eine reiche, flexible Sprache, und in den vergangenen drei oder vier Jahrhunderten hat fast jeder Stamm einen
berühmten Dichter hervorgebracht, dessen Abkommen und Anhänger noch immer hoch angesehen sind.

In Karim Khans Haushalt hatte ich das verrückte Gefühl, wieder nach Hause gekommen zu sein; fast als sei ich selbst irgendwann in einem früheren Leben Pathane gewesen. Nach meinen
Erfahrungen ist die Gastfreundschaft der Pathanen einzigartig.
Ihre absolute Ungezwungenheit, gepaart mit einer akribischen
Aufmerksamkeit hinsichtlich eines jeden kleinen Wunsches, gibt
einem das Gefühl, gleichzeitig ein hochgeehrter Gast und ge-
liebtes Mitglied der Familie zu sein.

Unser Gastgeber hatte seinen weitläufigen, flach gedeckten
Mini-Palast selbst entworfen. Jedes Detail zeugte von enormem
Reichtum, aber auch von einem instinktiven, erlesenen Ge-
schmack. »Wir wohnen nicht oft in Häusern wie diesem«, stellte
Rachel fest, deren Füße bis zu den Knöcheln in einem olivgrü-
nen Teppich versanken, während ihr Blick von den geschnitzten
Walnußholztüren unseres Schlafzimmers zu den vergoldeten
Schnitzereien an der Decke wanderte. Aber auch an jede mo-
derne Annehmlichkeit war gedacht worden: von einem riesigen
Kasten mit Legobausteinen auf Rachels Nachttisch bis hin zum
modernsten Schweizer Haartrockner im Bad. Auf den ersten
Blick hätte man meinen können, daß hier eine Familie lebte, die
in allem Wesentlichen den Übergang vom Osten zum Westen

vollzogen hatte. In Wahrheit jedoch betraf dieser Übergang nur Unwesentliches. Hinter der dem Westen angeglichenen Fassade geht das Leben der Pathanen weiter wie immer: mit dem Gewehr in der Hand, die Frauen hinter dem *purdah,* die Kinder mit Vettern und Cousinen ersten Grades verheiratet, mit regelmäßigen Gebeten, Ziegen im Hinterhof, schwelenden Fehden, wachsamen Leibwächtern und Dutzenden armer Verwandter aus dem Dorf, denen Nahrung, Unterkunft und Zuneigung geschenkt wird. Aber »Fassade« ist ein schlecht gewähltes Wort, denn eine der anziehendsten Eigenschaften der Pathanen ist ihr völliger Mangel an Verstellung. Wenn sie sich den materiellen Komfort und die Annehmlichkeiten der modernen Zivilisation leisten können, greifen sie mit beiden Händen zu. Und trotzdem hat selbst die jüngere Generation – von wenigen Ausnahmen abgesehen – keine Angst davor, deshalb schon als »verwestlicht« zu gelten. Mir schien dies in den 70er Jahren bemerkenswert und beruhigend.

Am nächsten Morgen wurde Rachel zum Besuch des Familien-Dorfes nahe Nowshera mitgenommen, und ich ging einkaufen. Ein neuer Reit- und Packsattel kostete exakt den Gegenwert von £ 6 zuzüglich £ 1,50 für Gurt und Schwanzriemen. Das Leder war zweitklassig, und der Maulbeerholzrahmen des Sattels wies ein paar Wurmlöcher auf, aber da ein entsprechendes Stück in Irland mindestens £ 60 gekostet hätte, konnte ich mich nicht beklagen. (Aus England hatten wir eine feste Reitkappe mit Sicherheitskinnriemen sowie passende Steigbügel mitgebracht.) Außerdem erstand ich eine große Reißverschlußtasche aus Segeltuch, die notfalls als Rucksack getragen werden konnte, fünf Meter festes Tau, eine *chitrali*-Mütze für mich und einen wollenen Kopfschutz für Rachel sowie einen Kerosinofen (£ 1,25), einen Wasserkessel, einen Kochtopf und zwei stahlblaue Plastikschalen als Eßgefäße. Wirklich teuer war nur unsere Notverpflegung: Für ein Dutzend kleine Dosen mit Fleisch, Fisch und Käse zahlte ich umgerechnet mehr als £ 7.

Diese Einkäufe nahmen fast den ganzen Tag in Anspruch.

Auf dem Basar einzukaufen ist ein heilsames Gegengift, wenn man bei einer Familie wohnt, deren Reichtum und Erziehung sie von 95 Prozent ihrer Landsleute unterscheidet. Ich hörte viel hochinteressanten Klatsch – besonders von dem jungen Lederhändler, der behauptete, sein Cousin arbeite beim internationalen Fernsprechamt. Seine skandalösen Geschichten über das Liebesleben der politischen Führer Asiens (und ihrer Frauen) würden mir zweifellos eine Reihe von Verleumdungsklagen einbringen, wenn ich sie hier wiederholen würde. Über zwei Stunden mußte ich in dem winzigen Laden, umgeben von aufgetürmten Koffern, Handtaschen und Sattelzeug, warten, während er den baumwollgepolsterten Gurt fertigmachte. Der Geruch neuen Leders vermischte sich mit dem Duft von Gewürzen und gebratenen Zwiebeln aus einem kleinen, düsteren Eßhaus auf der anderen Straßenseite. Gelegentlich wurde unsere detaillierte Erörterung kosmopolitischer Sexualität durch die Ankunft von Kunden unterbrochen. Viele von ihnen waren hochgewachsene pathanische Stammesangehörige aus den Bergen mit großartigen, scharfgeschnittenen Gesichtern und unordentlichen Turbanen. Sie trugen perfekte, von den Afridi angefertigte Kopien des Enfield-Gewehres über ihren Schultern und wollten stets Halfter oder Patronengurte kaufen oder etwas reparieren lassen. Sie feilschten zäh um jeden Preis. Der Kaufmann sprach Punjabi, Urdu und Englisch, aber die meisten Stammesangehörigen verstanden nur Pushtu, so daß es gelegentlich zu Mißverständnissen kam, bei denen die Augen der Pathanen zornig aufblitzten. Dann sah sich der kleine Kaufmann jedesmal ängstlich nach mir um – ich saß im Hintergrund zwischen Koffergebirgen –, als sei ich ein Überbleibsel des britisches Gesetzes und daher irgendwie imstande, ihn vor seinen unberechenbaren Landsleuten zu beschützen.

Am nächsten Mittag fuhren wir nach Swat, nachdem wir zunächst zwei Stunden in einem voll besetzten Bus gewartet hatten, der eigentlich um 10.30 Uhr hätte abfahren sollen. Pakistans Busverkehr ist weniger gut organisiert als der in Indien. Auf dieser Reise türmte sich unsere Ausrüstung zu einem erschreckenden Berg: mein Rucksack, Rachels kleiner Rucksack, die große Segeltuchtasche, ein sorgfältig verschnürter Pappkarton, ein schwerer Sattel aus Holz, Eisen und Leder sowie ein zwei Gallonen fassender Plastikbenzinkanister. Zum ersten Mal in meinem Leben reiste ich mit mehr Gepäck, als ich allein tragen konnte, und fand dies ausgesprochen lästig. Aber in unserem ramponierten Bus voller nach Hause fahrender Swati waren alle besonders hilfreich, da wir mit dem Auto eines Freundes zum Bus gekommen waren – und dieser Freund war Aurangzep, Sohn und Erbe des ehemaligen Wali von Swat.

Zwischen Pindi und Nowshera glich die Landschaft einer Halbwüste – graubraun, rissig und ausgedörrt. Der neben mir sitzende Bauer stellte mit merkwürdiger Bestimmtheit fest, daß die Weizenernte des nächsten Jahres ruiniert sei, wenn es nicht innerhalb von sechs Tagen regnen würde. In mir weckte diese Reise viele Erinnerungen. Auf meiner Fahrt von Irland nach Indien war ich im Juni 1963 auf der Grand Trunk Road mit dem Fahrrad gegen einen versengenden Wind angefahren, der meine Geschwindigkeit auf fünf Stundenkilometer gedrosselt hatte. Und nun saß meine Tochter hier neben mir – von der ich damals nicht einmal geträumt hatte – und machte mich aufgeregt auf verschiedene interessante Dinge entlang der Straße aufmerksam, auf der sie am Tag zuvor zum Dorf unserer Freunde gefahren war.

Diese Grenzprovinz ist außerordentlich reizvoll. Während die rotbraun-graue Landschaft immer brüchiger, zerklüfteter und rauher, die Berge am Horizont deutlicher und die Häuser Forts immer ähnlicher wurden – die Fenster nur noch Schlitze, um bessere Schießscharten abzugeben –, wurde ich von einer Woge nostalgischer Erregung erfaßt.

In Nowshera wandten wir uns nach Norden, dem Malakand-Paß zu. Neben dem dortigen Zollposten war auf einem frisch gemalten Schild zu lesen: »Fremden wird empfohlen, nicht nachts zu reisen und keine Wertsachen in dieses Gebiet mitzunehmen.«

Ich war seinerzeit durch eine wahre Sintflut über den Malakand geradelt und hatte von der Landschaft so gut wie nichts gesehen. Jetzt genossen wir einen dramatischen bronzefarbenen bis rauchblauen Sonnenuntergang, während unser überladener Bus langsam in die Berge tuckerte. Von Pindi bis Mingora sind es 165 Meilen, und so war es bereits seit einer halben Stunde dunkel, als wir an der Bushaltestelle eintrafen, unser Gepäck in eine überdachte Motorrikscha umluden und durch die kalte, schwarze Nacht geräuschvoll davonfuhren.

Im leeren Waliahad – Aurangzeps gesamte Familie war in Islamabad – stellte ich gerührt fest, daß sich die alten Diener noch an mich erinnerten und uns warmherzig empfingen. Seit meinem letzten Besuch war viel Wasser unter Pakistans politischen Brücken hindurchgeflossen. 1963 war Swat ein selbständiges Fürstentum innerhalb Pakistans gewesen: Die Zentralregierung hatte lediglich das Recht, in Fragen der Außenpolitik zu intervenieren, während der Wali die Gerichtsbarkeit aufgrund von Gewohnheits- und islamischem Recht sowie seines gesunden Menschenverstandes ausübte – der sehr ausgeprägt war. Ich hatte bei Aurangzep und seiner Frau Naseem gewohnt, der ältesten Tochter des verstorbenen Feldmarschalls Ayub Khan, der seinerzeit als Pakistans wohlwollender Militärdiktator auf dem Gipfel seiner Macht gestanden hatte. Mich hatte damals vor allem die Effizienz der unbürokratischen Verwaltung Swats beeindruckt sowie dessen vergleichsweise hoher Wohlstand.

Ayub Khan war im April 1974 in Islamabad gestorben, fünf Jahre nach dem Zusammenbruch seines Regimes und seinem Rücktritt als Präsident Pakistans. Inzwischen hatte die parlamentarische Regierung all die kleinen Fürstentümer abgeschafft: Swat, Dir, Chitral, Hunza, Nagar sowie die zahlreichen winzigen Stammesherrschaften in Baltistan. Hunza, Nagar, Baltistan und die ehemalige Gilgit Agency sind heute unter der Bezeichnung Northern Areas zusammengefaßt, während Swat, Dir und Chitral von einem District Commissioner verwaltet werden, der sein Hauptquartier in Saidu hat, genau gegenüber dem Waliahad. Heute vertritt Aurangzep Swat in der Nationalversammlung – natürlich als Mitglied der Opposition –, unterhält aber zugleich die besten Beziehungen zu Captain Jamshed Burki – dem sehr tüchtigen und charmanten District Commissioner, der von Mr. Bhutto anstelle des Wali ernannt wurde –, was sowohl für Aurangzebs Fairneß als auch für Captain Burkis Taktgefühl spricht.

Ich verstehe nichts von Politik und kann daher auch nicht behaupten, über ein profundes Wissen über die politische Entwicklung Pakistans in den vergangenen zehn Jahren zu verfügen. Aber gutinformierte Kommentatoren scheinen dem Urteil Gilbert Laithwaites zuzustimmen, daß »Ayub in Pakistan zunächst eine Art ›Halbdemokratie‹ schaffen wollte – eine Demokratie, die verstanden wurde und funktionierte. Seine elf Präsidentschaftsjahre waren durch einen beträchtlichen wirtschaftlichen Aufschwung gekennzeichnet, durch Pakistans Teilnahme am Weltgeschehen und die Wiederherstellung der öffentlichen Ordnung verbunden mit Fortschritt …«

Viele Pakistani bestreiten allerdings die sogenannten »Wohltaten« der Regierung Ayub und werfen mir vor – übrigens völlig zu Recht –, in dieser Frage voreingenommen zu sein. Ich leugne nicht, den Pathanen gegenüber eine natürliche Sympathie zu empfinden sowie große Bewunderung für das, was Ayub Khan zu erreichen versuchte, und eine tiefe persönliche Zuneigung zu seiner Witwe und seiner Familie. Mit Sicherheit hat er Fehler gemacht. Aber sie beruhten häufig auf seiner militärischen Gradlinigkeit und seiner Ungeduld gegenüber jener Art von Spiegelfechterei, die allzu viele weit erfolgreichere Politiker des Subkontinents auszeichnet. Ein gutes Beispiel für einen solchen »Fehler« war seine kompromißlose Unterstützung der Familienplanung. Er trat sogar im Fernsehen auf, um einer ausgedehnten Kampagne gegen Empfängnisverhütung entgegenzutreten, die von einigen unbekannten Gruppen sehr geschickt lanciert wurde. Wahrscheinlich wurden sie von moslemischen Vettern der noch heuchlerischeren Bischöfe Irlands angeführt, deren Fanatismus sich Ayubs politische Gegner geschickt zunutze machten. Der Entschluß des Präsidenten, Pakistans Geburtenrate herabzudrücken, ließ sich in einem Land mit einer mehrheitlich analphabetischen, leichtgläubigen, engstirnigen, kleinbäuerlichen Bevölkerung wunderbar gegen ihn verwenden. Tatsächlich glauben denn auch viele Beobachter, daß seine Haltung in dieser Frage mehr zu seinem Sturz beigetragen hat als die – häufig publizierten, aber nie bewiesenen – Korruptionsvorwürfe gegen seine Familie. Jedenfalls scheint es mir erwähnenswert, daß eine der hervorragenden Persönlichkeiten Indiens – ein alter, weiser Mann – mir kurz vor dem Tod des Feldmarschalls im März 1974 sagte: »Wenn Indien doch nur einen Führer wie Ayub Khan hätte.«

Zur allgemeinen Erleichterung setzte in unserer ersten Nacht in Swat ein heftiger Regen ein, der bis zum nächsten Mittag anhielt. Nach dem Lunch erkundeten Rachel und ich unter einem grauen, leicht aufgerissenen Himmel die Gegend. Da die Wolken sehr niedrig hingen, konnten wir zwar die schroffen Felswände genießen, die Saidu von drei Seiten einschließen, aber die Schneegipfel im Norden blieben unsichtbar. In der Nähe des Waliahad bedecken Hunderte von flachen Stein- und Lehmhütten die steilen Berghänge, verbunden durch schmale Gassen und Treppen. In Swat wird strikt auf *purdah* geachtet, und da man mich wegen meines Aufzugs für einen Mann hielt, war unser Spaziergang von der Flucht zahlreicher verschleierter Wesen ins Innere der Häuser begleitet, wobei einige sogar in der Eile ihre schweren Wasserkrüge stehenließen. Selbst kleine, kichernde Mädchen von acht oder neun Jahren verschleierten ihre Gesichter, während sie uns um die Hausecken herum beobachteten.

Zwischen den Hängen wand sich ein tiefes, trockenes, steiniges Flußbett hindurch. Es bot einen ekelhaften Anblick, und da es als allgemeine Müllkippe und öffentliche Latrine benutzt wurde, verströmte es nach der Regennacht einen fürchterlichen Gestank. Nachdem ich den vorigen Winter in Indien verbracht hatte, ertappte ich mich ständig dabei, taktlose Vergleiche anzustellen – zum Beispiel zwischen dem schmutzigen Äußeren vieler moslemischer Dorfbewohner und der peinlichen Sauberkeit selbst bei den Angehörigen der niedrigsten Hindukaste.

Ich verbrachte einen sehr anregenden Abend bei den Burkis, und als ich aufbrach, lud Mrs. Burki Rachel ein, den nächsten Tag mit ihren drei Kindern zu verbringen.

Als ich ins Waliahad zurückkam, saß der *chowkidar* eifrig strickend im ehemaligen Wachhäuschen – genauso wie fünf Stunden zuvor, als ich weggegangen war. Die Männer in Swat stricken voller Begeisterung, und zunächst ist der Anblick eines 1,80 Meter großen Wachpostens mit dem Gewehr über der Schulter und den unablässig klickenden Stricknadeln in seinen Pranken einigermaßen verblüffend. Sie produzieren eine endlose Zahl an Pullovern, Schals, Socken, Mützen und Handschuhen für sich selbst und ihre Familien – ein Aspekt des pakistanischen Lebens, dem Women's Lib mit Sicherheit Beifall spenden würde.

Am nächsten Morgen war der Himmel strahlend klar. Eine dicke Eisschicht glitzerte auf dem verbrannten gelben Rasen vor unserem Fenster, und die lange gezackte Linie des nun im Norden gut sichtbaren Himalaja funkelte unter einer frischen Schneedecke. Um neun Uhr lieferte ich Rachel bei den Burkis ab. Ich fürchte nur, sie fand die kraftstrotzenden jungen Pathanen im Vergleich zu ihren gefügigen südindischen Spielgefährten vom letzten Winter ziemlich verwirrend. Danach verbrachte ich einen glücklichen Tag damit, Miniberge zu ersteigen, einige von Swats Gandhara-Stätten wiederzusehen und auf dem Basar in Mingora herumzubummeln. 13 von 14 englischsprechenden Männern, mit denen ich über die örtliche Politik sprach, waren entschieden pro-Wali und sagten dies auch ganz offen. Ich wertete es als Pluspunkt für die Regierung Bhutto, daß sie sich einem völlig Fremden gegenüber in ihrer Kritik so frei fühlten.

Seit kurzem gibt es auf Pakistans Straßen eine Neuerung: den Tourist Wagon Service. Diese schnellen Minibusse verfügen über elf Sitzplätze und verkehren nonstop zwischen den Städten. Sie werden jedoch eher von den weniger armen Pakistani als von

Touristen benutzt. Unsere Fahrkarten für die 112 Meilen nach Peshawar kosteten 16 Rs (80 Pence), während eine normale Busfahrt 4,50 Rs gekostet hätte. Als Frauen hatten wir ein Anrecht auf die beiden geräumigen Vordersitze neben dem Fahrer. In allen Tourist Wagons bilden diese und – falls erforderlich – die Rückbank das »Ladies Compartment«.

Als wir Mingora verließen, lag das Tal in strahlendem Sonnenschein. Pappeln, Ulmen, Birken und Platanen glühten noch in ihren Herbstfarben. Unter dem wolkenlosen Himmel leuchtete der Swat wie ein lustiges, über die Landschaft hingeworfenes blaues Band. Hunderte von buntgefleckten Ziegen grasten an den lohfarbenen Berghängen. Wir begegneten drei Bussen, die auf der falschen Seite den Malakand-Paß heraufkamen, auf ihren Dächern singende, winkende Menschenmassen, die Räder der Busse nur jeweils um Haaresbreite vom Abhang entfernt, wenn sie um die Haarnadelkurven herumschwangen. Unser Fahrer hatte seine rechte Hand ständig draußen, um den Gummiball seiner Hupe zu bedienen; zweifellos hielt er es für weniger gefährlich, den Bus nur mit einer Hand zu lenken als in den Kurven nicht zu hupen.

In meinem ersten Buch »Full Tilt«* habe ich geschrieben, Peshawar ähnle einer englischen Stadt – man müsse sich nur ein paar Wasserbüffel, Geier und Eidechsen hinzudenken. Diesen Satz hatte ich an dem Tag geschrieben, als ich nach einer monatelangen Radtour durch die abgelegeneren Gegenden Persiens und Afghanistans über den Khyber-Paß gekommen war. Aber als ich 1974, diesmal direkt von den Fleischtöpfen Karachis, Islamabads, Pindis und Saidus kommend, hier eintraf, wurde das »Paris der Pathanen« – wie Lowell Thomas es genannt hat – für mich zu einem ganz besonderen Ort. Peshawar schien weniger eine Stadt im modernen Sinn als eine Anhäufung mittelalterlicher Basare zu sein, bewohnt von attraktiven, faszinierenden Menschen vieler Rassen. Es ist eine von drei pathanischen Städten – neben Kan-

---

* D. Murphy, Aus eigener Kraft, Heyne Sachbuch 19/2018

dahar und Jellalabad in Afghanistan – und seit meinem ersten Besuch zu einem der Haupttreffpunkte der Hippies geworden.

1963 hatte die große Ostwanderung der Hippies noch nicht begonnen, und »Full Tilt« ist häufig beschuldigt worden, dieser Bewegung Auftrieb gegeben zu haben: eine Vorstellung, die mehr mein Gewissen belastet als meiner Eitelkeit schmeichelt, wenn ich sehe, wie sich Gruppen drogensüchtiger Wracks in Asien herumtreiben. Peshawars Einstellung gegenüber Fremden hat sich jedoch durch den Einfall der Hippies kaum verändert. Pesh Awar bedeutet »Grenzstadt«, und die Stadt hat in den vergangenen 4000 Jahren mit Eindringlingen der verschiedensten Art fertig werden müssen. Die Hippies sind lediglich eine Quelle örtlichen Amüsements – und natürlich des Profits für die vielen Drogenhändler in den Basaren.

Wir waren von den Khanzadas eingeladen worden, in ihrem Haus am Stadtrand von Peshawar zu wohnen. Sie hatten mich bereits 1963 in ihrem Heim in Abbottabad gastlich aufgenommen und während einer verheerenden Attacke von Dysenterie rührend gepflegt. Da es mir von Saidu aus jedoch nicht möglich gewesen war, Begum Khanzada von unserer Ankunft zu unterrichten, verbrachten wir die erste Nacht in einem kleinen Gasthaus.

Gegen Viertel nach fünf war es dunkel. Unter einem goldgefleckten Himmel machten wir in der frostklaren Luft noch einen Spaziergang, um uns einige der alten Basare anzusehen. Rachel war wie verzaubert, als wir von einer engen, matt erleuchteten Gasse in die nächste gelangten. Zu beiden Seiten ragten jahrhundertealte hohe Stein- und Holzhäuser auf; wir kamen an Schlachtern, Bäckern und Werkstätten für Kerzenhalter vorbei (wobei wir einem Kupferschmied bei der Arbeit zuschauten). Häufig hielten wir an, um Männern zuzusehen, die riesige Marmorblöcke wogen, Holz schnitzten, Radios reparierten, Schuhe flickten, Messingarbeiten anfertigten oder Hemden nähten – all dies im Licht von Laternen, die von der Decke ihrer kleinen Werkstätten herabhingen. Ein mehlbestäubter Bäcker gab uns ein Stück heißes *nan* aus seinem in den Boden eingelassenen Lehmofen. In einem Eßhaus wurden wir zu saftigen *kebabs* eingeladen, in einem anderen zu kleinen Schälchen mit köstlichem scharfem Quark und in zwei primitiven Teehäusern zu kleinen roten und blauen Bechern mit grünem Tee – *guhara,* dem Nationalgetränk der Pathanen –, was in mir eine fast unerträgliche Sehnsucht nach Afghanistan weckte. Als wir im Schneidersitz auf schmutzigen Matten in einem der Teehäuser saßen, kam ein kleiner Junge die Gasse hinuntergebummelt, sah uns, zögerte einen Moment, kam dann auf Zehenspitzen näher und überreichte Rachel eine herrliche rosafarbene Rosenknospe, die sich gerade öffnete. Bevor wir ihm danken konnten, war er schon wieder in der Dunkelheit untergetaucht. Seine impulsive Geste machte einen wunderschönen Abend vollkommen.

Ein paar Tage später kehrten wir nach Pindi zurück, um uns zu erkundigen, wie es um unsere Flüge in die Northern Areas stand. »Keine Chance für Sie vor dem 16.«, lautete die Auskunft. »Das Wetter war in der letzten Woche fürchterlich.«

Als ich mich vom Tresen abwandte, gab mir ein junger, in Skardu stationierter Offizier der Punjab-Armee den Tip, daß sich mit ein wenig »Nachdruck« die Warteliste möglicherweise »frisieren« ließe. Ich war mir nicht sicher, welche Art »Druck« er meinte – ob moralischen oder finanziellen –, aber ich zweifle nicht daran, daß mein gefälliger P.I.A.-Freund ernstlich beleidigt gewesen wäre, wenn ich versucht hätte, ihn zu bestechen. Auf jeden Fall hielt ich es für unverzeihlich, mich vorzudrängen, wenn ich mir all diese armen Kerle um mich herum ansah, die seit Wochen hier im Tiefland festsaßen und darauf brannten, zu ihren Familien zurückzukehren.

Die nächsten drei Tage verbrachten wir als Gäste der Begum Ayub Khan in Islamabad. Der Tod des Feldmarschalls lag erst sieben Monate zurück, und die Familie trauerte noch um ihren geliebten Mann und Vater. Begum Ayub erinnerte mich in ihrer Art lebhaft an meine Mutter nach dem Tod meines Vaters. Auch sie war eine außergewöhnlich starke Frau gewesen; und da diese

Menschen dazu neigen, ihren Kummer nicht nach außen dringen zu lassen, sind dessen Auswirkungen um so nachteiliger.

Das geräumige neue Haus der Ayubs liegt am äußersten nord-östlichen Rand von Islamabad. Unmittelbar dahinter beginnen die grünen, runden Hügel, auf denen Flecken zartbrauner Erde oder grauer Fels ein unregelmäßiges Muster zeichnen. Und dahinter wiederum erheben sich die hohen blauen Kämme der Murree Hills. Wir fanden Garten und Haus voller Söhne, Töchter, Schwiegerkinder, Enkel, Neffen, Nichten und verschiedener Verwandter aus dem Dorf. Aber Begum Ayubs mütterliche Gastfreundschaft ist so grenzenlos, daß wir uns in ihrem Heim nicht nur akzeptiert, sondern willkommen fühlten.

Aurangzep und Naseem leben etwa eine Meile entfernt an einer langen geraden Straße, die auf der einen Seite von den Villen der Diplomaten und reichen Pakistani gesäumt wird, auf der anderen Seite von Meilen offenen Buschlandes. Über diese weite Ebene am Fuße der Berge verstreut liegen die Gebäude der Nationalversammlung, der Wohn- und Regierungssitz des Premierministers, die Zentrale der Bank of Pakistan, ein riesiges Gebäude der Vereinten Nationen, eine Kolonie von Vorortvillen für den Mitarbeiterstab der britischen Botschaft – die den Eindruck erweckt, als habe man sie direkt von Bexhill-on-Sea hierher verlegt – sowie mehrere der größeren Botschaften einschließlich der russischen, kanadischen, britischen und chinesischen.

Ich erinnere mich, wie ich seinerzeit an dem im Aufbau befindlichen Islamabad vorbeiradelte und mir vorstellte, wie schrecklich es hier bald aussehen würde – ein zweites Chandigarh. Aber Pakistans neue Hauptstadt ist recht hübsch geworden: mit breiten, hellen Boulevards, vielen Bäumen, leuchtenden Gärten, ohne Hochhäuser, aber mit einer Menge schöner, heimischer Architektur, die originell, aber nicht zu ausgefallen ist. Abgesehen von ihrem offiziellen Status sieht sich die Stadt sozusagen als eleganter, kosmopolitischer Vorort von Pindi – zwar 15 Meilen davon entfernt, aber geistig eng damit verbunden. Man kann nur hoffen, daß dies so bleibt. Als Ayub Khan die Stadt plante, hat er zwar ausdrücklich bestimmt, daß in ihrer Umgebung keine Industrie angesiedelt werden solle, aber seine Nachfolger mögen anders darüber denken.

Eine unmittelbarere Bedrohung für die Stadt als die Industrie ist die Neigung der Asiaten, Dinge verwahrlosen zu lassen. Der Orient braucht nicht sehr lange, um sich für die modernste abendländische Architektur und Stadtplanung zu begeistern. Aber Islamabad wird von zu vielen Vierteln verunstaltet, aus denen der Bauschutt nie weggeräumt wurde, wo Männer herumhocken, die sich im Schatten imponierender Bankgebäude, Botschaften und Ladenarkaden ungeniert erleichtern. Sogar mitten im diplomatischen Viertel häuft sich an einigen Ecken der Abfall, und hier und da zeigen sich an den Häusern schon die Symptome unsolider Bauweise. In den weniger wohlhabenden Vierteln schreitet die Verwahrlosung bereits rasch voran. In den alten asiatischen Städten erwartet man es nicht anders – und hält diesen Zustand nicht selten für besonders pittoresk –, aber der Zerfall neuer Gebäude hat etwas eigenartig Abstoßendes. Und natürlich hat Islamabad auch seine Bettler, wenngleich weit weniger als jede mir bekannte indische Stadt. Diese kläglichen Bündel liegen, eingehüllt in ein dünnes schmutziges Baumwolltuch oder einen zerlumpten *burkah,* auf dem Boden, und man würde sie nicht für menschliche Wesen halten, lägen da nicht dieser ausgemergelte Arm und die bettelnd nach oben geöffnete Hand auf dem Bürgersteig – neben den eleganten, neuen Gebäuden eines jungen Landes mit sehr alten Problemen.

Die Tourist Wagons pendeln regelmäßig zwischen Islamabad und Pindi hin und her. Die Fahrgäste steigen zu und aus, wo es ihnen gefällt – sei es an der Endstation oder irgendwo unterwegs, und bezahlen pro Fahrt den festgesetzten Einheitspreis von einer Rupie. Selten muß man länger als ein paar Minuten warten, bevor man aufgesammelt wird. Ist der Bus jedoch so gut wie leer, dann kann es vorkommen, daß der Fahrer erst einmal eine halbe Stunde lang durch die Stadt fährt, bis er genug Fahrgäste zusammen hat. Die meisten weiblichen Fahrgäste tragen *burkahs,* selbst wenn der Bus im Vergnügungsviertel von Islamabad abfährt. Um herauszubekommen, wer neben einem sitzt, muß man auf die Hand achten, die nach dem Armaturenbrett greift, sobald sich der Bus verwegen in die Kurve legt. Von dieser Hand und ihrem Schmuck läßt sich eine Menge über Alter, Konstitution, soziale Stellung und ungefähre ethnische Abstammung der gestaltlosen Figur bestimmen, die sich stumm unter jener (zumeist schwarzen) Baumwoll- oder Nylonhülle verbirgt.

Obgleich diese Busse so blitzsauber aussehen, transportieren sie – wie die meisten Fahrzeuge in Asien – auf ihren Dächern buchstäblich alles, was irgendwie dort oben untergebracht werden kann. Riesige Heuballen und gebündeltes Feuerholz, Pyramiden rostfreier Stahlkochtöpfe, zusammengeschnürte, jämmerlich meckernde Ziegen, einen Küchentisch aus Plastik, ein eben geborenes Stierkalb, einen Sack Weizen, zwei Gänse in einem Holzkäfig – alles verschwindet nach oben und wird vom Gehilfen des Fahrers, zumeist einem gutmütigen Jugendlichen, der sich bemüht, jedem gefällig zu sein – auf dem Dachgepäckträger des Busses festgezurrt. Rachels Lieblingsgeschichte über Islamabad betrifft eine Ziege, die einem der weiblichen Passagiere gehörte. Diese machte sich unterwegs über einen Heuballen her, der einer anderen Frau gehörte. Als die Perfidie der Ziege bei unserer Ankunft in Pindi entdeckt wurde, rissen sich die beiden Damen den Schleier vom Gesicht, um sich besser gegenseitig die Augen auskratzen zu können. Die Ordnung wurde erst wiederhergestellt, als ein vorbeikommender Mullah – außer sich über die Zurschaustellung von so viel Nacktheit – beide mit seinem Spazierstock verprügelte.

Im täglichen Leben der umliegenden Bauern hat sich durch die Nähe ihrer modernen neuen Hauptstadt nichts verändert. Ich bin einen Tag lang allein über die nahegelegenen Hügel gewandert, und das Erstaunen der Dorfbewohner bei meinem Anblick bewies, daß Islamabads Ausländerkolonie nicht häufig spazierengeht. Es war ein ruhiger, grauer Tag – ähnlich einem Spätherbsttag in Irland –, und ich haderte mit meinem Schicksal, denn bei diesem Wetter würden mit Sicherheit keine Flüge in die Northern Areas stattfinden.

Am Nachmittag luden mich zwei junge Frauen schüchtern in ihre Steinhütte ein – in der sich der erste indogermanische Eindringling sofort zu Hause gefühlt hätte – und bestanden darauf, mich mit grünem Tee zu erfrischen, dessen Zubereitung fast eine Stunde dauerte. Nur wenige Dorfbewohner haben neumodischen Zement gekauft, um ihn mit dem Schlamm zu vermischen, den man normalerweise benutzt, um die Spalten in den Steinmauern zu verstopfen.

Von einer Hügelkuppe aus beobachtete ich eine Gruppe von zehn Frauen, die langsam hintereinander den Pfad unter mir heraufstiegen. Jede von ihnen balancierte zwei ockerfarbene Krüge mit Wasser auf dem Kopf, während sie gemeinsam die Ziegenherde des Dorfes vor sich hertrieben. Die Ziegen trugen »Euterhalter«, damit die Zicklein nicht an die Milch konnten. Später sah ich von den nahegelegenen niedrigen, rechteckigen Hütten über eine Achtelmeile ebenes Weideland hinweg auf eine breite, glatte Umgehungsstraße, auf der die schnittigen Botschaftsautos an prächtigen, durchgestylten Villen mit jedem nur denkbaren modernen Komfort vorbeischnurrten. Zwischen diesen Villen, die die Ausfallstraßen von Islamabad säumen, standen Hunderte von schlanken Pappeln, deren Zweige noch genügend orangegelbe Blätter trugen, um sie wie eine Reihe gigantischer, im Grau des späten Nachmittags leuchtender Kerzen erscheinen zu lassen. Auf dem Rückweg kam ich durch ein spärlich bewaldetes Gebiet, wo man von überall her Axthiebe hörte: Man schlug Zweige für das Abendfeuer. Und gegen fünf Uhr flammte ein langes, tiefrotes Band über den westlichen Horizont – ein aufregender Anblick nach dem einheitlichen Himmelsgrau des gesamten Tages. Wenig später war es dunkel.

Von Islamabad aus fuhren wir für zwei Tage nach Murree, dem einzigen britisch-indischen Bergposten, der an Pakistan gegangen ist. Er liegt 7500 Fuß über dem Meeresspiegel und war bereits tief eingeschneit. Wir übernachteten in einem heruntergekommenen Hotel, wo man pro Nacht 5 Rs für etwas verlangte, das man nur mit einiger Übertreibung als »Doppelzimmer« bezeichnen konnte. Bei unserer Rückkehr nach Islamabad hat mich eine meiner jungen pathanischen Freundinnen, die ein ungewöhnliches Interesse an der Welt außerhalb ihrer eigenen Kreise nimmt, wehmütig gefragt, was es für ein Gefühl sei, in einem Gasthaus zu übernachten. Der leise Neid, der in ihrer Frage lag, machte mir plötzlich den Wert meiner eigenen Freiheit bewußt. Für europäische Frauen ist dies alles ganz selbstverständlich. Aber für eine Pakistani – und sei sie geistig noch so unabhängig und willensstark – ist es völlig unmöglich, allein durch ihr eigenes Land zu reisen und das Leben der Armen zu teilen. Abgesehen davon würden viele pakistanische Frauen dies auch gar nicht wollen. Aber plötzlich fand ich die Tatsache einigermaßen irritierend, daß sie es schlicht nicht *konnten*. Ich habe zwar nichts für Women's Lib übrig, aber ihr indirekter Einfluß könnte in Asien vielleicht doch Gutes bewirken.

Früh am 15. Dezember kehrten wir von Taxila, wo wir fünf Tage lang die Überreste des ehemaligen Zentrums der Gandhara-Kultur besichtigt hatten, nach Islamabad zurück. In der Nacht hatte endlich der lang ersehnte Regen eingesetzt, und das Wetter erinnerte an die schlimmsten kalten, nassen und dunklen irischen Wintertage, wobei noch der knöcheltiefe Schlamm in der ganzen Stadt hinzukam. Es war offensichtlich, daß wir am 16. Dezember nicht nach Gilgit kommen würden. Diesmal wohnten wir bei den Aurangzebs, und am 17. ging ich alleine los – bei strahlendem Sonnenschein –, um einen Tag lang in den Ausläufern des Gebirges herumzuklettern.

Ich folgte einem alten, steilen Pfad, der in unserem motorisierten Zeitalter nicht mehr viel benutzt wird, weil selbst die Bauern lieber 40 Meilen im Bus um den Berg herumfahren, als zehn Meilen zu Fuß über ihn hinwegzusteigen. Bis man den ersten Grat überwunden hat, hängt noch der Lärm der Stadt wie eine unsichtbare Wolke in der stillen, klaren Luft: das Hupen der

Autos, die durchdringenden Rufe der Straßenverkäufer oder die Verkündung irgendeines Gewerkschaftsevangeliums von einem der mit Lautsprechern ausgerüsteten Lastwagen. Und dann plötzlich ist himmlische Ruhe. Den ganzen Tag über begegnete ich nur zwei Leuten, die riesige Bündel Feuerholz auf dem Kopf balancierten, und die seltene Stille und Einsamkeit gab mir Gelegenheit, meine Eindrücke seit unserer Landung in Kaschmir vor drei Wochen zu ordnen.

Am Abend zuvor hatten wir einen älteren Herrn getroffen, der sich eifrig nach Neuigkeiten aus Delhi erkundigte, als er hörte, daß ich erst vor kurzem in Indien gewesen war. Eine Stunde und zwei Whiskys später gestand er, daß er, je älter er würde, zunehmend den Wunsch verspüre, noch einmal die Hauptstadt der Moguln zu sehen. Seine Familie hatte mehr als 50 Jahre in Delhi gelebt. Einerseits sprach er von der Stadt voll Sehnsucht und Liebe, andererseits war sie jetzt die Hauptstadt des Feindes. Die Wurzeln des pakistanischen Nationalismus haben sich verwirrt.

Er erklärte, daß Pakistan auch für die Generation seiner Kinder bis zu einem gewissen Grad immer ein Exil bleiben müsse, was mich an meine Freunde aus dem West-Punjab in Delhi erinnerte, die noch immer von Lahore als ihrer »Heimat« sprechen. Aber es gibt einen signifikanten Unterschied. »Pakistanische« Inder neigen dazu, in der Gründung Pakistans einen massiven Raub zu sehen, der von Briten und Moslems begangen und von der übrigen Welt geduldet wurde. »Indische« Pakistani dagegen betrachten die Teilung nicht mit Wut, sondern mit Trauer. Sie haben nicht den Wunsch, sie rückgängig zu machen, aber einige beklagen noch immer die spektakuläre Verschlechterung in den Beziehungen zwischen den beiden Volksgruppen, die sie notwendig werden ließ. Wie Jan Stephens mehr als einmal in seinen lesenswerten Büchern über Pakistan betont hat: »Es gab so etwas wie eine gemeinsame Hindu-Moslem- oder indische Kultur unter dem britischen Regime und vielleicht noch authentischer im 16. und 17. Jahrhundert ... Dieser Punkt muß betont werden, um das Gleichgewicht zu wahren. Über lange Zeiten hinweg haben die beiden religiösen Systeme nebeneinander funktioniert, ohne offenen Gegensatz und bisweilen mit gegenseitiger Sympathie.«

Während ich auf einem Vorsprung unter einer Gruppe Pinien saß, schoß mir plötzlich der Gedanke durch den Kopf: »Muß es Pakistan wirklich geben?« Eine alberne Frage in den 70er Jahren. Dennoch stellt sie sich den Fremden öfter, als sie dies ihren pakistanischen Freunden gegenüber taktvollerweise zugeben. Zeigt dies, daß die »gemeinsame Ḥindu-Moslem- oder indische Kultur« doch stärker ist als das, was ein ausschließlich moslemischer Staat im gottlosen 20. Jahrhundert allein hervorbringen kann? Oder bedeutet es nur, daß eine eilig improvisierte neue Nation nach weniger als 30 Jahren einfach noch keinen überzeugenden Eindruck von ihrer nationalen Souveränität geben kann?

Man vergißt leicht, wie hastig Pakistan aus dem Boden gestampft wurde. Jahrelang hatte Jinnah, wie jeder Hindu, gegen die Idee einer Teilung gekämpft: 1916 wurde er als »Botschafter der Hindu-Moslem-Einheit« bekannt. 20 Jahre später wurde er vom Gouverneur des Punjab dafür geehrt, daß er die sich bekriegenden Gruppen der Sikhs und der Moslems erfolgreich versöhnt hatte. Und erst 1940 akzeptierte er die Unvermeidbarkeit der Gründung Pakistans. Es gab also keinen langen historischen Entwicklungsprozeß, keine Ära der Frustration, in der die Moslems auf dem Subkontinent ungeduldig von einem eigenen islamischen Staat geträumt hätten. Und hier muß der Grund dafür liegen, warum man im heutigen Pakistan so wenig echtes Bedauern über den Verlust von Bangladesch spürt. Der einfache Mann im Basar ärgert sich natürlich über die mit diesem Verlust verbundene Demütigung und speit Feuer, wenn er an die Rolle denkt, die Indien dabei gespielt hat. Aber seine Gefühle scheinen nicht wirklich verletzt worden zu sein – wie sie es waren im Falle Kaschmir, als die Hälfte der Nation abgetrennt wurde. Es gab niemals eine große gegenseitige Sympathie, ein Interesse oder den Wunsch nach Verständnis zwischen den Bevölkerungen von Ost- und Westpakistan. Sie waren verschiedenen ethnischen Ursprungs, unterschieden sich in Kleidung, Nahrung und Sprache, bauten ihre Häuser anders, zogen andere Früchte, züchteten anderes Vieh und lebten vor einem völlig anderen kulturellen und geographischen Hintergrund. Nur die Religion war ihnen gemeinsam, wobei sie selbst in ihrer Auslegung des Islam – als Folge einer völlig unterschiedlichen historischen Erfahrung – nicht übereinstimmten.

Viele Pakistani haben mir offen gesagt – und da war kein »saurer« Beigeschmack in ihren Worten –, daß ihr Land ohne Bangladesch besser dran sei und sie jetzt darangehen könnten, etwas Lohnendes aus dem Vorhandenen zu machen. Mich überraschte diese weitverbreitete Bereitschaft, zuzugeben, daß Pakistan, so wie es ursprünglich geplant war, ein Fehler gewesen wäre. Ein junger Armeeoffizier sagte mir: »Man kann eine Nation nicht nur auf einem großen häßlichen Negativum gründen – der Unfähigkeit von Moslems, Sikhs und Hindus, friedlich zusammenzuleben. Es muß noch etwas positiv Einigendes hinzukommen, selbst wenn dies nur geographisch ist.«

Dennoch, der Stimmungswandel in Pakistan, der mir bei diesem zweiten Besuch auffiel, war nicht sehr positiv. Er fällt mit dem Heranwachsen einer Generation zusammen, die keinerlei nostalgische Gefühle mehr für den Rest des Subkontinents empfindet und sich nicht der zahllosen Bande bewußt ist, die eine gemeinsame Geschichte in Jahrhunderten geschmiedet hat. Ich habe viele dieser ersten geborenen Pakistani getroffen – Ärzte, Farmer, Anwälte, Kaufleute, Lehrer, Bankangestellte, Journalisten und Beamte. Die meisten schienen nur eine geringschätzige, unverständliche Feindschaft gegenüber Indien zu empfinden. Anders als ihre Eltern sind sie nicht mit Hindu-Nachbarn aufgewachsen, haben nicht an Hindu-Festen teilgenommen und keine Bilder von Hindu-Göttern und -Göttinnen in den Basaren gesehen. Ich fand ihre Haltung beunruhigend, denn sie trägt erheblich dazu bei, den allgemeinen Haß in der Welt zu vermehren. Es verwirrte sie ungeheuer, daß ich ihnen erzählte, daß wir den letzten Winter in Indien verbracht hatten und man uns dort ausschließlich freundlich begegnet sei. Im Grunde genommen wollten sie gar nicht wissen, daß jenseits der Grenze ganz normale Männer und Frauen lebten, genauso großzügig und hilfsbereit wie sie selbst.

Verständlich wäre eine verbitterte Voreingenommenheit bei jenen, die persönliche Erinnerungen an die mörderischen Zusammenstöße mit Hindus oder Sikhs haben, aber tatsächlich hegen die älteren Generationen gegenüber Indien weit weniger Feindschaft als ihre Nachkommen. Sie kannten die Inder als ganz normale Menschen, fähig zu Grausamkeit, aber auch Erbarmen. Und sie haben nicht vergessen, daß es kaum einen Unterschied zwischen den nicht zu steuernden mörderischen Mobs der Moslems und der Hindus gab, als es hart auf hart kam. Ihre Kinder jedoch kennen Indien nur aus zweiter Hand: aus voreingenommenen Medien. Und so sehen sie in ihnen nur entmenschlichte Symbole für Habgier, Verschlagenheit, Ungerechtigkeit und Grausamkeit. Diese Entwicklung hat mich manchmal wünschen lassen, man hätte Pakistan nie geschaffen, sondern 1947 irgendeinen anderen Weg aus der Sackgasse gefunden. Aber natürlich ist das eine Überreaktion. Es ist verständlich, daß Pakistans Chauvinismus weiterhin blühen wird, solange der Disput über Kaschmir anhält. Und vielleicht ist das Aufgehen dieses schädlichen Unkrauts ein unumgängliches Stadium auf dem Weg zur Kultivierung einer nationalen Identität Pakistans.

Gegen Mittag, als ich auf einem Bergkamm entlangwanderte, flog die Maschine nach Gilgit direkt über mich hinweg. Ihre Propeller zeichneten sich als weiße Wirbel gegen den tiefblauen Himmel ab. Es war bereits das dritte Flugzeug, das an diesem Morgen in Richtung der Northern Areas gestartet war, und so rechnete ich mir eine Chance aus, daß wir am 19. fortkommen würden.

1.

Gilgit im Jeep-Zeitalter

Je schneller man reist, um so langweiliger wird es.

John Ruskin

Gilgit, 19. Dezember 1974

Ich kann es kaum glauben, daß wir doch noch angekommen sind. Und es ist schön, wieder hier zu sein, obgleich sich in Gilgit seit 1963 vieles verändert hat.

Der 50-Minuten-Flug von Pindi hierher wird durch eine Verordnung erschwert, nach der kein Flugzeug starten darf, wenn nicht sicher ist, daß es sofort zurückfliegen kann: Andernfalls würde es hier möglicherweise wochenlang nutzlos herumstehen. So muß mindestens für zwei Stunden offenes Wetter vorausgesagt sein, so daß 20 Minuten Zeit zum Entladen bleiben; und die vorgebuchten Passagiere müssen sich an jedem »möglichen« Flugtag im Flughafen von Pindi auf Abruf bereit halten, denn wenn Gilgit »grünes Licht« gibt, bleibt keine Zeit mehr, sie telefonisch zu benachrichtigen.

Heute morgen saßen wir fünf spannende Stunden lang im neuen Warteraum der Northern Areas, einer trostlosen, staubigen, vom Gestank der ungepflegten Latrine durchwehten Halle. Und genau vor unserer Tür dröhnte eine Betonmischmaschine und ratterte ein Preßlufthammer. Kaskaden elektrischer Leitungen ergossen sich aus Löchern in den Wänden, wanderten über den Boden und hemmten Rachel in ihrem Bewegungsdrang. Von Zeit zu Zeit stürzten zwei besorgt aussehende junge Männer herein, fingerten unsicher an den Kabeln herum, beschimpften sich lautstark gegenseitig und rannten wieder hinaus. Schon

41

bald hatten wir das Gefühl, auf Zementstaub herumzukauen, zögerten jedoch, in das ziemlich entfernte Restaurant zu gehen, da es keine Lautsprecheranlage gab. Als wir es schließlich doch riskierten, hätten wir beinahe den Flug verpaßt, wenn uns nicht ein junger Hunzuwal durch das endlose Chaos von Baustellen nachgelaufen wäre und uns zwei Sekunden, bevor die Türen geschlossen wurden, ins Flugzeug geschoben hätte. Alle unsere Mitpassagiere waren Männer: Soldaten, Regierungsbeamte, Kaufleute und mehrere Schüler, für die die langen Winterferien begannen.

Angeblich ist diese Strecke – nach der in Richtung Skardu – die zweitgefährlichste der Welt, aber P.I.A. hält einen stolzen Rekord von nur zwei Abstürzen in 20 Jahren. Heute, im klaren Winterlicht, fand ich den Flug weit schöner und bequemer als meinen stürmischen Mitsommertrip vor elf Jahren. Aber noch immer gilt – zumindest für mich –, was ich, ebenfalls hier in Gilgit, am 4. Juni 1963 geschrieben habe: »Dies war der falsche Weg zu einem großartigen Ziel. Man muß sich das Privileg *verdienen,* auf eine solche Szenerie herabblicken zu dürfen, und da ich nichts dergleichen getan hatte, fühlte ich mich nun wie ein Betrüger ...«

Während wir in 16 000 Fuß Höhe und mit einer Geschwindigkeit von 300 Meilen pro Stunde über ein Gewirr brauner Gebirgsausläufer flogen, erkannten wir Murree und Abbottabad. Dann wurden die Berge schnell höher, kantiger und weißer, und sie kamen näher – viel näher –, bis wir nicht mehr über, sondern zwischen den Gipfeln flogen. Der Nanga Parbat erschien, noch einmal 10 000 Fuß höher als wir, zur Hälfte eingehüllt in einen Schleier – die einzige Wolke am Himmel. Und am Horizont erstreckte sich in seiner fast unerträglichen Schönheit der Karakorum-Himalaja, die gewaltigste Ansammlung hoher Berggipfel der Welt.

Ich zeigte Rachel den kaum 3000 Fuß unter uns liegenden und bereits tief verschneiten Babusar-Paß. »Du mußt bekloppt gewesen sein, *da* mit dem Fahrrad rüberzufahren«, meinte sie re-

spektlos. Dann waren wir über dem kahlen Industal – ein furcht-
erregender Anblick aus der Luft –, und ich starrte auf jenen
schmalen Pfad, auf dem ich nach Chilas geradelt war, wo ich mit
einem Hitzschlag zusammengebrochen und von den Einheimischen mit nie vergessener Güte gepflegt worden war. Minuten
später neigte sich die Maschine einer flachen, zimtfarbenen Ebene zu, die lediglich von dunklen Flecken blattloser Bäume unterbrochen wurde und dem olivgrünen Flußlauf des Gilgit, der
sich nicht weit von hier mit dem Indus vereint.

Etwa 50 Männer – sowie unzählige Kinder – erwarteten das
Flugzeug und starrten uns neugierig an. Die erste Veränderung,
die mir ins Auge fiel, war das schmucklose, graue Steingebäude
des Flughafens, das unmittelbar aus dem dahinterliegenden Berg
hervorzutreten schien. Während wir auf dem Sandstreifen neben
der Landebahn standen, betrachtete Rachel die gigantischen uns
umgebenden Felswände und meinte: »Hier ist es wie in einem
Käfig.« Sie war ein wenig enttäuscht, daß wir nicht bereits bis zur
Taille im Schnee steckten. Aber hier schneit es selten, und so
konnte man nur ein paar weiße Felsspitzen hinter den Wänden unseres »Käfigs« erkennen. Lediglich im Nordosten hob sich eine
herrliche, kantige, dreieckige Spitze wie eine silberne Fackel gegen
den kalten blauen Himmel ab. Sie lag noch voll in der Sonne, die
bei unserer Ankunft um 14.25 Uhr bereits aus dem Tal verschwunden war.

Die meisten Leute warteten darauf, daß das Flugzeug zurück-
flog. Aus Gilgit hinauszufliegen ist fast noch schwieriger, als her-
einzukommen. Von der Landebahn aus hat man den Eindruck,
als rase die Maschine direkt auf eine der aufragenden Felswände zu. Dann aber zieht sie plötzlich nach oben, und es sieht so
aus, als krieche sie wie ein Insekt die Felswand hinauf, um einen
Augenblick später abzudrehen und in einer engen Spalte zwischen zwei weiteren hoch aufragenden Felsen zu verschwinden.

Ein P.I.A.-Minibus brachte uns zum Basar, vorbei an einem
nagelneuen Wegweiser mit der Aufschrift: »Islamabad 400 Meilen; Chilas 90 Meilen«. Wir passierten zwei Benzinpumpen,

einen buntbemalten Lastwagen aus Peshawar, ein Wohnmobil, mehrere Traktoren und viele Jeeps, die mit halsbrecherischer Geschwindigkeit daherkamen. Was für ein Wandel! Und dennoch sind die Veränderungen nicht so schlimm, wie ich befürchtet hatte. Das Reisen auf dem rudimentären Indus-Highway ist noch immer gefährlich, und so ist – zumindest im Winter – noch etwas von der traditionellen Abgeschiedenheit Gilgits erhalten geblieben. Auch die neu hinzugekommenen Häuser im Basar und in dessen Umgebung sind traditionell aus sauber gehauenen Steinen gebaut und passen ins Bild. Für die nächste Zukunft zumindest scheinen die hohen Transportkosten diese Region vor mehrstöckigen Monstrositäten zu bewahren.

Am Rand des Basars fanden wir ein im Bungalowstil um einen staubigen viereckigen Innenhof gebautes »Tourist Hotel«. Der gewandte junge Manager, der ein passables Englisch spricht und sich offensichtlich auf das Schröpfen von Touristen spezialisiert hat, verlangte 60 Rs von uns. Da jedoch sämtliche Räume leerstanden, ging er bald mit dem Preis herunter, und nun haben wir für 30 Rs eine Zelle mit schmutzigem Bettzeug und einer 15-Watt-Birne, aber ohne Tisch oder Stuhl, ohne Wasser für das stinkende westliche Klo und ohne Heizung. (Vor ein paar Minuten mußte ich meine Eintragungen erst einmal unterbrechen, um mich auf meine Hände zu setzen, bis sie wieder aufgetaut waren.)

Im Flugzeug haben wir einen Arzt getroffen, der jemanden kennt, der uns vielleicht ein Pony verkaufen kann. So machten wir uns als erstes auf den Weg zu Abdul Khan, der in einem von Gilgits bäuerlichen Vororten lebt. Aber leider hatte er das Pony letzte Woche gegen 300 Liter *Punial water* (einen starken einheimischen Wein) eingetauscht. Um mich über die so knapp verpaßte Gelegenheit hinwegzutrösten, kaufte ich ihm einen Liter ab – zum stolzen Preis von 10 Rs. Abdul, der sich seines Sohnes als unsicheren Übersetzers bediente, erzählte uns, daß es in der Umgebung von Gilgit nur noch wenige Nicht-Polo-Ponys gäbe. Da Öl und Benzin von der Regierung subventioniert würden, sei es billiger, einen Jeep zu mieten, als ein Pony zu füttern. Wie schnell sich die Menschen doch von etwas trennen, das ihnen so lange gut gedient hat!

Abduls Heim gehörte zu einer Gruppe kleiner, aber robuster, aus Schlamm und Steinen errichteter Häuser, die alle von einer sieben Fuß hohen Mauer mit einer primitiven Holztür umgeben waren. Neben jeder Tür stand ein schlanker, knorriger, blattloser Baum, der mit goldenem Maisstroh vollgepackt war, das als Winterfutter diente. Nicht einmal das geschickteste Tier kann diese »Vorratsbäume« plündern, und da es ohnehin wenig regnet, braucht man auf diese Weise keine Scheune.

Als wir durch die engen Gassen wanderten, die auf einer Seite von schnell fließenden Bewässerungsgräben gesäumt wurden, folgte uns bald ein Schwarm begeisterter Kinder – lachend, neugierig, zerlumpt und ungewaschen. Rachels Anblick faszinierte sie natürlich besonders, und alle versuchten, ihr seidiges Haar zu berühren, ihre mit Pelz eingefaßten Stiefel zu begutachten und ihre runden rosigen Wangen zu streicheln – die so gar nicht ihren eigenen abgehärmten, blassen kleinen Gesichtern ähnelten. Rachel fand ihre stürmische Anteilnahme ein wenig sehr übertrieben. Höchstwahrscheinlich wird sie sich mit ihren Altersgenossen hier nicht genausogut verstehen wie in Südindien. Die Inder sind sanftere Spielgefährten, und dann sind Sechsjährige nicht mehr so impulsiv wie Fünfjährige.

Als wir in unser Hotel zurückkehrten, ging gerade die Sonne unter, und die prächtige dreieckige Felsspitze wechselte rasch ihre Farbe von Hell- zu Dunkelgold – und dann zu einem blassen Zartrosa.

Im vollgestopften, nach Kerosin duftenden Büro des Hotelmanagers diskutierten wir erfolglos das Problem des Ponykaufs und machten uns anschließend auf die Suche nach einem Teehaus. Über der westlichen Gebirgskette leuchtete am dunkelblauen Himmel ein Halbmond neben der funkelnden Venus. »Guck mal!« stellte Rachel fest, »wie die pakistanische Fahne!« Auch ich genoß dieses symbolische himmlische Zusammenspiel.

Vor elf Jahren hatte Pakistan dieser Region seinen Stempel noch nicht so entschieden aufgedrückt, wie dies jetzt ohne Frage der Fall ist – mit allen Vor- und Nachteilen.

Die wenigen Läden im Basar, die noch nicht die Rolläden heruntergelassen und mit Vorhängeschlössern gesichert hatten, wurden von trüben Kerosinlampen erleuchtet, die ihr Licht jedoch nicht nach draußen abgaben. Ganz am Ende der Stadt fanden wir schließlich ein schmutziges Teehaus, wo ein Becher lauwarmen Tees 50 Paise kostete. (In der Provinz lag der Preis bei 35 Paise.) Die vom Rauch geschwärzte Decke des großen, dämmrigen Raumes ruhte auf sechs Baumstämmen, und der Boden bestand aus festgetretener Erde. Mehrere in Decken gehüllte Männer mit *chitrali*-Mützen bemühten sich geräuschvoll, eine dürftige Portion geschmortes Ziegenfleisch in scharfer Chilisoße mit dicken *chapattis* aufzutunken. Die Knorpel spuckten sie auf den Boden und betrachteten uns mit amüsierter Herablassung. Meine Erinnerungen an Gilgits spezielle Art passiver Unfreundlichkeit wurden erneut bestätigt.

Unter einem strahlenden Sternenhimmel gingen wir anschließend durch den menschenleeren Basar hierher zurück. Die schimmernden Schneeberge wirkten über der schwarzen Felsmasse des Tales wie lebendig, und ab und zu sah man in den Höfen oder zwischen den Häusern kleine zusammengekauerte Figuren um ein winziges Feuer herumsitzen. Den ganzen Nachmittag über war es nicht kälter gewesen als an einem normalen Dezembertag zu Hause. Aber sobald die Sonne untergeht, fällt die Temperatur rapide, und die Gilgiter kriechen ins Bett. Die Beschaffung von Heizmaterial ist in diesen unbewaldeten Gegenden eins der Hauptprobleme. Als ich Gilgit das erste Mal im Hochsommer besuchte, erschien es mir wie das Paradies auf Erden. Jetzt ist es auf eine ganz andere Weise nicht weniger schön, aber ohne unsere üppige warme Bekleidung würde es mir heute nacht wie die Hölle auf Erden vorkommen. Dabei laufen die meisten Einheimischen hier barfuß oder ohne Strümpfe in offenen Sandalen herum, tragen nur Baumwollhemden und weite Hosen unter ihren Decken – falls sie überhaupt eine haben. Dazu ist die Mehrheit von ihnen unterernährt. Kein Wunder, daß die Sterberate im Winter in die Höhe schnellt.

Ich schreibe dies – in meine Astronauten-Decke eingehüllt. Eine tolle Erfindung! Sechs Fuß im Quadrat und nur etwa 400 Gramm schwer. Als man sie mir das erste Mal zeigte, wollte ich sie absolut nicht haben (schon der Name genügte), aber inzwischen betrachte ich ihre Erfindung als hinreichende Rechtfertigung für all diesen Mondlande-Irrsinn. Nur Allah weiß, woraus sie hergestellt ist. Psychologisch gesehen stimmen weder Farbe noch Material: Die eine Seite ist eisblau, die andere silber, und sie fühlt und hört sich an wie Staniolpapier. Man wickelt sich in sie ein – sozusagen wie einen Braten in die Folie –, und Hey Presto!, innerhalb von Sekunden ist man pottwarm. Etwas verrückt … Aber heute abend segne ich den Verkäufer, der mich zum Kauf überredet hat.

Gilgit, 20. Dezember

Ein glücklicher Tag. Obgleich ich zugeben muß, daß ich nicht im Sommer hier sein möchte, wenn der Ort nach meinen snobistischen Vorstellungen von Touristen nur so wimmelt: Nach Angaben der P.T.D.C. sind es wenigstens zwölf in der Woche. Tatsächlich glaube ich, daß Reise-Snobs, zu denen ich mich schamlos bekenne, weit weniger schlimm sind als die meisten anderen. Wenn einer der Gründe für eine Reise darin besteht, herauszufinden, wie die andere Hälfte der Menschheit lebt, dann kann man dieses Ziel nur erreichen, wenn man in jene Gegenden fährt, wo diese andere Hälfte noch unverdorben von unserem Einfluß lebt – falls Sie mir so weit folgen. (Aber Sie sollten mir heute abend nicht mehr allzu weit folgen, da ich inzwischen drei Viertel meiner Flasche mit dem so unschuldig klingenden *Punial »water«* intus habe.)

Wir erwachten bei Sonnenaufgang mit dem Wunsch nach einer ersten, gemütlichen Tasse Tee im Bett, aber leider war keiner erhältlich. So wickelten wir uns bis zu den Nasenspitzen ein und machten uns auf einer vereisten Straße – in der um 7.10 Uhr bereits alles auf den Beinen war – auf die Suche nach einem *chi-khana*.

Statt dessen entdeckten wir – kaum 50 Meter entfernt – das Hotel Jubilee und stellten rasch fest, daß es Gilgits bekanntestes Gasthaus für Nichttouristen ist. Sein schmuddeliges Restaurant ist etwa 40 Fuß lang; an der zur Hälfte verglasten Eingangstür sind eine Scheibe kaputt und der Griff abgebrochen, was jeden – außer den Eingeweihten oder den sehr Hungrigen – vom Betreten abhält. Draußen an der Mauer lehnt ein großes Schild, auf dem in verblaßter Schrift »Jubilee Hotel« zu lesen ist. Offensichtlich sollte es ursprünglich über der Tür hängen, aber irgendwie hat man das Gefühl, daß es nie jemand dort befestigen wird, eine Kleinigkeit, die in mir das Heimweh weckte. Auch in meinem Haus in Irland gibt es eine Reihe von Dingen, die sich im gleichen Schwebezustand befinden.

Hinter dem Restaurant liegt ein Innenhof, der an drei Seiten von 18 kleinen Zimmern eingeschlossen wird, die mehr wie Ställe aussehen. Tatsächlich sind sie jedoch besser eingerichtet als unser »Zimmer« im Tourist Hotel. Sie werden mit kleinen stinkenden Kerosinöfen beheizt, aber vor allem hat man ihnen nicht diese bestialisch riechenden Klos eingebaut – es gibt eine allgemeine Latrine am Ende des Hofes –, und der Preis beträgt inklusive Heizung nur 20 Rs pro Nacht.

Nach einem leckeren Frühstück aus knusprigen *paratas* und Spiegeleiern holten wir trotz der schrecklichen Flohwarnungen unseres gewandten jungen Nagorwal unser Gepäck herüber. Der Eigentümer-Manager des Gasthauses ist ein stämmiger, unrasierter Hunzawal, der die meiste Zeit des Tages hinter einer improvisierten Kasse beim Eingang sitzt und einen abgetragenen, maßgeschneiderten »englischen« Tweedmantel, zwei Schals, einen Handschuh und eine Ledermütze mit Ohrenklappen trägt.

Um zehn Uhr riefen wir den Gesandten an: einen alten

Freund, der mich 1963 als Political Agent in Gilgit willkommen geheißen hatte. In seinem Büro – einem Museum aus Herrscherzeiten – wurden uns Tee und Kekse serviert. Er erinnerte sich noch daran, wie Roz (mein Fahrrad) an einem riesigen Maulbeerbaum auf dem Rasen der Residenz gelehnt, während ich mit wahrem Heißhunger frische Aprikosen in mich hineingestopft hatte. Er meinte, wir hätten nur sehr geringe Chancen, hier ein Pony zu finden, und riet uns, statt dessen mit dem Jeep nach Skardu zu fahren, wo es noch reichlich Pferde gäbe.

Auf unserem Rückweg von der Residenz wurden wir von zwei 19jährigen Schuljungen begleitet, die sichtlich stolz auf ihre Schnurrbärte waren. Es lagen noch ein paar Schuljahre vor ihnen, da sie bis zu ihrem zehnten Lebensjahr hatten Schafe hüten müssen. Dann erst hatten jüngere Brüder ihre Stelle übernommen. Einer der Jungen, Behram Khan, sprach genug Englisch, um mir dies zu erzählen. Er lud uns zum Lunch bei seiner Schwester ein, die in einem kleinen Dorf in der Nähe der Landebahn wohnt, und strahlte, als wir annahmen.

Wir kamen mittags dort an und setzten uns auf einer unaufgeräumten, von Kindern wimmelnden Veranda in die Sonne. Um diese Jahreszeit nutzen die meisten Gilgitis die Mittagsstunden, um sich zu entspannen und die kostenlose Wärme zu genießen – wer wollte es ihnen verübeln? Heute war es so warm, daß ich meinen schweren deutschen Armeeparka ausziehen mußte. Aber sobald die Sonne untergegangen ist, braucht man Handschuhe.

Das Mittagessen bestand aus heißen *chapattis,* eingelegten grünen Chilis und einer großen Emailschüssel mit geschmorten Fleischstücken in einer würzigen Soße. Letztere wurden jedoch nur uns Gästen angeboten: Üppige Fleischbeilagen gehören normalerweise nicht zu einem einheimischen Essen. Behram erzählte mir, daß er acht Brüder und sechs Schwestern habe, alle von derselben Mutter und noch alle am Leben. Seine älteste Schwester, unsere Gastgeberin, ist 22 und hat bereits selbst einen Sohn und zwei Töchter, von denen die jüngste drei Jahre alt ist. Über

Behram wollte seine hübsche, aber bereits ziemlich erschöpft wirkende Schwester von mir wissen, ob es wahr sei, daß man im Westen eine Medizin habe, die Schwangerschaften verhindere. Ich bestätigte dieses Gerücht, wobei ich halbwegs erwartete, sie würde mich bitten, ihr mit der Post etwas davon zu schicken. Aber unsere Gastgeberin sah mich eher mitleidig und verwirrt als neidvoll an. Behram übersetzte, sie könne nicht verstehen, wie oder warum sich die reichen Leute im Westen nicht alle Kinder leisten könnten, die sie haben wollten.

Die Insektenpopulation unseres Zimmers ist besonders ekelhaft, obgleich ich grundsätzlich nichts gegen Insekten habe – ausgenommen Spinnen. Diese scheußlichen Viecher flitzen auf dem Tisch herum, offensichtlich angezogen vom Schein der beiden winzigen, vom Management gestifteten Kerzen. (Gilgits Stromversorgung funktioniert selten länger als 30 Minuten en bloc.) Die Fühler nicht mitgerechnet, sind sie ungefähr einen Zoll lang, gelbbraun und, ihren Bewegungen nach zu urteilen, von gummiartiger Konsistenz. Sie sehen in etwa aus wie eine Kreuzung zwischen Mini-Frosch und Maxi-Spinne, und wenn ich sie nicht schon bemerkt hätte, bevor ich meine Flasche *Punial water* geöffnet hatte, würde ich sie möglicherweise irrtümlich für die Symptome eines zentralasiatischen Delirium tremens halten.

Gilgit, 21. Dezember

Kaum war ich gestern abend zurückgekommen, als Behram mit zwei jüngeren Klassenkameraden hereinschaute, um mir Hasch oder Opium anzubieten – oder auch beides, falls mir der Sinn nach einer Mischung stehen sollte. Es deprimierte mich ziemlich, zu erfahren, daß im vergangenen Sommer eine Anzahl Hippies den Weg hierher gefunden hatte. Mit den Autostraßen der Chinesen, dem Vorbild der P.T.D.C. beim Schröpfen der Touristen und der opiumsüchtigen Hippies, ist, wie ich fürchte, die Bühne für die Degeneration und Ausplünderung auch dieser Region nunmehr bereitet. Mit Sicherheit möchte ich nach weiteren elf

Jahren nicht noch einmal hierher zurückkommen. Und natürlich überschattet die Trauer über das, was kommen wird, bereits das gegenwärtige Vergnügen.

Heute morgen haben wir eine denkwürdige Vier-Stunden-Wanderung das linke Flußufer hinauf gemacht. Rachel war völlig aus dem Häuschen, als wir zur längsten Hängebrücke Asiens kamen, über die jeweils nur ein Jeep fahren darf und die, selbst als wir zu Fuß hinübergingen, merklich schwankte. Mitten auf der Brücke blieben wir stehen, um drei herrliche Yaks zu betrachten, die zu einem Schlachtplatz am Flußufer getrieben wurden. Das islamische Id-Fest, bei dem viel Fleisch gegessen wird, fällt in diesem Jahr mit Weihnachten zusammen. Normalerweise sieht man hier keine Yaks, weil die Höhe von 4500 Fuß für sie viel zu niedrig ist.

Als wolle sie ihre Sonnenwende feiern, ließ sich die Sonne den ganzen Tag über nicht sehen, und unter dem grauen Himmel wirkte das Tal des Gilgit wirklich grimmig; aber es war jene Art von Härte, die ich liebe. Schneebestäubte Felsspitzen erhoben sich über dem jadegrünen Fluß, der zwischen breiten Ufern aus feinem braunem Sand dahinwirbelte, von dem Rachel voller Begeisterung eine Tasche voll bunter, runder Kieselsteine aufsammelte. Neben unserem Pfad lagen runde Felsbrocken von der Größe kleiner Häuser, aus denen Sandstürme und Sommerfluten über Jahrhunderte hinweg Skulpturen à la Henry Moore geschliffen hatten. Und zu unserer Rechten wuchsen gewaltige Hänge aus grauem Schiefer in die Höhe – die absolute Verkörperung von Unfruchtbarkeit –, bis sie zuletzt mit dem Grau des Himmels verschmolzen. Als wir zum »Jubilee« zurückkehrten, war es beißend kalt geworden, und auf den umliegenden Bergen schneite es.

Unsere unmittelbaren Pläne haben eine feine Schicht Patina angesetzt. Es ist völlig offen, ob wir am 23. nach Skardu fahren können. Dies hängt von so vielen Faktoren ab, die wiederum das Privatleben so vieler Jeep-Eigentümer involvieren, daß ich längst den Versuch aufgegeben habe, das Ganze zu begreifen.

Aber in Gilgit beunruhigt mich diese Ungewißheit über unsere zukünftigen Schritte nicht im geringsten. Man kann sich dieser verrückten kleinen Stadt einfach nicht entziehen, obgleich sie sich heute von ihrer schlechtesten Seite gezeigt hat: mit Glatteis, Schlamm und Dieselöl auf den Straßen, einem schneidenden, böigen, feinen Staub aufwirbelnden Wind und den finster in das unfruchtbare Tal hinabblickenden Felsen.

Heute nachmittag entdeckten wir im Basar ein paar schöne Hinweisschilder. Eins lautete: »THE HAZARA BEAKER AND CAN-FECSHNER«, ein anderes: »RE-PEARS FOR AUTO MUBOILS DONE HASTE«. Nach einigem Nachdenken kam ich zu dem Schluß, daß »haste« das uneheliche Kind von »hastily« und »fast« sein muß. Aber ist es klug, »auto muboils« hastig zu re-parieren? Wäre es nicht besser, sorgfältige Arbeit zu versprechen? Offensichtlich nicht in einer Stadt, wo die meisten Fahrer von Todessehnsucht getrieben werden. Noch nirgends ist mir eine so beängstigende Fahrweise begegnet; den Jeeps, Lastwagen und Traktoren aus-zuweichen, ist zu einem neuen Volkssport geworden. Dabei ge-hören die Jeeps der Militärpolizei zu den schlimmsten Rasern, die Traktoren erreichen eine Geschwindigkeit, die ich nie für möglich gehalten hätte, und Verkehrsregeln werden schlicht ignoriert.

Gilgits Basar ist typisch für eine Gegend, in der niemand reich ist, nicht einmal die Radschas. Der einzige Laden, der »Luxus-güter« anbietet, gehört einem gutaussehenden jungen Schmugg-ler, der seine gesamten Waren vom berüchtigten interkontinen-talen Markt in Landikot bezieht. Heute bot er mehrere brand-neue »Marks and Spencer«-Pullover zum Gegenwert von £ 1,40 an sowie ein erstaunliches Sortiment an Transistorradios, Ton-bandgeräten, Kameras, Uhren, Parfüms, Glaswaren, Porzellan und irischen Leinenservietten. Fasziniert fragte ich ihn, wer in Gilgit wohl Sehnsucht nach diesen modernen Artikeln hätte. Er lachte und erklärte mir, daß sie vom Sommergeschäft übrigge-blieben seien. Es sieht so aus, als ob die schlaueren der amerika-nischen Touristen am Irish House in der Bond Street vorbeigehen und sich statt dessen ihre Tischwäsche auf dem Basar in Gilgit kaufen. Alles in diesem Laden wurde zu etwa einem Drittel des Normalpreises im Ursprungsland verkauft.

Im Regierungsdepot kaufte ich zwei Gallonen subventionierten Kerosins für Rs 3,50 pro Gallone, was dem Preis in der Provinz entspricht. Niemand kann leugnen, daß solche Konzessionen hier gebraucht werden. Wir haben heute einen kleinen Jungen beobachtet, der sorgfältig mit einem Lappen das Öl auftupfte, das aus einem geparkten Lastwagen auf die Straße getropft war; sein öliger Fetzen wird, wenn er heute abend in einer alten Dose verbrannt wird, ein wenig die kalten Stunden verkürzen. Es verblüfft mich, wie die Einheimischen im Winter so fröhlich bleiben können; aber da sie ihre harte, schmutzige, ärmliche Existenz nicht zu demoralisieren scheint, macht sie auch den Betrachter nicht so betroffen wie die indischen Slums. Trotz allem besitzen die Gilgitis jedoch nicht die Energie, den Charme und die Intelligenz der Pathanen; ich vermute, daß der durchschnittliche IQ einiges unter normal liegt.

Gerade eben wurde ich durch den Besuch des berühmten einheimischen ismaelitischen »Heiligen und Gelehrten«, Hadschi Nasir, geehrt. Er stammt aus Hunza und ist ein eindrucksvoller Mann in den Mittfünfzigern, mit einem feingeschnittenen Gesicht, sehr heller Hautfarbe und einer Aura von Erhabenheit, Ruhe und Stärke. Er hat eine Schrift für Brusheski erfunden, das bis dahin in Hunza nur gesprochen wurde, und eine Reihe von Büchern in Urdu und Persisch veröffentlicht.

Hadschi Nasir wurde mir von dem Mann vorgestellt, den Rachel »als unseren besten Freund in Gilgit« bezeichnet. Er ist – ich zitiere von seiner in grüner Schrift gedruckten und goldgeränderten Visitenkarte – »Ghulam Mohammad Beg Hunzaie, Honorary Secretary, His Highness the Aga Khan Ismailia Supreme Council«. Ghulam ist ein großer, gutgebauter Mann, der stets eine Karakulkappe und eine dunkle Brille trägt. Er wohnt seit Monaten im »Jubilee« (der Eigentümer ist sein Schwager) und hat uns schon viel geholfen.

Gilgit, 22. Dezember

Ein frostklarer, sonniger Morgen mit pudrigem Schnee, der die Schroffheit der nahen Berge dämpfte, aber bald wieder wegtaute.

Hadschi Nasir hatte uns aufgefordert, ihn nach dem Frühstück zu besuchen, »um unser Gespräch über Religion fortzusetzen und zu einer kleinen Erfrischung« – eine unwiderstehliche Einladung! Da es sehr schwierig ist, in Gilgit ein bestimmtes Haus zu finden, fragte ich einen Jungen im Basar, wo Hadschi Nasir wohne, und bekam die Antwort: »Kommen Sie mit! Ich bin sein Sohn!« Er führte uns durch eine enge, gewundene Gasse, vorbei an zahlreichen glatten, grauen Hofmauern aus Lehm, bis wir zu einer verwitterten, verzogenen Doppel-Holztür kamen, die auf einen sauberen kleinen Hof führte mit einem Wohntrakt, der an zwei Seiten von einer Veranda umgeben war. Unser Führer brachte uns sofort in den Studier- und Betraum seines Vaters. Hadschi Nasir saß auf dem Fußboden auf einem roten, über Kissen ausgebreiteten Samtteppich und las in einem wunderschön illustrierten persischen Manuskript aus dem 17. Jahrhundert. Wir setzten uns auf den Rand eines *charpoy,* und Rachel malte, während Hadschi und ich uns über den Buddhismus unterhielten. Dann zeigte er mir seine neueste Karachi-Veröffentlichung, ein schmales Bändchen auf Persisch geschriebener religiöser Gedichte in Erinnerung an ein doppeltes Unglück, das seine Familie getroffen hatte: den Tod seines ältesten Sohnes bei einem Flugzeugabsturz zwischen Pindi und Gilgit und den Tod seines Lieblingsneffen, der wenige Monate später zwischen Gilgit und Skardu mit dem Jeep verunglückt war.

Als wir ankamen, holte unser Gastgeber Teller mit getrockneten Aprikosen und Aprikosenkernen unter dem *charpoy* hervor. Nach etwa einer Stunde gesellten sich zwei junge, ruhige, ernsthafte Männer zu uns, die Anhänger oder Schüler Hadschis zu sein schienen, und nun wurden Tee und Kekse serviert. Unser Gastgeber ging zur Tür, um dort die Tabletts von den Frauen entgegenzunehmen; *purdah* wird in Gilgit sehr strikt eingehalten, was auch die Feindseligkeit erklärt, der ich gelegentlich auf dem Basar begegne.

Während wir an unserem Tee nippten, fragte mich Hadschi Nasir: »Wo in Amerika liegt Irland? In der Nähe von New York? Ist es eine große Stadt?« Von einem auf seinem Gebiet so hochgelehrten Mann fand ich diese Frage im Jahr 1974 sehr erfrischend. Sie erschien mir wie ein schwaches und wohltuendes Echo aus Marco Polos Tagen, als die Kontinente noch so weit voneinander entfernt waren, daß man vernünftigerweise von niemandem erwarten konnte, daß er auch nur das Wichtigste über sie wußte.

Man kann hier überall feststellen, daß selbst diejenigen, die (so etwas wie) Englisch sprechen, kaum etwas über ihre Außenwelt wissen – selbst Pakistan eingeschlossen. Die meisten scheinen der Regierung Bhutto für ihre Subventionen dankbar zu sein, aber in der Regel sprechen sie von »Pakistan« eher wie von einem befreundeten Nachbarstaat als von der eigenen Nation. Und ein paar – für gewöhnlich jene, die sich besser artikulieren können und gebildeter sind als der Durchschnitt – lehnen Gilgits kürzliche Eingliederung in jenes neue Gebilde, die Northern Areas, offen ab. Sie weisen vor allem darauf hin, daß Gilgits Verbrechensrate seit der verstärkten Bindung an die Provinz alarmierend zugenommen habe. Bisher hatten die einzelnen Radschas die Rechtsprechung in ihren kleinen Territorien selbst ausgeübt. Eine Polizei hatte es in dieser Gegend nicht gegeben, und anscheinend hatte dafür – mit Ausnahme des berüchtigten Chilas-Distrikts – auch keine Notwendigkeit bestanden. Aber jetzt hat Pakistan Polizeiposten eingerichtet, die in vielen Dörfern in Ermangelung anderer Gebäude die alten britischen Rasthäuser übernommen haben. Und von einigen der Provinzoffiziere wird behauptet, sie hätten die Bestechung als mögliche Alternative zu einer Bestrafung eingeführt – wo bisher traditionell ein strenger Richter schnell und unerbittlich nach islamischem Gesetz Strafen verhängte. Glücklicherweise gibt es nicht viele »importierte« Provinzoffiziere; die Mehrheit rekrutiert sich aus den Familien der ehemaligen Radschas – ein kluger Schritt von seiten Pakistans.

Es war bereits Mittag, als wir Hadschi Nasir verließen, um noch einen anderen Freund zu besuchen, der uns zum Lunch eingeladen und Namen und Adresse sorgfältig in mein Notizbuch eingetragen hatte: »Mir Aman Shah B.A., cotracter, House No. 700«. Auch er hatte uns am Abend zuvor in unserem Zimmer aufgesucht – eine halbe Flasche *Punial water* als Gastgeschenk unter seiner Wolldecke – und mir, neben unserem stinkenden kleinen Ölofen auf den Fersen hockend, seine Lebensgeschichte erzählt. Er ist 35 Jahre alt, in Punial geboren, hat auf der Lahore University einen akademischen Grad erworben, in der Provinz aber keinen Job bekommen, da er dort niemanden kannte. Aus diesem Grund arbeitet er jetzt halbtags als Bauunternehmer in Gilgit. In der übrigen Zeit hilft er zu Hause in der Landwirtschaft. Von seiner Frau spricht er mit einer bei Moslems seltenen, beredten Zuneigung, strahlt viel Würde aus und ist ein äußerst unterhaltsamer und sympathischer Gesellschafter. Seine Vorfahren sind aus Afghanistan eingewandert, aber dies liegt bereits so lange zurück, daß niemand in der Familie mehr Pushtu spricht.

Während wir verbiestert Nr. 700 suchten, kamen uns strahlend Behram und sein bester Freund entgegen. In Gilgit gibt es nur zwei Straßen, so daß man nach kurzem Aufenthalt beim Herumwandern zwangsläufig Bekannte trifft. Aber selbst mit Behrams Unterstützung war es nicht einfach, Nr. 700 zu finden, das zu einer Gruppe kleiner Häuser gehört, die in eine Lücke zwischen den beiden Basaren gezwängt worden sind. Dieses Viertel ist weit verwahrloster als das, wo Hadschi wohnt. Der Hausmüll verstopft die fauligen, offenen Abzugsgräben, die lehmigen Außenmauern bröckeln vor sich hin, und die Kinder sind schmutzig und unterernährt.

Als wir mit Hilfe eines kleinen abgemagerten, einäugigen Jungen schließlich Nr. 700 gefunden hatten, begleiteten uns Behram und sein Freund in den Hof. Aman Shah kannte sie zwar nicht, aber das machte nichts. Sie wurden mit selbstgebranntem Arak bewirtet, während ich *Punial water* vorzog, und dann wurde Behram losgeschickt, um unseren Lunch aus einem Eßhaus zu holen – die üblichen *chapattis* und geschmortes, faseriges Ziegenfleisch. In diesen Moslemkreisen bewirkt das Trinken von Alkohol jene Art von verwegener, verschwörerischer Atmosphäre, wie sie vor 20 Jahren in Europa unter den Drogenkonsumenten zu beobachten war. Wohingegen hier das Rauchen von Hasch, Opium oder irgendeinem anderen Stoff ebenso respektabel ist wie bei uns der Besuch einer Kneipe. Es gibt im Basar sogar einen von der Regierung lizenzierten Drogenhändler. Kein Wunder also, daß die Hippies hierher strömen.

Aman Shah entschuldigte sich für sein Zimmer, einen engen, möbliert gemieteten Raum mit zwei wackeligen *charpoys* und einer Holzkiste. Der Himmel hatte sich wieder bezogen, und wir hockten eng zusammen um den kleinen Ölofen. Während wir uns unterhielten, fielen Lehmstückchen von den Wänden, das Bettzeug war voller Flöhe, und der Lehmboden war mit weggeworfenen Knochen, Zigarettenstummeln, Granatapfelschalen und den zerbrochenen Schalen von Aprikosenkernen bedeckt.

Gestern abend hatte ich gerührt beobachtet, wie sehnsüchtig Aman Shah meine wenigen kostbaren Bücher betrachtete. Also lieh ich ihm eins: Ian Stephens »Pakistan«, und bei unserem heutigen Gespräch stellte sich heraus, daß er die halbe Nacht darin gelesen hatte. Menschen seines Typs trifft man in Asien viel zu oft – frustriert, weil sie die in ihnen steckenden Möglichkeiten nicht nutzen können.

Am Nachmittag machten wir einen Spaziergang durch die Dörfer oberhalb des Flusses. Die Sonne ging bereits unter, als wir uns wieder der Stadt zuwandten. In einer der dämmrigen Straßen wären wir um ein Haar in ein Knäuel elektrischer Leitungen neben einem umgefallenen Mast gelaufen. Während wir sofort ein paar Schritte zurückgingen, trat ein Jugendlicher aus einem Hauseingang, fuchtelte unbestimmt mit einem roten, am

Ende eines Stockes befestigten Stück Stoff herum und rief: »Kein Durchgang! Stromkabel!« Und er zeigte zum Beweis auf ein totes Kalb ...

In dieser Saison befinden sich die einheimischen Tiere in einem Zustand, wie ich es noch nirgends gesehen habe: Die Kälber sind kaum so groß wie bei uns die Schafe, und die Kühe haben die Größe unserer Kälber. Meine weichherzige Tochter war mehr als einmal zu Tränen gerührt, wenn sie sah, wie die im Basar umherstreunenden Rinder heißhungrig jedes weggeworfene Stück Papier fraßen – einschließlich des Staniolpapiers der Zigarettenschachteln, was ihnen äußerst schlecht bekommen muß. In allen Teehäusern bekommt man nur Kondensmilch, importiert aus Deutschland, Holland, San Francisco und Singapure, die 14-Unzen-Dose für Rs 3,50.

Gilgit, 23. Dezember

Ghulam Mohammad hatte uns versichert, daß es möglich sein würde, heute einen Jeep nach Skardu zu bekommen. Aber heute morgen war weit und breit kein Fahrzeug zu sehen. Außerdem hatte sich der junge Regierungsbeamte, mit dem wir uns die Kosten teilen sollten, anscheinend in Luft aufgelöst. Um 7.45 Uhr machte ich mich auf die Suche nach ihm. Aber er war weder in dem von ihm angegebenen Gasthaus noch in einem weiteren, an das man mich verwiesen hatte, und er besuchte auch nicht gerade den Wachposten vor der Residenz, der sein Cousin und Schwager ist. Schließlich schrieb ich ihn ab und bat Ghulam Mohammad, mir dabei zu helfen, unabhängig von unserem Begleiter einen anderen Jeep aufzutreiben. Daraufhin erklärte man mir, daß wegen des bevorstehenden Id-Festes in den nächsten drei Tagen kein Wagen Gilgit verlassen würde. Behram jedoch, der wieder einmal als dienstbarer Geist an meiner Seite auftauchte, erklärte das Ganze für Unsinn – Id habe nichts damit zu tun. Vielmehr habe das schlechte Wetter die Fahrt durch die Indus-Schlucht zu gefährlich gemacht. »Die Straße ist nicht gut«, erklärte Behram, »immerzu stürzen Jeeps in den Indus.« Eine unglückselige Bemerkung, die die doréeske Vision einer gähnenden schwarzen Tiefe heraufbeschwor, in die eine Kaskade von Jeeps stürzt, aus denen die schreienden Opfer in Richtung Fluß durch die Luft wirbeln ...

Aber inzwischen bin ich sehr froh, daß wir heute morgen nicht losgefahren sind, denn es wurde ein echter Glückstag. Um zehn Uhr brachen wir bei strahlendem Sonnenschein – die Taschen voller getrockneter Aprikosen – zu einer »kleinen leichten« Klettertour auf. Bis 16.30 Uhr hatten wir zwölf Meilen zurückgelegt und eine »kleine anstrengende« Kletterei hinter uns, für die Rachel verantwortlich zeichnete. Sie entwickelt eine Begeisterung für den Himalaja wie ein Kamel für Sand. »Warum gehen wir nicht mal da rauf?« war ihr ständiger Refrain. Manchmal wurden mir die Knie weich, wenn sie locker auf abschüssige Hänge losmarschierte, neben denen es 500 Fuß in die Tiefe ging; aber kleine Kinder sind wie Tiere von Natur aus trittsicher, und nur wenn wir eine vereiste Stelle kreuzen mußten, bestand ich darauf, sie an die Hand zu nehmen oder zu tragen. Was unseren Ausflug für mich so einmalig machte, war die Freude, mit der sie dies alles um sich herum genoß. Unabhängig von unserer Mutter-Tochter-Beziehung sind wir uns heute näher gekommen als je zuvor.

Nach und nach stiegen wir von der Talsohle einen sonnenlosen Abhang hinauf, wo sich neben den Bewässerungskanälen an manchen Stellen riesige Eismassen zu komplizierten und verblüffend schönen Gebilden aufgetürmt hatten, die manchmal fünf oder sechs Fuß hoch waren. Rachel marschierte voller Begeisterung auf den zugefrorenen Eiskanälen entlang und hinterließ ihre Fußspuren auf der dünnen, pudrigen Schneeauflage. Bald danach erreichten wir die Sonnenseite des Berges, wo klares Gletscherwasser schnell und funkelnd von Stufe zu Stufe sprang. Die kleinen blaßbraunen Felder waren frisch gepflügt, und ein einsamer blattloser Baum trug eine riesige goldene Krone aus Maisstroh, wie das Nest eines legendären Vogels. Aus

dieser Höhe wirkte Gilgits gigantische Hängebrücke wie ein ver-
lorengegangenes Spielzeug.

Auf einer weiten, sonnigen Terrasse standen inmitten von
Aprikosen- und Walnußbäumen drei primitive Lehmhütten. Wir
wurden von fünf unverschleierten, keineswegs schüchternen,
gutaussehenden Frauen begrüßt – das absolute Gegenteil zu den
verschleierten, stummen und farblosen weiblichen Wesen in Gilgit. Seit Menschengedenken ungewaschen, trugen sie einen
kunstvollen, aber primitiv gearbeiteten Silberschmuck auf der
Stirn über reichbestickten Brokathauben. Drei von ihnen stillten
kränklich wirkende, unbeschreiblich schmutzige Babys, die normalerweise unter Mamas zerlumptem Umhang getragen, aber
nun zu unseren Ehren stolz vorgezeigt wurden. Während ich
meiner Bewunderung Ausdruck gab, wurde ein kleines Mädchen losgeschickt, um für uns ein Dutzend Walnüsse zu holen.
Im Weitergehen sann ich darüber nach, daß dieses Geschenk
weit mehr bedeutete als die ganze verschwenderische Gastfreundschaft unserer Freunde in der Provinz, die unendlich
großzügig sind, aber auch so reich, daß ihre Generosität nie den
Wert jener Handvoll Nüsse erreichen kann.

Weiter oben am Berg, auf einem anderen, schmaleren Abhang,
trafen wir eine ältere Frau, die dort Eisstücke abschlug, um ihren
Wasserkrug damit zu füllen. Sie bestand darauf, daß wir sie zu
ihrem Anwesen begleiteten, wo sie ihren Krug neben einem alten
Handwebstuhl absetzte, der an der trockenen Steinwand lehnte.
Dann nahm sie mit einem Willkommenslächeln, das keiner Worte bedurfte, meinen Arm und führte uns in ihren Wohnraum. In
einer mit Steinen eingefaßten Vertiefung in der Mitte des Fußbodens, unter einem viereckigen Loch im Dach, glommen ein paar
Kohlen. Wir setzten uns auf eine um das Feuer gebaute Lehmplattform. In einem riesigen *dechi* wurde Tee für uns bereitet, was
die Verschwendung mehrerer Handvoll wertvollen Eselsdung als
Brennmaterial bedeutete. Dann erst sah ich, daß unsere runzelige
Gastgeberin nicht so alt sein konnte, wie sie aussah: Sie stillte
noch immer einen etwa zweijährigen Jungen, das jüngste ihrer

neun lebenden Kinder. Sie gab mir zu verstehen, daß vier weitere gestorben waren. Ihre Älteste war eine bemerkenswert hübsche 15jährige, die mit ihrem Erstgeborenen an der Brust neben mir saß und mich aufforderte, von den getrockneten Aprikosen zu nehmen, und sich ab und zu vorbeugte, um den langsam brennenden Dung anzublasen. Drei Jungen in zerlumpten, selbstgefertigten Jacken und *chitrali*-Mützen saßen neben Rachel und starrten sie in ungläubiger Verblüffung an. Sie alle hatten entzündete Augen – was mich nicht überraschte, denn der Rauch von Dung ist sehr beißend und brachte uns alle zum Husten.

Zwei eingebaute Regale mit vier Fächern beherbergten die wenigen Besitztümer der Familie – ein Minimum an Küchengerät und ein paar Kleidungsstücke –, während Strohmatten auf dem Boden darauf hindeuteten, daß dies zugleich der gemeinsame Schlafraum war. Die gefütterten Steppdecken wurden tagsüber an der Wand gestapelt. Von der Decke hingen zwei Ziegenbälge herunter, die – wie in Tibet – im Sommer zum Buttern benutzt wurden. Eine zerzauste, aber offensichtlich geliebte, ingwerfarbene Katze hielt sich nah am Feuer, und im Eingang stand ein sehr kleines, sehr wolliges Schaf, das nachdenklich an einem langen Zweig kaute.

Ich sah, daß der Tee aus China importiert war, obgleich er nichts anderes war als das, was wir als »indischen Tee« bezeichnen. Nachdem er aufgebrüht und ein wenig frische Ziegenmilch zugefügt worden war, wurde er durch ein Sieb in zwei schmutzige Gläser (made in France) gegossen. Ein kleiner Napf mit Zucker wurde vom Bord geholt und uns angeboten. Aber Zucker ist hier sehr teuer, obgleich er subventioniert wird, und so sagte ich Rachel, sie solle dankend ablehnen. Darauf hielt unsere Gastgeberin ein Stück rosafarbenes Steinsalz hoch und sah mich fragend an. Ich nickte, und sie löste ein Stückchen ab, um es in mein Glas zu tun – eine weitere Erinnerung an Tibet.

Als wir aufbrachen, wurde das Feuer mit Maiskolben wieder angefacht. Sie brennen schneller als Dung und werden deshalb für das Backen von Maismehl-*chappatis* reserviert. Natürlich hatte man uns zum Abendessen eingeladen, aber alle sahen so unterernährt aus, daß es unfair gewesen wäre, zu bleiben. Als ich dies Rachel erklärte, meinte sie: »Aber hättest du ihnen das Essen nicht bezahlen können?« So mußte ich ihr nun meinen Abscheu begreiflich machen, den ich bei dem Gedanken empfinde, die alte Tradition der Gastfreundschaft durch das Angebot von Geld zu entweihen. Wenn man aus dem habgierigen Westen kommt, merkt man sehr schnell, daß das, was diese Menschen zu geben haben, keinen Preis hat. Es tröstet mich zu wissen, daß bereits weniger als vier Meilen hinter Gilgit vom Einfluß des Tourismus nichts mehr zu merken ist. Mindestens die Hälfte aller Leute, denen wir heute begegnet sind, hat uns spontan zum Tee eingeladen.

Weiter oben am Berg stießen wir an einem baumlosen und unfruchtbaren Abhang auf einen verwahrlosten Friedhof. Die Gräber trugen weder Namen noch Datum, so daß man die Ruhestätte eines Erwachsenen von der eines Kindes nur durch die Größe der Steinumrandung oder des Erdhügels unterscheiden konnte. In einer solchen anonymen Einsamkeit scheint mir der Tod mehr Würde zu besitzen als auf unseren eigenen makabren, mit Blumen bepflanzten Friedhöfen, wo sinnlose Grabmale mit wortreichen Inschriften den Konkurrenzkampf der Lebenden fortzusetzen scheinen.

'Unmittelbar hinter dem Friedhof kamen wir um einen Bergvorsprung und blickten unvermittelt in ein verborgenes, etwa 100 Fuß tiefer gelegenes Seitental – ein spektakulärer Anblick. Kein Wunder, daß Rachel heute allein von der stets wechselnden Landschaft überwältigt war. Wir kletterten zunächst weiter den Berg hinauf und stiegen dann auf einem anderen Weg zum Kopfende des Seitentales hinab. Im Winter kommt hier kein Sonnenstrahl herein, und über uns glitzerten gewaltige, zehn Fuß lange Eiszapfen an den dunklen, aufragenden Felswänden, deren Höhe sich mit bloßem Auge nicht abschätzen ließ. Wir folgten dem schattigen Einschnitt hinab bis zur Talsohle: Für Rachel ein ziemlicher Kraftakt, da wir mehrmals über riesige, im Eis eingeschlossene Felsbrocken von einer Seite auf die andere hinüberklettern mußten. Wenn das Eis schmilzt, muß hier ein reißender Strom entstehen, aber jetzt war das Wasser so flach, daß ein Hineinfallen zwar unangenehm, aber nicht gefährlich gewesen wäre.

Von den warmen, leuchtenden Feldern des Talausgangs kletterten wir wieder nach oben, um auf den Hauptweg nach Gilgit zu kommen, und genossen auf dem Heimweg den Anblick dreier nah vor uns liegender, herrlicher, hoch aufragender Schneegipfel vor einem tiefblauen Himmel.

Ghulam Mohammad wartete bereits im Restaurant des »Jubilee« auf uns, um uns mitzuteilen, daß uns ein pathanischer Jeepfahrer mit dem schlichten Namen Mohammad morgen früh um acht Uhr nach Skardu bringen würde – für 100 Rs, falls ich für Rachel einen eigenen Sitzplatz möchte, und für 75 Rs, wenn ich sie auf den Schoß nehme, wodurch er Platz für mehr Ladung gewinnt. Für eine Fahrt von 146 Meilen, für die man im Winter zwei Tage braucht, während man sie im Sommer in einer 14-Stunden-Marathonfahrt bewältigen kann, scheint mir dies ein vernünftiger Preis. Viele Jeepfahrer rauchen vor der Fahrt Hasch, um ihre Nerven zu beruhigen, was oftmals ihre Fahrtüchtigkeit derart beeinträchtigt, daß sie im Indus landen. Aber Ghulam Mohammad versicherte mir, daß Mohammad nur Zigaretten raucht und als der vorsichtigste und geschickteste Fahrer auf der Skardu-Route gilt.

Gilgit, 24. Dezember

Um 7.55 Uhr standen Begum Sahib und Missee Sahib mit ihrem Gepäck neben dem vorgesehenen Jeep auf dem Parkplatz gegenüber dem »Jubilee«. Es war ziemlich unwahrscheinlich, daß wir in den nächsten fünf Minuten starten würden, aber ich hoffte doch inständig, daß wir wenigstens so gegen zehn Uhr unterwegs sein würden.

Um 8.20 Uhr kamen ein paar schmierig gekleidete Jugendliche herbeigeschlendert, öffneten die Motorhaube unseres Jeeps, wechselten ein paar mitleidige Worte, installierten einen Wagenheber unter der Vorderachse und begannen mit komplizierten Reparaturen, die sie die nächsten drei Stunden beschäftigten. Uns wurde mehrfach mitgeteilt, daß man in einer »Viertelstunde« fertig sein werde, und obgleich diese Beteuerungen zunehmend unglaubwürdiger wurden, blieben wir voller Optimismus an unserem Platz. Es war ein trüber, kalter Morgen. Auf den nahegelegenen Hängen schneite es heftig, und gelegentlich verirrten sich auch ein paar Flocken hierher. Es widerstrebte mir, unser Gepäck allzu lange unbeaufsichtigt zu lassen, aber von Zeit zu Zeit mußten wir uns bei einer Tasse Tee im »Jubilee« auftauen. Die Unempfindlichkeit der einheimischen Bevölkerung gegen Kälte ist geradezu unnatürlich. Den ganzen Morgen über werkelten die fünf schlechtgenährten Jugendlichen, mit nichts als ein paar Baumwollfetzen und offenen, aus alten Autoreifen hergestellten Sandalen bekleidet, auf dem Parkplatz herum. Zweimal entzündeten sie ein kleines Feuer, um ihre Hände aufzutauen, aber im übrigen schienen sie sich nicht unwohl zu fühlen. Glücklicherweise kennt Gilgit kein Abfallproblem; jedes kleinste Stückchen von was auch immer wird entweder von streunenden Tieren gefressen oder verbrannt.

Als der Jeep schließlich fahrbereit gemeldet wurde, war Mohammad verschwunden. Eine Stunde später erschien er, um uns mitzuteilen, daß heute aus der Fahrt nichts werden könne, da es in der Nähe von Juglote zu stark geschneit habe. Aber er versprach, daß wir morgen pünktlich um zwölf Uhr starten würden, falls sich das Wetter bis dahin gebessert habe. Ich werde es erst glauben, wenn es soweit ist.

Wir leisteten Ghulam Mohammad und Aman Shah beim Lunch im »Jubilee« Gesellschaft. Es gab *chappatis* und geschmortes Ziegenfleisch – was wohl sonst? Aman Shah erklärte mir, daß Mohammad natürlich nie die Absicht gehabt habe, heute loszufahren, da er sich morgen früh um neun Uhr zum Id-Gebet in der Moschee seiner Gemeinde einfinden müsse. Dies wurde von Ghulam Mohammad entrüstet dementiert, aber ich glaube, Aman Shah hat recht. Wahrscheinlich hatte Mohammad das Ganze schlicht inszeniert, um uns davon abzuhalten, uns einem weniger frommen Fahrer anzuvertrauen.

Nach dem Essen wurden wir mit Jemal Khan bekannt gemacht, einem lebhaften jungen Hunzawal mit heller, sommersprossiger Haut, hellbraunem Haar, einem langen, dichten kastanienbraunen Bart und Augenbrauen, die einen durchgehenden schwarzen Balken über seinen nußbraunen Augen bilden. Er stammt aus einem Dorf acht Meilen südlich der chinesischen Grenze und studiert an der Lahore University politische Wissenschaften. Er möchte Berufspolitiker werden, scheint aber noch nicht zu wissen, auf welchem Weg er dieses Ziel erreichen kann. Wie alle Hunzawal, mit denen ich hier gesprochen habe – da das »Jubilee« ihr »Hauptquartier« in Gilgit ist, waren es eine ganze Menge –, beklagt er voller Bitterkeit die Abschaffung des Mir und behauptet, daß sich die gesamten Lebensumstände in seinem Land rapide verschlechterten. Als Beispiel verwies er auf das Schicksal der Hunza-Frauen. Bevor die Soldaten und Polizisten aus der Provinz hier stationiert wurden, hatten sie sich frei und unverschleiert in ihren Dörfern bewegen können; nun aber gelte wieder das Gesetz des *purdah*. Ein seltsamer Nebeneffekt des »Fortschritts«, wenn man sich andererseits erinnert, was in vielen abgelegenen Dörfern der Türkei geschah, als Kemal Atatürk Busse einführte, mit denen die Frauen zu den Marktstädten fahren konnten.

Jemal streitet Islamabad grundsätzlich das Recht ab, den Northern Areas Vorschriften zu machen. Zwar sei es richtig, daß sich alle Regionen 1947/48 freudig Pakistan angeschlossen hätten. Einige hätten für dieses Recht sogar gekämpft und gelitten. Aber sei es fair – so wurde ich der Form halber gefragt –, ihre Loyalität gegenüber dem Islam dadurch zu belohnen, daß man ihnen sogar jenen Grad von Unabhängigkeit nehme, den ihnen selbst die Briten gelassen hätten, die doch als die übelsten Imperialisten galten …? An welchem Punkt die übrigen Gäste Jemal anzustarren begannen, dessen Stimme immer lauter und wütender geworden war, und Rachel rechtzeitig den Vorschlag machte, daß wir doch lieber einen Spaziergang machen sollten.

Auf unserem Weg durch den Basar sahen wir zwei Gruppen

chinesischer Straßenarbeiter, die gerade in elegante, dem Range-Rover nachempfundene Fahrzeuge einstiegen. Sie beeinflussen das Leben in Gilgit kaum, obgleich sie hier zahlreich vertreten sind. Das meiste, was sie brauchen, kommt aus China, so daß sie kaum etwas im Ort einkaufen, und darüber hinaus haben sie zu den Gilgitis keinen Kontakt. Trotzdem hört man häufig, daß sie ungebeten und ohne Gegenleistung den Dorfbewohnern geholfen haben, zusammengebrochene Terrassenmauern oder Bewässerungsgräben wieder instandzusetzen; und alle rühmen ihre Energie und ihren Arbeitseifer, wovon sich jeder Straßenbenutzer überzeugen kann. Alles dies erinnert sehr daran, wie sich Tibets Invasoren in den frühen 50er Jahren dort verhalten haben. Dennoch bezweifle ich, daß ihr Einsatz hier letztlich dem gleichen Ziel dient. Aber natürlich könnte die derzeitige Unruhe in den Northern Areas von interessierten ausländischen Parteien leicht entsprechend ausgenutzt werden. Besonders vielleicht in Hunza, das stets enge kulturelle und politische Beziehungen zu Sinkiang unterhalten hat.

Als wir am Fluß entlangwanderten, waren sämtliche umliegenden Berge in Wolken gehüllt, die Luft war rauh und still, und die nackten, schwarzen Zweige der Bäume kontrastierten mit einem bleigrauen Himmel. Wir kamen an mehreren Plätzen vorbei, wo Schafe für das Id-Fest geschlachtet wurden, aber dies waren auch die einzigen Hinweise auf die bevorstehenden Festlichkeiten. Während wir bei Sonnenuntergang durch den schwach erleuchteten Basar zurückkehrten, wo die meisten Kaufleute bereits ihre hölzernen Läden geschlossen und versperrt hatten, stellte ich mir die Straßen von London oder Dublin an diesem Heiligabend vor und pries Allah, daß er mir erlaubte, statt dessen in Gilgit zu sein. Aber das war eine selbstsüchtige Reaktion: Aus Sicht der armen Rachel ist es ausgesprochenes Pech, die Aufregungen zweier Weihnachtsfeste nacheinander zu verpassen. Glücklicherweise hat sie eine Leidenschaft für Schmuck, und für 10 Rs kann man eine unglaubliche Menge Armreifen, Broschen, Ringen und Ketten bekommen.

2.

In der Indusschlucht gefangen

> Ich fühlte mich, wie wenn das Auto endlich hält und man aussteigen, sich die Beine vertreten und die Aussicht genießen kann und ... wieder Leben um sich spürt, statt, von der Gnade einer Maschine und eines Mechanikers abhängig, durch die Gegend gehetzt zu werden, ohne die Chance, sich an den Schönheiten am Wegesrand zu erfreuen.
>
> *Sir Francis Younghusband*

Juglote, 25. Dezember

Ich bezweifle, daß Rachel je einen verrückteren Weihnachtstag erleben wird. Bei Sonnenaufgang begann die Kapelle der Northern Scouts (deren Exerzierplatz hier in der Nähe liegt) sehr laut und schnell *Auld Lang Syne* zu spielen. Sie hielten sich eine halbe Stunde daran fest, ohne auch nur Luft zu holen. Ob dies eine sentimentale Ehrenbezeugung zur Erinnerung an ihre christlichen Offiziere war oder eine militärische Art, Id zu feiern, schien niemand zu wissen. Es war ein dunkler, kalter Morgen mit tiefhängenden Wolken. Um 7.30 Uhr zwang uns ein plötzliches Hufgetrappel, begleitet von grauenhaftem Kriegsgeschrei, eiligst unter der Tür des Restaurants Schutz zu suchen. Gleich darauf stürmten 20 schnelle kleine Polo-Ponys in buntem, mit Quasten geschmücktem Sattelzeug wie die Leichte Kavallerie in Fantasiekostümen an uns vorbei. Die Reiter – das Northern Scouts Poloteam – waren zwar in Zivil, trugen aber lange Lanzen mit Fähnchen: Niemand außer uns nahm von ihnen die geringste Notiz, noch wußte man, wo sie hinwollten oder warum. Sie verschwanden wieder im nebligen Grau des Morgens.

Kurz darauf klarte der Himmel auf, und wir machten einen

flotten Spaziergang am linken Flußufer entlang, um die Zeit zu überbrücken, bis Mohammad kommen sollte. Zu meinem größten Erstaunen erschien er tatsächlich vier Minuten nach zwölf Uhr. Aber nun war der Schlüssel zum Hof verschwunden, auf dem der Jeep stand. Man hielt es für möglich, daß der Eigentümer ihn in sein sieben Meilen entferntes Dorf mitgenommen hatte, in der Annahme, daß er am Id-Feiertag nicht benötigt werde. Ich bot mich an, das Schloß aufzubrechen und ein neues zu besorgen (was mich ganze Rs 2,50 gekostet hätte), aber dieses unmoralische Ansinnen wurde entrüstet abgelehnt. Daraufhin verlangte ich von Mohammad, etwas zu unternehmen, worauf wir 40 Minuten lang frustriert durch die Holzlatten des Zauns auf unseren Jeep starrten.

Als endlich ein keuchender Jüngling mit dem Schlüssel kam, war Mohammad natürlich verschwunden. Schließlich tauchte er wieder auf, und nun wurde erst einmal unter dem Jeep ein kleines Feuer entzündet, um den Motor aufzutauen. Inzwischen wurde unser Gepäck verladen, und wir nahmen unsere Plätze ein. Aber nun rührte sich plötzlich der Jeep nicht von der Stelle, obgleich der Motor bereitwillig ansprang. Mohammad stieg gelassen wieder aus, und eine Anzahl Schrauben und verknoteter Kabel wurden »done haste«, um das zu ersetzen, was die Erbauer zweifellos als wesentliche Teile bezeichnet hätten. Diese »re-pears« hatten den gewünschten Erfolg, und um 14.10 Uhr ging es tatsächlich los. An die Straße erinnerte ich mich noch von meiner Radtour mit Roz her. Abgesehen davon, daß sie sich jetzt »Karakorum-Highway« nennt, reiht sich auf diesem Teil immer noch Schlagloch an Schlagloch, so daß ich Rachel auf meinem Schoß fest umklammern mußte und ihr vorsorglich das Sprechen verbot, damit sie sich bei diesem Geholper nicht auf die Zunge biß.

So sehr ich den Bau von Autostraßen durch den Karakorum bedaure, so konnte ich doch die Hundertschaften junger chinesischer Soldaten nur bewundern, an denen wir zu wiederholten Malen vorbeikamen. Wenn man sieht, wie sie sich in der öden

Unermeßlichkeit dieser Landschaft abmühen, erscheinen sie einem wirklich als wahre »Helden der Revolution«. (Aus Achtung vor dem Islam arbeiten hier übrigens keine Heldinnen der Revolution.) Im Vergleich zu ihrer Aufgabe werden sämtliche Arbeiten des Herkules trivial. Hinzu kommt, daß sie sie mit einem Minimum an technischem Gerät lösen. Alles, was wir heute in dieser Hinsicht gesehen haben, war ein Generator, der auf der Ladefläche eines Lastwagens stand und benutzt wurde, um die Sprenglöcher für das Dynamit in den Felsen zu bohren, sowie gelegentlich eine Schubkarre – falls Schubkarren zum technischen Gerät zu zählen sind. Die meiste Arbeit wird mit Schaufeln, Spitzhacken, Weidenkörben und den bloßen Händen verrichtet. Es ist unmöglich, den Vorarbeiter oder Kolonnenführer auszumachen; wie alle anderen trägt auch er die jeansblauen, mit Stehkragen versehenen, geflickten Overalls und verrichtet die gleiche Arbeit. Dieser letzte Umstand beeindruckt (und verwirrt) die Pakistani ganz enorm, deren eigene Vorarbeiter es verächtlich ablehnen, eine Schaufel anzurühren und eine Kleidung zu tragen, die sie nicht deutlich von den »bloßen Kulis« unterscheidet.

Falls man diese Straßenbautrupps handverlesen hat, um einen guten Eindruck auf die dekadenten Kapitalisten zu machen, so ist diese Rechnung voll aufgegangen. Nach einer Woche Gilgit scheinen mir diese jungen Männer – die alle aus Sinkiang kommen – ungewöhnlich gesund, gut gewachsen, gut ernährt und bestens ausgerüstet gegen die Kälte. Die meisten von ihnen sind kleiner als der Durchschnittseuropäer, aber im übrigen könnten sie mit ihren strahlenden braunen Augen, ihren glücklichen bronzefarbenen Gesichtern, ihren geröteten Pausbacken und ihren kräftigen, weißen Zähnen ältere Brüder von Rachel sein. Ihre gewaltige Aufgabe wird nach einem festgelegten Plan durchgeführt, aber niemand scheint deswegen besonders in Eile oder nervös zu sein. Sie lachen und singen, während sie den Himalaja abtragen, und häufig sieht man einen jungen Mann, der sich für eine Zigarettenlänge auf einem Felsblock ausruht, wie jeder beliebige Straßenarbeiter auf der ganzen Welt. Offensichtlich waren sie erstaunt, Rachel zu sehen, die sie interessiert beobachtete; aber niemand zeigte irgendein Zeichen von Freundlichkeit oder gönnte uns auch nur ein Lächeln. Dies machte mich maßlos traurig; aber vielleicht ist meine Reaktion übertrieben, wenn man den ideologischen Drill berücksichtigt, der diese gutmütigen Burschen erstarren läßt, sobald Nichtkommunisten auftauchen.

Um 16 Uhr erreichten wir ein paar Meilen hinter dem Zusammenfluß von Gilgit und Indus das Dorf Juglote. Nicht weit davon entfernt befinden sich zwei der riesigen chinesischen Camps. Um den Jeep zu beladen, hielten wir dort, wo sich auf der einen Seite der Straße ein kleines pakistanisches Armeecamp befindet und ihm gegenüber ein Warendepot für Baltistan. Hier deponieren Lastwagen aus dem Tiefland, die nur unter größten Gefahren auf dem neuen Highway bis hierher kommen, Petroleum, Kerosin, Zucker, Mehl, Reis, *dahl,* Zigaretten, Tee, Dosenmilch, Kleidung und die wenigen anderen Dinge, die in eine Region importiert werden, die nur bei gutem Wetter mit kleinen Jeeps zu erreichen ist.

Inzwischen begann Mohammad ein bißchen nervös zu werden, und man konnte leicht erkennen, warum. Die Vormittagssonne war längst verschwunden, zwischen den ringsumher aufragenden schroffen Felsen ballten sich Wolken zusammen, und über Baltistan lag Schnee in der Luft. Mohammads Freunde aus dem Depot sind pessimistisch, daß irgendein Jeep in nächster Zukunft eine Chance hat, nach Skardu durchzukommen; und so schlägt er vor, Passagiere und Ladung so weit zu bringen, wie die Straße frei ist, und uns dann in einem nicht näher spezifizierten Dörfchen abzusetzen – ein Plan, der mir außerordentlich gefällt. Da weder er noch seine Freunde ein Wort Englisch sprechen, kann ich mich im nachhinein nur wundern, wie wir dies alles erläutern und vereinbaren konnten. Manchmal habe ich das Gefühl, mehr Urdu zu verstehen, als mir bewußt ist – wenn nur der nötige Druck dahintersteht.

Wir haben uns beide in Mohammad verliebt. Er ist groß,

schlank und sieht gut aus, trägt sackartig herabhängende, pathanische Hosen, einen ölgetränkten Anorak und hat sich seinen Wollschal wie einen Turban um den Kopf geschlungen; trotzdem hat er jene beeindruckende distinguierte Art, die so viele Pathanen auszeichnet, unabhängig von Kleidung oder Besitz. Er gehört zu jenen schweigsamen, aber keineswegs unfreundlichen Leuten, denen gegenüber ich eine gewisse Affinität empfinde. Selbst unter Freunden spricht er nicht viel und nur in knappen Sätzen. Uns spricht er nur an, wenn es absolut nötig ist. Ich kann mir keinen vertrauenswürdigeren Fahrer für eine Fahrt durch die Indusschlucht vorstellen.

Richtig beladen können Jeeps eine Menge transportieren. Mohammad übernahm zwei große Fässer Kerosin, sechs Sack Mehl, zwei Sack Zucker, mehrere Ballen Baumwollstoff und diverse Kartons mit Dosenmilch (aus Deutschland), Ghee (aus Holland), Keksen, Seife und Zigaretten (aus Pindi). Das Festzurren einer solchen Ladung bedeutet mehrere Stunden Schwerarbeit, bis bei dem unvorstellbaren Geholper auf dieser Strecke nichts mehr verrutschen kann; abgesehen von dem finanziellen Verlust, falls irgend etwas in den Indus fallen sollte. Eine lose Ladung könnte den ganzen Jeep in einer gefährlichen Kurve von der Straße reißen. Rachel und ich hatten daher eine Menge Zeit für einen Weihnachtsnachmittagsspaziergang – auch wenn es kein Weihnachtsessen zu verdauen gab. Wir sahen bei einem Hahnenkampf auf dem Depotgelände zu, wo sich eine große Gruppe Männer versammelt hatte, um dies Schauspiel zu genießen. Die Armee trat mit einem braunen, das Depot mit einem gefleckten Hahn an, und die beiden trugen ihren blutigen Kampf vor einer Kulisse rostiger Fässer aus mit der Aufschrift »White Oil. Made in the People's Republic of China«. Die Armee gewann, und danach wurden beide Hähne für das Id-Dinner geschlachtet.

Als die Dämmerung hereinbrach, hockten wir uns alle um einen kleinen Ölofen auf der Veranda des steinernen Depotgebäudes. Der Manager lud uns ein, die Nacht auf *charpoys* in einem Lagerraum zu verbringen, aber aus irgendeinem unverständlichen Grund bestand Mohammad darauf, noch zwei Meilen auf einem Nebenweg bis zu diesem Gasthaus hier in Juglote weiterzufahren. Ich habe hier schon einmal am 15. Juni 1963 übernachtet. Damals habe ich auf einem *charpoy* am Straßenrand geschlafen, weil es im Haus einfach zu heiß war.

Heute abend ist es zu kalt, um länger draußen zu bleiben, als man unbedingt zum Austreten braucht. Es war bereits stockfinster, als wir die Dorfstraße entlangrumpelten. Das einzige Licht kam von einer trüben Kerosinlaterne in dem höhlenartigen Teehaus, hinter dem wir jetzt untergebracht sind. Der Eigentümer und Chef ist ein knorriger Alter, der eine schmierige goldbestickte Kappe trägt, einen grauen Bart mit einem Anflug von Henna und drei lange, vorstehende braune Zähne im linken Mundwinkel hat. Er bat uns freundlich vom eisigen Teeraum in die vergleichsweise warme Küche, wo er seine kulinarischen Genüsse auf einem ihm bis zur Gürtellinie reichenden Lehmofen bereitet, den er mit hellgelbem Maulbeerbaumholz heizt. Das einzige Licht lieferten die flackernden Flammen, und der einzige Gast außer uns war ein stummer Zeitgenosse mit dem Aussehen eines Steinzeitmenschen, der sein Gewehr neben seinen Blechteller auf den Tisch gelegt hatte. Beim Essen hockte er auf seinen Fersen auf einer Holzbank, hatte eine dicke braune Decke um sich gewickelt, und als er aufstand, um in die eiskalte Nacht hinauszugehen, sah ich, daß er barfuß war.

Unser Weihnachtsdinner bestand aus *chappatis* und einer wässerigen *dahl*-Suppe, gefolgt von einem sehr dünnen Tee. Anscheinend essen sie in Juglote nie Fleisch, nicht einmal zu Id. Aber da dies seit zwölf Stunden unsere erste Mahlzeit war, schmeckte es uns trotzdem erstaunlich gut.

Anschließend führte der Besitzer Rachel und mich über einen engen Hof in einen Raum, in dem ein irischer Bauer nicht einmal seine Schweine unterbringen würde. Die Steinwände sind mit einer Mischung aus Dung und Lehm verputzt, und zur Lüftung dienten ein hoch oben angebrachtes, winziges unverglastes

»Fenster« und ein Rauchabzugsloch im Dach. (Dunkle Flecken auf dem sandigen Fußboden deuten darauf hin, daß einige Gäste sich ihr eigenes Holz mitbringen und sich ein wärmendes Feuer anzünden.) In der einen Ecke liegt ein Haufen Steppdecken, die man mieten kann, wenn man kein eigenes Bettzeug bei sich hat. Wir teilen diese Suite mit Mohammad zum Preis von Rs 3 pro durchhängenden *charpoy,* was nach örtlichen Maßstäben teuer ist. Mohammad muß, um in sein Bett zu kommen, über meine Schlafstatt hinwegklettern, wobei gerade eben an meinem *charpoy* zwei Gurte gerissen sind.

Kurz zuvor, als ich Rachel ihre Gute-Nacht-Geschichte vorlas (ein Ritual, das unabdingbar an den unterschiedlichsten Orten eingehalten wird), erschreckten uns plötzlich recht eigenartige Geräusche, die unmittelbar neben uns aus dem unheimlichen Dunkel unseres vermeintlich leeren Raumes kamen. Rachel wurde vor Angst ganz starr, und selbst ich war einen Moment lang entnervt. Dann aber richtete ich resolut den Strahl meiner Taschenlampe auf das Geräusch – und entdeckte ein gesprenkeltes Huhn, das es sich für die Nacht auf den Steppdecken bequem gemacht hatte und nun eine wilde Flohjagd veranstaltete.

?, 26. Dezember

Morgen werde ich das Fragezeichen durch einen Namen ersetzen, wenn ich herausgefunden habe, wo Mohammad uns hier abgesetzt hat. Bisher hat man mir drei völlig voneinander abweichende Namen für dieses Dorf im Herzen der Gangesschlucht genannt. Keiner davon ist in meiner Spezialkarte von Baltistan verzeichnet – die vielleicht einen vierten benutzt. Wie auch immer, was bedeutet ein Name? Wichtig ist, daß ich mir keinen schöneren Ort vorstellen könnte, in dem ich durch riesige Schneemassen auf unbestimmte Zeit von der Außenwelt abgeschnitten sein möchte.

Für die 78 Meilen von Juglote hierher haben wir achteinhalb Stunden Fahrzeit gebraucht. Offensichtlich besitzt Mohammad wenig Fantasie, aber viel Fatalismus; andernfalls hätte er nie den Mut aufbringen können, mit einem überladenen, schlecht ausbalancierten und technisch mangelhaften Jeep eine Straße entlangzufahren, auf der die ganze Zeit über die kleinste Fehlentscheidung genügt hätte, um den Wagen Hunderte von Fuß in den Indus abstürzen zu lassen. Da der Fluß die einzig mögliche Passage durch dieses wilde, gigantische Felsgewirr gefunden hat, bleibt keine Wahl, als ihm zu folgen. Niemand, der nicht selbst durch die Indusschlucht gereist ist, kann sich dieses Drama vorstellen. Die einzig vernünftige Art, diese Strecke zu bewältigen, ist zu Fuß.

Abgesehen von der eigenen nervösen Anspannung, die man erst so richtig spürt, wenn die Fahrt sicher beendet ist, hat diese Landschaft selbst etwas so Einschüchterndes, wie ich es noch nirgends sonst erlebt habe. Ihre Schroffheit, Farbe und Struktur erwecken in ihrer Kombination den Eindruck grausamster und absolutester Trostlosigkeit. Hier paßt keins der üblicherweise bei der Beschreibung einer Berglandschaft verwandten Adjektive – bereits das Wort »Landschaft« ist lächerlich unangemessen. Auch »Pracht« oder »Großartigkeit« taugen nicht, um diese ungeheure Schlucht zu beschreiben, die sich Meile für Meile eng, dunkel, nackt und tief zwischen den Felsen hindurchwindet. Man sieht nicht einen einzigen Grashalm, kein einziges Unkraut und nicht den kleinsten Busch; nichts erinnert daran, daß es ein Pflanzenreich gibt. Nur der jadegrüne Indus – der sich gelegentlich in einen weißen Schaumwirbel verwandelt – hebt sich von dem Graubraun der Felsspitzen, schroffen Klippen und steilen Hänge ab. Viele der Hänge sind mit scharfkantigen, massiven Felsbrocken übersät, die häufig die Größe einer Kathedrale haben, aber hier nur als »Brocken« erscheinen. – Schon bald beginnt der Fluß einen hypnotischen Einfluß auszuüben, und obgleich sein Anblick Angst macht, starrt man doch unablässig auf jene faszinierend unerreichbare grüne Schlange, die für gewöhnlich so tief unter einem liegt, daß sie schon nicht mehr wie ein Fluß wirkt. Wir kamen an zwei jener Stahltrossen – »Brücken« –

vorbei, über die sich die Einheimischen, in kleinen Holzkisten sitzend, selbst hinüberziehen, und sahen einem Mann dabei zu. Nichts für mich …

Natürlich ist der größte Teil dieses Gebietes unbewohnt. Aber in weiten Abständen stehen gelegentlich dort, wo die Neigung des Hanges eine Terrassierung zuläßt oder ein Felsband ein wenig Erde vor der Erosion bewahrt hat, ein paar rechteckige Hütten inmitten von Aprikosen- und Maulbeerbäumen, Platanen und Pappeln. Im Sommer müssen diese Oasen wunderhübsch aussehen. Jetzt, in der abschreckenden Sterilität des tiefsten Winters, wirken sie wie Potemkinsche Dörfer. Man fragt sich, warum und wie sich jemals Menschen in einer so wilden, unwirklichen Region niederlassen konnten, wo Klima und Bodenverhältnisse dem Menschen so gut wie keine Chance zum Überleben geben.

Diese Jeepstrecke wurde vor weniger als zehn Jahren gebaut und gründet auf einem alten Fußweg. Gegenwärtig bemüht sich die pakistanische Armee, daraus eine konventionelle Autostraße zu machen, auf der Busse, Lastwagen und »auto muboils« fahren können. Aber im Vergleich zu der schweren Aufgabe, die sich die Chinesen gestellt haben, ist diese noch unvergleichlich schwieriger. Niemand glaubt an einen Erfolg, es sei denn, es gelänge, zuvor Arbeitsmethoden und -moral radikal zu ändern. Dennoch erwartet Mr. Bhutto von der Armee, daß die Arbeiten bis Anfang 1977 abgeschlossen sind. Ein Bild werde ich in diesem Zusammenhang nie vergessen: Ein gewaltiger Felsbrocken hatte das Ende der Strecke blockiert, und ein Quartett älterer Soldaten versuchte – ohne sichtbares Ergebnis – ihn dort wegzubringen. Alle vier saßen auf dem Boden, und zwei von ihnen bemühten sich, ihn mit bloßen Füßen in den Abgrund zu stoßen, indem sie sich gegen die Rücken ihrer Kameraden stemmten. Nur keine Hast … Es war ein Anblick, der das Herz eines jeden Autohassers höher schlagen ließ. Wir trafen den ganzen Tag über nur einen einzigen Jeep – hier in der Nähe, wo die Straße besonders glatt war. Als er zurücksetzte, um uns durchzulassen, wurde mir ganz schlecht: ich schwöre, an einer Stelle waren seine äußeren Räder kaum zehn Zentimeter vom Abgrund entfernt – und ich fragte mich, wie oft heute wohl die Räder unseres Jeeps ähnlich nah dran gewesen waren. Gezwungenermaßen gewöhnen sich die Fahrer auf einer solchen Route daran, zehn Zentimeter als ausreichenden Sicherheitsabstand zu betrachten – trotz der bröckeligen Konsistenz mancher dieser Klippen. Im übrigen beschränkte sich der Verkehr ausschließlich auf große Ziegenherden. Ich vermute, daß man sie in eine fruchtbarere Gegend bringt, denn hier können nicht einmal asiatische Ziegen überleben, ohne daß man zufüttert. Ihre Hirten gehörten zu den verwegensten Typen, die mir je begegnet sind. Ihre »Kleidung« bestand aus einer Kollektion von Fetzen, zu der sie mit bunten Glasscherben dekorierte Kappen trugen. Ihre Füße hatten sie mit bis zur halben Wade reichenden Lederriemen umwickelt. Viele sahen aus wie Tibeter oder Ladaki – was nicht verwunderlich ist, da Baltistan auch als »Klein-Tibet« bekannt ist. Gestern sahen wir ähnliche Typen, die eine große Herde mehrrassiger Rinder nach Gilgit trieben; die Tiere trugen über ihren yakähnlichen Fellen zusätzlich Decken aus Säcken, was darauf hindeutete, daß sie aus großer Höhe herabgekommen waren und unterwegs im Freien übernachtet hatten.

Als wir um 16.30 Uhr hier ankamen, war es infolge der tiefhängenden dicken Wolken und der Schneeschauer bereits dämmrig. An dieser Stelle erweitert sich die Schlucht für ein paar Meilen, und der Weg verläßt den Fluß, um eine Wildnis aus grauem, mit Felsbrocken übersätem Sand zu kreuzen, die von engen, kleineren Schluchten durchzogen ist. Brandneue Holzbrücken, die für einen Jeep fast zu schmal sind, überspannen diese tiefen Einschnitte, in denen rasende Sturzbäche in den Indus hinabtosen, während sich ihr Echo an den Felswänden bricht.

Mohammad hielt vor einem »Hotel«, das genial in einen großen Felsausschnitt neben der Straße hineingebaut war. Die an Ort und Stelle vorgefundenen Felsbrocken hatte man als Sitze, als Unterbau für die aus Lehm errichtete Feuerstelle sowie als Tisch genutzt, auf dem der Koch die *chappatis* bereitete. Da die im Connemara-Stil errichteten Steinwände von allen Seiten die eisige Luft hereinlassen, scharen sich die Gäste eng um das große Holzfeuer, über dem in einem kesselförmigen *dechi* Tee zubereitet wird und zähes Geflügel in einer dunkelbraunen Soße simmert, die ausschließlich nach Chili schmeckt. Hinter der »Eßküche« gibt es einen Schlafraum mit zwölf *charpoys* ohne Bettzeug, die für Rs 4 pro Nacht an vorbeikommende Reisende vermietet werden – was um diese Jahreszeit nicht sehr häufig ist. Das »Hotel« – wie es die Einheimischen unbefangen nennen – dient zugleich als Depot für die für Skardu bestimmten Waren, die im Winter häufig nur bis hierher transportiert werden können. (Zwischen hier und Skardu soll die Strecke noch weit gefährlicher sein als zwischen hier und Juglote – was ich mir unmöglich vorstellen kann.)

Die kleine Gruppe alter und junger Männer, die um das Feuer herumsaß, verhielt sich uns gegenüber reserviert. Während Mohammad den Jeep entlud, machten sie keinerlei Annäherungsversuche, sondern diskutierten unser unerklärliches Erscheinen auf eine unangenehm spöttische Art. Zum ersten Mal hörte ich hier Balti. Es ist ein altertümlicher tibetanischer Dialekt, und ich konnte ein paar Worte verstehen. Ich nehme unseren kühlen Empfang jedoch nicht allzu ernst. Er bedeutet lediglich, daß der Ball in meinem Feld ist, und ich habe das Gefühl, daß sich die Beziehungen schnell verbessern werden, wenn sich das anfängliche Befremden erst einmal gelegt hat.

Als Mohammad wieder im Türrahmen erschien, winkte er uns zu sich und murmelte sein erstes Wort in Englisch: »Rasthaus!« Wir hatten uns bereits darauf eingerichtet, im »Hotel« zu schlafen, und ich starrte ihn etwas verdutzt an. Aber natürlich, dachte ich – auch die Regierung kommt nicht daran vorbei, *hier* ein Rasthaus zu bauen. Ich hatte recht. Der Jeep quälte sich bei leichtem Schneefall den Weg zurück, auf dem wir gekommen waren, und nachdem wir einen kurzen steilen Berg hinaufgefahren waren, landeten wir auf der Veranda eines kleinen Rasthau-

ses, das erst im letzten Jahr gebaut worden war, um Regierungsbeamten auf ihren Reisen als Unterkunft zu dienen. Es ist ein
Bungalow im englischen Kolonialstil, wenngleich das britische
Public Works Department selbst im schlimmsten Fall niemals
auf einer Höhe von 8500 Fuß in einem ziemlich kleinen Raum
drei riesige, schlecht abgedichtete Fenster eingebaut hätte.

Unser Zimmer – mit anschließendem Bad – gilt als »V.I.P.-
Suite« und prunkt mit einem dicken Teppichboden. In einem
zweiten, größeren Raum wohnen schon seit Oktober drei Medical Workers aus dem Tiefland, über die ich morgen mehr erzählen werde. Als wir unser Gepäck auf die Veranda zerrten,
begrüßte uns ihr Leiter zu meinem Erstaunen in fließendem
Englisch. Dr. Mazhar Javaid ist ein schlanker, gutaussehender
junger Mann von 25 Jahren, der die Ankunft weiterer »Nichtein-
heimischer« offensichtlich als ein Geschenk Allahs sieht. Wir haben bereits ein langes Gespräch miteinander geführt, aber ich
bin zu müde und durchgefroren, um noch darüber zu berichten.

Thowar, 27. Dezember

Nun habe ich endlich den Namen unseres Dorfes herausgefunden. Es wurde nach der Schaffung der Northern Areas zum Ver-
waltungszentrum der Region Ronda bestimmt (bei Cunningham
und anderen Reisenden des 19. Jahrhunderts »Rongdo« geschrieben). Ronda mißt von Ost nach West etwa 45 und von
Nord nach Süd 32 Meilen. Der Name bedeutet »Land der
Schluchten«, und der örtliche Radscha war zu allen Zeiten Un-
tertan des Radscha von Skardu.

Thowars neue Bedeutung erklärt unser Gasthaus, wo wir den
absurden und überflüssigen Luxus eines Bettes mit Schaumgum-
mimatratze für mich, einer Sprungfeder-Couch als Bett für Rachel, zweier Sessel, eines Tisches für unsere literarischen Aktivitäten (Rachel ist auf Seite 7 ihres Tagebuches) sowie eines eigenen Badezimmers mit Waschbecken und Toilette genießen.
Natürlich gibt es kein fließendes Wasser, aber die »sanitären Ein-

richtungen« sehen gut aus, auch wenn sie nicht so riechen. Dieser Luxus ärgert mich, weil die Mühe, alle diese Dinge nach Thowar zu transportieren, in keinem Verhältnis zu ihrem Nutzen steht. Im Ort angefertigte Möbel hätten ihren Zweck ebenso gut erfüllt, hätten besser ausgesehen und wären weit billiger gewesen.

Hinter dem Rasthaus stürzt ein eisiger Wasserfall von einer acht Fuß höheren Terrasse herab. Um dorthin zu kommen, muß man eine etwa zehn Fuß breite und zwei Fuß dicke Eisfläche überqueren. Als ich das erste Mal dort Wasser holen wollte, riß mir die gewaltige Strömung den Kessel aus den Händen. Ringsherum haben sich glitzernde Säulen, Hügel und gewaltige Kugeln aus festem Eis gebildet, deren irrationale Formen und Anordnungen einem anderen Planeten anzugehören scheinen.

Von den drei Fenstern, die es so schwer machen, unseren Raum zu heizen, sieht man auf ein herrliches Panorama hoher, zum Teil schneebedeckter Berggipfel. Sogar die Indusschlucht ist tief unten zu erkennen, wenn man weiß, wo man sie zwischen dem Durcheinander dunkler rissiger Felsen und steiler brauner Klippen suchen muß. Heute morgen um acht Uhr gingen wir durch dieses Gewirr zu Tee und *paratas* ins »Hotel«, wobei wir uns auf der frischen Schneeschicht über dem alten Eis sehr vorsichtig bewegten. Anschließend wanderten wir noch eine halbe Stunde weiter zum Basar in Dambudass, wo sich drei pathanische Krämer zusammengetan haben und Mehl, Steinsalz, Tee, Zucker, Dosenmilch, Kerosin, Zigaretten, Streichhölzer, Tuch und Seife verkaufen. (Wenn man sich die Einheimischen anschaut, scheint letztere allerdings kein großes Geschäft zu sein.) Ein Tee- und Rasthaus vervollständigt den Basar. Es wird von einem liebenswerten alten Mann geführt mit einem Gesicht wie eine in die Länge gezogene Walnuß, unter einer Kappe aus leuchtendem, glasverziertem Brokat. Er hockt oben auf seinem Lehmofen, bereit, auf Wunsch *chi* und *chappatis* zu bereiten. Für die beiden Tassen Tee, die wir bei ihm tranken, während wir auf einen Kaufmann warteten, der uns ein Paket Tee und eine Dose Milch bringen sollte, wollte er von uns kein Geld nehmen. Nun können wir uns also unseren eigenen Tee auf unserem Kerosin-ofen bereiten.

Unglücklicherweise wird das Kerosin, das in die Northern Areas geliefert wird, häufig von gewissenlosen Händlern im Tiefland mit Dieselöl versetzt. Das Ergebnis fördert weder Gesundheit noch gute Laune. Der starke Rauch aus unserem Ofen – der perfekt brennt und hieran unschuldig ist – verursacht mir leichte Kopfschmerzen und läßt meine Augen tränen. Die Kerzen, die ich aus Pindi mitgebracht habe, verhalten sich ebenfalls leicht exzentrisch; sie führen sich in einer höchst unkerzenhaften Weise auf, zischen laut vor sich hin und spucken mir beim Schreiben Wachs aufs Papier.

Als wir auf unserem Rückweg von Dambudass am »Hotel« vorbeikamen, erschien ein finster blickender junger Mann in der Tür und bat uns herein. Er trug eine *chitrali*-Mütze, weite Hosen und eine Wolldecke. Sein schmales, blasses Gesicht war von Akne entstellt. Offensichtlich war er ein Mann von gewisser lokaler Bedeutung, denn er sprach jenes stümperhafte Englisch, das schlimmer ist als gänzliche Unkenntnis, da es zu so vielen komplizierten Mißverständnissen führen kann. Aus irgendeinem Grund schien er schlecht gelaunt und benahm sich uns gegenüber mürrisch und abweisend. Im »Hotel« herrschte eine seltsame Stimmung. Wir saßen auf dem einzigen Möbelstück, einem *charpoy,* und sahen auf einen Halbkreis vom Schein des lodernden Feuers erleuchteter Gesichter hinab. Irgendwie war unser junger Mann das Opfer einer versteckten Häme und schien entschlossen, sich dafür an uns schadlos zu halten. Ohne Anstalten zu machen, sich vorzustellen oder seinen Status zu definieren, fragte er uns, woher wir kämen, warum wir in Baltistan seien, wie lange wir bleiben wollten und was unser Ziel sei. Er behauptete, wir hätten kein Recht, im Rasthaus zu wohnen oder sonst irgendwo in Ronda, und müßten sofort wieder abreisen. (Wohin? Und wie?) Seine Aggressivität nahm zu, je deutlicher unsere Unterhaltung die Grenzen seiner Englischkenntnisse aufzeigte. Ich stellte bald fest, daß er fast nichts von dem verstand, was ich sagte, obgleich ich mich bemühte, langsam und deutlich zu sprechen. Ab und zu drehte er sich zu seinen Gefährten um und hielt ihnen eine Rede auf Balti, offensichtlich um sich zu verteidigen. Das Ganze war ziemlich verrückt. Aber ich spürte, wie die restliche Versammlung unerklärlicherweise meine Partei ergriff, je länger unser Gespräch dauerte. Irgendwie begann mir der junge Mann leid zu tun, der offensichtlich in der Gemeinschaft keinen guten Stand hatte.

Als wir anschließend unseren Weg zum Rasthaus fortsetzten, begann es wieder ziemlich heftig zu schneien, und seit Mittag sitzen wir nun infolge des Wetters hier fest. Nach dem Lunch besuchte uns Dr. Mazhar Javaid, und wir gingen zum Tee in das Zimmer des Medical Team. Die Assistentinnen des Dokters sind eine gutaussehende, aber sehr scheue junge Krankenschwester aus Pindi und eine ältere Frau aus Skardu, die als Anstandsdame und Übersetzerin fungiert. (Zwischen Balti und irgendeiner anderen in Pakistan gesprochenen Sprache besteht keinerlei Ähnlichkeit.) Die drei schlafen auf hintereinander aufgestellten *charpoys:* Moslems kennen keine Konvention, die es verbietet, daß unverheiratete Männer und Frauen den Schlafraum miteinander teilen. Ihr russischer Blechofen, auf dem Wasser erhitzt und die gesamte Kocherei erledigt wird, verbraucht sehr teures Holz. *Uns* erschien der Raum unangenehm überheizt, aber Pakistani sind kälteempfindlicher als wir – und der Doktor kommt aus Multan. Er ist ein äußerst gewinnender junger Mann, und Rachel schwärmt bereits für ihn.

Der »Medical Pioneers«-Plan ist ein tapferer Versuch, die Oberfläche des baltistanischen Gesundheitsproblems anzukratzen. Da es in absehbarer Zeit nicht möglich sein wird, in den Northern Areas eine normale medizinische Versorgung aufzubauen, gehen ein paar selbstlose freiwillige Helfer an Orte wie diesen, um sorgfältig ausgesuchten Gruppen junger Dorfbewohner die Grundbegriffe der Hygiene beizubringen. Maßgebend für die Auswahl sind ihre Intelligenz sowie die Wahrscheinlichkeit, daß sie in Baltistan bleiben werden. Man hofft, daß sie nach und nach ihre Kenntnisse weitergeben werden. Ferner bringt man ihnen bei, wie man Dysenterie, Würmer, Bronchitis und andere allgemeine lokale Beschwerden behandelt.

Wir waren gerade in unser Zimmer zurückgekehrt und hatten unseren Ofen angezündet, als Mazhat abermals erschien, gefolgt von unserem pickligen Widersacher vom Morgen. Anstelle seiner Decke trug er jetzt einen abgetragenen olivgrünen Pullover und eine rote Armbinde mit der Aufschrift P.P.P. – Pakistan's Peoples' Police.

»Dies ist Wazir Ghulam Nabi«, stellte ihn Mazhar vor. »Er ist der Head Constable von Ronda und würde gern Ihre Pässe sehen.« Später gab Mazhar zu, daß Ghulam der einzige Polizist in Ronda ist, daß er aber den Titel »Head Constable« so sehr schätze, daß es ihm unhöflich erscheine, ihm diese kleine Freude vorzuenthalten.

Ghulam verbrachte die nächsten 25 Minuten damit, über unseren Pässen zu brüten. In der Annahme, daß die gründliche Prüfung jeder einzelnen Seite und des Gesundheitsattestes mit der Suche nach unseren Visa zu tun habe, bat ich Mazhar, ihm auf Urdu zu erklären, daß irische Staatsbürger kein Visum benötigten. Aber Ghulam schüttelte ungeduldig den Kopf und starrte weiter in einer verwirrten, unglücklichen Art auf jene grünen Seiten mit der Harfe in der Mitte. Und dann wurde er plötzlich ganz aufgeregt, weil er die Stempel gefunden hatte, die anzeigten, daß wir zu einem früheren Zeitpunkt des Jahres bereits in Indien gewesen waren. Mazhar und ich brauchten zehn Minuten, um ihn wieder zu beruhigen. Inzwischen mochte ich ihn richtig gern; ohne sein Publikum aus dem »Hotel«, dem gegenüber er sich irgendwie hatte bestätigen müssen, war er nichts als ein unsicherer junger Mann, der Angst hatte, in seinem neuen Job einen Fehler zu machen. Bevor er uns verließ, lächelte er plötzlich, schüttelte uns herzlich die Hand, dankte uns für unsere Hilfe und meinte, wir müßten seinen Bruder besuchen, wenn wir nach Khapalu kämen. Trotz unserer unbefriedigenden Pässe hat er sich offensichtlich entschlossen, uns zu akzeptieren.

Thowar, 28. Dezember

Ein herrlicher Morgen nach dem vielen Schnee – die ganze Welt leuchtet weiß und blau im strahlend goldenen Sonnenschein. Um acht Uhr stand ich vor dem Rasthaus, blickte zu der namenlosen 20000 Fuß hohen Bergspitze empor, die sich genau im Norden funkelnd und scharf wie ein Messer vor dem Blau des Himmels erhebt, und ich wußte, daß es für mich nirgends auf der Welt einen schöneren Ort geben konnte. Die Schlucht aufwärts in Richtung Skardu hingen noch Wolken über dem Gewirr der Gipfel, und als wir aufbrachen, um das Dorf Ronda zu besuchen, war die Bergseite mit einer dünnen Schicht gefrorenen Schnees überzogen; der Fluß neben unserem Weg strömte geräuschvoll unter einer dicken Eisdecke dahin. Wir gingen langsam, denn Rachel hat Schwierigkeiten mit der Höhe. »Ich bin völlig aus der Puste!« erklärte sie anschaulich und traurig, als ihre Mama forsch voranschritt, weil sie sich wie immer auf 8000 Fuß weit energiegeladener fühlt als auf Meereshöhe. Also mußte ich meine Schritte verlangsamen.

Unser Pfad führte uns über braune, längliche, terrassierte Felder mit sauberen Steinwällen vorbei an weinumrankten Aprikosenbäumen und einem Gewirr kleiner viereckiger Steinhütten. Dann kamen wir auf ein breites, schneebedecktes Felsband am Fuß einer senkrecht abfallenden dunklen, wenigstens 1000 Fuß hohen Felswand: Alles nimmt hier fantastische Ausmaße an, wie in einem Traum. Und vor uns lag Ronda, der einzige Ortsname, der auf Bartholomews Karte zwischen Gilgit und Skardu verzeichnet ist. Trotzdem würde ich es nicht einmal als Kleinstadt bezeichnen. Es ist lediglich ein Durcheinander von Holz- und Steingebäuden – von denen einige fast steinzeitlich anmuten –, die sich in Gruppen über ein etwa eine Meile langes und 600 Meter breites Felsband verteilen. Viele Häuser haben auf ihren flachen Dächern einen Stall für das Vieh, zu dem primitive Steinstufen hinaufführen, um die Tiere aus dem Schnee herauszubringen und ihnen soviel Sonne zukommen zu lassen wie möglich. Das auffälligste Gebäude war ein großes und sehr altes, viereckiges, zweigeschossiges Haus, das für sich allein stand und im oberen Stockwerk vier unverglaste Fenster hatte, deren holzgeschnitzte Umrandungen mich an die Tamang-Häuser an der nepalesisch-tibetanischen Grenze erinnerten. In der Tat ähnelte der ganze Ort tibetanischen Städten und Dörfern, wie man sie von Fotos her kennt.

Bald waren wir von einem Schwarm schwächlicher, stiller Kinder umringt, die über unser Erscheinen so verblüfft waren, daß es ihnen die Sprache verschlagen hatte und sie nicht einmal ein Lächeln zustande brachten. Manche hatten eine so helle Haut und so helle Haare, daß sie glatt für Iren hätten durchgehen können; es gab sogar zwei Rotschöpfe mit strahlend blauen Augen. Rötliches Haar und blaue Augen sind hier übrigens gar nicht so selten. Dann erschienen die Erwachsenen, darunter drei außerordentlich hübsche junge Frauen mit zierlichen, dreieckigen Gesichtern, sehr heller Haut, rosigen Wangen und strahlenden Augen. Die meisten Frauen tragen einen reichverzierten Kopfschmuck aus Silber, der an ihren runden Brokatkappen befestigt ist, und auf ihrem Rücken mindestens ein schmutziges Baby oder Kleinkind. Sie kamen uns genauso freundlich entgegen wie die Männer und marschierten aufgeregt lachend und schwatzend hinter uns her, als wir in das Haus des Headman geführt wurden. Der Headman selbst war gerade in Dambudass, und so wurden wir von seinem ältesten Sohn empfangen, einem großen, gutaussehenden Mann von etwa 30 Jahren, dessen Frau und dessen Schwester zu den Dorfschönheiten gehörten.

Es ist ein wenig schwierig, das Haus des Headman zu beschreiben; Wohnteil, Stall und Scheune sind praktisch nicht voneinander zu unterscheiden – und ich vermute, in sich austauschbar. Wir wurden durch ein Konglomerat dunkler, kleiner, uneinheitlich aus Holz, Lehm und Steinen errichteter Räume geführt, die alle irgendwie zusammenhingen und stark nach Vieh rochen. Schließlich geleitete uns unser Gastgeber in ein dämmriges »Wohnzimmer«. Die Einrichtung bestand aus einer abgetretenen Fußbodenmatte, einem in der Ecke aufgestapelten Berg

Bettrollen sowie einem kleinen Blechofen – der an sich selbstverständlich bereits ein bemerkenswertes Statussymbol ist. Was sich an Nachbarn hineinquetschen konnte, folgte uns und nahm auf dem Boden Platz. Dann halfen sie sich gegenseitig dabei, ihre Kinder vom Rücken zu binden, während unser Gastgeber und ich uns in primitivstem Urdu unterhielten, das wir ungefähr gleich fließend sprachen. Es dauerte eine halbe Stunde, bis der Tee fertig war, der aus einem angelaufenen und verbeulten silbernen Teekessel in schmutzige Gläser gefüllt wurde – er war sehr süß, aber ohne Milch. Dazu wurden uns feierlich auf einer großen Metallplatte drei kleine Kekse angeboten (importiert aus Pindi). Mit einem Blick auf all die hungrigen Kinder um uns herum bat ich Rachel leise, höflich abzulehnen.

Meine Definition des Begriffs »Armut« mag sich von der anderer unterscheiden, aber hier waren die Verhältnisse für mich nicht mehr »akzeptabel«. Ich schließe nicht sofort auf Armut, wenn sich jemand nach der Sonne richtet, weil er keine Uhr hat, sich die Hände am Feuer eines Teehauses trocknet, weil er kein Handtuch hat, oder sich im Außenspiegel des Jeeps betrachtet, weil er selbst keinen Spiegel hat. Aber für mich ist es Armut, wenn fast das ganze Dorf offensichtlich permanent unterernährt ist. Ich gebe zu – wenn auch zögernd –, daß die Öffnung dieser Region eine gute Sache sein kann. Wenn dieser Prozeß nur nicht immer mit der Zerstörung einheimischer Traditionen einherginge, der Verschlechterung des Geschmacks und der Entwicklung von Habsucht. Es ist eine Tragik, daß der Lebensstandard in abgelegenen Gegenden nicht angehoben werden kann, ohne die Betroffenen mit in den vergifteten Strudel unserer entsetzlichen »Konsumgesellschaft« zu ziehen.

Auf unserem Rückweg nach Thowar kamen wir an Rondas winziger Polizeistation vorbei und wurden eingeladen, mit dem Head Constable und seinem Vorgesetzten Tee zu trinken, einem verdrießlichen Einheimischen aus dem fruchtbaren Shigar-Tal, der sein Exil in dieser grimmigen Schlucht verflucht. Beide Männer waren sehr höflich, schienen aber immer noch über unser beispielloses Eindringen in ihr Gebiet besorgt. Ghulam holte etwas verlegen ein ganz neues Hauptbuch hervor, über dessen erste Seite er mühsam mit Bleistift geschrieben hatte: NAM AND DRES / PASPOR DETALS AGE / WORK / PARPAS OF VISIT / DAT. Er war sichtlich erleichtert, nachdem ich alle diese »Details« ausgefüllt hatte, wobei ich »Paspor«-Nummern erfand, da ich die richtigen nie behalten kann. Die Wege der Bürokratie sind wunderbar. In einem Dutzend Ländern habe ich bereits in den entsprechenden Rubriken fiktive Paßnummern eingetragen, ohne daß dies für mich irgendwelche Folgen gehabt hätte.

Heute abend erzählte mir Mazhar, daß Verbrechen hier praktisch unbekannt seien und die Hauptaufgabe der beiden Polizisten darin bestehe, Streitereien zwischen Eheleuten zu schlichten. Offensichtlich haben die Einheimischen den nicht benötigten Polizeiposten unverzüglich in einen »Marriage Advisory Council« umgewandelt. Und es sieht so aus, als ob sich Ghulam derzeit die Gunst der Stammgäste des »Hotels« verscherzt hat, weil er sich letzte Woche in einem häuslichen Streit auf die falsche (Frauen-)Seite gestellt hat.

Mit unserer Thermosflasche voll Suppe als Mittagessen bummelten wir die Schlucht entlang. Nachdem wir eine Stunde gewandert und über Felsen geklettert waren, fanden wir *den* Picknickplatz – das Ende aller Picknickplätze und leicht das Ende jeden Picknickers, es sei denn, er ist sehr vorsichtig. Auf einem kolossalen, abgerundeten Felsen von der Größe eines Wicklow-Berges sitzend, schwebten wir 1000 Fuß über dem Indus, der hier eine schmale Rinne zwischen blanken, braunen Felswänden gefunden hat, die uns genau gegenüber 13 000 Fuß in die Höhe ragten. Von dort, wo ich meine Bachelor's-Ochsenschwanzsuppe trank, ließ ich einen Stein senkrecht in das grüne Wasser fallen, das sanft und ruhig tief unter uns dahinfloß. Verfolgt man den vom Strom ausgewaschenen melodramatischen Korridor, so sieht man eine glitzernde Phalanx scharfer, weißer Spitzen, die hinter den dunkelfarbigen Felsen der Schlucht aufragen. Ich konnte die Höhe dieser Giganten nicht schätzen, aber wenn man den Blick vom Fluß bis zu ihren Spitzen hinaufgleiten läßt, hat man das Gefühl von absoluter Unermeßlichkeit, wie ich es nie zuvor erlebt habe, nicht einmal in Nepal.

Als wir uns um 2.15 Uhr hier niederließen, war es in der Sonne noch schön warm, aber als wir eine halbe Stunde später aufbrachen, wurde es bereits kalt. Plötzlich bemerkte Rachel: »Diese Landschaft hier sieht furchtbar *unordentlich* aus« – eine hervorragende Beschreibung der Indusschlucht, die den Eindruck macht, als habe erst gestern irgendeine Katastrophe für ein völliges Durcheinander gesorgt. Die Berghänge sind entweder senkrechte Mauern aus gesplittertem und zerklüftetem Fels, auf die sich nicht einmal eine Ziege wagen kann, oder sanfte Flächen aus losem, graubraunem Sand und Geröll, durchsetzt mit Felsbrocken jeder Größe und Form, die aussehen, als wollten sie jeden Moment den Hang hinabrollen – was sie natürlich auch oft tun. Die Tatsache, daß Erdrutsche und Steinschläge fast täglich vorkommen, macht die Anlage und Erhaltung von Bewässerungskanälen und Wegen (ganz zu schweigen von Autostraßen) zu einer Sisyphosarbeit.

Wir kamen auf einem anderen Weg hoch über der Autostraße nach Hause zurück, indem wir einem trockenen Bewässerungsgraben um zwei Berge herum folgten und dann einen haarsträubenden Abhang zum Rasthaus hinunterrutschten.

Ich fange an, die Gesellschaft meiner Tochter ziemlich enervierend zu finden. Wenn man gerade in die Betrachtung des gewaltigen Himalaja versunken ist, ist es beinahe unerträglich, wenn plötzlich die Frage kommt: »Und wie funktioniert Radar nun *ganz genau*?«

Thowar, 29. Dezember

Heute morgen sah das Wetter zunächst nicht sehr vielversprechend aus: graue, zum Greifen nahe Wolken und leichtes Schneetreiben in der Schlucht. Aber es wurde rasch besser, und um zehn Uhr machten wir uns bei strahlendem Sonnenschein auf eine »explore« – wie Rachel es nennt. Nachdem wir etwa eine Meile in Richtung Gilgit gelaufen waren, verließen wir den Indus und folgten einem vereisten Nebenfluß in ein Seitental hinein. Die Sonne war noch nicht bis in diese Schlucht vorgedrungen, aber als wir um eine Ecke kamen, stießen wir auf ein Dutzend Männer und Jungen, die das Eis aufgehackt hatten, knietief im Strom standen und ihre Hosen wuschen, wobei sie sich offensichtlich nicht unwohl fühlten. Unser Auftauchen war sehr unpassend! Nur wenige Balti besitzen zwei *shalwars* (Pluderhosen), so daß wir die Unglücklichen nicht nur mit herabgelassenen, sondern völlig ohne Hose erwischten. Immerhin wurde der Anstand noch einigermaßen durch ihre langen Hemden gewahrt, aber sie hüpften aufgescheucht aus dem Wasser und setzten sich mit ausgestreckten Beinen, die Knie fest zusammengepreßt, auf einen Felsbrocken – die absolute Verkörperung der Sprödigkeit. Ich kann mir nicht vorstellen, daß ihre Kleidung in einem so schattigen Tal schnell trocknet, sie müssen sie wieder anziehen, wenn sie noch feucht ist, was erklären würde, warum so viele Einheimische unter Rheuma leiden.

Das Tal war eine Studie in Grau: ein grauer, staubiger Pfad, graue Felsbrocken im Flußbett, graue Hänge zu beiden Seiten, aus denen graue Felsspitzen aus dem Schiefer herausragten wie die Knochen prähistorischer Monstren. Überall sah man die Spuren erst kürzlich niedergegangener Erdrutsche, und auch unser Pfad fand ein plötzliches Ende – ausgelöscht durch unzählige Tonnen herabgefallenen Gesteins. Die Fortsetzung war über uns am Hang noch zu erkennen. Um dorthin zu gelangen, folgten wir einem Ziegenpfad, wobei wir Kaskaden von Kieselsteinen und Erde lostraten. Der Aufstieg war so steil, daß Rachel Hilfe brauchte, und als wir schließlich den Pfad unterhalb des Berggrats wieder erreicht hatten, waren wir nun beide »aus der Puste«. Aber unsere Mühe wurde belohnt: zuerst durch die frische Spur eines Schneeleoparden, dann durch den Anblick eines majestätischen Adlers mit einer Spannweite von mindestens vier Fuß, der unter uns über dem Fluß dahinglitt, und schließlich durch eine herrliche Aussicht auf viele, zuvor verborgene Schneegipfel auf der entfernten (südlichen) Seite der Indusschlucht.

Wir gingen auf einem anderen Weg nach Hause zurück, wo wir von Mazhar begrüßt und zum Sonntagslunch eingeladen wurden. Daß Sonntag war, war mir völlig entfallen. Mein Tagebuch hält mich zwar über das Datum auf dem laufenden, aber an die Wochentage versuche ich mich gar nicht erst zu erinnern, weil sie hier völlig irrelevant sind.

Unsinnigerweise hatte ich gehofft, Rachel würde sich nach dem Lunch ein wenig ausruhen wollen, aber sie bestand statt dessen auf einer »explore« den langen, breiten, steilen Hang vor dem Rasthaus hinunter. Dieser Abhang ist von einer stattlichen Reihe eckiger schwarzer Felsen bedeckt, gerade als sei eine Armee mit Vorschlaghämmern vorbeigekommen und habe dort einen ganzen Berg zertrümmert. Wie die Ziegen hüpften wir über diese Blöcke – und Mazhar erzählte mir hinterher, die Einheimischen hätten uns für endgültig übergeschnappt gehalten. Ich scheuchte bei unserer Toberei einen ganz herrlichen Fuchs auf. Er war nur halb so groß wie ein irischer Fuchs, hatte einen leuchtend orangefarbenen Pelz und eine dichte Rute mit einer weißen Spitze. Rachel verpaßte ihn und war darüber sehr traurig. Ich konnte mir die herzlose Bemerkung nicht verkneifen, daß sie mehr sehen würde, wenn sie weniger redete.

Zum Schluß blickten wir vom Rand einer furchterregenden Klippe aus bröckeligem, blaßbraunem Lehm wieder auf den Indus hinab. Die Felsen auf der anderen Seite des Flusses waren auf fantastische Art erodiert und sahen aus wie die Brustkörbe von Riesen; es scheint, als ob der Indus – geologisch gesehen – schon bald alle diese Kliffs unterminiert haben wird. Hier im Himalaja wird einem die verändernde Kraft der Elemente ganz besonders bewußt.

Uns genau gegenüber lag das Dorf Mendi. Seine Steinhütten verschmelzen völlig mit den hinter ihnen liegenden schmalen, braunen Feldern. Man hätte sie gar nicht bemerkt, wären nicht gelegentlich kleine blaue Rauchfetzen aufgestiegen und wären einem nicht die seltsamen, spielzeugähnlichen Bewegungen der schwarzen Rinder sowie der braunweißen Schafe und Ziegen aufgefallen. Über dem breiten Felsrand, auf dem Mendi liegt, erhebt sich ein weiterer scharfkantiger Schneegipfel, und stromaufwärts konnten wir einen jener »Strände« sehen, die Rachel ganz verrückt machen – sanfte Hänge aus feinem silbrigem Sand neben dem smaragdgrünen Strom des Indus, nie betreten und auf ewig unerreichbar.

Auf unserem Nachhauseweg scheuchten wir mehrere Schwärme *chikor* (Rebhühner) auf. Sie sind hier außergewöhnlich zahlreich, obgleich ich mir nicht vorstellen kann, wovon sie im Winter leben.

Es ist noch nicht halb elf, und ich bin gerade draußen gewesen, um den Vollmond über Ronda zu betrachten. Nirgends in dieser ganzen brillanten Wildnis war irgendeine Bewegung zu spüren oder irgendein Laut zu hören, außer dem fernen Rauschen des Indus. Am pudrig-blauen Himmel zeigten sich ein paar Sterne, und über allem lag der magische Glanz mondbeschienenen Schnees. In Richtung Skardu überstrahlte ein einsamer Gipfel alle anderen – wie eine über der Erde schwebende Tiara, und die nahegelegenen Berge wirkten wie himmlische Lichtertürme – fast unheimlich in ihrer makellosen Reinheit. Der überwältigende Anblick von so viel Schönheit verändert den Beschauer; auch wenn das Ganze vielleicht nur wenige Augenblicke dauert, schöpft der Geist daraus immer wieder Kraft.

Thowar, 30. Dezember

Um sieben Uhr entdeckte ich, daß unser Wasserfall trotz der schnell fließenden Strömung endgültig zugefroren ist. Um meinen Kessel zu füllen, mußte ich Eisstücke abschlagen. Letzte Nacht war die Temperatur auf 38 Grad unter den Gefrierpunkt gefallen, aber heute morgen um zehn Uhr saßen wir auf 9000 Fuß Höhe bereits wieder in der *brennenden* Sonne. Wir empfinden diese trockene Kälte nicht annähernd so stark, wie ich geglaubt hatte. Mit Irlands durchdringender, feuchter Kälte ist viel schwerer fertig zu werden. Nur unsere Haut leidet sehr unter dem absoluten Feuchtigkeitsmangel der Luft, obgleich ich Rachel häufig mit Hochgebirgslotion einreibe. (Meine eigene gegerbte, alte Haut bedarf dieser Fürsorge nicht mehr.)

Unser heutiges Ziel war ein Berg, von dem aus man das Dorf Ronda überblickt. Wir kletterten zunächst eine Stunde lang über winzige, terrassierte Felder, die durch glitzernde, zugefrorene Bewässerungsgräben verbunden waren. Hier gab es viele Aprikosen-, Apfel-, Maulbeer- und Walnußbäume sowie Platanen. Uralte Rebstöcke wanden sich um einige Stämme, oder sie verbanden mit ihren Ranken wie schlangengleiche Fabelwesen einen Baum mit dem anderen. Nahe dem Rand einer Klippe ruhten wir uns in der Sonne aus und sahen in das »graue Tal« von gestern und den noch weiter unten fließenden Indus hinab. Dann wandten wir den Kopf und ließen den Blick über die Dächer von Ronda schweifen. Wir hatten es nicht auf den 14 000 Fuß hohen Gipfel abgesehen – eine nicht zu besteigende Säule aus geriffeltem Fels –, sondern auf einen Punkt etwa 2000 Fuß darunter, zu dem vom Dorf Gomu ein Ziegenpfad hinaufführte. Dieser Pfad verlief wie eine dünne Bleistiftlinie über eine weite Geröllhalde und kletterte dann durch ein Gewirr zerbrochener brauner Felsmassen empor, in deren Mitte er sich zu verlieren schien.

Als wir uns Gomu näherten, erhoben sich die Bewohner, soweit sie auf den Steinmauern ihrer Terrassen in der Sonne gesessen hatten, beschatteten ihre Augen mit der Hand und starrten uns ohne ein Lächeln, halb ungläubig, halb alarmiert erst einmal an. Aber ihr verständliches Unbehagen legte sich schnell, und danach wurden wir herzlich aufgenommen. Wir bekamen beide einen süßen, saftigen, grünen Apfel – eine exotische Delikatesse mitten im Winter in Baltistan –, und die Frauen hatten auch nichts dagegen, fotografiert zu werden. Die Balti wurden zwar vor etwa 500 Jahren vom Buddhismus zum Islam bekehrt, aber die Botschaft des Propheten scheint noch nicht überall klar durchgedrungen zu sein.

Gomu ist ein Dorf mit vielleicht 100 Häusern, die auf verschiedenen Ebenen verstreut inmitten zahlreicher Obstbäume liegen. Am Dorfrand steht eine kleine neue Moschee, die im gefälligen traditionellen Stil mit sich abwechselnden Lagen aus Granit und Holz (Pappel und Maulbeerbaum) errichtet wurde. Von einem Wohnhaus unterscheidet sie sich nur durch eine geschnitzte Holzfassade und gitterartige Dachtraufen. Die Balti machen sich kaum je die Mühe, weltliche Gebäude zu schmükken, aber irgendein örtlicher Handwerker hat hier sein Bestes zu Ehren Allahs gegeben.

Ich sah viele »tibetische« Gesichter, und auch in ihrer fröhlichen Art erinnerten mich die Einheimischen sehr an Tibet – obgleich sie nach unseren Vorstellungen nicht viel Grund zur Fröhlichkeit haben. Doch Baltistan ist ein ethnischer Mischmasch. Selbst in kleinen Dörfern sieht man blonde, blauäugige Menschen, und viele von ihnen könnten ursprünglich aus Kaschmir, Afghanistan, der Türkei oder Persien gekommen sein.

Die meisten Frauen in Gomu tragen einen silbernen, häufig mit Korallen besetzten Kopfschmuck, und einige sogar Halsbänder aus großen, in Silber gefaßten Türkisen. Männer wie Frauen sind in schmuddelige, sackähnliche, hausgemachte Gewänder gekleidet. Im Winter verbringen sie viel Zeit damit, in der Sonne zu sitzen und ihre Wolle zu spinnen. Von Mitte November bis Mitte März ruht die Farmarbeit bis auf die Versorgung des Viehs, d. h. es muß gefüttert und mittags für einige Stunden nach draußen in die Sonne getrieben werden, wo es sich sein Trinkwasser selbst sucht.

Daß wir auf dem Ziegenpfad über Gomu hinaus wandern wollten, sorgte für einige Verblüffung. Niemand konnte verstehen, warum wir in eine Sackgasse laufen wollten, und eine Anzahl Männer, Frauen und Kinder hängte sich an uns, um uns auf unseren »Irrtum« hinzuweisen. Ich gab vor, dort oben fotografieren zu wollen, aber das konnte sie nicht überzeugen. Leicht einzusehen, daß es für sie selbstverständlich nicht gerade ein Vergnügen ist, sich steile Pfade hinaufzuquälen. Während wir im

Weitergehen in vollen Zügen die prachtvolle Aussicht genossen, machte ich mir klar, daß dies alles einem Balti wahrscheinlich nicht mehr bedeutete als mir ein Bummel durch meinen Heimatort.

Dort, wo der Pfad endete, konnten wir auf gleicher Höhe jenseits der Schlucht jene unendlichen, sanften, unberührten Schneefelder auf den schattigen Südhängen des Indus sehen. Wir sahen jetzt direkt auf Ronda hinab, aber von so hoch oben, daß die Menschen wie Ameisen aussahen. Trotzdem drangen die Geräusche des Dorfes durch die stille, dünne, klare Luft bis zu uns herüber, während wir unsere Tomatensuppe genossen, und mich beeindruckte die Fröhlichkeit, die darin mitschwang. Für mich hat jedes Dorf seinen eigenen Klang, der Auskunft über das Naturell seiner Bewohner gibt. In vielen Gegenden Indiens sind sie übellaunig, in der Osttürkei zänkisch, im Hochland von Äthiopien auf eine unterwürfige Art jovial – und hier sind sie fröhlich, geschwätzig und zu Scherzen aufgelegt – die Balti lieben es, sich gegenseitig aufzuziehen.

Unsere Freunde in Gomu waren sehr erleichtert, als sie uns heil von unserer unverständlichen Wanderung zurückkommen sahen. Der Tee stand schon in einem großen Zinnkrug mit ziseliertem Henkel und Deckel bereit. Zu meiner sentimentalen Freude – und Rachels Entsetzen – handelte es sich um tibetischen Tee mit ranziger Butter. Alle waren hoch erfreut, daß ich diese einheimische Delikatesse zu schätzen wußte, und man zeigte uns stolz die als Butterfaß dienenden Ziegenbälge sowie das Stück Yakhaut, in der ein paar Pfund der wertvollen, bereits seit Monaten geräucherten Butter demnächst unter dem Schnee vergraben werden sollten. An einem Sparren über dem Feuer hingen auch einige lange Streifen gesalzenes und getrocknetes Yakfleisch. Anders als die Tibeter essen die Balti kein abgelagertes rohes Fleisch; vielleicht ist das Klima hier nicht kalt genug.

Auf unserem Rückweg trafen wir den ersten reinrassigen Yak, ein bereits kräftiges, zweijähriges Tier. Mir war bis dahin gar nicht so recht klargewesen, wie wenig Ähnlichkeit Yaks mit allen unseren Hausrindern haben: Sie haben Füße wie eine Ballerina und gleichen von vorn eher einem Bison. Er schloß mich sofort in sein Herz. Als ich ihn fotografierte, kam er näher und versuchte, meine Kamera zu fressen, und als ich ihn zwischen den Hörnern kraulte, die immerhin etwa einen halben Meter lang waren, geriet er förmlich in Ekstase. Aber als Rachel in ihrem knallroten Schneeanzug näher kam, senkte er sofort den Kopf, schnaubte drohend durch die Nüstern und begann mit den Vorderhufen zu scharren. Eilig holte ich meine Kamera wieder heraus, um ihn abzulenken, und sagte Rachel sehr ruhig, sie solle *langsam* außer Sicht gehen … Glücklicherweise erfüllte die Kamera ihren Zweck.

Wir kamen um 15.30 Uhr nach Hause, und ich ging gleich weiter zum »Hotel«, um *chappatis* für unser Abendessen zu holen. Der scharfe Wind, der ein paar Stunden zuvor aufgekommen war, wehte noch immer durch die Schlucht und trieb feinen Sand in alle Ritzen: Trotzdem trugen die wenigen ausgemergelten Kinder, denen ich begegnete, nur bis zur Taille offene Baumwollhemden und *shalwars*. Rachel wäre innerhalb von 24 Stunden tot, wenn man sie in diesem Aufzug einem solchen Wind aussetzen würde.

Vor dem »Hotel« standen mehrere Gruppen verschüchterte, struppig und abgerissen aussehende Männer, davon viele mit Kröpfen wie Rugby-Bälle. Sie warteten geduldig auf ihre monatliche, von der Regierung subventionierte Weizenration, die sie dann in der Wassermühle des Dorfes selbst mahlen. Sobald die jeweilige Zuteilung abgewogen war – wobei man Steine als Gewichte benutzte –, wurde das wertvolle Getreide in Schaf- oder Ziegenbälge gefüllt, an denen teilweise noch die Wolle hing. Wer abgefertigt war, setzte sich auf den Boden, und sobald ihm ein Freund die schwere Ladung mit Lederriemen auf dem Rücken befestigt hatte, stand er mühsam auf, nahm seinen Stock und machte sich langsam ausschreitend auf den weiten, anstrengenden Heimweg in irgendein zwischen den Bergen verborgenes Dorf. Während sie gebeugt unter ihren schweren Lasten und vom Wind gepeitscht davongingen, erinnerte ich mich an eine Stelle bei Sir Francis Younghusband: »Auf den ersten Blick machen die Balti einen zerfurchten, deprimierten Eindruck. Aber sie sind freundliche, liebenswerte Menschen, und sobald sie ihre Sorgen um das tägliche Brot für einen Moment vergessen, blühen sie auf und werden gesprächig.«

Diese subventionierten Nahrungsmittellieferungen sind eine große menschliche Tat der Regierung Bhutto, von der man in dieser Gegend nun wirklich nicht annehmen kann, daß sie dem Stimmenfang dienen soll. Einige Pakistani stehen jedoch auf dem Standpunkt, die Balti hätten diese Unterstützung nicht verdient, da ihre Armut im wesentlichen selbstverschuldet sei. Man behauptet, sie seien stinkfaul; die Hunzawal, die von der Natur auch nicht begünstigter seien, hätten stets genug zu essen gehabt. Ich bin nie in Hunza gewesen und kann daher hierzu nicht Stellung nehmen. Ich weiß nur, daß alle wissenschaftlichen und sonstigen Expeditionen, die Balti als Träger angeheuert haben, diese wärmstens wegen ihres Fleißes, ihrer Ausdauer, Loyalität, Geduld, Freundlichkeit, Fröhlichkeit und absoluten Ehrlichkeit gelobt haben.

Thowar, 31. Dezember

Heute sind wir einmal hinunter- statt hinaufgestiegen und fanden schließlich eine Stelle, wo man an den Indus herankommt. Fünf Meilen weit folgten wir der Jeep-Strecke nach Skardu. Obgleich den ganzen Tag die Sonne schien, sind wir nie in ihren Genuß gekommen, da wir bis zur Talsohle hinabgingen. In der Schlucht wehte dann auch noch ein schneidender Wind, so daß wir wollene Kopfschützer, Handschuhe und Schneebrillen brauchten – letztere, um unsere Augen vor den Staubkörnern zu schützen, die der Wind beständig aufwirbelte.

Die Großartigkeit, Unheimlichkeit, Formenfülle und Wildheit dieser Gegend kann man kaum in Worte fassen. Gelegentlich blieben wir stehen, um Felsbrocken von der Größe eines dreistöckigen Hauses zu betrachten, die bedrohlich über uns am Hang balancierten und so instabil wirkten, als könne eine Maus sie hinunterstürzen. Rachel fürchtete sich ein wenig vor ihnen, und als genau hinter uns ohne ersichtlichen Grund ein paar Steine herabkamen, sauste sie davon wie ein angeschossenes Kaninchen. Es ist nicht zu leugnen, daß die von diesem Terrain ausgehenden Gefahren dem täglichen Leben eine bestimmte Würze geben. Wir sind daran gewöhnt, unsere Umwelt als stabil und längst zur Ruhe gekommen zu betrachten, aber hier ist die Natur offenkundig nicht gezähmt und auch nicht bezähmbar.

Dann verließen wir die Straße und stiegen das letzte Stück über einen grauen sandigen Abhang voller grauer Steine und grauer Tuffs duftenden, getrockneten Thymians hinab. Zwischen diesem Abhang und dem Fluß erhob sich ein grotesker schwarzer Felshügel mit einer runden Kuppe aus goldenem Sand. Vom Weg aus hatte er wie eine Insel ausgesehen.

Der Indus floß hier sanft zwischen schmalen silbrigen Sandstreifen dahin. Es war ein seltsames Gefühl, am Ufer zu stehen, nachdem wir den Fluß in der letzten Woche so oft von hoch oben betrachtet hatten. Um das Ereignis zu zelebrieren, tranken wir mit Hilfe unseres Thermoskannenbechers feierlich ein wenig Induswasser und schrieben mit meinem äthiopischen *dula* unsere Namen in den Sand. Aber schon bald hatte der Wind sie wieder verweht – was ein guter Anlaß für eine philosophische Abschweifung wäre ...

Am Flußufer lag ein Wirrwarr toffeefarbener kleiner und großer Steinbrocken, die von Wind und Sand so blank poliert waren, als habe man sie mit Wachs eingerieben. Der Effekt war verblüffend: Die Steine glänzten wie sorgfältig gepflegte Möbelstücke.

Ganz anders dagegen das etwa 600 Meter hohe Kliff, an dessen Fuß wir in einer Höhle unseren Lunch aßen. Die grauschwarze, schartige, rissige Felswand (unsere Höhle lag in einer ihrer Spalten) türmte sich in diagonalen Lagen immer höher und höher auf und sah aus, als könne die geringste Erschütterung das ganze fadenscheinige Gebilde in den Indus stürzen. Ich fühlte mich lächerlich unbehaglich, während ich meine »peasoupe« trank – die natürlich wieder einmal mehrere jener unanständigen Wortspiele provozierte, für die Rachels Altersgruppe so geschmacklos empfänglich ist.

Gegen 14 Uhr hatte der Wind Sturmstärke erreicht, und wir machten uns eilig auf den Heimweg. Auf einem Felsband etwa eine halbe Meile von uns flußabwärts lag, nicht sehr hoch über dem Indus, ein einzelnes Dorf, aber wir haben den ganzen Tag dort keine Menschenseele gesehen; die dünngekleideten Balti verabscheuen diesen Wind.

Es ist wirklich erstaunlich, wie die Menschen hier mit den gegebenen Umweltbedingungen fertig werden und wieviel unendlichen Einfallsreichtum und zähe Entschlossenheit sie aufbringen, um ihr Leben zu fristen. Die örtlichen Bewässerungskanäle sind ein Wunder primitiver Technik, und es bedarf einer Menge Zeit und Überlegung, um sie in Ordnung zu halten. Da es praktisch nie regnet, muß das Gletscherwasser – häufig meilenweit – über gefährliche Berghänge und entlang nahezu senkrechter Felswände zu den wenigen bebaubaren Oasen geleitet werden. Um aber das mühsam herangeführte Wasser nutzen zu können, muß zuvor der Boden in Handarbeit terrassiert werden. Wenn die Balti wirklich so faul wären, wie manche Pakistani behaupten, wären sie längst ausgestorben.

Auch der Bau der Viehställe zeugt von viel Einfallsreichtum. Selbst aus nächster Nähe hält man ihre Dächer häufig für Felder; was nur zeigt, wie winzig viele Äcker sind. Plötzlich merkt man dann, daß man in Wahrheit auf einem Stall steht, und wenn man über den Rand schaut, erblickt man eine kleine Holztür in einem Steinwall, den man für eine Terrassenmauer gehalten hat. Diese Ställe werden in den Frühlings- und Herbstnächten von Ziegen und Schafen aufgesucht und dienen im Winter als Lagerraum für das Futter. Die Rinder sind dagegen fast immer im Dorf untergebracht.

Auf jedem Fleck fruchtbaren Bodens wächst eine Vielfalt an

Bäumen, darunter viele junge Pappeln, die als Baumaterial verwendet werden. Im Winter wirken sie sehr zerbrechlich. Groß, schlank und nackt stehen sie zwischen robusten asiatischen Platanen mit ihrer puzzleartigen silbrig-braunen Borke und stämmigen, weinumrankten Maulbeer- und Aprikosenbäumen.

Inzwischen ist es 22 Uhr und Zeit für mich, ins Bett zu gehen. Es ist mir leider nicht möglich, aufzubleiben und das neue Jahr zu begrüßen, das ich ohnehin nur mit Tee empfangen könnte. Komisch, daß einem Alkohol überhaupt nicht fehlt, wenn man keinen bekommen kann. Zu Hause wäre mir der Abend ohne einen Drink unerträglich.

3.

Gefahren und Abenteuer

> Etwa 100 Meilen weit strömt der Indus ungebändigt
> und dunkel durch eine mächtige Schlucht in den Ber-
> gen, die in ihrer Wildheit vielleicht einmalig ist ...
> Der Indus tobt durch die düstere Schlucht, schäumend
> und wütend in unbändigem Zorn. Aber selbst an die-
> sen unzugänglichen Plätzen haben mutige und erfin-
> dungsreiche Menschen über die Natur triumphiert.
> Den gähnenden Abgrund überspannen zerbrechliche
> Seilbrücken, und die engen Felsbänder sind durch Lei-
> tern verbunden und bilden einen schwindelerregenden
> Pfad, der über dem brodelnden Kessel hängt.
> *Alexander Cunningham (1854)*

Thowar, 1. Januar 1975

Ein trauriger Start ins neue Jahr. Nach dem Frühstück gingen
wir nach Dambudass, um Kerosin zu holen. Dort trafen wir
Syed M. Abbas Kazmi, einen der einflußreichsten Männer Skardus, dessen Bekanntschaft wir in Gilgit gemacht hatten. Er kam
gestern abend auf seinem Nachhauseweg hier an und erzählte
uns von einem schrecklichen Erdbeben, das sich am 29. Dezember im Swatgebiet des Industales ereignet hat. Wahrscheinlich
sind wir mit die letzten, die davon erfahren, obgleich sich das
Ganze nur 150 Meilen entfernt von uns abgespielt hat. Die Aurangzebs sind am 21. Dezember nach Saidu gefahren, aber wahrscheinlich in Sicherheit: Der Rundfunk hätte es bestimmt gemeldet, wenn sie betroffen gewesen wären. Schätzungsweise
7 500 Menschen sind umgekommen und 14 000 obdachlos geworden. Ein etwa 40 Meilen langes Stück des neuen Indus-Highway ist zerstört worden. Die Reparaturarbeiten werden einige
Monate in Anspruch nehmen, und während der gesamten Zeit
können keinerlei Waren auf der Straße in die Northern Areas

transportiert werden. Es ist daher mit ernsten Engpässen bei Petroleum und Kerosin zu rechnen.

Abbas Kazmi wirkt hier etwas deplaziert. Er ist ein schmächtiger, blasser junger Mann kaschmirischer – ursprünglich persischer – Abstammung, geboren und aufgewachsen in Skardu. Er trägt makellose, gutgeschnittene »europäische« Kleidung und spricht ein fließendes Englisch. Es wäre nicht unfair, ihn als Dandy zu bezeichnen. Natürlich protestierte er gegen die fünf Hühner, die sich mit uns den *charpoy* teilten, auf dem wir vor dem *chikhana* saßen, »weil sie unsere Kleidung beschmutzen werden«. Dann betrachtete er meinen dreckigen Schneeanzug und bemitleidete mich wegen des Mangels an *dhobi*-Möglichkeiten in Baltistan. Ich erwiderte trocken, daß mir die *dhobi*-Situation ziemlich gleichgültig sei, da wir keine Oberbekleidung zum Wechseln mitgebracht hätten. Abgesehen von seinem »Kleidungstick« ist Abbas Kazmi jedoch ein äußerst liebenswerter Mensch, weiß ungewöhnlich gut über Baltistan Bescheid und ist ausgesprochen nett. In Gilgit hatte er gehört, daß ich mir für ein paar Wochen in Skardu ein Zimmer mieten wollte, und heute erklärte er mir, daß dies völlig überflüssig sei. Wir könnten das leerstehende Haus eines seiner Freunde benutzen, der den Winter im Tiefland verbringt. In Asien empfiehlt es sich, seine Pläne stets möglichst vielen Leuten zu erzählen …

Hier gibt es kein subventioniertes Kerosin, und zwei Gallonen – nach Gewicht verkauft – kosten Rs 25 statt Rs 7, was angesichts der Transportschwierigkeiten ein angemessener Preis ist. Außerdem ist es unverfälscht, und unser Zimmer ist heute abend endlich frei von giftigen Dämpfen.

Der Kaufmann Zaffir Khan, bei dem wir inzwischen Stammkunden sind, hat uns heute in sein Haus eingeladen, um uns mit seiner Familie bekannt zu machen. Wie der Eigentümer des *chikhana* und der Besitzer des Hotels ist auch er Pathane. Die Einheimischen sind noch nicht »wach« genug, um die Vorteile ihrer neuen Straße wirtschaftlich zu nutzen. Abbas Kazmi erzählte mir, daß alle Läden und Hotels entlang der Jeepstrecke Pathanen gehören. Häufig sind es Verwandte der Jeepfahrer, die im Sommer regelmäßig Waren nach Skardu befördern. Pathanen wie Punjabi sind in ganz Baltistan unbeliebt. Dies beruht zum Teil auf einem ganz normalen Antagonismus, den jede isolierte Gemeinschaft gegen sich einmischende Außenseiter entwickelt, teils aber auch darauf, daß viele der Zugewanderten die in Geldangelegenheiten unbedarften Dorfbewohner übervorteilen, wenn diese zu ihnen kommen und Hühner, Eier oder Früchte gegen Tee, Zucker oder Kleidung eintauschen wollen. Selbstverständlich betrügen und verachten nicht alle Fremden die ungehobelten, dickschädeligen Balti-Bauern. Und einige – darunter auch Zaffir Khan – beklagen mit ihnen gemeinsam die vor kurzem erfolgte Absetzung ihrer Radschas, die wirkliche Kleinfürsten waren.

Wir wurden von Zaffir Khans ältester Tochter empfangen, einer gutaussehenden jungen, selbstbewußten und charmanten Frau. Wie die meisten Häuser in Dambudass war auch das Haus der Khans neu, aber in dem kleinen gepflegten Hof wuchsen bereits junge Pappeln. An der sonnigsten Mauer stand ein *charpoy,* über den eine saubere Steppdecke ausgebreitet war. Wir setzten uns neben die jüngere, zehnjährige Tochter und ihre kleine Balti-Freundin, die einen schweren Halsschmuck aus Silberornamenten trug. Es gibt hier keine erreichbare Mädchenschule, aber diese junge Pathanin übte sich mit einer Rohrfeder und Holzkohle-Tinte auf einem Brett aus Maulbeerbaumholz in Urdu. Die ältere Tochter hat die Schule im Tiefland besucht, bevor ihr Vater beschloß, sich als Pionier zu versuchen, und nun lehrt sie die jüngere die drei Rs.* Als ich mich erkundigte, warum die kleine Balti sich diese Bildungschance entgehen ließ, erhielt ich zur Antwort: »Sie mag nicht lernen.«

Nach etwa einer halben Stunde brachte unsere Gastgeberin einen blütenweiß gedeckten Tisch in den Hof. Dann erschien ein kleiner Diener mit einem Krug heißen Wassers, einem Stück Seife, einer Schüssel und einem frischen Handtuch. Pathanischer

---

* reading, (w)riting, (a)rithmetic – Lesen, Schreiben, Rechnen

Gastfreundschaft kann man nicht entkommen. Das Mahl aus – den unvermeidlichen – *chappatis* und Ziegenstew wurde durch kleine Kartoffelstücke ergänzt, die das Ganze für uns zu einem Neujahrsfestessen machten.

Dies war ein ungewöhnlich geselliger Tag. Auf unserem Rückweg nach Thowar fing uns Akbar vor dem »Hotel« ab, der 15jährige Sohn eines pathanischen Regierungs-»Unternehmers«, der seit einem Jahr mit Frau und Familie in einem Wohn- und Warenhaus in der Nähe des »Hotels« wohnt. Anscheinend ist im Distrikt Ronda ein solcher Regierungsunternehmer für den Transport und die Verteilung der subventionierten Waren zuständig. Akbar lud uns zum Tee mit seiner Mutter und zwei verheirateten Schwestern ein, deren Ehemänner ihrem Schwiegervater zur Hand gehen. Da die aus Peshawar kommenden Frauen strikt *purdah* einhalten, finden sie das Leben in Ronda todlangweilig. Keine der einheimischen Frauen spricht Urdu oder Pushtu, so daß sie außer Zaffir Khans Tochter und den Damen des Sanitätsteams keine Gesprächspartnerinnen haben. Akbar scheint das Leben hier jedoch offensichtlich zu genießen. Er hat sich angeboten, uns morgen nach Mendi zu führen: Ein Ausflug, bei dem wir den Indus in einem *ghrari* überqueren müssen – einem an einem Stahlseil aufgehängten Kasten. Ich würde lieber allein gehen, weiß aber nicht, wie ich ihm dies beibringen soll, ohne ihn zu verletzen.

Eben war Mazhar zu seinem allabendlichen Plausch hier. Ich habe inzwischen eine echte Zuneigung zu ihm entwickelt – die weit über jene Sympathie hinausgeht, die man gelegentlich für Mit-Exilanten empfindet – und werde ihn sehr vermissen, wenn wir weiterreisen. Er ist einer der prächtigsten orthodoxen Moslems, ein Mann von hohen Grundsätzen und ernsthaftem Charakter und zugleich von einem überschäumenden Humor, echtem Mitgefühl und einer intelligenten Neugier, was andere Kulturen betrifft. Er freut sich keineswegs darauf, sein Studium nach der Prüfung in den freizügigen USA fortzusetzen, wenngleich er zugibt, daß es unmöglich ist, in Pakistan eine erstklassige medizinische Ausbildung zu bekommen.

Heute abend erzählte er mir von seinen Heiratsplänen: Wenn er aus Amerika zurückkommt, wird er seiner Mutter sagen, daß er gern ein bestimmtes Mädchen aus etwa einem Dutzend junger Frauen heiraten würde, die seine Eltern für ihn ins Auge gefaßt haben. Dann wird man Verbindung zu den Eltern dieses Mädchens aufnehmen, und wenn ihnen Mazhar gefällt, wird sie ihn kaum abweisen. Mazhar hat keinen Zweifel daran, daß diese Art die beste ist, eine Heirat zu arrangieren. Das Verhalten junger westlicher Paare stößt ihn ab. Wie jemand, der Zeuge irgendeiner schauerlichen Orgie geworden war, beschrieb er einen Jungen und ein Mädchen, die er auf der Straße in Pindi gesehen hatte und die jeder den Arm um die Schultern des anderen gelegt hatten. »In den eigenen vier Wänden ist das in Ordnung«, meinte er, »aber in der Öffentlichkeit verletzt es jeden Moslem. Es ist ein Anblick, bei dem uns vor Ekel schlecht wird. Wie können sich zivilisierte Menschen so aufführen, wenn Kinder und junge Leute ihnen zusehen können? Wir verstehen es nicht.« Armer Junge! Er wird sich einer Schocktherapie unterziehen müssen, wenn er in seinem Krankenhaus in Brooklyn ist.

Thowar, 2. Januar

Als wir Akbar heute morgen beim Hotel trafen, lag uns Mendi zwar direkt gegenüber, aber die Landschaft ist hier so chaotisch, daß man einen Umweg von vier Meilen machen muß, um zu dem *ghrari* zu kommen. Und was für einen Weg! Wir hatten ihn bei unseren Wanderungen schon teilweise erkundet und waren an einem bestimmten Punkt umgekehrt in der ehrlichen Überzeugung, daß wir in eine Sackgasse geraten waren – aus menschlicher Sicht. Wir konnten zwar noch einen schwachen Pfad erkennen, der sich in einem halsbrecherischen Winkel an einer senkrechten Felswand fortsetzte, aber ich war fest überzeugt gewesen, daß er nur von den jüngeren und agilen Ronda-Ziegen benutzt würde. Heute wurden wir jedoch belehrt, daß dies die Hochstraße nach Mendi ist.

Akbar hüpfte fröhlich voraus, während ich Rachels Hand ergriff, Misses Murphy dem Schutz Allahs empfahl und Akbar behutsam folgte. Da dieser Pfad nicht geschaffen war, um jemanden an der Hand zu führen, mußte ich die meiste Zeit im Krebsgang gehen, wobei ich stets eine wunderbare Aussicht auf den Indus hatte, der nach und nach näher kam, sowie die Gewißheit, daß wir beim geringsten Ausrutscher im Wasser landen würden. Heute führte der Fluß zum ersten Mal in diesem Winter zahlreiche große gefrorene Schneeblöcke mit sich, was ihm ein ungutes Aussehen verlieh. Wahrscheinlich wäre es sicherer gewesen, hintereinander zu gehen, aber der mütterliche Instinkt reagiert nicht immer vernünftig, und ich konnte mich nicht überwinden, Rachel allein gehen zu lassen, wozu sie durchaus bereit war. Sie fand meine wunderlichen Vorsichtsmaßnahmen zum Totlachen, aber als dann der berühmte *ghrari* in Sicht kam, wurde sie ziemlich kleinlaut.

Gerade kam ein Mann von Mendi herüber, und wir blieben stehen, um seine kleine Gestalt in der hin- und herschwingenden engen Holzkiste von der Größe einer kleinen, an einer Seite offenen Teekiste zu beobachten, die vermittels zweier Kabel und eines Flaschenzuges an einer Stahltrosse hing. Die Trosse war von Fels zu Fels ungefähr 100 Meter lang und hing etwa 70 Meter über dem Fluß. Zu beiden Seiten waren am Ende des Pfades Landeplattformen in den Fels gehauen.

Nach einer Schrecksekunde fragte Rachel mit zittriger Stimme: »Muß ich da allein rüber?«

»Höchstwahrscheinlich nicht«, gab ich entschieden zurück und hoffte, daß in der Kiste kein Platz für zwei sein würde – oder für eineinhalb –, so daß ich einen ehrenvollen Rückzieher vor dieser einmalig unattraktiven Art der Beförderung würde machen können.

Wir setzten unseren Weg fort und versuchten, nicht auf die in der finsteren Tiefe der Schlucht ruckende und schaukelnde Kiste zu blicken. Als wir die Landeplattform erreichten, stieg der Passagier gerade aus. Akbar strahlte uns an und hielt das gräßliche

Ding fest, damit Rachel einsteigen könne. Jetzt konnte ich sehen, daß für eineinhalb Personen gerade Platz genug war.

»Willst du wirklich nach Mendi?« fragte Rachel mit ersterbender Stimme.

»Es ist der allerletzte Ort auf Erden, wo ich hinmöchte«, erwiderte ich offen und von ganzem Herzen. Aber als ich gerade vorschlagen wollte, den Rückweg anzutreten, meinte Rachel: »Aber wenn wir jetzt umdrehen würden, wäre das nicht sehr mutig.« So wurde eine angeblich unerschrockene Reisende vom Mut eines Kindes beschämt.

Der Kasten bockte übelkeiterregend, als ich Rachel hineinsetzte, und einen schrecklichen Moment lang fürchtete ich, er würde auf seiner Rolle davonfahren, bevor ich zusteigen konnte. Wir wurden dicht nebeneinander hineingezwängt, unsere Beine baumelten über dem Fluß, und als Akbar losließ, ergriff ich die beiden Kabel, und von der Gnade des einen kleinen, auf der Trosse laufenden Rades abhängig, schwangen wir durch die Luft.

Komisch, aber sobald die Katastrophe ihren Anfang genommen hatte, hörte sie auf, eine zu sein. »Es sah nur so fürchterlich aus!« begeisterte sich Rachel. »Dabei macht es richtig Spaß!« Bei allem Verständnis für meine Tochter, aber diese Überfahrt als »Spaß« zu bezeichnen, scheint mir ein wenig zu weit zu gehen. Man fühlt sich jedoch überraschend sicher, selbst wenn der *ghrari* mitten über dem Strom anhält, weil sich der *chowkidar,* der auf der zweiten Hälfte der Strecke den Flaschenzug bedient, gerade mit einem Freund unterhält. Natürlich war es ein tolles Erlebnis, an den aufragenden dunklen Felswänden zu beiden Seiten hinaufzublicken und dann hinunter auf den schnell fließenden, schneeführenden Indus. Mit Erleichterung stellte ich fest, daß der Fluß hier ziemlich tief war – falls die Trosse doch noch reißen sollte, würden wir wenigstens nicht zwischen den Felsen zerschmettert werden.

Als der *chowkidar* dann anzog, fuhr die Kiste langsam weiter in einer Serie von Stößen, von denen manche doch so beängstigend waren, daß ich meine Kabel fester faßte. Ich versicherte mir immer wieder, daß bereits ganze Bevölkerungsscharen aus Mendi und verschiedenen anderen Dörfern diesen *ghrari* an jedem Tag des Jahres ohne Zwischenfall benutzt hatten. Aber es wäre müßig, zu leugnen, daß ich ziemlich erleichtert war, als wir die Landeplattform erreicht hatten. Meine Erleichterung war jedoch nur von kurzer Dauer. Akbar gestand, daß der Weg nach Mendi hinauf »sehr gefährlich« sei; selbst die Balti kehrten von dort mit einiger Regelmäßigkeit zu ihrem Schöpfer zurück.

Die »Mendi-Seite« des Flusses ist fruchtbarer als unsere. Ihr bewohnbares Felsband erstreckt sich über einige Meilen. Selbstverständlich ist es nicht eben. Um es zu durchqueren, muß man eine tiefe, mit Steinen gefüllte Schlucht auf einer wackeligen, engen Brücke aus Brettern überschreiten, einen schlüpfrigen, grauen Abhang 300 Fuß hinauf- und eine fast senkrechte braune Felswand 500 Fuß hinabsteigen, Felder verbrannten, gelben Weidelands kreuzen, die mit gigantischen schwarzen Felsbrocken von der Größe und Form einer Scheune bedeckt sind, noch einmal 200 Fuß hohe Dämme aus krümeliger, zimtfarbener Erde bezwingen – und so weiter.

Es fiel mir schwer, zwischen den Behausungen der Menschen und denen der Tiere zu unterscheiden. Von den ersteren waren einige ziemlich verfallen, während letztere zum Teil wunderschön waren. Viele Ställe werden schichtweise aus Holz und Stein errichtet und haben Obergeschosse aus geflochtenen Weidenzweigen.

Akbar zeigte uns die beiden »Paläste« des hiesigen Radscha. Der ältere liegt hoch oben an einem uneinnehmbaren Felsen und ist befestigt; der neuere wurde erst vor ein paar Jahren fertiggestellt und liegt nicht weit vom *ghrari* entfernt. Beide sind weit größer als ein Bauernhaus, aber im selben Stil gebaut.

Hier sahen wir zum ersten Mal Balti-Ponys. Die robusten, flinken kleinen Tiere werden in diesem poloverrückten Gebiet liebevoll gehätschelt. Die Absetzung der Radschas hat indessen auch das Polospiel beeinträchtigt: Sie züchteten die besten Ponys und subventionierten und förderten das Spiel, wobei sie für gewöhnlich das örtliche Team auf dem Feld anführten. Wir kamen heute an zwei großen, sorgfältig instand gehaltenen Poloplätzen vorbei, den beiden einzigen absolut sauberen und ebenen Bodenflächen, an die ich mich seit unserer Abreise aus Gilgit erinnern kann. Auf beiden spielten Jungsmannschaften Polo ohne Ponys, was an Hurling erinnerte. Sie benutzten entsprechend zurechtgeschnitzte Zweige als Schläger, und der aus einem mit Lederstreifen umwickelten Stein hergestellte Ball sah einem *sliothar* bemerkenswert ähnlich. Selbst die Kleinsten unter ihnen zeigten eine erstaunliche Kraft und Geschicklichkeit, während sie jene langen Felder mit unglaublicher Geschwindigkeit rauf- und runtersprinteten. Auf den niedrigen Umgrenzungsmauern saßen mehrere Männer in der Sonne und riefen ihnen Anweisungen zu, und ich kam nur knapp davon, als ein kleiner Teufel von vielleicht zwölf Jahren mit voller Absicht den Ball so dicht an meinem Gesicht vorbeizischen ließ, daß ich den Luftzug spürte. Zweifellos wollte er nur seine Treffsicherheit dokumentieren, aber Akbar war richtiggehend wütend. Hätte mich das Geschoß an der Schläfe getroffen, so stünde es um meine Gesundheit jetzt sicher nicht zum besten.

Hoch über Mendi, nahe der Schneegrenze, wo Akbar die Bewohner von einem halben Dutzend Hütten kannte, legten wir eine Lunchpause ein. Von hier hatten wir eine unübertreffliche Aussicht auf die Berge; der gesamte Horizont wurde von gleißenden weißen Spitzen gesäumt. Als wir uns auf den Boden setzten, brachte man uns hastig eine schmutzstarrende Decke, um es uns bequemer zu machen; aber selbst als sich ein kräftiger Mittagswind erhob und ringsum den Staub aufwirbelte, wurden wir nicht ins Haus gebeten. Die einzigen sichtbaren Bewohner waren ein paar kleine Kinder: abgerissen, schmutzig, unterernährt und verängstigt. Rachels Annäherungsversuche fanden kein Echo, und die allerkleinsten gerieten wegen meiner Kamera fast in Panik. Dafür gab es überall Tiere: Yaks, Kühe, Kälber, Schafe, Lämmer, Ziegen, Zicklein, Ponys und Hühner. Nur der älteste Gefährte des Menschen fehlte; bisher habe ich in Baltistan noch keinen Hund gesehen und auch keine Katze. Wahrscheinlich liegt dies daran, daß man wegen des akuten Mangels kein Futter für sie hat.

Akbar holte unser Essen aus einer Hütte, deren Bewohner zu scheu waren, um herauszukommen. Das Mahl bestand aus einer Scheibe schmackhaften Maisbrots und einem Blechteller wäßriger, mit Knoblauch und Thymian gewürzter Linsensuppe. Thymian wächst hier in den Bergen überall reichlich, und selbst wenn man die jetzt ausgetrockneten, braunen Klumpen auseinanderbricht, verströmen sie noch immer ihren typischen Duft. Der viele Thymian erklärt wahrscheinlich auch, warum das Fleisch der Ziegen hier so gut schmeckt. Sobald wir unser Mahl beendet hatten, brachen wir wieder auf, denn inzwischen war der Wind ziemlich unangenehm geworden. Im Weggehen wurde Akbar von einer Frauenstimme zurückgerufen. Als er wieder zu uns kam, brachte er ein Geschenk für Rachel mit: drei winzige Eier, die man um diese Zeit auf dem Markt in Dambudass nicht für Geld und gute Worte bekommt.

Zwei Stunden später waren wir wieder am Rand der Schlucht, und nun packte mich die Angst – nicht beim Gedanken an den *ghrari,* sondern bei der Aussicht, jenen unmöglichen Pfad wieder hinunter zu müssen. Abstiege sind immer schwieriger, und Akbar ging mit einem Freund aus Mendi bereits weit voraus. Rachel fest an der rechten Hand (der Abgrund befand sich zu unserer Linken) bewegte ich mich langsam und stetig bergab und versuchte, nicht auf den Fluß zu sehen – was nicht leicht war, da sein Rauschen und Strömen einen geradezu hypnotischen Effekt hatte. Es ging alles gut, bis wir an einen Punkt etwa 250 Fuß über dem Wasser kamen, wo der Pfad schlicht aufhörte zu existieren. Über eine Distanz von vielleicht zwei Metern – nur zwei mutige, schnelle Schritte! – muß man um eine Felsnase herum auf einem schmalen Band, auf dem kaum ein Vogel sitzen kann. Generationen tapferer, trittsicherer Mendi-Füße haben dieses Band blankpoliert, und die Ausbuchtung schwebt so herausfordernd über dem Fluß, daß es unmöglich ist, nicht hinunterzusehen. Der Anblick all jener unter uns herumwirbelnden, gefrorenen Schneeklumpen machte mich noch schwindliger. Um an diesem Vorsprung vorbeizukommen, muß man seinen Körper nach außen biegen und zugleich den Kopf einziehen, um nicht anzustoßen – und nirgends ein Griff zum Festhalten.

Während ich dort hockte, mit einem Fuß auf dem glattpolierten Felsen, und mir überlegte, wie ich dort herumkommen konnte, ohne Rachels Hand loszulassen, überkam mich plötzlich eine fürchterliche, alptraumhafte Lähmung. Ich fühlte, daß ich nicht weitergehen, aber Rachels wegen auch nicht wieder auf den Pfad zurück konnte, der genau hinter uns nur unwesentlich weniger abschreckend war. Zum ersten Mal in meinem Leben hatte ich total die Nerven verloren. Es war ein unbeschreiblich grauenvolles Gefühl – bei weitem die erschreckendste Erfahrung meines nicht gerade übermäßig behüteten Lebens. Ich stand kurz vor einer Panik, was höchstwahrscheinlich zu einer Katastrophe geführt hätte. Und plötzlich fragte Rachel völlig aus dem Blauen heraus, wie es so ihre Art ist: »Mami, wie macht man eigentlich Torpedos?« Möglicherweise hat uns diese Frage das Leben gerettet, indem sie mich vorübergehend vom Indus ablenkte.

Ich traute mich nicht, den Kopf herumzudrehen, weil ich fürchtete, Rachel mein Gesicht sehen zu lassen und sie mit meiner panischen Angst anzustecken, und so beschränkte ich mich auf meine Standardantwort auf technische Fragen: »Ich habe absolut keine Ahnung, mein Schatz.« Und der Klang meiner eigenen Stimme und die altvertrauten Worte brachten mich wieder zur Vernunft. Als Akbar von der Landeplattform zu uns heraufsah, rief ich ihm zu: »Bitte, nimm Rachel!« Er sauste das Kliff wieder hinauf, und ich reichte ihm Rachel über dieses schreckliche Stück »Weg« hinweg. Und im gleichen Moment, da sie in Sicherheit war, hatte ich meine Nerven wieder unter Kontrolle. Lässig manövrierte ich mich um die Felsnase herum, wobei ich mir aufmunternd vor Augen hielt, daß ich mich im Falle eines Absturzes wahrscheinlich schwimmend retten könnte. Aber diesen lähmenden Augenblick werde ich nie vergessen. Ich erinnere mich vage, gestern geschrieben zu haben, daß ich lieber ohne Akbar nach Mendi gehen wollte. Ich nehme das zurück. Was wäre wohl ohne ihn aus uns geworden? Hätte mein mütterlicher Instinkt mich schließlich wieder zur Vernunft gebracht – oder hätte er den gegenteiligen Effekt gehabt? Ich fürchte das letztere: Ich war ganz schön hinüber.

Nach diesem Erlebnis hatte der *ghrari* seine Schrecken verloren, obgleich ein eisiger Sturm durch die Schlucht fegte und die Kiste weit heftiger schaukelte als heute morgen. Auch gab es auf der anderen Seite keinen *chowkidar*. Statt dessen machte ein schmächtiger Jüngling, der seinerseits nach Mendi wollte, ziemlich viel Wind darum, daß er uns das letzte Stück rüberziehen mußte. Als wir auf der Landeplattform auf Akbar warteten – der nun besagten Jüngling hinüberholte –, bemerkte ich, daß die Trosse auf etwa einem Meter bis auf ein Drittel ihrer ursprünglichen Dicke durchgescheuert war. Wahrscheinlich besteht trotzdem keine Gefahr, aber ich bin froh, daß mir dieses Detail nicht früher aufgefallen war.

Der *chowkidar* war inzwischen zurückgekehrt und schloß sich Akbar auf seiner Überfahrt an. Dabei demonstrierte er uns, wie man einen *ghrari* solo handhaben kann, indem der Passagier an Seilen zieht, die durch an der Trosse befestigte Ringe laufen. Dies geht wesentlich langsamer und ruckartiger, als wenn man von der Plattform aus geschleppt wird. Nach zwei Dritteln des Weges hatte sich irgend etwas verklemmt, und der *chowkidar* hatte hart zu kämpfen, bevor es weitergehen konnte. In der Zwischenzeit drehte sich der Kasten wild herum, und ich hatte tiefes Mitleid mit dem armen Akbar. Seltsamerweise war der *ghrari* nicht für zwei Erwachsene zugeschnitten, und unser Freund hing halb aus dem Kasten heraus. Für mich schwebte er in höchster Gefahr, aber er selbst schien überhaupt nicht besorgt.

Manchmal werden sogar Ponys mit Seilen an den *ghrari* gebunden und über den Indus transportiert. Aber nicht sehr oft, denn die Unfallrate ist ziemlich hoch. Und wenn die in Panik geratenen Tiere in den Fluß stürzen, nehmen sie die Kiste gewöhnlich gleich mit, was zu einer ernsthaften Unterbrechung der örtlichen Kommunikation führt: In der Schlucht kann weder ein Boot noch ein Floß benutzt werden, und es bildet sich auch das ganze Jahr über keine Furt. Wieder ein Beweis dafür, wie feindlich dieses Terrain dem Menschen gegenüber ist.

Wir machten im »Hotel« eine – sehr notwendige – Teepause und trafen dort einen weiteren »Außenseiter«, einen sauber gekleideten Mann von etwa 35 Jahren. Er stellte sich in passablem Englisch vor als »Mr. Aman, Leitender Offizier beim Straßenbau im Bezirk Ronda«. Damit entstand sofort eine etwas mißliche Situation, da wir die V.I.P.-Suite im Rasthaus bewohnten, von der Mr. Aman geglaubt hatte, daß sie ihm zur Verfügung stünde. Da hier jedoch niemand etwas dabei findet, wenn sich unverheiratete Männer und Frauen ein Schlafzimmer teilen, wird er mit bei uns einziehen. Das hat zur Folge, daß ich auf dem Boden schlafen werde. Aman hat mich zwar nicht darum gebeten, aber er jammerte so herzzerreißend über Rondas außerordentlich niedrige nächtliche Temperaturen und das Unglück, kein Bett zu haben, daß ich ihm meins abtrat, nur damit er ruhig war.

Ich finde Amans Gesellschaft ungewöhnlich langweilig. Er ist ein Nagarwal und lebt in Skardu, von wo aus er heute mit dem Militärjeep hierherkam. Wie viele seines Volkes hat er braunes Haar, blaßblaue Augen, eine sehr helle Haut und auffallend ausgebildete Kaumuskeln – die Folge einer auf zähen getrockneten Aprikosen und harten Aprikosenkernen beruhenden Ernährung. In den letzten beiden Stunden hat er sich an unserem Ofen die Hände gewärmt und mir beim Schreiben zugesehen. Er hat nicht ein Wort gesagt, und sein stummer, forschender Blick macht mich verrückt. Sein Verhalten unterstreicht einen grundsätzlichen Unterschied zwischen Ost und West. Obgleich er nicht ganz ungebildet ist, fühlt er sich offensichtlich dabei glücklich, auf unbegrenzte Zeit nichts zu tun. Ich glaube kaum, daß ich eine große Zuneigung zu einem Mann entwickeln werde, der ohne ein einziges Buch nach Ronda kommen konnte. Andererseits hat sich die Gewohnheit, Bücher zur Unterhaltung zu lesen, noch längst nicht überall im Subkontinent durchgesetzt; selbst diejenigen, die eine entsprechende Ausbildung und das notwendige Geld besitzen, lesen in der Regel nur Zeitschriften und Tageszeitungen.

Thowar, 3. Januar

Als wir hier ankamen, haben wir allen erzählt, daß wir ein Pony kaufen wollten, aber das Jeep-Zeitalter hat die Arbeitsponys in den meisten von hier an einem Tag zu erreichenden Dörfern von der Straße vertrieben. Heute morgen jedoch erzählte uns Mazhar, daß in einem Dorf hoch über Homu ein Pony zu verkaufen sei; und nun wird unser nächster Schritt darin bestehen, durch einen praktischen Versuch herauszufinden, ob das Pony und Rachel miteinander zurechtkommen – und zu hoffen, daß wir später keine Überraschung erleben.

Sobald man sich im Orient auf ein Geschäft einläßt, muß man sich an ein neues Tempo gewöhnen. Heute habe ich mich kasteit und den ganzen Tag auf den versprochenen Besuch des Ponyeigentümers gewartet, ohne mir (oder der aufgeregten Rachel) zu gestatten, fest mit ihm zu rechnen. Um Aman aus dem Weg zu gehen, hielten wir uns stundenlang zwischen den schwarzen Felsbrocken unterhalb des Rasthauses auf, rechneten und lasen und hielten nach unserem Pony Ausschau – das natürlich nicht kam.

Seit Silvester sind die Tagestemperaturen merklich gefallen, und unser Wasserfall ist seit 48 Stunden restlos gefroren. Es ist ziemlich mühsam, genug Eis zum Kochen und Waschen abzuschlagen. Nicht, daß letzteres viel von unserer Zeit in Anspruch nimmt. Der hier allgegenwärtige Schmutz fördert nicht unbedingt den Versuch, sich sauberzuhalten; letztlich führt er nur zu Frustrationen, wenn nicht gar zu einer Lungenentzündung. Seit wir Islamabad verlassen haben, sind wir nicht aus unseren Sachen herausgekommen. Aber trotzdem sind wir noch nicht völlig verkommen, zumindest nicht nach unserer eigenen Einschätzung. (Falls der Leser anders darüber denken sollte, möge uns irgendein fliegender Teppich zu ihm bringen.) Die ersten Tage in schmutzigen Klamotten sind meist ein wenig unangenehm, aber danach macht man es sich in seiner Nische inmitten des Pöbels bequem.

Aman wohnt (leider!) immer noch bei uns, sitzt mir beim Schreiben gegenüber und blättert in Jan Stephens *The Horned Moon*. Ich habe es ihm in der verzweifelten Hoffnung geliehen, daß er mich dann weniger stört, aber während er mit einem gut angefeuchteten Zeigefinger eifrig darin herumblättert, tritt genau der Gegeneffekt ein. Unser Hiersein scheint ihn ein wenig zu ärgern, obgleich wir ihm kostenlos Wärme, Licht und Unterkunft bieten.

Thowar, 4. Januar

Heute hat sich das Wetter dramatisch verschlechtert, was aber am 4. Januar im Karakorum kaum überrascht. Gewöhnlich wachen wir um sechs Uhr auf und bleiben dann noch ungefähr eine Stunde in unseren Schlafsäcken liegen und lesen, denn hier steht kein vernünftiger Mensch vor Sonnenaufgang auf. Heute morgen war das Lesen indessen etwas kompliziert: Wir mußten beide einen Handschuh anziehen, um unser Buch zu halten. Das Jaulen des Windes, das mich in der Nacht bereits mehrmals geweckt hatte, war gegen acht Uhr zu einem schrillen Geheul geworden, das Wolken, Säulen und Schleier aus grauem Staub vor sich hertrieb – wunderschön anzusehen, aber kein Spaß, dort hinaus zu müssen. Und wir mußten hinaus, da wir auf der Flucht vor Aman im »Hotel« frühstücken wollten. Er hat eine erstaunliche Fähigkeit, Spannungen zu erzeugen, ohne irgend etwas zu sagen oder zu tun, das man beschreiben könnte.

Zwischen den einzelnen Böen überraschte uns beide immer wieder die absolute Stille der vollständig erstarrten Landschaft. Normalerweise fällt einem gar nicht auf, wieviel Hintergrundgeräusche Flüsse, Bewässerungsgräben und Wasserfälle produzieren. Weite Teile des Weges waren mit einer dicken Eisschicht überzogen, die Wasserfälle waren zu aufragenden, durchsichtigen Säulen geworden, umgeben von der bizarren Eleganz riesiger Bouquets aus Eiszapfen, die sich um die Thymianbüschel gebildet hatten. Von den Felswänden neben der Straße hingen fantastisch geformte Eismassen herab. Rachel war von all dieser Schönheit so überwältigt, daß sie alles andere darüber vergaß. Als wir das Rasthaus verließen, war die Luft so kalt, daß sie kaum atmen konnte. Ich habe sie zwar behutsam hier eingewöhnt, aber dies war der erste Morgen, an dem wir draußen waren, bevor die Sonne Thowar erreicht hatte – nicht, daß sie uns heute überhaupt erreicht hätte.

Als wir das Hotel um 9.30 Uhr wieder verließen, zeigte der Himmel ein einförmiges kaltes Silber, und auf den Bergspitzen schneite es. Wir hatten gehofft, Aman ginge inzwischen seinen Tagesgeschäften nach (der Bezahlung der P.W.D.*-Kulis), aber er hatte erst mit seinen Gebeten begonnen. Dann mußte er noch frühstücken und seine Toilette beenden – ein etwas längerer Prozeß, da er sich sehr sorgfältig das Gesicht eincremt und 15 Minuten damit zubringt, sein welliges Haar mit Hilfe eines Handspiegels zu striegeln, einzuölen und in eine gefällige Form zu bringen. Als Rachel fragte:»Mami, warum haben *wir* keinen Spiegel?«, versetzte ihm die unglaubliche Entdeckung, daß eine *Frau* ohne diesen lebenswichtigen Ausrüstungsgegenstand in das hinterste Zentralasien gereist war, einen tiefen Schock. Er sieht gut aus – auf eine etwas weibische Art –, aber er hat einen verkniffenen kleinen Mund und kann einem nicht in die Augen sehen.

»Unser« Pony lebt in einer Höhe von 12 500 Fuß. Sein Eigentümer kam heute mittag allein hier an und erklärte uns, daß der Weg völlig vereist und das Risiko daher zu groß gewesen sei, es mit herunterzubringen. Auch Aman konnte heute nicht viel

---

* Public Works Department

tun. Die meisten Männer, denen er ihr Geld bringen sollte, konnten ihre hochgelegenen Dörfer nicht verlassen. Den ganzen Tag lang drückte sich alles in der Nähe irgendwelcher Wärmequellen herum, und der Wind heulte und klagte wie eine Kreatur im Todeskampf. Alles in unserem Zimmer ist von feinem Staub durchdrungen. Und als der Himmel über der Schlucht immer tiefer herabsank und dunkler wurde, verschwanden die Berge. Um 15 Uhr ging ich zum »Hotel«, um uns *paratas* fürs Abendessen zu holen. Zum ersten Mal fand ich die Tür geschlossen. Etwa 30 Männer hockten um das Feuer in einer Dunkelheit, die von den Flammen kaum erhellt wurde (ein Fenster gibt es nicht), und begrüßten mich freundlich im Chor. Seit unserem Ankunftsabend, als man uns zunächst so feindselig betrachtete, scheint eine lange Zeit vergangen zu sein. Wie gewöhnlich mußte ich lange warten, bis unsere *paratas* von einem fröhlichen, zerlumpten jungen Mann mit ständig laufender Nase, der sich bestimmt seit seiner Geburt nicht mehr gewaschen hat, geknetet, ausgerollt, geformt und gebacken waren. Er ist der 14jährige Balti-Lehrling des pathanischen Besitzers. Im Sommer würde ich es nicht wagen, Rachel in eine derartig dreckige Region mitzunehmen, aber bei dieser Kälte haben Bakterien keine Überlebenschance.

Auf dem Heimweg überholte ich einen alten Mann mit buschigem Bart und einem fröhlichen Lächeln, der einen langen, scharlachroten Damenmantel trug, der vor 15 Jahren in Europa modern gewesen sein mochte. Wer weiß, auf welchen wundersamen Wegen er hierher gekommen ist. Hinter ihm kämpften drei kleine Jungen mit einer fadenscheinigen Decke und versuchten, sie so weit in die Länge zu ziehen, daß sie alle darunter vor dem böigen Wind Schutz fanden. Sie hatten Ähnlichkeit mit den Illustrationen einiger rührseliger viktorianischer Romane, aber als ich an ihnen vorbeiging, sah ich, daß sie fröhlich vor sich hin kicherten.

Unter dem sonnenlosen, fahlen, grauen Himmel wirkte die Eisschicht auf den Felsen dumpf, der Sandstaub wirbelte in erstickenden Spiralen durch die Luft, und die kahlen Felsen der Schlucht ragten schwarz neben dem schneegefleckten Indus auf. Ronda machte heute einen trostlosen, gequälten und peinigenden Eindruck, abgeschnitten von jeder Gnade oder Hoffnung. Und dennoch werden in drei Monaten seine Oasen wieder zum Leben erwachen, und in fünf Monaten wird hier das wiedergefundene Paradies sein.

Mazhar berichtete heute abend von einem Streik der Jeepfahrer. Die Idee zu streiken kommt einem in diesem Teil der Welt ein wenig sonderbar vor, aber ich vermute, daß sie zusammen mit den modernen Maschinen importiert wurde. Die Fahrer protestieren dagegen, daß die in der Schlucht arbeitenden Straßenbaukolonnen der pakistanischen Armee ihre Sprengungen nie rechtzeitig vorher ankündigen. Infolgedessen werden die Jeeps oft stundenlang aufgehalten, und die Fahrer müssen häufig ihren Weg im Dunkeln fortsetzen, und dies auf einer Strecke, die selbst der Leichtsinnigste nachts nicht freiwillig befährt. Die Jeepfahrer verlangen, daß die Pakistani es wie die Chinesen machen sollten, die 48 Stunden vor jeder Sperrung eine Warnung durchgeben. Aber offensichtlich ist dies zuviel verlangt; hier ist alles anders als in Pakistan.

Ich bin glücklich, berichten zu können, daß Aman unser Zimmer heute abend zu kalt fand: Es wird nur von unserem eigenen kleinen Ölofen geheizt. So hat er sich an den Holzofen des *chowkidar* begeben. Es gibt auch hier einen Holzofen, aber Feuerholz kostet Rs 40 pro *maund**, und Aman ist grenzenlos geizig.

Thowar, 5. Januar

Heute war das Wetter nur ein klein wenig besser als gestern. Auf den Bergspitzen wehte ein Schneesturm; und obgleich die Sonne gelegentlich durchkam, taute es nicht einmal an der Oberfläche. Das Hochgebirgspony blieb daher vorerst unerreichbar. Statt

---

* in Asien gebräuchliches Raummaß, das zwischen 11 und 37,4 kg liegen kann dessen wurde uns gegen Mittag ein anderes Tier aus dem Dorf Ronda zur Begutachtung vorgeführt. Dieses ehemalige Polo-Pony ist nach Aussage seines Besitzers zehn Jahre, nach Meinung des Head Constable Ghulam jedoch – der nicht zulassen will, daß wir übers Ohr gehauen werden – 14 Jahre alt. Sein langes Winterfell würde ich als ingwerfarben bezeichnen, obgleich Pferdekenner zweifellos eine andere Bezeichnung dafür haben. (Ich erinnere mich, daß man mir einmal erklärte, daß weiße Pferde als »Graue« bezeichnet würden – oder war es umgekehrt?) Es hat eine äußerst liebenswerte Art und akzeptierte ohne Murren unseren Sattel inklusive Rachel. Aber man sieht ihm an, daß es seit Monaten halb verhungert ist. Als Rachel mit ihm auf dem ebenen Platz vor dem Rasthaus hin und her ritt, ging es recht gut, aber als ich es ein steiles Stück den Weg hinaufführte, schlich es ziemlich dahin. Sein Besitzer verlangt Rs 1000 – ein absurder Preis. Ein erstklassiges Polo-Pony in gutem Zustand könnte hier schon Rs 4000 bis 5000 bringen, aber dieser arme Kerl ist nicht mehr als ein paar Hundert wert. Falls wir es kaufen, müßte es in Skardu erst einmal aufgepäppelt werden, bevor wir ihm zumuten könnten, Rachel und unser Gepäck kreuz und quer durch Baltistan zu schleppen – um diese Jahreszeit eine ziemlich teure Angelegenheit. Ich habe schließlich Rs 500 geboten, und den Besitzer hat ob der einem solchen Angebot impliziten Beleidigung vorerst der Schlag getroffen.

Der letzte Satz ist die dramatische Kurzfassung der Verhandlungen, die sich fast den ganzen Tag hinzogen. Ich verbrachte Stunden damit, im Hotel Tee zu trinken und mit dem Eigentümer des Ponys, dessen Gefolgsleuten, Mazhar, Ghulam sowie einer Gruppe abgerissener Dorfbewohner aus Ronda – die aus irgendwelchen, wahrscheinlich dorfpolitischen Gründen auf meiner Seite standen – über Gott und die Welt zu reden, nur nicht über Ponys. Heute abend meint Ghulam, daß ich das Pony, wenn ich es ruhig angehen ließe, wahrscheinlich für Rs 600 oder 700 bekommen würde. Er gibt mir den Rat, sofern es das Wetter zuläßt, morgen erst einmal zu dem anderen Dorf hinaufzusteigen und Verhandlungen mit dem Besitzer des zweiten Ponys aufzunehmen – es aber auf keinen Fall zu kaufen, da es nicht an den Autoverkehr gewöhnt sei.

Aman nistet immer noch bei uns und stänkert gegen Mazhar, den er »jenen Punjabi« nennt. Ich habe entdeckt, daß man von seiner »Leitung« hier nicht viel hält. Nach seinem Anstellungsvertrag müßte er wohl ständig im Bezirk Ronda wohnen, was er jedoch aus Gründen des Komforts ablehnt und lediglich einmal alle Vierteljahre hierherkommt, um den Arbeitern ihr Geld zu bringen, die einen Anspruch auf monatliche Lohnzahlung haben.

Zwischen Mazhar, Aman und Zakir, unserem faulen *chowkidar,* schwebt eine Dreiecksfehde. Heute erreichte sie einen ihrer Höhepunkte, als Mazhar Aman aufforderte – dessen Abteilung für das Personal des Rasthauses verantwortlich ist –, Zakir hinauszuwerfen, was dieser von unserem Badezimmer aus mit anhörte. Dabei kam heraus, daß Zakir tatsächlich bereits vor einem Monat wegen permanenter Unfähigkeit und Faulheit entlassen wurde, es aber abgelehnt hatte, seinen Rausschmiß zu akzeptieren, da mit seinem Job eine neue Zwei-Zimmer-Hütte verbunden ist. Und so wurde er von Aman kürzlich wieder eingestellt, weil unser Zimmergefährte offensichtlich nicht wußte, was er anderes hätte tun oder wen er sonst hätte anheuern sollen, ohne damit einen ernsten Krieg zwischen Zakir und seinem Nachfolger heraufzubeschwören. Aman verteidigte sich wehleidig, es sei nahezu unmöglich, einen fähigen *chowkidar* in einer Gegend zu finden, in der es keine Rasthaus-Tradition gibt. Damit war für ihn die Diskussion beendet, und er zog sich zurück, um sich an Zakirs Ofen aufzuwärmen. Der *chowkidar* eilte daraufhin zu Mazhar und beklagte sich bei ihm leidenschaftlich über Amans Geiz, der sich von ihm durchfüttern lasse, ohne dafür zu bezahlen, und auch noch kostenlose Wärme von ihm erwarte. Da Aman auch eine Menge von unserem Kerosin verbraucht, um Wasser für seine häufigen vorandachtlichen Waschungen zu erhitzen, sympathisiere ich insoweit mit Zakir.

Thowar, 6. Januar

Heute morgen war es windstill, obgleich noch ein gut Teil der Wolken zwischen den Bergspitzen hing. Nach dem Frühstück brachen wir zu dem Pony-Dorf hinter Gomu auf – ein Aufstieg von 4500 Fuß, was für Rachel fast zuviel war. Entfernung und Höhenunterschied hätten ihr kaum etwas ausgemacht, wenn es nicht so steil hinaufgegangen wäre, aber die letzten 1000 Fuß führte der Weg über eine fast senkrechte Treppe aus Felsblöcken, die durch die Glätte tückisch und manchmal völlig unter dem Neuschnee begraben war. Aber wenigstens gab es keine Abgründe, in die man hätte hineinstürzen können. (Oder zumindest nichts, was man hier unter diesem Begriff versteht; nach knapp zwei Wochen Ronda nimmt man Abbrüche von 50 Fuß oder so nicht mehr zur Kenntnis.) Genau unterhalb dieser Treppe mußten wir außerdem über einen brutal steilen, weglosen Hang aus feiner, loser, sandiger Erde – auf einer Höhe von 11 000 Fuß eine ungeheuer ermüdende Strapaze. Während ich mich mit einer Hand auf meinen *dula* stützte, half ich mit der anderen Rachel, und wir konnten beide den hämmernden Herzschlag des anderen spüren.

Die verschneite Treppe nahmen wir getrennt in Angriff, wobei Rachel in meine Fußstapfen trat. Ungefähr auf halbem Weg hörte ich einen unglücklichen Seufzer und stellte fest, daß meine tapfere Gefährtin genug hatte. Sie sah mich mit Tränen in den Augen an und erklärte: »Ich bin völlig fertig. Noch höher kann ich nicht.« So setzten wir uns auf getrocknete Thymiankissen, da alle Steine schneebedeckt waren.

Ich dachte an den Gipfel aus kahlen, graubraunem Felsgestein und konnte mich nicht entschließen. Einerseits war es gemein und grausam, ein sechsjähriges Kind am Ende seiner Kraft dieses letzte schwierige Stück auch noch hinaufzuzwingen, andererseits ging es mir gegen den Strich, kurz vor dem Ziel umzudrehen.

Plötzlich meinte Rachel: »Ich überlege mir gerade, was wir vom Gipfel aus wohl sehen könnten.«

Insgeheim freute ich mich über dieses Anzeichen klassischer Globetrotter-Neugier, erwiderte aber scheinbar uninteressiert: »Bei diesem Wetter nicht allzuviel.« Eine halbe Stunde zuvor hatte es angefangen, leicht zu schneien, und wir sahen die Welt durch einen Schleier aus feinen Schneeflocken. »Aber ich würde gern über den Berg rübergucken«, fuhr Rachel fort. »Wenn meine Beine bloß nicht so schwer wären! Aber das ist es gar nicht – mir fehlt einfach die Puste!« – »Überhaupt kein Wunder«, tröstete ich, während ich jene vollkommene Stille auf mich wirken ließ, die wie ein Segen auf hohen Bergen ruht.

Weit unter uns bot sich ein erhabenes Panorama aus Schluchten, Kliffs, Tälern, Steilabbrüchen, Felsbändern, Spalten und kleineren Berggipfeln, ein respektgebietender Anblick, was durch das leichte Schneetreiben noch verstärkt wurde. »Können wir nicht doch bis ganz nach oben gehen?« bohrte Rachel weiter. »Hilfst du mir?«

Ich stand auf, nahm ihre Hand, und gemeinsam kämpften wir weiter. Wegen des neu hinzugekommenen Schnees wurde es zunehmend schwieriger, auf dem Pfad zu bleiben, und zweimal kamen wir vom Weg ab. »Dies ist wirklich schlimmer als ein schlechter Traum!« stöhnte Rachel, als wir noch etwa 100 Fuß Steigung vor uns hatten, und ich widersprach ihr nicht. Sie ist ein robuster kleiner Kerl, aber sie war wirklich »zu sehr aus der Puste«, um mehr als ein Drittel an eigener Kraft zu geben. Dazu kam, daß der Schnee in dieser Höhe schon im Fallen zu Eis wurde.

Endlich erreichten wir ebenen Boden, und ich sah, daß wir eher einen gigantischen Abbruch als einen Berg bezwungen hatten. Zu unserer Rechten erhob sich ein weiterer 50 Fuß hoher Felsenwall – die eigentliche »Spitze«. Es wäre möglich gewesen hinaufzuklettern, aber es langte.

Rachel war wild begeistert, obgleich man durch den zunehmend dichter fallenden Schnee wenig sehen konnte. Nachdem sie sich nach allen Seiten umgeschaut hatte, meinte sie: »Für jemand, der noch nicht einmal sechs Jahre *und einen Monat* alt ist, bin ich ganz schön hoch raufgekommen.« – »Bist du«, stimmte ich ihr zu.

Vor uns, direkt im Norden, ragte verschwommen eine Gruppe von Schneegiganten empor, und etwa eine halbe Meile entfernt konnten wir gerade noch einige Obstbäume erkennen, die das Pony-Dorf markierten – ein Dutzend Hütten im Schatten einer weiteren mächtigen Felswand. Ich hatte unterwegs gelegentlich an seiner Existenz gezweifelt, weil ich mir nicht vorstellen konnte, daß irgend jemand beschlossen haben könnte, am Ende eines solchen Weges zu leben. Jetzt mußte ich widerstrebend einsehen, daß wir es nicht riskieren durften, unseren Weg bis dorthin fortzusetzen, da sich ein ausgewachsener Schneesturm zusammenbraute, der jeden Moment losbrechen konnte. Denn sobald unsere Spuren völlig ausgelöscht waren, würden wir unter Umständen den Abstieg nicht mehr finden. Wenn wir aber die Nacht im Dorf verbrachten, würde ganz Ronda unseretwegen in wilde Aufregung geraten. So setzten wir uns statt dessen gemütlich in einen leeren, steinernen Viehstall hinter dem Felswall, tranken unsere Bohnensuppe und ließen den Blick über die weite glitzernde, 45 Zentimeter hohe und bis auf unsere eigenen Fußstapfen makellose Neuschneedecke gleiten. In der letzten Viertelstunde war die Temperatur drastisch gestiegen, während der Schnee immer dichter wurde, und jetzt fühlte sich die Luft fast mild an. Vor dem Stall stand eine verkrüppelte, windzerzauste Pappel, auf der sich für einen Augenblick eine kleine Meise niederließ und sang – für uns ein ebenso überraschender Anblick, wie es die Taube mit dem Ölbaumzweig für Noah gewesen sein muß. Es ist der erste Vogelgesang, den wir hier bisher gehört haben. In Ronda gibt es lediglich eine Kolonie laut kreischender Dohlen sowie zahlreiche Krähen und Elstern.

Um 14 Uhr begannen wir mit dem Abstieg. Äußerst vorsichtig tasteten wir uns die schlüpfrige Steintreppe hinab. Dann kam der lange, weiche Abhang, den hinunterzugleiten für Rachel das reinste Vergnügen war. Zu ihrem Entzücken kam ich mehrmals ins Rutschen und landete mit Aplomb im Schnee oder rollte unkontrollierbar zehn bis 20 Yards abwärts. Als wir wieder einen vernünftigen Pfad erreicht hatten, bewies sie, daß sie wirklich nicht müde gewesen war, indem sie wie ein Steinbock um mich herumsprang und mich enthusiastisch mit so interessanten Sujets wie Erosionen und Bluterkrankheit unterhielt. Diese zermürbende wissenschaftliche Phase mußte sie ausgerechnet jetzt erwischen, wo es weit und breit keine Bücherei gab!

Auf der Veranda des Rasthauses wurden wir von einem nervösen Aman erwartet. »Sie müssen sofort Ihr Gepäck nehmen«, sagte er, »und in den Küchenteil umziehen. Ich habe eben erfahren, daß unser Chefingenieur am 9. für vier Tage herkommt.«

Ich starrte ihn verwundert an und quetschte mich dann an ihm vorbei in unser Zimmer, das ich kaum wiedererkannte. Zum ersten Mal seit unserer Ankunft am 26. Dezember war es saubergemacht worden – obgleich es zu Zakirs Aufgaben gehört, dies täglich zu tun.

Aman folgte uns, wedelte beredt mit der Hand und stellte fest: »Sie sehen, es ist alles sauber. Es ist daher besser, Sie nehmen Ihr Gepäck und schlafen heute nacht woanders.«

Ich war nicht in der richtigen Stimmung, seine recht eigenartigen Schlußfolgerungen hinreichend zu würdigen. Ich war müde, hungrig und durstig und hatte nur den einen Gedanken, mir einen *dechi* Tee zu machen und ihn in Ruhe zu genießen. Der ganze unterdrückte Ärger der letzten vier Tage stieg in mir hoch, und ich schrie Aman wütend an, daß weder wir noch unser Gepäck das Zimmer vor morgen früh verlassen würden, wenn wir ohnehin nach Skardu aufbrechen. Während meiner Attacke wich er ängstlich vor mir auf die Veranda zurück, worauf ich die Tür fest zumachte und unseren Ofen anzündete. Man konnte direkt sehen, wie es in ihm arbeitete: Auch er will nämlich morgen nach Skardu fahren, traut aber dem unbeaufsichtigten Zakir nicht, daß er die V.I.P.-Suite wieder tadellos für seinen Chef herrichtet. Dieser aber könnte dann ihn dafür bestrafen, daß er Zakir nicht inzwischen durch einen anderen dienstbareren Geist ersetzt hat. Aber ich sehe nicht ein, warum wir seine Schlamperei ausbaden sollen.

Kurz darauf erschien Aman wieder, gefolgt von Zakir mit dem Rechnungsbuch. Ich hatte schon Rs 120 auf den Tisch gelegt – den Preis für zwölf Übernachtungen; aber als ich das Buch aufschlug, lehnte sich Aman in seinem Sessel vor und flüsterte mir halblaut zu: »Zahlen Sie nicht die ganze Summe! Zakir kann nicht lesen. Schreiben Sie als Ankunftstag ›1. Januar‹, und Sie sparen Rs 60.«

Was ich als zusätzliche Beleidigung empfand, war von ihm natürlich als »guter Tip« gedacht, um mich wieder zu besänftigen. Aman war denn auch ernsthaft verwirrt, als ich ihm kühl erklärte, daß es nicht meine Art sei, Dokumente zu fälschen, und er mir, falls es ihm darum gehe, mein Budget zu entlasten, gern für jede Nacht, die er in meinem Bett geschlafen habe, Rs 5 geben dürfe. Daraufhin behauptete er, daß man von Regierungsbeamten nicht erwarte, daß sie in Rasthäusern etwas bezahlten, obgleich ein in Englisch abgefaßter Anschlag auf der Veranda besagt, daß Regierungsbeamte Rs 5 und alle anderen Gäste Rs 10 pro Nacht zu entrichten haben. Ich bin froh, daß ich vor der Benutzung des *ghrari* nicht wußte, daß dieser Dummkopf für seine Instandhaltung zuständig ist.

Eben waren Mazhar und Ghulam hier, um mir weitere Ratschläge bezüglich des Ponykaufs zu geben. Ghulam hat dem Besitzer bereits mitgeteilt, daß ich an seinem teuren Klepper kein Interesse habe, und dieser bereut jetzt seine Habgier. Für morgen früh ist daher mit einem drastischen Preisverfall auf dem Pferdemarkt zu rechnen. Mazhar schlägt vor, in aller Frühe zum Hotel zu gehen, angeblich um Plätze für den nächsten in Richtung Skardu fahrenden Jeep zu buchen; und Ghulam rät, ich solle gleichzeitig verbreiten, ich hätte mich entschlossen, mir ein Pony in Khapalu zu kaufen, wo sie sehr billig seien.

Die arme Rachel – ein von Natur aus aufrechtes Kind – war verständlicherweise schockiert, mit anhören zu müssen, wie ihre Mutter in ein Netz von Unwahrheiten verstrickt wurde. »Das sind keine wirklichen Lügen«, versuchte ich ihr scheinheilig zu erklären, »sondern ein ganz gewöhnlicher Pferdehandel.«

4.

Auftritt Hallam

Einen Teil des Weges legten wir auf den heruntergekommenen Ponys dieser Region zurück, die überaus
schmutzig sind und ein langes zottiges Fell haben, aber
mutig und einsatzfreudig sind wie ihre Herren. Die primitiven Sättel waren so unbequem, daß wir es gewöhnlich vorzogen, zu Fuß zu gchcn ... Diese unmöglichen
Sättel liegen auf einer dick zusammengefalteten *namdah* (eine Art weicher Filz, der in Kashgar hergestellt
wird und auf beiden Seiten des Karakorum-Gebietes in
Gebrauch ist), der die Tendenz hat, herauszurutschen
und Sattel und Reiter gleich mitzunehmen. Wer immer
die Absicht hat, längere Zeit durch Baltistan zu reisen,
sollte sich einen guten Ledersattel besorgen.

Fillipo de Fillipi (1909)

Byicha, 7. Januar

Unsere Taktik ist aufgegangen: Heute morgen um zehn Uhr war
Rachel im Besitz eines 1,40 Meter hohen 700-Rupien-Ponys, das
sie nach ihrem besten Freund sofort Hallam nannte. Es wurde
komplett mit Zaumzeug und *namdah* übergeben. Der *namdah*
hat einen aufgenähten Bezug aus (einstmals hübsch geblümtem)
Baumwollstoff, und die vom Zerfall bedrohten, aber noch brauch-
baren Zügel sind aus weichen, mit Stoff gefütterten Lederriemen
geflochten.

Während wir den Handel zum Abschluß brachten, begann es
leicht zu schneien, und man äußerte Bedenken, ob wir unter diesen Umständen aufbrechen sollten oder nicht. Schließlich war
man sich aber einig, daß wir auf jeden Fall bis zu diesem, nur acht
Meilen von Thowar entfernten Dorf kommen könnten, wie immer sich das Wetter entwickeln würde. Auch Mazhar ist heute
morgen im Jeep eines Kaufmanns nach Skardu abgereist.

Zakir brachte Hallams Gepäck nach Dambudass. Mit der Aussicht auf ein Abschieds-Trinkgeld wurde er zum Muster eifriger Beflissenheit und Sorge für unser Wohlergehen. Ich kaufte im dortigen Bazar für Rs 8 einen alten Sack – entsprechend absurde Preise werden für alle Dinge verlangt, die aus dem Tiefland kommen – und verteilte dann Hallams Last auf diesen Sack und unsere Segeltuchtasche. Die Tasche machte ich nicht ganz so schwer, weil ich noch unseren Kerosinvorrat an ihr befestigen wollte. Ein einheimischer Experte justierte fachmännisch die Ladung und zeigte mir, wie man sie am Sattel befestigt, der hierfür spezielle eiserne Haltevorrichtungen hat. Mein eigenes Gepäck bestand aus unseren Schlafsäcken und dem Hochgebirgs-Notzelt, und Rachel hatte in ihrem Mini-Rucksack einen Verbandskasten und Squirrel Nutkin. Die geräumigen Taschen meines Parkas enthielten Karte, Kompaß-Schrittmesser, Tagebuch, Kugelschreiber, Taschentuch, eine Thermosflasche mit Tee und die nahrhaften getrockneten Aprikosen, ohne die man in diesen Gebieten nicht reisen kann.

Es war bereits Mittag, als Rachel unter dem Beifall der Dorfbewohner wieder aufsaß, die sich anscheinend bis auf den letzten Mann versammelt hatten, um uns zu verabschieden. Hallam hatte sich bereits ohne Gepäck als unfähig erwiesen, mehr als zwei Meilen in der Stunde zu bewältigen – die Hälfte meines eigenen normalen Tempos –, und so hatte ich mir – zutreffend – ausgerechnet, daß wir erst gegen 16.30 Uhr hier ankommen würden.

Etwa eine Meile hinter Dambudass stießen wir auf drei Arbeiter, die die Straße säuberten. Wegen der häufigen Erdrutsche und Steinschläge muß dies täglich gemacht werden. Es waren Freunde aus dem »Hotel«, die uns herzlich begrüßten und sofort ihre Schaufeln beiseite legten, um uns über einen längeren, vereisten Streckenabschnitt zu eskortieren. Einer von ihnen hob Rachel herunter, ein anderer ergriff Hallams Zügel, und der dritte nahm meinen Arm, um mich zu stützen. Wir hätten es auch leicht allein schaffen können, aber ich nahm es als eine schöne Abschiedsgeste von Menschen, in deren Mitte wir glücklich gewesen waren.

Während der nächsten zwei Stunden stießen wir nirgendwo auf Spuren menschlichen Lebens. Dann begegneten wir einem Jugendlichen, der in eine Decke gehüllt am Straßenrand saß. Er glich so sehr einem großen Thymianbusch, daß ich ihn erst bemerkte, als wir bereits mit ihm auf gleicher Höhe waren. Unser Anblick überwältigte ihn dermaßen, daß er unfähig war, unseren Gruß zu erwidern. – Entgegen allen Erwartungen verschlechterte sich das Wetter zunächst nicht weiter – der Himmel klarte sogar für kurze Zeit auf –, aber der Nachmittagswind war schneidend und unbarmherzig, und es lag Schnee in der Luft.

Hallam geht zwar nur unwesentlich langsamer, wenn ich ihn Rachel allein überlasse, unglücklicherweise ist er jedoch darauf trainiert (oder zieht es vor), auf der äußersten Kante des Pfades zu gehen, was den mütterlichen Nerven überhaupt nicht guttat, da der Indus stets zwischen 100 und 1000 Fuß unterhalb seiner geschickten kleinen Hufe dahinschoß. So führte ich ihn lieber, wobei ich darauf achtete, daß die »innere« Hälfte der Last nicht durch vorstehende Felsbrocken beschädigt wurde.

(Hier mußte ich eine Pause einlegen, um meine Hände über dem Ölofen wieder aufzutauen, obgleich ich beim Schreiben Skihandschuhe trage. Die Kälte ist in dieser Hütte so durchdringend, daß ich kaum dabei denken kann.)

Die meiste Zeit über konnten wir das Bergmassiv sehen, an dessen Fuß wir jetzt gelandet sind. Es ist eine gewaltige Wand aus scharfkantigen, seltsam symmetrischen und gut 20 000 Fuß hohen Felsspitzen, die so steil sind, daß sich nur eine dünne Schneedecke auf ihnen hält – gerade genug, um ihre herbe und gefühllose Schönheit noch mehr zur Geltung zu bringen. Meilenweit laufen die braunen Felsen auf der anderen Seite der Schlucht im rechten Winkel auf dieses Massiv zu, das sich direkt aus dem Wasser erhebt und in seiner Regelmäßigkeit wie von Menschenhand geformt wirkt. Trotz der Steilheit ist es jedoch zwei einzelnen, ziemlich großen Pinien irgendwie gelungen, dort Halt für ihre Wurzeln zu finden – Hunderte von Fuß über dem Wasser auf Vorsprüngen, die für uns unsichtbar waren. Sie waren das erste Grün, das wir sahen, seit wir die Ebene verlassen hatten, und wirkten wie ein »Irrtum« – als habe die Natur geistesabwesend etwas auf den falschen Platz gestellt.

Diesseits der Schlucht stolzierten und kabbelten sich auf dem Hang über uns zahlreiche Bussarde und Adler zwischen den riesigen Felsblöcken und Geröllmassen. Die Farbe ihres Gefieders ist dem Graubraunschwarz dieser Landschaft so völlig angepaßt, daß man sie oft erst sieht, wenn sie sich bewegen. Einige hatten überhaupt keine Angst und ließen sich 20 Yards von uns entfernt nieder, um uns zu beobachten. Sie scheinen häufig zur anderen Seite der Schlucht hinüberzuwechseln, die wahrscheinlich mit allerlei ungeahnten Delikatessen aufwartet. Rachel war vor allem von ihrer ungeheuren Spannweite fasziniert, wenn sie direkt über uns dahinsegelten und mit weit gespreizten Klauen zur Landung ansetzten.

Gegen 15 Uhr wird es hier schlagartig sehr kalt, selbst an Tagen, an denen die Mittagssonne schön warm ist. Ich schlug daher Rachel um 15.15 Uhr vor, den Rest des Weges zu Fuß zu gehen. Aber sie war so selig, ihr eigenes Pony zu reiten, daß sie heftig leugnete, etwa kalt geworden zu sein. Als ich trotzdem darauf bestand, daß sie abstieg, war sie so erstarrt, daß sie kaum stehen konnte.

Wir sahen Byicha bereits aus einiger Entfernung als einen braunen Fleck entlaubter Bäume, der die Einöde belebte. Bäume bedeuten hier immer Menschen. Der Indus biegt bei Byicha nach Westen ab, und zugleich treten die Felswände auf seinem rechten Ufer auf einer Länge von etwa einer Meile zurück. Dadurch entsteht ein schmaler Streifen bebaubaren Bodens, der anscheinend ausreicht, um die Bewohner von ungefähr 20 Steinhütten zu ernähren, die wie aus dem Felsen herausgewachsen wirken und vom Pfad aus fast nicht zu erkennen sind. Erst wenn man näher kommt, sieht man inmitten der Bäume winzige Felder, zugefrorene Bewässerungsgräben und bizarr gewundene Weinstöcke. Ein paar Ziegen, Schafe, ein *dzo* sowie ein einzelner prächtiger Yak suchten noch emsig nach vertrockneten Blättern. In Ronda wären sie sämtlich um 15 Uhr im Stall gewesen, aber je ärmer ein Dorf ist, um so mehr sind die Tiere auf sich selbst gestellt.

Wir hatten jetzt den Fuß jenes symmetrischen Felsmassivs erreicht und konnten seine Spitzen nicht mehr sehen. Der Pfad stieg dann eine Viertelmeile weit steil an, bevor er sich etwas vom Indus entfernte und ein schmales Flußbett voller Eisbrocken und schäumender, wirbelnder Wassermassen überquerte. Kurz vor der neuen Holzbrücke sahen wir plötzlich zu unserer Linken etwas oberhalb des Weges vor einer im Schutz mehrerer Bäume gelegenen Hütte zwei geparkte Jeeps! Ohne diese »Statussymbole« wären wir mit Sicherheit an unserem Hotel vorbeigelaufen, ohne es zu bemerken. Es besteht aus einem Eßlokal sowie einem Lager- und Schlafraum, in dem wir untergebracht sind.

Nachdem wir Hallam in den Stall gebracht und gefüttert hatten – hierzu mußte ich ihn ins Dorf hineinführen –, bekamen wir im Lokal ein überraschend üppiges Abendessen: *chappatis,* Linsensuppe mit Curry und riesige Omeletts. Die Qualität war weit besser als im Hotel in Ronda, und da wir seit acht Uhr nur getrocknete Aprikosen gegessen hatten, genoß ich jeden Bissen. Der Besitzer hat sich vom Schock unserer Ankunft noch nicht wieder erholt. Er ist ein hagerer, älterer Pathane mit einem wuchernden Bart und trägt ein purpurfarbenes Scheitelkäppchen, was ihm ein wenig das Aussehen eines heruntergekommenen Bischofs verleiht. Es war bereits dunkel, als wir aßen, aber der kleine Raum wurde von den Flammen des Feuers hinreichend erleuchtet – hübsch anzusehende rote und orangefarbene Feuerzungen, die hoch um den gigantischen *dechi* aufloderten. Die einzigen weiteren Gäste sind die beiden pathanischen Jeepfahrer, die sich auf ihrem Rückweg von Skardu befinden. Ich hatte erwartet, daß sie den Lagerraum mit uns teilen würden, aber sie schlafen im Lokal, wo das Feuer die ganze Nacht über glimmen wird. Sie und der Eigentümer können sich in Steppdecken gehüllt auf der viereckigen Lehmplattform vor dem Herd zusammenrollen, wo tagsüber die

Gäste im Schneidersitz ihre Mahlzeiten einnehmen. Einer der Jeeps ist zusammengebrochen, und man hat draußen ein riesiges Feuer entzündet, um den Fahrer zu wärmen, der unter dem Wagen liegt und den Schaden zu beheben sucht. Die beiden Jeeps befahren die Strecke gemeinsam, und der andere wird die Tour nicht ohne seinen Kameraden fortsetzen. Viele Fahrer ziehen es vor, die Indusschlucht im Konvoi zu durchfahren.

Unser Schlafraum ist eines jener Depots, wo die Jeeps ihre Waren lagern und nach Gilgit zurückfahren können, falls schlechtes Wetter die Strecke nach Skardu plötzlich unpassierbar macht. Er ist etwa 10×15 Fuß groß und fast bis unters Dach mit irgendwelchen Säcken voller harter, kantiger Brocken, Teekisten, die zu schwer sind, um nur Tee zu enthalten, und riesigen Kartons mit Kondensmilch aus Holland vollgestopft. Das Lehmdach ruht auf einem in der Mitte des Raumes stehenden Baumstamm; die Steinwände sind mit Lehm verputzt, um sie gegen den Wind abzudichten – leider jedoch ohne viel Erfolg. Einen »Fußboden« gibt es nicht: Wie in allen einheimischen Hütten besteht er aus dem nackten Untergrund, d. h. sandiger Erde und Kieselsteinen. Auch gibt es derzeit kein Fenster – nur eine mit losen Steinen verstopfte Öffnung, die anscheinend im Sommer diese Funktion übernimmt und jetzt einen eisigen Luftstrom hereinläßt, der im Wettstreit mit der aus diversen anderen – ungeplanten – Löchern eindringenden Zugluft meine Person umschmeichelt. Als man uns in unsere Suite geleitete, standen dort, hochkant gegen die Säcke gelehnt, drei *charpoys*. Nachdem man zwei davon für uns aufgestellt hatte, war der noch verbliebene freie Raum ausgefüllt. Schmutziges – aber warmes – Bettzeug wird gestellt, und da wir selbst bereits ziemlich dreckig sind, sehe ich keine Veranlassung, kleinlich zu reagieren und unsere Schlafsäcke auszupacken.

Heute nacht hört man den Indus sehr laut. Wir sind ihm hier ziemlich nah, obgleich der Weg von Ronda stetig bergauf ging. Zwischen Skardu und Ronda fällt das Flußbett um 20 Fuß pro Meile.

Im Augenblick schwanke ich, ob ich unseren Ofen die ganze Nacht über brennen lassen soll. Die Temperatur würde eine solche Extravaganz ohne weiteres rechtfertigen. Aber da ich nicht weiß, was noch auf uns zukommt, bevor wir Skardu erreichen und wir erst dort wieder Kerosin kaufen können, halte ich es für besser, an meinen spartanischen Prinzipien festzuhalten.

Auf ihrem Weg ins Bett beim Schein einer tropfenden Kerze stolperte Rachel über die Ecke eines Sackes und bemerkte sanft: »Ich finde diesen Raum nicht sehr komfortabel, du?« Aber alles was mich an unserer Unterkunft interessiert, ist, ob ich dort einigermaßen bequem schreiben kann oder nicht, und insoweit habe ich heute abend keine Beanstandungen – abgesehen von der Kälte, die meine Konzentration beeinträchtigt. Nachdem Rachel im Bett war, habe ich es mir gemütlich gemacht. Ich habe eine Teekiste in die Mitte des Raumes gezogen, um sie als Tisch zu benutzen, einen Sack als Stuhl davorgelegt und ihn mit einer zusammengefalteten Steppdecke gepolstert, um meinen müden Knochen jenen Hauch von Luxus zu verschaffen, nach dem sie verlangen. Dann habe ich den Ofen zwischen meine Füße genommen, eine Kerze auf unsere Nivea-Dose gestellt, mein Tagebuch aus der Tasche gezogen und los ging's ...

Byicha, 8. Januar

Wir hatten eine sehr gute Nacht. Nur eine kleine graue Ratte unternahm mehrere mutige, aber vergebliche Versuche, an Rachels wertvollen Käsevorrat zu kommen. Unsere roh zusammengehauene Tür hat in der Mitte einen breiten Spalt, so daß ich schon beim Aufwachen sehen konnte, daß das Dämmerlicht ungewöhnlich hell war; über Nacht war so viel Schnee gefallen, daß niemand heute morgen irgendwohin gehen konnte. Die Fahrer waren untröstlich, nachdem sie so hart gearbeitet hatten, um den Motor zu reparieren. Uns dagegen paßte es sehr gut, weitere 24 Stunden hier zu verbringen. Auch Hallam war die Verzögerung recht. Wir ließen ihn den ganzen Tag in seinem behaglichen

Stall – sehr viel behaglicher als unser eigener – und versorgten ihn großzügig mit Heu. Eigentlich brauchte er Getreide, aber das ist hier nicht zu bekommen.

Nach dem Frühstück erkundeten wir das sehr tiefe Nebental und warfen einen Blick auf die furchterregenden Felsen, deren nadelspitze Gipfel, von einem Dunstschleier umgeben, an seinem Ende aufragen. Nach der Karte sind wir ganz in der Nähe des riesigen Chogo-Lungma-Gletschers. Mittags begann der Nebenfluß aufzutauen; ich möchte wohl wissen, wie kalt es werden muß, bevor ein Fluß seines Volumens und seiner Kraft zufriert. Als unser schmaler Ziegenpfad schließlich inmitten von Felsen und weichen, sandigen Kliffs endete, kehrten wir in unser Quartier zurück und genossen wiederum zwei riesige Omeletts.

Nach dem Mittagessen gingen wir zum Indus hinab, wobei wir eine halbe Meile durch blaßgrauen Sand marschierten, der mit Schneeflecken dekoriert und mit abgerundeten, hellbraunen Gesteinsbrocken übersät war. Manche waren so groß, daß wir uns neben ihnen wie Käfer vorkamen. Über Entfernungen kann man sich in dieser Landschaft leicht täuschen. Gestern hätte ich gesagt, der Indus sei vielleicht 50 Yards vom Weg entfernt, aber keine halbe Meile. Und erst wenn man am Flußufer steht, gewahrt man die Breite des Stromes, seine Geschwindigkeit und seine Kraft, während er weißschäumend und mit wahrnehmbarem Gefälle zwischen Felsbrocken von der Größe einer Hütte dahinfließt. All diese Felsbrocken waren mit einer Eisschicht überzogen, zart mit Schnee bepudert, und Rachel bemerkte, daß *zwischen* der Eisschicht und den Felsen noch ein Hohlraum war, durch den das Wasser floß. Die Beobachtung weckte in ihr eine quälende wissenschaftliche Neugier, die ich – wie üblich – nicht befriedigen konnte. Während wir nahe am Flußufer bunte Kiesel aufsammelten, sahen wir zwei kleinere Felsrutsche: den einen direkt auf der gegenüberliegenden Flußseite, den anderen ein wenig weiter flußabwärts. Meist ist das Geräusch eines solchen Abbruches – das dumpfe Aufschlagen, Abprallen und Hinuntergleiten – alarmierender als sein Anblick. Aber auch dies mag an

den Größenverhältnissen im Himalaja liegen, wo Tonnen herab-
stürzender Fels- und Erdmassen wie Kieselsteine wirken, die in
eine Sandgrube rutschen.

Insgesamt war es ein herrlicher Platz dort neben den schäu-
menden, in die Großartigkeit der Schlucht eingebetteten Wassermassen. Die dunklen Felswände hatten große, zickzackförmi-
ge weiße Narben – wie mit Blitzen bemalt –, und ihre seltsam
quadratischen Gipfel, die aussahen, als seien sie von riesigen
Steinmetzen bearbeitet worden, standen in absolutem Kontrast
zu dem Gewirr zerklüfteter Felsspitzen, das gerade noch er-
kennbar hinter ihnen aufragte. Und nach allen Seiten hin gab es
Eisformationen von unglaublicher Vielfalt. Diese unendliche
Mannigfaltigkeit des Eises und dessen groteske, ausgefallene Ge-
staltung beeindruckte vor allem Rachel mehr als alles, was wir
hier gesehen hatten – mit Ausnahme der gewaltigen Platane in
der Nähe unseres Hotels, deren Umfang ich mit *29* langen Schrit-
ten ausgemessen habe und die 600 Jahre alt sein soll. Sie ist noch
immer grün, obgleich man ihren Kern ausgebrannt hat, um einen
großen Raum zu gewinnen, der, mit getrockneten Blättern ausgelegt, als Hotellatrine dient; heute morgen war ich für diesen
Unterstand sehr dankbar, zumal unsere derzeit etwas einseitige
Kost mir eine nie gekannte Verstopfung beschert hat.

Ein Dorf oberhalb des Indus (Name unbekannt), 9. Januar

Wir verließen Byicha um neun Uhr, der frühestmöglichen Zeit in
diesem Klima, und hatten bis 16.30 Uhr 18 Meilen zurückgelegt.
Hallam war nach dem gestrigen reichen Futter und einem mitgebrachten Picknick-Lunch heute schon wesentlich munterer. Das
aromatisch duftende Heubündel, das ich oben auf meinen Rucksack gebunden hatte, sollte ihm nicht als Ansporn dienen, hatte
aber eben diesen Effekt: Wann immer ich langsamer wurde oder
einen Moment stehenblieb, verfiel er in Trott und versuchte einen Bissen zu ergattern. Wir entdeckten, daß er ganz verrückt
nach wildem Thymian ist, wie hart und trocken auch immer, und

ließen ihm ein paar Maulvoll zukommen, wann immer hierzu Gelegenheit war. Nach zwei Meilen ergab sie sich ziemlich häufig, als die Schlucht endlich breiter wurde. Die Berge auf unserer Seite wichen zurück, so daß wir nun ein langes breites Felsband an ihrer Basis überquerten. Der Indus verschwand die meiste Zeit aus unserer Sicht, war aber stets zu hören. Während wir langsam höher stiegen, wurden Schnee und Eis unter unseren Füßen immer dicker und die wild zerklüftete Landschaft immer weißer. Wir kamen an ein paar kleinen Dörfern vorbei, sahen aber den ganzen Morgen über keinen Menschen.

Für unseren Lunch wählten wir eine thymianreiche Stelle, so daß Hallam zu einem zweigängigen Menü kam, während Rachel ihren Käse und ich meine Aprikosen aß. Der Himmel war jetzt tiefblau, und im Nordwesten sah man einen atemberaubenden Gipfel – einen der wirklichen Giganten. Zu Rachels Enttäuschung konnte ich ihn aber nicht anhand meiner Karte identifizieren: Inmitten all dieser legendären Berge ist es so gut wie unmöglich, jeden individuell zu bestimmen. Auch den Einheimischen ist insoweit nicht unbedingt zu trauen: In Ronda behaupteten viele, man könne von Gomu aus den K2 sehen.

Während ich meine Aprikosen kaute und jenen stolzen unberührten Gipfel betrachtete, der sich einsam und gleißend von seiner Umgebung abhob, verlor ich jede Hoffnung, dies alles jemals in adäquaten Worten schildern zu können. Hier ist alles derart außergewöhnlich, daß die Sprache davor versagt. Heute bot sich alle paar hundert Meter eine Variation des Karakorum-Themas an. Ich könnte auf diesem Pfad bis in alle Ewigkeit weiter wandern, ohne mich je zu langweilen. Jede Einzelheit trägt zum Wunder und zur Herrlichkeit dieser Berge bei – ihre Größe, Beschaffenheit, Färbung, Form und Anordnung. Schon die Klarheit des Lichts ist einzigartig. Und wenn sich der Himmel bezieht, scheint es, als habe sich die ganze Schwermut der Welt auf diesen einen tiefen Einschnitt konzentriert.

Gegen 15 Uhr hatte sich ein Wind erhoben, und ringsherum lag einen Fuß tiefer Neuschnee. Jetzt bewies Hallam, wie trittsicher und sensibel er ist, so daß ich es ihm überließ, mir den am wenigsten trügerischen Weg zu zeigen. (Die meiste Zeit brauchte ich ihn heute ohnehin nicht zu führen, da wir nicht mehr am Abgrund der Indusschlucht entlanggingen.) Unser ebenes Felsband war hier vom Rand der Schlucht bis zu den jähen Hängen zu unserer Linken etwa zwei Meilen breit.

Der Indus zeigt sich an dieser Stelle von jugendlicher Launenhaftigkeit und schlängelt und windet sich unberechenbar zwischen den Felsen hindurch. Als er wieder in Sicht kam, erblickten wir eine lange neue Fußgänger-Hängebrücke, die zu einem vergleichsweise großen Dorf führte. Wir kämpften inzwischen gegen einen schneidenden Gegenwind an, und Rachel, die ihre Blutzirkulation wieder in Gang bringen mußte, konnte sich kaum auf den Beinen halten, da der Weg inzwischen zu einer Schlittschuhbahn geworden war. Auch ich fror trotz der körperlichen Anstrengung: Es war dieser durchdringende Wind, der jeden besiegt. Trotzdem hatte ich Angst, Hallam auf einer langen, schwingenden Brücke über einen tosenden Indus zu führen. Vielleicht wäre er brav mitgegangen, aber er schien schon zuvor nicht sehr glücklich, als wir unterwegs die zahlreichen kurzen Brücken über die *nullah* überquert hatten. So marschierten wir auf unserem Pfad weiter, in der Hoffnung, daß meine U.S.-Army-Karte korrekt war (was sie häufig nicht ist), die drei Meilen stromaufwärts auf der rechten Uferseite ein Dorf anzeigte.

Nach zwei Wochen im schmalsten Teil der Indusschlucht kam uns die Welt hier sehr weit und hell vor; sogar die Sonne schien eine Stunde länger. Die Berge zu beiden Seiten waren etwa 16 000 Fuß hoch, und das breite Schneefeld zwischen uns und ihnen war mit schneebemützten dunklen Felsbrocken übersät. Der Zustand des Weges jedoch behinderte unser Fortkommen, und wir froren von Minute zu Minute mehr. Dann rochen wir den weihrauchartigen Duft eines brennenden Thymianbusches und stießen auf vier Männer, die sich die Hände wärmten: Ein brennender Busch liefert eine sofortige, wenn auch nur kurze Wärme und ist bei Hirten und Arbeitern ein probates Mittel gegen die Kälte. Diese Kulis hatten halbherzig ein paar Schaufeln Sand auf den Pfad geworfen; sie stammten aus diesem Dorf hier und begleiteten uns nun auf den letzten zermürbenden Meilen.

Die Kälte nahm mit jedem Schritt zu, aber die Schlucht war hier so überwältigend, daß unsere Beschwerden unwichtig wurden. In einer weiteren plötzlichen Flußbiegung mußten wir steil hinauf und noch einmal leicht hinunter, bevor wir in einem atemberaubenden Winkel um einen aufragenden Komplex dunkler, felsiger Kliffs herumkletterten – unter uns ein ungestüm tosender, tobender und schäumender Indus. Von unserem Pfad aus konnten wir in etwa acht bis zehn Meilen Entfernung sogar den Übergang der Schlucht in das Skardu-Tal sehen. Dann bekam das Nachmittagslicht plötzlich einen seltsamen Stich ins Blaue, wie ich es noch nie zuvor erlebt hatte, und diese gesamte Einöde aus Bergen, Fluß, Felsen und Schnee erstrahlte in einem überirdischen Glanz. Vielleicht war es gar nichts Ungewöhnliches, aber auf uns wirkte es wie ein Wunder.

Man konnte an diesem Dorf leicht vorbeigehen, ohne die paar Hütten hoch über dem Pfad zu bemerken. Für gewöhnlich reichen die winzigen terrassierten Felder fast bis zur Talsohle hinunter. Sie bilden ein Amphitheater, das unter der dicken Schneedecke wunderhübsch anzusehen ist, wie es Tausende von Fuß immer höher und höher ansteigt bis zu den senkrechten schwarzen Klippen dieses Gipfels – oder besser dieser Serie von Gipfeln, von denen jeder mit unendlich langen von den Abbrüchen herabhängenden und in der Sonne glitzernden Eiszapfen geschmückt ist. (Zuvor hatten wir heute schon Kliffs mit goldenen und grünen Eiszapfen, dick wie Telegrafenmasten, gesehen – absolut fantastisch. Ich bin inzwischen so müde, daß ich Mühe habe, mich an alle diese Dinge in der richtigen Reihenfolge zu erinnern.)

Unsere freundlichen Gefährten waren durch unsere bloße Existenz so verwirrt, daß es völlig unmöglich war, auch nur zu versuchen, mit ihnen ein Gespräch anzufangen. Auf halbem Weg über das Amphitheater zeigten sie jedoch plötzlich auf die Felsspitzen und deuteten an, Rachel solle absteigen. Der Jüngste nahm sie huckepack, während ich Hallam Terrasse für Terrasse nach oben führte auf Pfaden, die nur ein einheimisches Pony als begehbar betrachten konnte. Seine Last geriet wiederholt in Gefahr, wenn wir uns zwischen Bäumen und zerklüfteten Felsen hindurchzwängten, und schließlich nahmen unsere Freunde sie herunter und teilten sie zwischen sich auf. Dann waren wir endlich genau unterhalb der Felsspitzen – kohlschwarz im kurzen Zwielicht vor einem zartgrünen Himmel –, und weit vor mir sah ich Rachels roten Schneeanzug in einem rechteckigen Steinhaus verschwinden, das ein gut Teil kleiner war als die darum herumliegenden Felsbrocken. Sie war im Haus des Headman angekommen.

Das Haus wird durch einen dunklen engen Flur geteilt. Auf der einen Seite befinden sich die Küche, die bis auf die Feuerstelle in ihrer Mitte leer ist, sowie zwei Ställe für Ziegen und Rinder. Auf der anderen Seite liegen der große Wohn-/Schlafraum, wo wir gastlich aufgenommen worden sind, drei kleine Vorratsräume für Feuerholz, Lebensmittel und Futter sowie ein weiterer Stall für Schafe und Hühner. Die Innenwände bestehen aus geflochtenen Weidenzweigen, die Außenwände aus sorgfältig mit Lehm verputzten Steinen.

Als ich in den Wohnraum hineinkam, konnte ich zunächst überhaupt nichts erkennen, da die beiden kleinen, unverglasten Fenster wegen der Kälte zugestopft waren. Aber meine Augen gewöhnten sich rasch an das Dunkel und den aus einem undichten Rohr des Holzofens aufsteigenden Rauch, und ich erblickte Rachel, die auf dem Fußboden vor der verblüfften, halbkreisförmig aufgereihten Familie saß und vergeblich versuchte, ihr Urdu anzubringen. Die Hälfte des Fußbodens – der am weitesten vom Ofen entfernte Teil – war mit mehreren Weidenkörben vollgestellt, die mit Decken zugedeckt waren und zarte, neugeborene, jämmerlich klagende Kitze und Lämmer enthielten. Während ich hier schreibe, werden sie von zwei Kindern mit dem Löffel mit dünnem Maisbrei gefüttert. Im »menschlichen« Bereich des Raumes ist der Boden mit einem Ziegenhaarteppich belegt, der aussieht, als sei er seit Errichtung des Hauses nicht mehr gereinigt worden. Auf ihm haben wir unsere Schlafsäcke ausgebreitet: neben einem scheinbar alten Ehepaar (das nicht älter sein mag als ich selbst), ihrem Sohn nebst Schwiegertochter, zwei unverheirateten Töchtern und einem schmutzverkrusteten Baby mit einem besorgniserregenden Husten. Übrigens, die ganze Familie hustet fürchterlich, und ich fürchte, unser Gastgeber liegt im Sterben. Er lehnt an einem mit Stroh ausgestopften Schaffell, ist entsetzlich ausgemergelt, hat unnatürlich glänzende Augen und heiße trockene Hände. Er bat mich auf Balti um etwas Medizin, nickte aber ergeben, als ich ihm unglücklich erklärte, daß ich nichts habe. Darauf bat er seine Schwiegertochter, eine große weiße Tablette von einem kleinen Wandbord zu holen, und zeigte sie mir, wobei er sich ängstlich erkundigte, ob sie ihm wohl helfen könne. Ich konnte ihm nur sagen, daß ich es nicht weiß, und fühlte mich ziemlich hilflos. Seiner Frau geht es nicht viel besser. Sie scheint an Bronchial-Asthma zu leiden. Nach einem furchtbaren Hustenanfall liegt sie jetzt stöhnend und nach Luft ringend neben mir auf dem Boden.

Und trotzdem hat uns diese unglückliche Familie äußerst warmherzig aufgenommen – wenngleich natürlich etwas ängstlich. Man bot uns zu essen an, schien aber allgemein erleichtert, daß wir unser eigenes Essen mitgebracht hatten. Zum Abendessen gab es für jeden von ihnen nur einen dünnen *chappati* mit etwas wässerigem Linsenbrei. Fasziniert beobachteten sie, wie ich eine Dose Thunfisch für Rachel öffnete und für mich einen Becher Complan mit Traubenzucker und eisigem Gletscherwasser zubereitete. Kein Essen hat mir jemals besser geschmeckt – ich war völlig ausgehungert.

Die Klo-Verhältnisse sind wie in Tibet: ein flaches Lehmdach mit vier Löchern gleich draußen neben dem Eingang. Dort hockt man sich hin, und das Ergebnis fällt in ein kleines Häuschen, aus dem man es im Frühjahr – nachdem es mit Holzasche vermischt wurde – herausholt und auf die Felder bringt.

Bei unserer Ankunft wurde Hallam sofort bis auf seinen *nam-*

dah abgesattelt und zu einem gemütlichen Stall geführt. Aber er bockte, obwohl er sein süß duftendes Futter bereits bekommen hatte, und weigerte sich, die drei Steinstufen hinaufzusteigen. Ich hatte nicht viel Hoffnung, daß ich mehr ausrichten würde als die ihm auf Balti zusetzenden Männer, aber ich fühlte mich verpflichtet, es wenigstens zu versuchen. Als ich mich ihm näherte, hatte er die Ohren zurückgelegt und rollte mit den Augen. Aber in dem Moment, als er meine Stimme hörte, gingen seine Ohren nach vorn. Ich nahm ihn am Halfter, scheuchte die fluchenden und nach ihm tretenden Männer beiseite, und er folgte mir wie ein Lamm die Stufen hinauf. Er ist erst drei Tage bei uns, aber: wo die Liebe hinfällt ...

Katchura, 10. Januar

Wir verbrachten eine etwas unruhige Nacht bei all dem Gehuste und Gestöhne. Das Baby wimmerte stundenlang vor sich hin. Glücklicherweise schlief Rachel trotzdem tief und fest, während ich bei Kerzenschein ab vier Uhr las, bis die Familie um 6.30 Uhr aufstand. Danach frühstückten wir: eine Dose Corned beef für Rachel und für mich wieder Complan mit Traubenzucker – nutzlose Schuldgefühle bei uns beiden, weil wir so gut genährt sind.

Um neun Uhr wagten wir uns in eine Welt hinaus, die über Nacht unter der Gewalt der Kälte erstickt zu sein schien. Unser Trupp brauchte 30 Minuten, um über steile, restlos vereiste schmale Pfade wieder auf die Jeep-Straße hinunterzuschlittern und zu krabbeln. Voran ging ein Junge, der uns die am wenigsten riskante Route zeigte, ich folgte mit Hallam, zwei Männer trugen Hallams Gepäck, und Rachel bildete die Nachhut, unterstützt vom Sohn unseres Gastgebers. Ich werde mich an dieses Dorf stets mit einer Mischung aus Dankbarkeit und Verzweiflung erinnern – an die so herzliche Aufnahme und das so bittere Elend.

Es war ein berauschender Morgen: die Sonne auf dem glitzernden neuen Schnee, der Himmel halb verschleiert von milchigen Federwolken, der Indus funkelnd wie eine Kaskade Smaragde. Der Weg war so vereist, daß wir für die nächsten sechs Meilen mehr als drei Stunden brauchten und Rachel ziemlich ungeduldig wurde. Ich konnte sie verstehen: Es macht nicht viel Spaß, mit weniger als zwei Meilen pro Stunde dahinzuschleichen. Über weitere Strecken des Weges ging es wieder einmal an einem schroffen Felsabbruch direkt über dem Fluß entlang, und während sich Hallam behutsam seinen Weg suchte, führte mir Rachel die Ungereimtheiten der menschlichen Natur vor Augen. Als *ich* sechs Jahre alt war, träumte ich im Bett liegend insgeheim davon, auf feurigen Rossen über irgendwelche Steppen zu galoppieren oder unerschrocken durch einsame, einschüchternde Berge zu reiten, in denen der Puma lauerte. Und jetzt sagt meine sechsjährige Tochter, während sie auf einem gefährlichen Pfad Hunderte von Fuß über einem tosenden Fluß durch die aufregendste Felsschlucht der Welt reitet: »Komm, Mami, laß uns ein Spiel spielen. Wir tun so, als ob ich erwachsen und mit einem Arzt in Lismore verheiratet wäre. Und wir haben zwei Kinder, und wir ziehen gerade in ein neues Haus, und ich gehe in die Stadt, um die Tapeten und Teppiche auszusuchen ...«

Unser Dorf liegt am Anfang der Indusschlucht. Um hierher zu kommen, mußten wir zunächst den Indus über eine 300 Fuß lange Hängebrücke überqueren, die die pakistanische Armee vor 24 Jahren in nur drei Monaten gebaut hat. Zuerst war es ein seltsames Gefühl, plötzlich den Fluß zu unserer Rechten statt zu unserer Linken zu haben. Aber noch ungewohnter war es, über eine etwa fünf Meilen weite, schneebedeckte Ebene hinwegschauen zu können, an deren fernem Ende sich abrupt ein solider Wall aus hoch aufragenden Bergen erhebt. Dies hier ist der westliche Eingang zum Skardu-Tal, und nach einer mühsamen Wanderung durch die enge Indusschlucht hat man nun das Gefühl endloser Weite.

Hinter der Brücke steigt der Weg steil an und verläßt den Fluß. Da es bereits Mittag war, bekamen wir es nun mit schnell schmelzendem Schneematsch auf klebrigem, rotbraunem Lehm zu tun. Dieses neue Handikap brachte mich beim Hinaufklettern heftig ins Schwitzen. Noch konnte man nicht erkennen, wohin uns der Pfad letztlich führen würde: ob über den nächsten Berg hinweg, um den herum, auf dem wir uns gerade befanden oder wieder zur Talsohle hinab. Schließlich sahen wir, daß es erst einmal bis zum Gipfel weiterging – einer sonnigen, glitzernden, mit zwei Fuß hohem Neuschnee bedeckten Welt. Von unserem Standort aus konnten wir sowohl jenes Stück der Indusschlucht sehen, durch das wir gerade gekommen waren, als auch – sehr tief unter uns – die Ebene von Skardu. Der breite Indus wirkte hier faul und zahm, während er sich behäbig durch die Ebene auf den engen Eingang der Schlucht zuschlängelte, der so unmittelbar unter uns lag, daß wir ihn nicht sehen konnten. Zum ersten Mal war das mächtige Tosen des Flusses nicht mehr zu hören, und diese Stille machte uns ein wenig einsam.

Katchura zieht sich über einen niedrigen Bergrücken hin, der von tiefen Rissen gespalten ist und von den schneebedeckten Felsspitzen höherer Berge überragt wird. Zwei »Hotels«, zwei Warenhäuser und eine Polizeistation säumen die Jeep-Straße – so daß man den Ort theoretisch als Stadt bezeichnen könnte. In dem weniger verschlafenen Hotel fragten wir nach dem Weg zum Rasthaus. Aber man sagte uns, es sei geschlossen, und der *chowkidar* sei zur *Muharram*-Feier nach Skardu gegangen. So nahm uns Constable Hamad Hussain unter seine Fittiche, der meinte, wir sollten unter keinen Umständen in einem Hotel bleiben, das von halsabschneiderischen Pathanen geleitet werde. Er brachte uns in einem Anbau der Polizeistation unter, und auch Hallam fand eine Unterkunft in der Nähe. Hamad kommandiert mir ein wenig zuviel herum, was mir nicht besonders liegt und verständlicherweise auch nicht dem freundlichen Pathanen, vor dessen Haus wir »gerettet« wurden. Unsere fensterlose Zelle ist acht mal acht Fuß groß und mit dem üblichen, mitten im Zimmer auf dem Erdboden stehenden Blechofen sowie zwei lädierten *charpoys* ausgestattet.

Nach einem Lunch aus Tee und *chappatis* machten wir uns auf den Weg, um ein einladendes Seitental oberhalb des Ortes zu erkunden. Der Schnee war ein glitzernder Traum, der sich sanft nach allen Seiten wellenförmig ausbreitete. An einer Stelle mußte ich Rachel auf den Rücken nehmen, damit sie nicht in einer Schneewehe verschwand. Häufig blieben wir stehen, um die immense Höhe der Berge zu bestaunen, zu deren Füßen wir in der Indusschlucht herumgekrochen waren, um die fantastische Wolkenbildung zu bewundern: ein schmaler Streifen aus durchscheinendem Dunst, der vom Eingang der Schlucht aufstieg und sich, soweit das Auge reichte, ungebrochen in Richtung Ronda erstreckte, so daß das dahinterliegende blaubraunschwarze Bergmassiv aussah, als trage es einen silbernen Gürtel.

In unser Zimmer zurückgekehrt, gönnten wir uns eine Mahlzeit aus *chappatis* und scharfem Linsencurry. Mir ist schon seit längerem aufgefallen, daß es im Winter in Baltistan kein Privatleben gibt: Die Balti werden von der Wärme angezogen wie die Wespen vom Honig. Sieben in Decken gehüllte Männer sitzen derzeit auf unseren *charpoys,* strecken ihre Hände dem Feuer entgegen, husten pausenlos und spucken oder schneuzen sich alle naselang auf den Boden. (»Die Leute haben hier andere Gewohnheiten«, stellte Rachel fest.) Meinen Kugelschreiber betrachten sie wie hypnotisiert und irritieren mich – wie ich zugeben muß – schon ein wenig. Aber sie bei diesen Temperaturen und angesichts der hohen Preise für Brennmaterial einfach hinauszuwerfen, wäre unverzeihlich.

Einer unserer Besucher war ein junger Mann aus Skardu, der sich als ein »government officer« vorstellte und eine Art Englisch sprach. Er hatte ein ansprechendes, fast hübsches kleines Gesicht und trug eine billig-fesche Lederjacke mit einem Londoner Label, das er mir stolz zeigte. »Mein bester Freund ist Schmuggler«, klärte er mich auf. »Er kennt Europa gut. Er hat viele Freunde in Europa. Er arbeitet in London – Karachi – London. Drogen nach London, Scotch nach Karachi, er ist ein sehr reicher Mann und mein Busenfreund. Kann ich Ihnen mit irgend etwas behilflich sein?«

»Nein danke«, lehnte ich bestimmt ab. In diesem Moment öffnete sich die Tür und Hamad Hussains Chef kam herein. Dieser große, schlanke, nie lächelnde Mann trägt einen langen, eingeölten, schwarzen Schnurrbart, hat eine bläuliche Narbe an der linken Schläfe und erweckt den Eindruck, als spiele er in einer Opera buffa den gutaussehenden Schurken. Er grüßte nicht, sondern quetschte sich wortlos mit auf einen *charpoy,* als der junge Mann aus Skardu mich fragte: »Mögen Sie Schach?«*

Etwas verwirrt über diese überraschende Wendung unseres Gesprächs, erwiderte ich bedauernd: »Leider nein; für mich ist das nichts.«

»Sie halten es für eine schlechte Angewohnheit?« fuhr er fort. »Ganz und gar nicht!« erwiderte ich. »Ich habe mir sagen lassen, es fördere die Intelligenz – ich habe es nur leider nie ausprobiert.«

»Aber jetzt könnten Sie es doch versuchen«, begeisterte sich der junge Mann. Dann lehnte er sich über den Ofen, sagte irgend etwas auf Balti zu dem Polizisten, der sofort etwas hervorholte, das aussah wie eine Dungpille. Indem er es zwischen Daumen und Zeigefinger hochhielt, wandte sich der Head Constable zum ersten Mal an mich und meinte: »Ich gebe Ihnen dies, Sie geben mir Rs 50.«

Ich nahm die Pille, um sie mir näher anzusehen. Rachel und ich befühlten sie und rochen daran: Sie war geruchlos. »Was ist das?« erkundigte ich mich.

»Chess«, erwiderte der junge Mann. »Mein Freund verkauft diese Menge da in London für Rs 500, aber hier ist es billig.« Ich gab die wertvolle Pille dem Head Constable zurück und verbuchte einen tollen Lacherfolg, als ich der Gesellschaft mitteilte, daß meine Landsleute für den Verkauf von »Chess« ins Gefängnis kämen. Nachdem aus dem Geschäft nichts geworden war, drehte sich der Polizist melancholisch einen Joint, den er brüderlich mit seinen Freunden teilte.

---

* englisch: chess

Für unsere Zelle in der Polizeistation durften wir unverschämte Rs 25 bezahlen, und das Verhalten der Männer um mich herum ließ erkennen, daß jeder Protest übel vermerkt werden würde.

Es schneite leicht, als wir Katchura verließen, und in der nicht einmal durch Vogelspuren »verunstalteten« Schneelandschaft waren wir das einzige, was sich bewegte. Über Nacht war jede Kante abgerundet, jede Schneide stumpf geworden, und jeder Laut wirkte gedämpft. Dicke, weiße, schneeträchtige Wolken berührten die Bergspitzen, vor der Sonne lag ein Schleier aus leise driftenden Flocken, und tief unten über dem breiten Lauf des Indus lag ein seltsam diffuses Licht.

Unser Weg führte bis zum Fuß der Berge hinab und dann weiter durch das Tal – eine ununterbrochene Fläche aus glitzernden Kristallen. Als wir eine Pause einlegten, um uns auf ein paar Thymianbüschen auszuruhen, sahen wir weit hinten auf dem Weg nach Skardu langsam zwei sich bewegende kleine Punkte auf uns zukommen. Als uns der erste Jeep erreicht hatte, hielt er an und der Fahrer nahm den Schal vom Gesicht. Wir erkannten unseren wortkargen Freund Mohammad. Er war auf dem Rückweg nach Gilgit (wie er hoffte). Dann hielt auch der zweite Wagen, und Rachel stieß einen Freudenschrei aus, als sie Mazhar erkannte, der nach Thowar zurückfuhr (wie er hoffte). Er wurde von seinem medizinischen Vorgesetzten begleitet, der ebenfalls ausstieg. Als wir uns die Hand schüttelten, fragte er lächelnd: »Sie erinnern sich?« Ich betrachtete sein fröhliches, leicht plumpes Gesicht, mußte aber passen. Sein Lächeln wurde noch breiter: »Chilas!« rief er. Es war unglaublich! Dies war der Mann, der mich im Juni 1963 als eben ernannter junger Militärarzt gesund gepflegt hatte, nachdem ich mit einem Hitzschlag in der Backofenglut der unteren Indusschlucht zusammengebrochen war. Als Mazhar ihm von der Irin mit dem Kind und dem Pferd erzählt hatte, hatte er sofort gesagt: »Das kann nur dieselbe sein – oder *alle* Irinnen sind verrückt.«

Kurz danach verließ der Weg den Fuß der Berge und führte an mehreren kleinen Dörfern vorbei mit sauberen Aprikosen- und Apfelplantagen, in denen die Bäume sorgfältig ausgeschnitten waren – ein Zeichen dafür, daß hier landwirtschaftliche Helfer der Regierung die Bevölkerung unterstützten. Unterwegs schlossen sich uns zwei Mitreisende an: Der Mann trug eine fadenscheinige beigefarbene Decke und gehörte zu einem Menschentyp, wie man ihn hier sehr viel sieht – derb, freundlich und nicht sehr intelligent. Er versuchte ein lebhaftes, wolliges junges *dzo* zu bändigen, das sich mit dem um seine langen spitzen Hörner gewundenen Seil überhaupt nicht anfreunden konnte. Sein kleiner Sohn folgte ihm durch Eis, Schnee und Matsch in blaßblauen, zerrissenen Plastiksandalen an den ansonsten nackten Füßen. Unser erster Balti-Hund bildete die Nachhut – ein schwarzes, robustes, struppiges Tier mit einem quadratischen Kopf. Als ein dritter Jeep mit viel Getöse herankam, riß das *dzo* seinen Eigentümer um und rannte in gestrecktem Galopp über die verschneite Ebene mit einer Geschwindigkeit, die in absolutem Widerspruch zu seinem massigen Körper stand. Der Hund jagte, gefolgt von Vater und Sohn, hinterher, und soweit es uns betraf, verschwand die gesamte Gesellschaft auf Nimmerwiedersehen in der Ferne.

Etwa zur gleichen Zeit sahen wir einen Windsack, der bewegungslos und ziemlich unmöglich vor dem östlichen Massiv des Tales am blauen, umwölkten Felsen hing. Dann sahen wir Skardus verwahrlosten »Flughafen«: eine neun Meilen vor der Stadt gelegene Landebahn, umgeben von Teilen zusammengebrochener Baumaschinen, verrosteter, ausgeschlachteter Jeeps und Stacheldrahtverhauen mit Benzinfässern, einem Armee-Camp und Nahrungsmitteldepot sowie diversen anderen unangenehmen Erscheinungen, die die Reisenden an die 1970er Jahre erinnerten. (Seltsam, unterwegs zwischen Gilgit und hier beginnt man sich mit den Jeeps abzufinden und sie nicht als scheußliche, technische Störenfriede zu betrachten. Ich vermute, daß dies an den wagemutigen Heldentaten ihrer Fahrer in der Indusschlucht liegt, denen man – widerwillig – Respekt zollen muß.) Für die elf Meilen von Katchura bis hier hatten wir mehr als sechs Stunden gebraucht. Hallam und ich, die nichts Vernünftiges zu essen bekommen hatten, waren vor Hunger ganz schwach. Und Rachel war völlig steifgefroren, da sie wegen des schlechten Weges die ganze Zeit im Sattel gesessen hatte.

Unser Hotel ist neu – wie die meisten Gebäude am Flughafen – wirkt aber nicht störend, da es mit hiesigem Material im einheimischen Stil gebaut ist. Es liegt gegenüber dem riesigen Military Supply Depot for Baltistan, so daß unsere Ankunft sofort die Aufmerksamkeit mehrerer junger Offiziere erregte, die sich als sehr hilfreich erwiesen, obgleich es der pakistanischen Armee in den gesamten Northern Areas strikt verboten ist, mit Fremden zu fraternisieren. Ein pathanischer Leutnant brachte einen Korb Hülsenfrüchte für Hallam, und ein anderer meinte, wir sollten kein Abendessen im Hotel bestellen, da er uns um sechs Uhr Hammelstew aus der Messe bringen würde. Bei dem Wort »Hammelstew« wurde Rachel und mir gewaltig der Mund wässerig. Tatsächlich tauchte fünf Minuten nach sechs unser Freund wieder auf, gefolgt von seinem Burschen mit einem vollen Tablett. Wir konnten das Hammelstew *riechen* – aber ach! Der Hotelbesitzer verstellte die Tür und begann eine Schimpfkanonade auf Urdu mit gelegentlichen Zwischenbemerkungen auf Balti an seine Kumpane, die in unserer Nähe am Ofen saßen. Ich konnte mir so ungefähr zusammenreimen, was er sagte: daß das Militär ein Haufen fauler, sich einmischender Eindringlinge sei, daß sein *khana* mindestens so gut sei wie alles, was die dreckige Offiziersmesse zusammenbringe, daß, wenn er die Chance habe, an einem Fremden zu verdienen, sie ihm nicht die Tour vermasseln sollten und daß er und seine Freunde den Leutnant und seinen Diener zusammenschlagen würden, falls sie nicht umgehend wieder verschwinden würden und ihr Tablett mit ihnen. (Der Wirt würde eine Menge Unterstützung brauchen, um irgend jemand zu verprügeln; er ist ein schmächtiges Männchen mit einer lederartigen Gesichtshaut voller Falten, die aber eher vom Ärger als vom Alter herrühren.) Mir tat unser Freund sehr leid, der sich in einer äußerst erniedrigenden Situation befand, besonders für einen Pathanen. Um ihm zu helfen, das Gesicht zu wahren, gab ich vor, von alledem nichts wahrzunehmen, und saß ruhig da, den Kopf emsig über mein Tagebuch gebeugt. Rachel litt natürlich Qualen wegen des Hammelstews, aber als ich ihr zuzischte »Takt!«, blieb auch sie still. Dies ist unser Codewort und bedeutet: »Halt jetzt den Mund, ich erklär's dir später.« Es ist von unschätzbarem Wert bei den vielen Gelegenheiten, wo sie garantiert das Falsche sagen würde. Heute abend allerdings habe ich ihren Stoizismus bewundert. Das arme Kind hat seit Wochen keine anständige Mahlzeit bekommen und hatte sich auf ihr Hammelstew mit kaum zu bezähmender Ungeduld gefreut. Aber als es ihr unter der Nase weggenommen wurde und ich ihr erklärt hatte warum, hat sie sich ohne ein Wort in das Unvermeidliche gefügt – in diesem Fall eine weitere Handvoll getrocknete Aprikosen – und ist ohne sich zu beschweren ins Bett gekrochen.

Ich war erleichtert, daß unser junger Freund die Dinge nicht auf die Spitze getrieben hat, wozu er versucht gewesen sein muß. Der Zwischenfall zeigte einmal mehr, wie schlecht die Beziehungen zwischen den Tiefland-Regimentern und den Einheimischen sind. Zwischen den Bergvölkern im Norden und den Pakistani gibt es genausowenig Gemeinsamkeiten wie zwischen Ost- und Westpakistan.

Außer der Küche besitzt dieses Hotel nur noch einen Raum, und mir wird gerade klar, daß wir die ganze Nacht über das Vergnügen haben werden, die Gesellschaft unseres Wirts zu genießen. Vor einer halben Stunde haben die übrigen vier Gäste ihre an der Wand lehnenden *charpoys* aufgestellt und sich – je zu zweit auf einem – in Decken gewickelt zur Ruhe begeben. Auch sie haben einen krampfartigen Husten; und einer, dessen *charpoy* 15 Zentimeter von meinem entfernt steht, gibt Geräusche von sich wie ein verstopftes Abflußrohr. Normalerweise teile ich nicht gern mein Schlafzimmer mit anderen, aber in dieser Gegend scheint es einem irgendwie nichts auszumachen. Wahrscheinlich liegt es daran, daß sich jeder so sorgfältig und völlig einwickelt, daß er in seinem eigenen privaten Kokon absolut isoliert ist – aus dem er in der Regel vor der Dämmerung nicht wieder herausguckt.

Meine eigenen Vorbereitungen, ins Bett zu gehen, sind ziemlich kompliziert: Zuerst breite ich meine Astronautendecke auf dem *charpoy* (dem Bett oder dem Boden) aus. Dann rolle ich meinen mit Seide gefütterten, japanischen Hochgebirgsschlafsack aus und stopfe ihn in meinen sperrigeren, gesteppten Schlafsack, bevor ich beide auf die Decke lege. Danach ziehe ich meinen langen, sehr schweren gefütterten Parka aus, den ich den ganzen Tag getragen habe, und breite ihn über die Schlafsäcke. Dann schlage ich das oberste Ende meiner Astronautendecke über das Ganze. Zum Schluß ziehe ich meine Schuhe aus – aber nicht meine Wollsocken – und steige statt dessen in wollene »Bettschuhe«, die zu meiner wollenen Unterkleidung passen, die ich nie ablege. (Inzwischen habe ich schon ganz vergessen, welchen Pullover und welche lange Hose ich wiederum darunter trage.) Dann winde ich mich vorsichtig ins Bett – mit Buch und Kerze bewaffnet –, wobei ich sehr sorgfältig darauf achte, die einzelnen Lagen der Gesamtkonstruktion nicht zu verschieben. Nachdem ich den Reißverschluß des einen Schlafsacks zugezogen und den anderen zugeknöpft habe, bleibt nur noch ein kleines Atemloch offen, und die Temperatur kann ruhig auf minus 40 Grad fallen (was sie auch tut), ohne daß ich es merke.

5.

Stadtleben in Baltistan

Über das Elend der Balti ist oft geschrieben worden.
Aber es berührt einen weit mehr, wenn man sie im
Winter sieht, wie sie starr vor Kälte umhergehen,
kaum von ihren erbärmlichen, selbstgewirkten Schals
bedeckt und mit Sicherheit unterernährt. Drei Monate
des Jahres leben sie nur von frischen Früchten, die
restlichen neun von getrockneten – den berühmten
Aprikosen Baltistans.

Fillipo de Fillipi (1917)

Hark to the hurried question of despair:
»Where is my child?« –
An echo answers, »Where?«

Byron, *The Bridge of Abydos*

Skardu, 12. Januar

Wenn alle Hauptstädte so wären wie diese, hätte ich vielleicht
keine so große Aversion gegen das Leben in der Stadt. Trotzdem
erleben wir bereits ein Skardu, das sich in den letzten Jahren
sehr »entwickelt« hat.

Das Skardu-Tal liegt etwa 7500 Fuß über dem Meeresspiegel,
ist von Nordwest nach Südost 20 Meilen lang und zwei bis fünf
Meilen breit. Dort hat sich der Indus ein 50 bis 70 Fuß tiefes Bett
gegraben, das an manchen Stellen bis zu 500 Fuß breit ist. Nach
dem Zusammenfluß mit dem Shigar teilt er sich in mehrere Läu-
fe und bildet zahlreiche sandige Inseln. Die umliegenden Berge
erheben sich abrupt von der Talsohle bis zu Höhen von 18000
Fuß. Heute morgen wurden alle diese zerklüfteten, glitzernden
Spitzen nach und nach sichtbar, während die sich auflösenden
Wolken um ihre Schultern wirbelten, die Spitzen aber frei
ließen.

Wir näherten uns Skardu über eine riesige Ebene, die kreuz und quer von gefrorenen Bewässerungsgräben durchzogen und mit Obstbäumen bepflanzt ist. Von fern konnten wir auf einem Felsplateau eine lange Reihe niedriger Holzhäuser erkennen. Das Ganze wurde von dem seltsamen »Rock of Skardu« beherrscht, den Rachel mit einem »aus dem Wasser gezogenen, umgedrehten Schiff« verglich – ein sehr großes »Schiff«, denn der Felsen ist zwei Meilen lang und 1300 Fuß hoch. An seinem entfernten Ende fließt der Shigar in den Indus, der von den meisten Plätzen der Stadt aus nicht zu sehen und um diese Jahreszeit auch nicht zu hören ist.

Wir verließen die Jeep-Straße und kletterten über eine Abkürzung steil hinauf in den Alten Basar, wo uns die Menschen anstarrten, als seien wir einem Raumschiff entstiegen. Dies ist zwar Skardus Hauptbasar, aber um diese Zeit halten viele Händler ihren Winterschlaf. Die Hälfte der kleinen Geschäfte war geschlossen, und der Rest hatte nur sehr wenig anzubieten. Unseren Freund Abbas Kazmi kennt hier jeder, so daß sein Haus leicht zu finden war, trotz der voraussehbaren Sprachschwierigkeiten und einer gewissen mürrischen Stimmung – die möglicherweise mit dem heutigen Beginn des *Muharram* zu tun hat. Aber selbst Hallams Trittsicherheit wurde auf dem dicken Eis und dem festgetretenen Schnee der häufig benutzten Wege in der Stadt auf eine harte Probe gestellt. Abbas Kazmis weitläufiger Bungalow wurde 1949 von seinem Vater gebaut, als die Familie Srinagar verließ. Vom Rand einer steilen Klippe überblickt man das neue Wohnviertel, eine neue Moschee und den Chasma-Basar, hinter dem – halb verborgen durch das östliche Ende des »Felsens« – der Eingang zum Shigar-Tal liegt. Hinter dem Haus liegt ein abgeschlossener Garten, wo Hallam gefüttert wurde, während man uns in einem großen Wohn-/Schlafzimmer bewirtete, das nur einen *charpoy,* einen kleinen Tisch und einen Ziegenhaarteppich in der Nähe des Ofens enthält.

Als wir ankamen, war gerade Kalbay Abbas bei Abbas Kazmi – der Freund, in dessen Haus wir jetzt wohnen. Tatsächlich gehört es aber nicht Kalbay, sondern dieser hat es von einem hiesigen Farmer namens Sadiq Ali gemietet; und es steht auch nur leer, weil er es im Winter unerträglich primitiv findet. Vor einigen Wochen ist er deshalb ins Rasthaus gezogen. Aber er behält das Haus, um es im Sommer wieder zu benutzen. Er ist ein großer, gutaussehender, selbstsicherer junger Mann, intelligent und besitzt Humor. Seine Familie stammt ursprünglich aus Shigar, lebt aber jetzt in Pindi. Kalbay arbeitet im Ingenieurunternehmen seines Vaters und verbringt viel Zeit in Baltistan. Als ehemaliger Schüler irischer Nonnen in Murree spricht er ein fließenderes und umgangssprachlicheres Englisch als irgend jemand, den wir seit unserer Abfahrt aus Islamabad getroffen haben. Und ich habe es genossen, mich mal wieder mit einem Erwachsenen mit normaler Geschwindigkeit und in meiner gewohnten Ausdrucksweise unterhalten zu können.

Zum Lunch hatten wir ungesäuertes Weizenbrot und mit Curry gewürzten Spinat, unser erstes grünes Gemüse (oder vielmehr unser erstes Gemüse überhaupt) seit drei Wochen. Spinat wächst hier im Sommer reichlich und wird für den Winter getrocknet. Danach gab es gesalzenen Buttertee aus einem antiken, ziselierten silbernen Teetopf – 45 Zentimeter hoch –, in den unmittelbar vorm Ausschenken zwei rotglühende Holzstücke geworfen wurden. Rachels Gesicht sprach – unbewußt – Bände, und so wurde sofort ein »normaler« Tee für das *bungo* bereitet – ein herrliches Wort für »kleines Mädchen«.

Nach dem Lunch brachte Abbas Kazmi Rachel in unser neues Heim am südlichen Ende von Skardu, wobei sie eine Abkürzung benutzten, die für Pferde unpassierbar war, und Kalbay Abbas führte Hallam und mich. Der Pfad war so glatt, daß ich kaum einen Blick auf meine Umgebung werfen konnte: Ich weiß nur noch, daß alles schneebedeckt war und daß diese Hauptstadt eher eine Ansammlung verstreuter Gruppen von Bauernhäusern ist als eine »Stadt«.

Dort, wo wir wieder auf die Jeep-Straße kamen, lag zu unserer Linken hinter einer im Connemara-Stil errichteten Mauer am Fuß eines mit Felsbrocken übersäten Berges eine weite verschneite Ebene. Auf der anderen Seite standen rechtwinklig zum Weg ein halbes Dutzend Häuser. Dann kamen wir an einem neuen, noch nicht eröffneten Warenhaus vorbei. Dahinter kam wieder eine 50 Yards lange, acht Fuß hohe Mauer, in deren Mitte sich eine über zwei Stufen zu erreichende windschiefe Holztür befand. Kalbay Abbas zeigte auf die Tür: »Home, sweet home«, meinte er. »Sie brauchen nicht zu sagen, es sei okay, falls es das nicht ist.«

Wir mußten Hallams Gepäck auf der Straße abladen. Wie üblich protestierte er formal gegen die beiden Stufen, ging dann aber lammfromm hinauf und durch die enge Tür. Genau dahinter liegt links die Latrine – ein an drei Seiten von einer Steinmauer umgebener Raum ohne Dach mit einem Loch im Boden –, und rechts befindet sich die »Haustür«. Vom dunklen Hausflur gehen eine nicht möblierte Küche und ein Wohn-/Schlafraum ab, in dem zwei *charpoys* und zwei große Holzkisten stehen, die Kalbay Abbas gehören. Letztere dienen uns inzwischen als Tisch, obgleich sie wegen ihrer erhöhten Kanten und der geringen Höhe für mein Hauptanliegen nicht gerade ideal sind. Der Raum ist etwa zehn mal zwölf Fuß groß und hat einen unbefestigten Lehmboden, von dem bei jedem noch so vorsichtigen Schritt Staubwolken aufsteigen. Die niedrige Decke aus Maulbeerbaumbalken und -brettern stützt ein flaches Lehmdach, das mit Reisig bedeckt ist, um das Gewicht des Schnees zu brechen. In der Mitte der Decke befindet sich ein großes Loch für das Ofenrohr, und in dem verglasten Fenster fehlen zwei Scheiben. Die Lehmwände waren dereinst weiß übertüncht und sind inzwischen schmutzig und verwahrlost. Es gibt einen großen leeren Wandschrank und eine Nische nahe beim Fenster, die ebenfalls leer war bis auf eine Volksausgabe von Charlotte Yonges *The Dove in the Eagle's Nest*. Englische Literatur kommt ganz schön in der Welt rum … Diese Nische gibt ein ideales Bücherbord ab, und nachdem ich Miß Yonge etwas Gesellschaft verschafft habe (hoffentlich verträgt sie sich mit Simone de Beauvoir), habe ich das Gefühl, unseren Teil von Skardu in Besitz genommen zu haben.

Als wir gerade überlegten, wo wir Hallam unterbringen sollten, kam unser Hauswirt Sadiq Ali und schlug die Küche vor. So schmeichelte ich unser *ghora* hinein, band es an einen Dachsparren, und da sind wir nun alle – sehr behaglich und gemütlich. Auf unserem Ölofen kocht das Teewasser, das Fenster haben wir mit einem alten Schreibheft von Rachel abgedichtet und über das Rauchabzugsloch in der Decke ein Stück Papier geklebt. Vor unserem Fenster liegt ein verschneiter Obstgarten mit jungen Aprikosenbäumchen und dahinter, keine zwei Meilen entfernt, eine mächtige Felswand. Unser Wasser hole ich aus einem Fluß neben dem Haus unseres Nachbarn: Er ist nur an einer einzigen Stelle offen, wo die Hausfrauen immer wieder das Eis aufschlagen. Wir werden weiterhin Kerzen benutzen. Theoretisch ist Skardu elektrifiziert, aber praktisch fließt der elektrische Strom nur spärlich und schwach, trotz – oder wegen – der vielen Leitungen, die die Stadt drapieren. Sie ranken sich wie Luftwurzeln von Baum zu Baum – eben hoch genug, um unaufmerksame Reiter zu strangulieren oder auf andere Weise umzubringen. Unstreitig ist dies ein Thema, um sich beliebt zu machen.

Was ich hier am meisten vermisse, sind Zeitungen – mehr wegen ihrer Nützlichkeit im Haushalt als zur geistigen Erbauung. Zeitungen werden hier weder verlangt noch geliefert, und erst wenn man keine hat, merkt man, wie vielseitig sie zu verwenden sind. Ein gleichermaßen auffallender Mangel – wenngleich angenehmer – ist das Fehlen von Insekten. Im Sommer muß dieser Raum unter den Tritten seiner Floh- und Wanzenheere förmlich vibrieren, aber gnädigerweise sind alle diese Tierchen durch die intensive Nachtkälte vertrieben worden und werden erst gegen Ende März wieder auftauchen.

In Skardu wird man daran erinnert, daß Baltistan eine Geschichte hat, was man leicht vergißt, wenn man durch die Einsamkeit der Indusschlucht wandert. Dort ist es schwer, dieses Land zur übrigen Welt in Beziehung zu setzen, sowohl was die Vergangenheit wie die Gegenwart betrifft. Aber wenn sich der

Reisende Skardu nähert, bemerkt er bei sehr genauem Hinschauen eine Festung, die harmonisch mit ihrer Umgebung verschmilzt und lebhaft an weit zurückliegende Kriege erinnert. Sie steht am östlichen Ende des »Felsens«, etwa 300 Fuß über der Talsohle auf einem natürlichen Sims. Fillipi beschreibt sie als »so imposant, daß sie von der Größe her in keinem Verhältnis zu der erbärmlichen kleinen Stadt zu ihren Füßen steht, zu deren Verteidigung sie gedacht war«. Sie wurde von Ali Sher Khan gebaut, einem berühmten König von Skardu, der zwischen 1590 und 1610 Ladakh eroberte und seine Tochter mit dessen König verheiratete. Ferner unterwarf er Khapalu im Shyok-Tal. Seither – und bis 1947 – war die Geschichte Baltistans mit der Ladakhs verknüpft. Während der Unruhen nach der Loslösung Pakistans von Indien und des Konflikts von 1966 flüchtete sich die Bevölkerung von Skardu wie früher in ihre Festung, wobei man übersah, daß nicht einmal Ali Sher Khans Gerissenheit die Bomber der Indian Air Force übertölpeln konnte. Aber glücklicherweise konzentrierten die Bomber ihre ganze Aufmerksamkeit auf die Zerstörung des Flughafens.

Balti ist eine Sprache ohne Schrift, und es existieren auch nur wenige zuverlässige mündliche Überlieferungen über die eigene Vergangenheit. So versicherte mir unser Head-Constable-Freund in Thowar, »daß alle Baltis vor ihrer Konvertierung zum Islam vor 1200 Jahren (!) Hindus oder Sikhs waren«. Es besteht jedoch eine verschwommene »Erinnerung« im Volk, wonach es einmal eine Schrift gegeben hat, die wahrscheinlich auf die buddhistische Zeit zurückgeht. Damals habe man sich der tibetischen Schrift bedient – zumindest die Lamas und möglicherweise auch die gelehrten Laien.

Die erste Erwähnung Baltistans findet sich in den chinesischen Annalen, die an eine militärische Expedition zur Unterstützung Ladakhs gegen Tibet im Jahr 747 n. Chr. erinnern. Ladakh und Baltistan werden dort als Groß- und Klein-Poliu bezeichnet. Man nimmt an, daß Baltistan etwa um diese Zeit unter die Herrschaft und den kulturellen Einfluß Tibets geriet. Und soweit man heute weiß, blieben die Balti bis zu ihrer Konvertierung zum Islam im frühen 15. Jahrhundert Untertanen der Tibeter. Fosco Maraini hat sich näher mit der linguistischen Entwicklung beschäftigt: »Balti, so wie es heute gesprochen wird, ist eine archaische Form des Tibetischen. Die Worte werden noch immer so ausgesprochen, wie sie in Tibet selbst nur noch geschrieben werden. Reis z. B. heißt auf Balti: *bras.* ... Lhasa verwendet statt dessen heute das Wort *dreu!* Mir fallen Hunderte solcher Beispiele ein. Auch Grammatik und Syntax des Balti zeigen archaische Formen.«

Die nächste ausdrückliche Erwähnung Baltistans erfolgt in einem Bericht über die fantastischen Reisen Sultan Saids, eines mongolischen Khans von Kashgar, der das fast Unmögliche wahrmachte und im Frühjahr 1531 eine Armee von 5000 Mann über den 19000 Fuß hohen Karakorum-Paß führte. Mehr als zwei Jahre durchstreifte der Sultan mit seinen fröhlichen Mannen Ladakh und Baltistan und lebte von Raub und Plünderung. Dann starb Sultan Said, während sein Sohn Iskander gerade versuchte, Lhasa zu erobern. Bei diesem Versuch wurde die Armee von Kashgar infolge Höhe, Kälte und Hunger auf 27 Mann reduziert.

Wissenschaftliche Untersuchungen können kaum noch weiteres Licht in die Vergangenheit Baltistans bringen, denn die wenigen Berichte, die es gegeben hat, sind vor vergleichsweise kurzer Zeit vernichtet worden: Als die Sikhs 1840 Skardu eroberten, verbrannten sie eine alte Chronik der Makhpons (buddhistische Könige). Ferner erwähnt Vigne, er habe von der Zerstörung eines weiteren berühmten Manuskripts während der Brandschatzung der Festung von Skardu unter der Herrschaft Zufar Khans gehört.

Der Engländer G. T. Vigne hielt sich in den 1830er Jahren lange in Skardu auf und schrieb den ersten Bericht über das Tal. Sein Gastgeber Ahmet Shah war ein direkter Nachkomme Ali Sher Khans und der letzte unabhängige Radscha von Skardu. Damals hatte jede Oase in Baltistan ihren eigenen unabhängigen

»Erbfürsten«, dessen Familie gewöhnlich durch Heirat mit der des Radscha von Skardu verwandt war und der normalerweise seinen Oberherrn im Kampf gegen gemeinsame äußere Feinde unterstützte, in hauseigenen Angelegenheiten aber durchaus in Opposition zu Skardu stehen konnte. Die meisten dieser »dynastischen« Familien waren ursprünglich keine Balti, sondern die Abkömmlinge von Glücksrittern oder verdienten Gefolgsleuten von Eroberern. Viele kamen aus Hunza oder Nagar, wo die Menschen sehr viel unternehmender und weniger gefügig sind als die Balti, die anscheinend niemals einen Führer aus ihren eigenen Reihen hervorgebracht haben.

De Fillipi beschreibt sehr prägnant das Ende der Unabhängigkeit der Balti – falls man es so nennen kann. »In einer Folge von Überfällen zwischen 1834 und 1840 hatten Zorowar Singh und seine Sikh-Armee Ladakh für ihren Lehensherrn Gulab Singh, den ersten Maharadscha von Kaschmir, erobert. Ein Vorwand, Baltistan anzugreifen, war nicht schwer zu finden: Ahmed Shah lag im Streit mit seinem erstgeborenen Sohn Mohammed Shah, den er von der Erbfolge ausgeschlossen hatte. Zorowar Singh ergriff für den enterbten Sohn Partei und überfiel Ende 1840 Baltistan mit einer Armee von 15 000 Mann. Einige Ladakhi schlugen sich auf seine Seite, andere blieben dem alten Regime treu und unterstützten Ahmed Shah. Aber die besten Verbündeten des Königs von Skardu waren das Klima und der Indus, der so viel Wasser führte, daß seine Brücken brachen. Es fehlte nicht viel, und die Expedition hätte mit einer Katastrophe geendet: Zu Beginn des Winters stand die Sikh-Armee noch immer auf dem rechten Ufer. Hunger und Kälte ließen ihre Lage bald kritisch werden. Viele der Männer verloren durch den Frost Hände und Füße. Eine Truppe, die man von Khapalu ins Shayok-Tal Richtung Shigar in Marsch gesetzt hatte, fiel in einen Hinterhalt. Von den 5000 Mann sollen nur 400 überlebt haben. Aber dann fror der Indus zu, und es gelang der Armee, den Strom auf dem Eis zu überqueren. Sie überraschte die Balti und schlug sie in die Flucht. Ahmed Shah zog sich in seine Festung in

Skardu zurück, wurde aber schon bald zur Kapitulation gezwungen: Sein Sohn Mohammed bestieg den väterlichen Thron; aber natürlich hatte das kleine Land praktisch seine Unabhängigkeit für immer verloren. Ahmed Shah und sein zweitgeborener Lieblingssohn wurden gezwungen, sich Zorowar Singh an der Spitze eines Balti-Kontingents anzuschließen, als dieser daranging, Tibet zu erobern – ein Unternehmen, das mit dem Tod des Anführers und der Vernichtung seiner Armee endete. Ahmed wurde zusammen mit seinem Sohn von den Tibetern gefangengenommen und beschloß seine Tage in Lhasa, wo er mit Respekt und Freundlichkeit behandelt wurde. Mit der Thronbesteigung Gulab Singhs als Maharadscha von Jammu und Kaschmir wurde Skardu offiziell Hauptstadt von Baltistan, das mit Ladakh dem neuen Königreich einverleibt wurde (1846).«

Die Identität seines Herrschers scheint für den einfachen Balti von geringer Bedeutung, aber tatsächlich bekam er die grausame Habgier der Dogras selbst in diesen verarmten Tälern zu spüren. Hinzu kam, daß die Dogras Hindus waren und für ihre moslemischen Untertanen nicht die geringste Sympathie empfanden. Sie werden noch heute gehaßt, und die Geschichten von ihren Grausamkeiten und Ungerechtigkeiten werden vom Vater dem Sohn weitererzählt. Während dieser Periode war es den Balti streng verboten, ihre Rinder zu schlachten, und obgleich sich dies ohnehin nur wenige leisten konnten, wehrten sie sich erbittert gegen diese Auferlegung eines Hindu-Tabus. Der britische Einfluß konnte die Dogra-Tyrannei nur wenig zügeln: Baltistan und Ladakh wurden beide von einem hohen kaschmirischen Funktionär verwaltet, dem Wazi-i-Wazarat. Ihm unterstanden zwei Tahsildars, einer in Kargil, der andere in Skardu stationiert. Die britische Regierung wurde in beiden Distrikten von einem englischen Beamten mit Sitz in Leh repräsentiert, der dem Herrscher von Kaschmir unterstellt war. Aber in einer solchen Region konnte ein einzelner Engländer wenig tun, um die Balti vor den zahlreichen Dogra-Unterbeamten zu schützen, die genau wußten, daß ihre Vorgesetzten sich nicht um die Rechte der wenig wortgewandten Bauern kümmerten. Als der Dogra-Maharadscha von Kaschmir 1947 der Indischen Union beitrat, revoltierte spontan die gesamte moslemische Bevölkerung der Northern Areas und verlangte, als Teil Pakistans anerkannt zu werden. Sie setzte sich durch, und aufgrund internationaler Konvention gilt Baltistan heute als pakistanisches Territorium.

Skardu, 13. Januar

Heute gingen wir zur Post, um drei Tagebuchfortsetzungen per Einschreiben aufzugeben, aber schon beim Betreten des Gebäudes versagten meine Nerven, und ich nahm sie wieder mit nach Hause. Ich habe in meinem Leben schon mit einigen bizarren Postämtern zu tun gehabt, aber in der Post in Skardu herrscht eine Atmosphäre des Selbstzweifels, die einen wegen ihrer Logik völlig demoralisiert. Die letzte Post kam hier vor zehn Tagen an, und der nächste Transport geht vielleicht in zwei oder drei oder fünf Wochen ab, und so ist es nur natürlich, wenn das Ganze einen Anflug von Unwirklichkeit hat. Ein schwachsinniger junger Angestellter – vielleicht war er auch nur vor Langeweile abgestumpft – hockte in eine rotbraune Decke gehüllt in einer Ecke und knackte verdrießlich Walnüsse. Er sah schon aus wie ein Eichhörnchen. Meine Postkarten, die ich dem System als Testversuch anvertrauen wollte, konnte ich nicht absenden, weil es bis zur Ankunft des nächsten Flugzeugs – irgendwann in ferner Zukunft – keine Briefmarken gibt. Der Postverkehr wurde von den Briten eingerichtet, und es scheint, als habe sich hier seit der Gründung vor 100 Jahren nicht das geringste verändert – außer daß heute die zuverlässigen Mail Runners weitgehend von launischen Flugzeugen verdrängt worden sind, so daß man irgendwann den mühsamen Kampf um eine effiziente Arbeit aufgegeben hat.

Von der Post gingen wir in westlicher Richtung weiter zum Neuen Basar. Er zieht sich eine halbe Meile lang an der einzigen geteerten Straße Baltistans hin. Als wir ihn erreichten, mußten wir uns erst einmal von unserer Verblüffung erholen. »Wie in London!« stellte Rachel fest, was natürlich leicht übertrieben war: Die meisten der neuen Marktbuden, die die Straße säumen (eine zweibahnige Fahrstraße!), sind entweder jetzt im Winter geschlossen oder noch nicht bezogen, und ein paar sind bereits unter dem letzten Schnee zusammengebrochen. Auf halbem Weg die Straße hinauf steht eine Steinsäule, auf der ein Bronze-Adler hockt und auf seine Beute herabsieht. Er erinnert an die vielen Balti, die im Kampf um den Anschluß an Pakistan gefallen sind.

Neuankömmlingen aus Thowar muß Skardu wahrhaft großstädtisch vorkommen. Dennoch ist das Warenangebot beschränkt. Es gibt ein paar völlig unvermutete Dinge – Imperial-Leather-Seife, Parker-Füllhalter und Rothmans-Zigaretten –, aber sie stammen entweder von Expeditionen, die hier ihre Vorräte verkauft haben, oder kommen aus Landicotal. Im Alten Basar, wo die meisten Geschäfte getätigt werden, bieten die zahlreichen kleinen Läden praktisch identische Waren an: einige Ballen billigen Baumwollstoff, einen Sack Reis, ein paar Säcke Hülsenfrüchte, einen Sack Zucker, Dosenmilch aus verschiedenen Ländern, *ghee* in Dosen aus Dänemark, Tee, vielleicht ein paar Zwiebeln, Zigaretten, Streichhölzer, billigen Schmuck, Seife, Küchengerät aus Zinn, »Tibet« Cold Cream, muffige Kekse (etwa 170 Gramm für Rs 5), Steinsalz, Plastikschuhe, Schreibhefte und Tinte, die aber nicht zu gebrauchen ist (wie ich aus Erfahrung berichten kann). Alles ist von schlechtester Qualität, und nichts ist billig. Fleisch und Eier habe ich vergeblich gesucht, und selbst die allgegenwärtigen Teehäuser sind hier rar, denn Bargeld ist in Baltistan noch knapp. Hinzu kommt, daß die wenigen, die wir gefunden haben, derzeit geschlossen sind: Kein Balti-Schiit würde während der *Muharram*-Tage der tiefsten Trauer so etwas Frivoles tun, wie in der Öffentlichkeit Tee zu trinken. Was das Essen betrifft, so kam Hallam heute mit einem Sack Hülsenfrüchte, die er sehr gern frißt, und einem Ballen guten, süßen Heus am besten weg. Es scheint verrückt, hochwertige rote Linsen an ein *ghora* zu verfüttern, aber Getreide ist für kein Geld der Welt zu bekommen. Ein zusätzlicher Hochgenuß ist für ihn ein Klumpen wundervoll glitzerndes rosa Steinsalz, den er mit einem Ausdruck der Ekstase zermalmt.

Eine faire Beurteilung der Einwohnerschaft von Skardu ist während *Muharram* nicht möglich. Diese jährliche Zeit der Trauer könnte man mit einer sehr, sehr ernst genommenen mittelalterlichen Fastenzeit vor Ostern vergleichen. Die Mehrheit der Balti sind Schiiten, verehrt die Abkömmlinge der Prophetentochter Fatima und betrachtet die Sunniten als Abtrünnige. (Die meisten Pakistani sind Sunniten.) *Muharram* wird von den Schiiten in der gesamten islamischen Welt begangen, um den Tod ihres verehrten Märtyrers Hussain, seines kleinen Sohnes und seines Verwandten Hassan zu beklagen. Hussain war der zweite Sohn von Mohammeds Schwiegersohn Ali und wurde am 10. Oktober 680 bei Kerbela im Kampf gegen die Armee des sunnitischen Kalifen Iasid getötet.

Während der zehn Tage, die der *Muharram*-Prozession vorausgehen, ist jede Freude und jeder Genuß verpönt. Das bedeutet: kein Rauchen, kein Spielen, kein Sex, kein Radiohören (falls man zufällig eins besitzen sollte), keine großen Mahlzeiten (falls man sie im Januar in Skardu herbeizaubern könnte), keine frivolen Gespräche im Teehaus, kein »Fuß«-Polo für Kinder, kein Lachen. Folglich ist die Stimmung in der gesamten Stadt zur Zeit trübsinnig, spannungsgeladen und ziemlich mürrisch. Die vergleichsweise wenigen Bewohner, die man im Basar sieht, machen grimmige und oft unfreundliche Gesichter. Es sind fast ausschließlich Männer; die Skardu-Frauen verlassen kaum ihren häuslichen Bereich, was mir gelegentlich feindliche Seitenblicke von denen einbringt, die mein Geschlecht korrekt diagnostiziert haben. Für sie muß eine unverschleierte Frau, die während der Zeit der Trauer und Enthaltsamkeit durch ihre Stadt wandert, vom Teufel geschickt sein.

Die Bevölkerung Baltistans (etwa 200 000) ist sehr gemischt. So furchterregend diese Täler sind, so waren sie doch jahrtausendelang – aus Mangel an etwas Besserem – wichtige Kommunikationswege zwischen den verschiedenen Reichen und Kulturen. Ihre gegenwärtige Abgeschnittenheit ist neu und das Ergebnis moderner Politik sowie der Entwicklung des Flugverkehrs.

Bei unserem Spaziergang durch den Basar haben wir heute Menschen gesehen, die genausogut aus Irland, Tibet, Arabien, Rußland, Afghanistan, Deutschland, Kaschmir, Punjab oder Italien hätten stammen können. Es gibt keinen »typischen« Balti, den man sofort erkennen könnte. Dennoch gehören die meisten Balti offensichtlich zu jener weitgespannten anthropologischen Gruppe der sogenannten »Europiden«, zu der die meisten Westasiaten und einige Nordafrikaner zählen. Roero di Cortanze hat 1880 als erster darauf hingewiesen, daß die Balti alles in allem »der kaukasischen oder weißen Rasse angehören, im Gegensatz zu den Ladakhi, die Mongolen und von rötlicher Hautfarbe sind«. Aber natürlich ist auch bei den Balti ein betont mongoloider Einschlag zu beobachten, und soweit wir das heute feststellen konnten, sind die Balti tibetischen Typs bei weitem die ärmsten. Eine sich hartnäckig in Skardu und Ronda haltende Überlieferung besagt, daß die Ur-Balti arische Dard gewesen seien, die sich nach und nach mit den unterschiedlichen Gruppen mongolischer Eroberer vermischt hätten. Aber was mich erstaunt, ist die große Anzahl der eindeutig *unvermischten* Typen, die man hier treffen kann, trotz der Tatsache, daß es in letzter Zeit kaum Zuwanderungen in diese Täler gegeben hat.

Heute hat man mir wiederum versichert – etwa zum sechsten Mal –, daß die Balti nicht so arm seien, wie es den Anschein hat. Während sie in armseligen Hütten leben und Fetzen tragen, hat angeblich mancher dennoch ein Vermögen unter dem Fußboden vergraben. Die alte britische 400-Rs-Note taucht ziemlich häufig in Skardu auf, obgleich sie schon seit Jahren kein legales Zahlungsmittel mehr ist. Aber ich kann trotzdem nur schwer glauben, daß es viele reiche Balti gibt.

Skardu, 14. Januar

Heute morgen machten wir uns mit Hallam auf den Weg, um das entfernte Ende des »Felsens« zu erkunden. Wir wanderten zunächst durch die Chasma und den Neuen Basar und dann eine weitere halbe Meile auf der Straße nach Gilgit. Um das westliche Ende dieses eigenartigen Felsens zu umgehen, folgten wir anschließend einem breiten sandigen Pfad über ein Schneefeld, während der Bug des »Schiffes« hoch neben uns aufragte. Wir trafen zahlreiche kleine Gruppen von Männern in zerschlissenen selbstgefertigten Gewändern, die sich mit 80 Pfund schweren Feuerholzbündeln (zumeist Maulbeerbaum) abschleppten, die sie sich mit Yaklederriemen auf den Rücken gebunden hatten. Die meisten von ihnen hatten auffällige Kröpfe und mehrere waren zwergwüchsig – kaum größer als ihre Last – und/oder schwachsinnig. Vor uns lag ein Gewirr zerklüfteter, bedrohlich aussehender Felsspitzen (etwa 12 000 bis 13 000 Fuß hoch), und als wir einen kurzen Abhang hinaufgestiegen waren, sahen wir den Indus, der breit und ruhig zwischen uns und jenen Bergen dahinfloß. Auf ihren tieferen Hängen liegen mehrere kleine Dörfer, von denen aus die Holzträger mit *zhaks* herübergestakt waren – Flöße aus luftgefüllten Ziegen- bzw. Yakhäuten, auf denen man Bretter befestigt hat.

Dort, wo unser Pfad bergab um den »Felsen« herumführte, stieg Rachel ab, und ich übernahm Hallam, für den das Gelände hier schwierig wurde. Nachdem wir einen Bergvorsprung umrundet hatten, lag vor uns der meilenweite Zusammenfluß von Shigar und Indus – wie ein türkisfarbener See, aus dem die verschneite Nordflanke des »Felsens« steil hinaufsteigt. Und im Norden und Osten jenseits der Flüsse ragten gigantische Felsspitzen auf, die wie weiße Narben im intensiv blauen Himmel wirkten. Wir gingen weiter, bis Hallam restlos im Schnee steckenblieb. Aber die Stille, die Schönheit und der Frieden auf dieser »vergessenen« Seite des Felsens brachten sogar Rachel zum Schweigen – mindestens für drei Minuten.

Bevor wir umdrehten, legten wir auf einem Felsbrocken eine Pause ein. Von dort aus konnten wir direkt über einen weißen Hang hinweg in den Indus sehen und beobachten, wie er durch das Schmelzwasser vom Fuß des Berges immer mehr anschwoll. Ich erinnere mich, daß dies einer jener »besonderen« Momente war, die in mir unfehlbar den Glauben an die Beseeltheit der Natur wecken. Während ich zu Füßen eines der höchsten Gipfel an einem der größten Ströme der Erde saß, erschien es mir völlig natürlich, daß Menschen die Kraft und Schönheit der Berge und Flüsse verehren.

Nachdem wir auf den Sandweg zurückgekehrt waren, stieg Rachel wieder auf – und das war das letzte, was ich in den nächsten eineinhalb Stunden von meiner Tochter sah. Als ich Hallam in vernünftigem Trab hinter einem Hügel verschwinden sah, dachte ich mir noch nichts Böses. Ich nahm an, sie würden schon irgendwo auf mich warten. Aber als ich selbst diese Stelle erreichte, waren sie bereits weit entfernt – woraus ich panikartig schloß, daß Hallam durchgegangen sein mußte. Aber als ich über den wellenförmigen Schnee hinweg genauer hinsah, stellte ich fest, daß er ganz und gar nicht außer Kontrolle geraten war, sondern Rachel ihn mit ihrer Gerte bearbeitete wie ein Jockey kurz vorm Ziel. Als sie hinter einem weiteren Hügel verschwanden, brüllte ich völlig unsinnig: »Rachel, halt! Rachel!« Und neben mir echote der hohe graue »Felsen« – »Achel«. Kochend vor Wut und krank vor Angst ging ich normal weiter. Gegen derartige Kapriolen habe ich auf einem Sandweg ohne Verkehr nichts einzuwenden, aber wie würde Rachel reagieren, wenn ihr plötzlich ein Militärjeep mit 60 Meilen pro Stunde entgegenkam, der von irgendeinem irrsinnigen jungen Soldaten gefahren wurde. Hallam ist intelligent und umsichtig, aber auch ziemlich nervös; und jedes Balti-Tier wird unruhig, sobald ein Auto auftaucht. Aus den Hufabdrücken konnte ich sehen, daß er die ganze Strecke galoppiert war. Während ich mich der Jeep-Straße näherte, hielt ich verzweifelt nach der schwarzen Reitkappe und dem roten Schneeanzug Ausschau – und dann kam der schlimmste Moment, als ich plötzlich den *reiterlosen* Hallam zu sehen glaubte. Gott sei Dank erkannte ich in der nächsten Sekunde, daß es sich um eine gleichfarbige Kuh handelte. Aber die Schrecksekunde hatte genügt! Mit etwas weichen Knien ging ich weiter. Während meines langen Marsches in und durch den Neuen Basar sah ich kaum jemanden und begann mich langsam wieder sicherer zu fühlen. Wäre Rachel abgeworfen und verletzt worden, hätte man nach mir gesucht. Dann endlich sah ich das Paar in einiger Entfernung. Eingekreist von einer verwirrten Menge warteten die beiden in der Nähe des Alten Basars. Selbst auf diese Entfernung konnte ich erkennen, daß Rachel außerordentlich mit sich zufrieden war. »Hallo, Mami«, rief sie mir über die Köpfe ihrer erstaunten Umgebung zu. »Du hast ganz schön lange gebraucht, um uns einzuholen – wir warten seit *Stunden! Ich hoffe, du hast dir keine Sorgen gemacht.« »Natürlich hab' ich!« erwiderte ich säuerlich und schluckte herunter, was mir sonst noch so auf der Zunge lag. »Ich hab' mir das fast schon gedacht«, meinte sie ein klein wenig reuevoll. »Aber ich habe rausgefunden, daß Galoppieren viel leichter ist als Traben! Und Hallam hat sich sehr gut benommen, als die beiden Jeeps vorbeifuhren. Es war also ziemlich dumm von dir, dir Sorgen zu machen; mußt du doch zugeben.« – »Irrtum!« schnappte ich zurück. »Er hätte auch anders reagieren können – oder der Jeepfahrer! *Du* hast dich blöd benommen, nicht ich!« Aber trotz dieser Zurechtweisung schwärmte sie auf unserem Heimweg weiter davon, was für ein herrliches Gefühl es sei, zu galoppieren.

Skardu, 15. Januar

Gestern abend öffnete ich eine meiner restlichen Dosen Pindi Complan und sah, daß es leicht angeschimmelt war. Aber aus Geiz und getrieben vom Hunger rührte ich mir entgegen Rachels Rat trotzdem einen Becher voll an. Es schmeckte so widerlich, daß ich das meiste weggoß, aber ich hatte wohl schon genug getrunken, um in meinem Innern ein Chaos anzurichten. Heute morgen, nachdem ich Rachel ihr Frühstück gemacht und Tee getrunken hatte, hatte ich nur noch den Wunsch, wieder ins Bett zu kriechen. Ich hatte das Gefühl, vergiftet zu sein, und etwas in der Richtung war es wohl auch.

Immerhin ging es mir gegen elf Uhr wieder so weit gut, daß ich Rachel auf Hallam sechs Meilen das Tal hinauf in Richtung Khapalu begleiten konnte. Hier ist die Landschaft wilder und zerklüfteter, und am Fuß der Berge lagen graue und schwarze Felsbrocken im tiefen Schnee. Dazwischen sah man gelegentlich große Thymiankissen und Wacholderbüsche. Dann folgten ebene, weite Flächen – wahrscheinlich Felder –, die häufig von Connemara-Mauern eingefaßt waren und Obstgärten. Unerwartet stießen wir hier auf bis zu 200 Fuß tiefe Spalten, die lange Umwege erforderlich machten. Einige von ihnen müssen relativ neu sein, denn der Pfad führt sozusagen noch über sie hinweg. Auf weiten Teilen des Weges war auch der Indus tief unten wieder sichtbar; wie er dort langsam in seinem tiefen, breiten, steinigen Bett dahinfließt, erinnert er nur wenig an jenen reißenden Strom, der sich seinen Weg durch die Schlucht erzwingt. Die an seinem Ufer wachsenden Pappeln und Weiden wirken wie Spielzeuge und machen wieder einmal die gewaltigen Höhenunterschiede in diesem Gebiet deutlich. Jenseits des Indus erstrecken sich meilenweit blaßbraune, wunderschön vom Wind modellierte Sanddünen, von denen aus sich zwei einzelne, längliche Felsenberge erheben, nicht ganz so hoch oder lang wie der »Felsen«, aber kaum weniger dramatisch.

Wir kamen durch zwei Dörfer, wo eine erschreckende Anzahl der uns begegnenden Einwohner an einem Kropf litt. Viele von ihnen saßen auf den Dächern ihrer Häuser und genossen die Mittagswärme, während sie Aprikosenkerne knackten, Wolle spannen oder Decken webten. Männer wie Frauen grüßten uns freundlich. Entweder waren sie von Natur aus liebenswürdiger als die Menschen in Skardu oder weniger durch die Entbehrungen des *Muharram* bedrückt.

Am Rande der Stadt, nicht weit vom Krankenhaus entfernt, steht ein einzelnes kleines Gebäude im Schnee, über dessen Tür in großen Buchstaben »Kropf-Klinik« geschrieben steht. Sie wurde vor ein paar Jahren gebaut, ist aber noch nicht eröffnet. Dies ist typisch für Skardu, wo immer wieder wertvolle Bemühungen, den Einheimischen das Leben zu erleichtern, am ineinandergreifenden Personal/Kommunikations/Transport-Problem scheitern.

Die Frage des Reitens lösten wir heute etwas vernünftiger: Rachel bekam die Erlaubnis, jeweils etwa eine halbe Meile vorauszugaloppieren, dann aber anzuhalten und zu warten. Für sie und Hallam vielleicht etwas langweilig, aber man muß sein Junges wenigstens ab und zu im Auge behalten.

Auf dem Heimweg fühlte ich mich plötzlich sehr schwach, durstig und hungrig. Aber die beiden Teehäuser, an denen wir vorbeikamen, hatten weder Tee noch etwas zu essen. Und als ich zu Hause den Kessel aufsetzen wollte, spielte unser verdammter Ofen verrückt und mußte auseinandergenommen werden. Nachdem ich mir bei dem Versuch, die blöden Dochte in Ordnung zu bringen, zwei Nägel abgebrochen hatte, bemerkte Rachel träumerisch: »Du benutzt heute eine Menge neuer Worte.« Anschließend dauerte es dann noch einmal 40 Minuten, bis das Wasser in dem kleinen Kessel kochte. Unser nächster Einkauf sind neue Dochte.

Skardu, 16. Januar

Dies war so ein Tag, an dem man zu Hause die Wände hochgegangen wäre. Aber hier, wo Zeit für niemanden eine Rolle spielt, war es eigentlich sehr erholsam.

Man hatte uns erzählt, daß wir um elf Uhr im Government Supplies Depot im Neuen Basar Kerosin bekommen könnten. Also gingen wir um 10.30 Uhr los, um uns einer geduldigen Menge anzuschließen, die jede Art von Behältnissen mitgebracht hatte – einschließlich eines angeschlagenen Emaille-Nachttopfs, dessen Ursprung ich neugierig erforschte. Ich hätte mir denken können, daß er einst einem herumreisenden britischen Beamten gehört hatte.

Als wir in der Nähe des angebundenen Hallam in der Sonne saßen, kam wieder einmal unser leicht gequält aussehender junger Polizist auf uns zu, der uns schon seit Tagen verfolgt. Abbas Kazmi hat ihm zwar wiederholt versichert, daß unsere Pässe in Ordnung, unsere Charaktere makellos und unsere Motive die reinsten seien, aber er scheint es immer noch für seine Pflicht zu halten, (äußerst höflich) die Rechtmäßigkeit unseres Aufenthalts in Baltistan in Zweifel zu ziehen. Um den armen Mann zu beruhigen, hatte ich ihm heute morgen angeboten, unsere Pässe dem Chief Superintendent von Baltistan zu zeigen, und der erleichterte junge Polizist kam, um uns mitzuteilen, daß er uns um 15 Uhr vor dem Polizeihauptquartier treffen wollte.

Um 12.40 Uhr öffnete das Depot, und wir wurden dahingehend belehrt, daß wir zunächst morgen zum Office of Government Supplies gehen und ein Antragsformular (in dreifacher Ausfertigung) ausfüllen müßten, um eine Ration subventioniertes Kerosin zu bekommen. So borgten wir uns auf dem Nachhauseweg eine Gallone von Abbas Kazmi, der stets in der Lage zu sein scheint, unsere Probleme zu lösen. Nichtsubventioniertes Kerosin ist auf dem Basar nämlich nicht zu bekommen, und ohne unseren Ofen könnten wir kaum überleben: Wir haben gerade die kältesten Wochen des ganzen Jahres.

Um 14.55 Uhr band ich Hallam an einen Verandapfosten vor dem Polizeihauptquartier. Um 15.45 Uhr erschien unser junger Freund, um uns mitzuteilen, daß sein Chef noch nicht vom Lunch zurück sei: Würden wir wohl so freundlich sein und morgen um elf Uhr wiederkommen?

So gingen – ritten – wir noch eine Stunde spazieren und kehrten gerade rechtzeitig nach Hause zurück, bevor die Nachtkälte das Tal in ihren eisigen Griff nahm. Unterwegs unternahm ich den vergeblichen Versuch, irgendeine Form von Brot zu kaufen. Das Angebot an Nahrungsmitteln war im abgelegenen Thowar sehr viel reichlicher. Hier ist die Bevölkerungszahl durch den Zustrom pakistanischer Regierungsbeamter, durch deren Mitarbeiterstäbe sowie bisweilen ihre Familien erst vor kurzem künstlich in die Höhe getrieben worden – nicht zu vergessen das Militär, für das nicht alle Lebensmittel eingeflogen werden können, obgleich man versucht, so gut wie eben möglich unabhängig zu sein. Hallam jedoch bekommt in Skardu das bestmögliche Futter, was ihm ausgesprochen guttut. Er ist zwar nicht dicker geworden, aber es besteht doch ein gewaltiger Unterschied zwischen dem Wrack, das sich aus Thowar hinausschleppte, und dem lebendigen Pferd, das jetzt auf den Horizont lossaust, sobald Rachel es mit der Gerte berührt.

Skardu, 17. Januar

Sadiq Ali besucht uns regelmäßig jeden Morgen, wobei er oft von einem oder mehreren Freunden, Verwandten und Nachbarn begleitet wird. Die Einheimischen behaupten, daß wir seit mehr als 40 Jahren die ersten Fremden sind, die hier überwintern, was wahr sein mag oder auch nicht. Sicher sind wir eine Novität, um so mehr, als wir nicht abseits in unserem eigenen Camp oder einem Rasthaus wohnen und so jederzeit besichtigt werden können. Unsere Tür läßt sich zwar von innen verriegeln und von außen mit einem Vorhängeschloß verschließen, aber ich habe den Riegel bisher nie benutzt, nicht einmal nachts. (Wie könnte man auf die unentbehrliche Freundlichkeit und Güte der Balti anders reagieren? Man fühlt sich hier selbst nachts in einem unverschlossenen Haus absolut sicher.) An Orten wie diesem muß der Fremde zwischen zwei Extremen wählen: entweder in jener Art von Isolation zu leben, wie sie traditionell vom Reisenden aus westlichen Ländern bevorzugt wird, oder sich zu integrieren und jedes Privatleben zu vergessen. In Hindu-Gesellschaften ist letzteres wegen der Kasten-Tabus schwieriger, wie ich sowohl in Nepal als auch in Südindien feststellen konnte. In moslemischen Ländern gibt es solche Schranken nicht. Die ausgedehnte und häufig stillschweigende Inaugenscheinnahme durch unbekannte Zufallsbesucher kann zwar sehr nervtötend sein, aber es wäre ausgesprochen unhöflich, diesen staunenden Menschen das

Vergnügen zu mißgönnen, das sie daraus gewinnen, mir beim Abwaschen, Zähneputzen, Essen, Vorlesen oder Zwiebelpellen (um unseren Instantsuppen den Anflug von Geschmack zu verleihen) zuzusehen.

De Fillipi bemerkt, daß »der Balti von Natur aus dem Europäer gegenüber schüchtern ist, in einer Mischung aus Respekt und Furcht, aber ohne Servilität«. Er ist so ohne jede Servilität, daß es niemandem meiner morgendlichen Besucher – die sich ihre Hände an meinem Ofen wärmen – in den Sinn kommt, mir vielleicht den Wasserkessel aus der Hand zu nehmen und an meiner Stelle das Wasser fürs Frühstück zu holen. Aber in Wirklichkeit gefällt mir ihre Haltung, mich selbst für mich sorgen zu lassen. Das hat nichts mit Unfreundlichkeit zu tun, und so möchte ich hier leben.

Sadiq Ali steckt voller guter Ratschläge, die er mir auf Balti mitteilt. Für besonders komplizierte Erklärungen bedient er sich seines Neffen Mohammad Ali als Dolmetscher, der ein wenig Englisch spricht, aber unter solchen Anstrengungen, daß man ihm kaum dabei zusehen kann. Mohammad Ali ist 19, pickelig und ehrgeizig. Er hat hellbraunes Haar, dunkle Augen, ein zu blasses Gesicht und unregelmäßige Zähne. Seit er gelegentlich mit Bergsteiger-Expeditionen zu tun gehabt hat, träumt er davon, ins Tiefland zu gehen, wo nach seinen Vorstellungen ein »best-bezahlter Job in einem Büro« auf ihn wartet. Ich habe versucht, ihn davon abzubringen, seinen Job hier aufzugeben – er arbeitet in einer kürzlich eingerichteten Regierungsbehörde –, denn mit seiner Skardu-Ausbildung ist es für ihn nahezu unmöglich, im Tiefland überhaupt eine Arbeit zu bekommen. Sein Wunsch ist jedoch nicht ungewöhnlich. Während sich die Pakistani nach England oder Amerika sehnen, drängen immer mehr junge Balti nach Pakistan.

Sadiq Ali – mit seinem zerknitterten, gegerbten Gesicht, den blauen Augen und der Sorge, Hallam könne nachts frieren – erinnert mich an einen untersetzten, o-beinigen irischen Pferdenarren. Er hat darauf bestanden, uns eine zerfetzte, aber noch zu gebrauchende Pferdedecke zu leihen, und bringt uns häufig Geschenke in Form getrockneter Aprikosen und Maulbeeren, vermischt mit ein paar winzigen Rosinen und Walnüssen. Er kauft auch Hallams Futter – zweifellos eine gewinnbringende Tätigkeit – und hat dabei sogar eine Quelle für wertvolle Gerste entdeckt. Seine morgendlichen Besuche dauern in der Regel etwa eine Stunde; dann geht er seiner Winterbeschäftigung nach: Er arbeitet im Government Supplies Office nahe dem Polizei-Basar, wo auch wir heute morgen wegen unserer Kerosinzuteilung hinmußten.

Das Office ist in einem Teil des alten britischen Verwaltungshauptquartiers untergebracht, in dem langsam alles zu Bruch geht: Türen, Fenster und Bodenbretter. Das Ganze ist dämmerig, überfüllt und verwirrend. Mitarbeiter und Besucher kauern in Decken gehüllt um die Holzöfen, und aus den sich in ihre Bestandteile auflösenden Schränken hängen die Akten heraus. Aber Sadiq Ali fand schnell den Mann, den wir brauchten, einen charmanten Gilgiter, der das Chaos besiegte, uns unsere Genehmigung innerhalb von fünf Minuten überreichte und uns anschließend zu lauwarmem Tee, alten Keksen und einem intelligenten Gespräch einlud.

So weit, so gut. Aber würde auch das Depot heute geöffnet sein? Niemand war sich da ganz sicher: Boten wurden in andere Büros geschickt, um nachzufragen. Schließlich meinte der Gilgiter, es sähe nicht so aus, denn heute sei Freitag. Deshalb gingen wir als nächstes zum Polizeihauptquartier – einem weiteren alten, wackeligen Gebäude – und wurden im Büro des Chief Superintendent von einem äußerst reizenden, vornehmen älteren Herrn begrüßt, der, wie sich herausstellte, der Bruder des abgesetzten Mir von Nagar war. Wir tranken noch mehr lauwarmen Tee – während Rachel mit den begeisterten Rekruten auf dem Exerzierplatz flirtete –, und er erklärte mir in tadellosem Cambridge-Englisch, warum die hiesige Polizei wegen unserer visalosen Pässe und unseres exzentrischen Wunsches, mitten im Winter allein und zu Fuß durch Baltistan zu wandern, so beunruhigt ist. Schuld sind ein paar Regierungsstellen in Islamabad, die mit ihren widersprüchlichen Anweisungen für ein ziemliches Durcheinander gesorgt haben. Auf der einen Seite hat die Polizei in den Northern Areas strikten Befehl, alle Fremden mit Mißtrauen zu betrachten und ihre Visa genauestens zu überprüfen. Demgegenüber ist das Ministry of Tourism der Meinung, man dürfe die Touristen nicht vom Besuch der Hauptattraktion Pakistans dadurch abschrecken, daß sie erst um Erlaubnis bitten müßten. Niemand hat sich jedoch die Mühe gemacht, den unglücklichen, des Lesens unkundigen Polizisten zu erklären – von denen die meisten nicht einmal bis Gilgit gekommen sind –, welche Staatsangehörigen denn nun *kein* Einreisevisum brauchen. Kein Wunder also, daß sie sich Sorgen machen, wenn wir uns im Winter in der Nähe ihrer sensitiven Grenzen herumtreiben. Bemerkenswert ist jedoch, mit welcher gleichbleibenden Höflichkeit und Hilfsbereitschaft uns die Beamten behandelt haben, obgleich sie mir von ihrem Standpunkt aus eigentlich hätten Handschellen anlegen müssen. Die Polizei ist in eine ärgerliche Lage geraten, aus der man sie schnell befreien sollte, was leicht durch die Einführung eines allgemeinen Touristenvisums geschehen könnte – heutzutage eine Standardprozedur, der sich kein vernünftiger Reisender widersetzen wird, es sei denn, es wären lange Wartezeiten damit verbunden.

Anschließend gingen wir gleich noch zu dem zwei Meilen entfernten Hauptquartier des Public Works Department: Aus Gründen der Bürokratie brauchen wir eine Bescheinigung vom Chief Civil Engineer, die den *chowkidar* des Rasthauses in Satpara autorisiert, uns für drei Nächte aufzunehmen. Da der Chief Engineer nach Gilgit gereist ist (seinen Geburtsort), wurden wir 200 Meter weiter zum Büro des Assistant Engineer geschickt, der wiederum gerade zu seinen Freitagsgebeten aufgebrochen war. Wir sollen nun morgen um 10.30 Uhr wiederkommen. (Die Fünf-Tage-Woche hat Skardu noch nicht erreicht.) Das bedeutet, daß wir unsere Abreise nach Satpara verschieben müssen.

Die nächste Stunde verbrachten wir auf dem Basar mit der

Suche nach neuen Dochten für unseren Ofen. Aber dann gelang es mir nicht, sie einzusetzen, und so wollten wir Abbas Kazmi holen, unseren Retter aus allen Schwierigkeiten, aber auch er war in die Moschee gegangen. Wir wurden jedoch von seinen Nachbarn hereingebeten, den Sadiqs, unendlich gastfreundlichen Leuten, die uns schon mehrfach eingeladen haben, und bereits »alte Freunde« von uns sind. Mr. Sadiq ist dick, jovial und sehr beschäftigt, da er Vorsitzender der örtlichen Pakistan People's Party ist (der Partei Mr. Bhuttos). Seine neun hübschen, gesunden, charmanten Kinder – von einer erwachsenen Tochter bis zu einem pausbäckigen Vierjährigen mit Spitznamen Apollo – sind in Rachel vernarrt. Mrs. Sadiq ist Präsidentin des weiblichen Zweiges der P.P.P. und bemüht sich intensiv, das Interesse der Frauen für regionale Entwicklungen und Verbesserungen zu wecken. Aber ich kann mir schwer vorstellen, daß sie sehr erfolgreich ist – oder der durchschnittliche männliche Balti ihr dies wünschen würde. Sie verkörpert eher den feingliedrigen Typ einer spanischen Schönheit, ist warmherzig und klug und besitzt einen trockenen Humor, was einem schnell auffällt, obgleich sie kein Englisch spricht.

Heute trafen wir bei ihnen einen Gast, eine auffallend schöne Frau, die aussieht wie 20, aber fünf Kinder hat, darunter einen sehr eleganten Sohn, der bereits ebenso groß ist wie sie. Sie bot mir an, meine Dochte einzusetzen. Als Abbas Kazmi aus der Moschee zurückkam, stellte er sie mir als Mrs. Sadiqs Nichte und Ehefrau des kürzlich ernannten Assistant Commissioner für Baltistan vor.

In einem warmen, sparsam möblierten Raum, der mit Menschen aller Altersgruppen vollgestopft war, aber von Apollo beherrscht wurde, tranken wir Tee und aßen selbstgebackenen Kuchen – eine seltene Delikatesse, die unsere uneingeschränkte Begeisterung fand, obgleich normalerweise keiner von uns Kuchen ißt. Inzwischen war auch der Assistant Commissioner gekommen, ein jugendlich wirkender Mann aus dem Kharmang-Tal und ebenso sympathisch wie seine Frau. Als wir aufbrachen, war es 15 Uhr geworden, und überall sonst hätte man uns wahrscheinlich zum Lunch eingeladen. Aber hier können nicht einmal die Wohlhabendsten unerwartete Gäste so ohne weiteres miternähren.

Ich habe es mir zur Gewohnheit werden lassen, bei Sonnenuntergang Wasser zu holen. Als ich heute abend mit meinem Kessel losging, lag das verschneite Tal bereits im Nebel. Am Fluß entlang hoben sich ein paar Pappeln und Weiden schwarz gegen einen kalten, grünlichen Himmel ab, und in der Nähe ragte der »Felsen« auf, riesig und dunkel und seltsam bedeutungsschwer. Plötzlich reflektierten die höchsten Gipfel im Norden und Osten für kurze Zeit ein rosa-orange-kupferfarbenes Licht, und für wenige, unvergeßliche Augenblicke schienen sie losgelöst über dem im Schatten liegenden Bergmassiv zu schweben – wie strahlende Inseln, die hoch über einer in Zwielicht getauchten Welt dahintreiben.

6.

Schmerz und Kummer

... wir sind nicht mehr wir selbst, wenn die gequälte
Natur dem Geist gebietet, mit dem Körper mitzulei-
den.

William Shakespeare

Der Balti ist sehr sanft, nie streitsüchtig ... Und dennoch habe ich gesehen, wie diese Menschen, durch
religiöse Inbrunst völlig verwandelt, eine so maßlose
Leidenschaft zeigten, die bei einem Volk, das in
seinem täglichen Leben so heidnisch gleichgültig ist,
ganz unglaublich erscheint.

Fillipo de Fillipi (1913)

Skardu, 18. Januar

Nun ist das Unvermeidliche eingetreten: ein fast unerträglicher
Zahnschmerz, dem mit erprobten Mitteln nicht beizukommen
ist. Als er vor fünf Tagen begann, habe ich erst einmal versucht,
ihn zu ignorieren – mein übliches Rezept zur Behandlung nicht
allzu starker Schmerzen, nach der Theorie, daß sie um so schneller wieder verschwinden, je weniger man sich um sie kümmert.
Seit letzter Nacht jedoch steht fest, daß Stoizismus allein hier
nicht weiterhilft. Dies ist mein erster echter Zahnschmerz – ein
Unterschied zu einem unbestimmten Ziehen. Aber heute ist
Sonnabend, und vor Montag ist nicht mit Hilfe zu rechnen: Das
Krankenhaus, zu dem auch eine Zahnklinik gehört, ist von Freitag zwölf Uhr bis Montag neun Uhr geschlossen. Ziemlich ungewöhnlich für ein Krankenhaus, aber wir sind in Skardu ... Immerhin könnte es schlimmer sein – zum Beispiel ein entzündeter
Blinddarm oder ein gebrochenes Rückgrat.

Nach dem Frühstück marschierten wir los, um uns unseren
Übernachtungsschein für Satpara zu holen, und warteten zwei

Stunden auf den Assistant Engineer in einem kleinen Raum, in dem eine freundliche Gruppe P.W.D.-Angestellter um einen Ofen versammelt war. Diejenigen, die an der Peshawar University Ingenieurwesen studiert hatten, sprachen ein recht gutes Englisch. Einer der jungen Männer – mit schulterlangem, welligem, braunem Haar, einem senffarbenen Wildlederjackett und himmelblauen Hosen mit messerscharfen Bügelfalten – stellte sich als ein »electrical and telephonic engineer« vor. Er verschaffte mir die fesselnde Information, daß das von den Briten eingerichtete und noch gelegentlich funktionierende Skarduer Telefonsystem aus dem Jahr 1864 stammt. Da fragt man sich natürlich, ob wohl irgendeine irgendwo im Jahr 1964 installierte Anlage im Jahr 2075 noch in Betrieb sein wird. Er erzählte uns ferner, daß es vier Millionen Rupien kostet, um einen Generator im Wert von drei Millionen nach Baltistan zu transportieren: Selbst heute sind die Berge noch sehr hoch. – Natürlich bekamen wir unsere Bescheinigung nicht. Der Assistant Engineer war nach ... – niemand wußte es – gegangen.

Die einzelnen Hausarbeiten nehmen hier viel Zeit in Anspruch: Steinsalz hat einen guten Ruf, und man kauft es in großen Klumpen – heute nachmittag habe ich 30 Minuten gebraucht, um etwa 500 Gramm in handliche Stücke zu zerschlagen. Danach widmete ich mich eine Stunde lang dem sorgfältigen Aufknacken unserer Sammlung von Aprikosenkernen, so daß der nahrhafte Inhalt ganz blieb. Meine Ernte betrug etwa ein halbes Pfund, das die ausgehungerte Rachel zum Abendbrot aß: Sie hatte die Wahl zwischen Aprikosenkernen und Linsen, die sie bereits zum Frühstück und zu Mittag bekommen hatte. Unsere letzten mitgebrachten Nahrungsmittel haben wir gestern aufgebraucht, und wegen des Erdbebens können wir nun nicht mit jenen Zusatzrationen rechnen, die uns Naseem mit dem Jeep schicken wollte.

Heute morgen machten wir auf dem Alten Basar eine auf den ersten Blick ermutigende Entdeckung – vier kleine Brötchen zum Preis von 25 Paise das Stück (2$\frac{1}{2}$ Pence). Leider jedoch sind sie für Rachels Zähne viel zu hart (diese hinterlassen nicht den kleinsten Abdruck auf ihnen), und auch ich konnte es in meinem gegenwärtigen Zustand nicht mit ihnen aufnehmen. Aber da sie offensichtlich schon einige Monate alt sind, werden sie sich wohl noch ein paar Wochen halten. Im nächsten kleinen Laden stieß ich auf eine merkwürdige, gelblich-graue, fettige Substanz, die voller Haare und Sand war, aber so aussah, als ob man sie essen könne. Ich probierte sie vorsichtig und halte sie für Ziegenkäse oder -butter – zu scharf für Rachel, aber mir schmeckt es, und ich habe ein halbes Pfund für Rs 3 gekauft. Nun brauche ich nur noch etwas als Unterlage.

Skardu, 19. Januar

Rachel verbrachte den heutigen Tag mit den Sadiq-Kindern, während Abbas Kazmi mich zu einem Besuch bei Shakir Shamin mitnahm, der einen Gedichtband in Urdu veröffentlicht hat und mir als »Baltistans einziger Schriftsteller« vorgestellt wurde. Shakir ist mit der ältesten Sadiq-Tochter verlobt, was bedeutet, daß er, obgleich ein enger Freund der Familie, derzeit ihr Haus nicht betreten darf, es sei denn, seine Verlobte ist nicht da. Er lebt in einem noch nicht ganz fertigen Bungalow etwa fünf Meilen vom Stadtrand entfernt, wo das Land zum Hochtal von Satpara hin ansteigt. Auf diesem Hang gibt es bereits mehrere recht ansprechende neue Gebäude, zumeist Regierungsbüros, sowie die Häuser von höheren Offizieren und Beamten.

Shakir ist Director of Development Schemes for Baltistan, ein vergleichsweise gutbezahlter, aber frustrierender Posten. Da man jedoch um diese Jahreszeit selbst mit Beziehungen und Geld nur das Minimum an Nahrungsmitteln bekommt, bestand unser Lunch aus einem kleinen Ei für jeden, einem Teller mit currygewürztem Spinat für alle drei und sechs Scheiben *roti*. Shakir entschuldigte sich mehrmals für dieses frugale Mahl, obgleich ich es absolut ernst meinte, als ich ihm erklärte, daß das Gebotene nach Murphy-Maßstäben geradezu ein Festessen sei.

Heute habe ich mich ein wenig geschämt. Zeitweise wurden meine Schmerzen so unerträglich, daß ich sie vor meinen Begleitern nicht ganz verbergen konnte. Die aber hielten mich offensichtlich für äußerst verweichlicht und konnten nicht verstehen, daß ich mich von einer so alltäglichen und trivialen Angelegenheit aus der Fassung bringen ließ. Das erinnerte mich an das letzte Kapitel meines liebsten Reisebuches, wo Eric Newby und sein Gefährte nach ihrem kurzen Abstecher in den Hindukusch Thesiger treffen und von ihm als Homosexuelle abgetan werden. Hier saß ich nun also, betrachtete mich als kühne Reisende, die das entlegene Baltistan durchstreift – und die erste wirkliche Schmerzattacke entlarvte mich als ein degeneriertes, überzivilisiertes Produkt des 20. Jahrhunderts, das daran gewöhnt ist, sofort die bestmögliche medizinische Behandlung zu bekommen, falls irgend etwas schiefgeht. Im Augenblick habe ich so höllische Schmerzen, daß ich nicht weiterschreiben kann.

Skardu, 20. Januar

Gestern abend erzählte mir Sadiq Ali, daß Skardus Zahnarzt, der aus Lakore stammt, eine Aversion gegen den Winter in Baltistan habe und bereits vor längerer Zeit nach Hause gefahren sei. Sein Ersatzmann ist ein junger Balti, was mich nicht sehr zuversichtlich stimmte. Und da die Schmerzen heute morgen nicht mehr ganz so teuflisch waren, war ich versucht, die Natur sich selbst zu überlassen. Aber dann schien mir dies doch etwas unbesonnen, zumal wir demnächst in die Wildnis aufbrechen wollen.

Das Government Hospital – neu, aber bereits schmuddelig – ist ein weitläufiges eingeschossiges Gebäude, das aus Mangel an qualifizierten Ärzten, die bereit sind, im Hochland zu leben, von der Armee geführt wird. In der weiten, dämmerigen, leeren Halle wurden wir von einem gutaussehenden Punjabi-Soldaten vom Corps of Engineers begrüßt, der die Stromversorgung überwacht – falls es Strom gibt. Er sagte mir, daß der Zahnarzt sofort kommen werde, und schickte mich einen langen, stillen, dunklen

Korridor hinunter, an dessen Ende sich ein Schild mit der Aufschrift »Dental« befand. Als ich ihn ziemlich taktlos fragte, ob der »Zahnarzt« auch wirklich einer sei, versicherte er mir, der Doktor habe im letzten Jahr seine Prüfung an der Lakore University abgelegt und könne dies anhand von Dokumenten beweisen. Dann erkundigte ich mich noch, ob es außer uns weitere Patienten gäbe – die allgemeine Stille war mir unheimlich –, worauf er seinen wunderschönen Schnurrbart zwirbelte und einräumte, daß der größte Teil wegen *Muharram* nach Hause gegangen sei, aber wahrscheinlich danach wiederkäme.

20 Minuten später wurden wir von einem ungekämmten jungen Mann in schmuddeligen *shalwar-kamiz* und einem Mehrere-Tage-Bart aus dem Wartezimmer geholt. Ich dachte mir mein Teil – und war entsprechend nervös, als er mich mit einer Handbewegung bat, in einem stromlinienförmigen, aber staubigen Behandlungsstuhl Platz zu nehmen, mit dreckigen Pfoten ein angelaufenes Instrument aufnahm und zögernd damit in meinem Mund herumzustochern begann. Als ich ihm die schmerzende Stelle zeigte, merkte ich, daß er nicht mehr Englisch sprach als ein Schuljunge im Basar, obgleich Englisch die Unterrichtssprache an den pakistanischen Zahnarztschulen ist. Ich versuchte, ihm mit einer entsprechenden Geste klarzumachen, er solle den Zahn ziehen, aber der »Zahnarzt« (er gehört wirklich in Anführungsstriche) schüttelte ängstlich abwehrend den Kopf. In diesem Moment stürmten fünf lachende junge Männer den Behandlungsraum. Es gab ein fröhliches Wiedersehen, man schüttelte sich die Hände, umarmte und küßte sich herzlich, und es begann eine angeregte Unterhaltung, während ich vergessen dasaß, mich im Raum umsah und wieder einmal Skardus charakteristische Realitätsferne registrierte. Die elegante deutsche Einrichtung schien absolut up-to-date, aber es gab weder fließendes noch sonstiges Wasser. Außerdem schien es mir sehr zweifelhaft, daß die Stromversorgung ausreichen würde, um mit dem vorhandenen Gerät effektiv zu arbeiten. Kurz darauf, und ohne einen Blick in meine Richtung zu werfen, verschwanden der

»Zahnarzt« und seine Freunde für eine Viertelstunde. Rachel war für sofortige Flucht. Nicht ganz grundlos war sie zu dem Schluß gekommen, daß unser flegelhafter Freund sein Examen wohl nicht bestanden hatte. Aber inzwischen übte das Ganze auf mich bereits eine gewisse makabre Faszination aus, und nun wollte ich wissen, wie es weitergehen würde.

Als der Flegel schließlich zurückkam, ignorierte er mich auch weiterhin und wühlte statt dessen unbestimmt in einem Schrank herum. Schließlich sah ich, daß er die Zutaten für eine Füllung zusammensuchte. Obgleich ich normalerweise nichts dagegen habe, wenn man ohne Betäubung an meinen Zähnen bohrt, war mir diese Vorstellung unter den gegebenen Umständen unangenehm. Aber ich hätte mir keine Sorgen zu machen brauchen. Der Flegel kommandierte: »Mund weit auf!« und stopfte dann ungeschickt irgend etwas in eine völlig irrelevante Spalte zwischen dem schmerzenden Zahn und seinem Nachbarn. Ein großer Teil der Füllung zersetzte sich auf meiner Zunge, was eine neue Art von Ungemach hervorrief. Als ich indigniert aufstöhnte, begab sich der Flegel zu einer Schublade, fand nach heftigem Kramen eine Flasche mit einer öligen Flüssigkeit und versuchte damit tatkräftig, aber vergeblich, den Metallbelag von meiner Zunge zu entfernen, was einen ekelhaften Geschmack hinterließ. Heute abend habe ich nun eine sehr wunde Zunge *und* Zahnschmerzen. Der Rest der Füllung fiel am Nachmittag heraus – was vorauszusehen war, da es kein Loch gab, das sie hätte aufnehmen können.

Bevor wir gingen, förderte unser wohlmeinender Flegel aus einem entlegenen Winkel sechs angegilbte Kodein-Tabletten, ein Dutzend ovale braune Pillen und sechs Kapseln hervor, die, nach ihrem fleckigen Aussehen zu urteilen, schon viel zu lange unter Feuchtigkeit und/oder Hitze gelitten hatten. Ein weiterer junger Mann wurde gerufen, um mir zu erklären, wann ich diese Medikamente nehmen sollte: Offensichtlich war der Flegel nicht gewillt, die engen Grenzen seiner Englischkenntnisse ruchbar werden zu lassen. Als er die Tabletten in die speckigen Seiten eines ausrangierten Schulhefts wickeln wollte, fielen zwei der Pillen zu Boden. Wir sahen beide zu, wie sie davonrollten, aber keiner wies den anderen auf den Verlust hin. Wir waren uns stillschweigend einig, daß er von keinerlei Bedeutung war. Als wir nach Hause kamen, untersuchte ich den Rest und kam zu der Überzeugung, es sei vielleicht nicht unklug, sie als Antiquitäten aufzubewahren. Glücklicherweise hält die heute morgen festgestellte leichte Besserung an; wahrscheinlich gibt irgendein absterbender Nerv nun völlig den Geist auf.

Mittags gruben wir den Assistant Engineer im Hauptquartier des Forestry Department aus und bekamen unsere Bescheinigung für Satpara. Man hat uns jedoch geraten, mindestens zwei Gallonen Kerosin mitzunehmen, da Brennmaterial jeder Art dort sehr knapp und der gegenwärtige Ölmangel bedenklich ist. Gestern saßen wir in Shakirs Haus alle in Mänteln und dicken Schals, da Feuerholz inzwischen zu teuer ist, um vor Sonnenuntergang zu heizen. Auch nur einen kleinen Ofen den ganzen Tag über am Glimmen zu halten, würde in der Woche mindestens £ 14 kosten, und eine solche Summe hat hier niemand. Die wirtschaftlichste und effektivste Art, sich warm zu halten, besteht darin, von neun bis 16 Uhr in Bewegung zu bleiben, so wie wir es machen.

Letzte Nacht hatten wir hier den heftigsten Schneefall des ganzen Winters, und nun strahlt das Tal in frischem Glanz. Gestern war mir bereits aufgefallen, daß der Schnee in Skardu acht Tage nach dem letzten Schneefall, abgesehen von einem schmalen Streifen neben der Jeep-Straße, noch immer blütenweiß war. Wo sonst in unserer verseuchten Welt würde acht Tage alter Schnee in einem Stadtzentrum noch wie neu aussehen?

Skardu, 21. Januar

Ein normales Leben findet in Skardu derzeit nicht mehr statt – wir nähern uns dem Ende von *Muharram*. Die Atmosphäre erinnert mich an einen irischen Karfreitag.

Heute morgen bekamen wir von einem geschäftstüchtigen kaschmirischen Händler zwei Gallonen Kerosin für unverschämte Rs 34. Seiner Meinung nach war der Preis jedoch keineswegs überhöht, da man inzwischen auch für Holz Rs 50 pro *maund* zahlen müsse. Da wir noch die *Muharram*-Prozession am 23. sehen wollen, haben wir unsere Abreise nach Satpara auf den 24. verschoben.

Den ganzen Tag über hat es leicht geschneit, und als wir einen Spaziergang bzw. -ritt in Richtung auf die südliche Bergkette des Tales machten, herrschte rings um uns her völlige Stille und Bewegungslosigkeit. Durch einen silbernen Schleier tanzender Flocken sahen wir von oben auf die Stadt und über das gesamte Skardu-Tal hinweg. Und plötzlich wurde diese Totenstille durch eine leidenschaftliche, halb hysterische Deklamation vom Turm einer Moschee unterbrochen. Dieser schaurige Klang zerstörte den Frieden des Tales, indem er schrill über den glänzenden Schnee hinwegvibrierte und von den dunklen Klippen hinter uns aufgefangen und zurückgeworfen wurde. Es handelte sich um die örtliche Version des schiitischen »Passionsspiels«, durch das die Mullahs die Gläubigen an das Geschehen in Kerbela erinnern –, wo Hussain von den Hufen der Pferde zu Tode getrampelt, sein kleiner Sohn von einem Pfeil getötet und sein Neffe durch ein Schwert verstümmelt und erschlagen wurde. Für die Schiiten ist Hussain eine christusähnliche Gestalt und hat mit seinem Tod für die Sünden der Menschheit gebüßt. Die Schiiten betonen auch die vorgeburtliche Existenz Mohammeds: Der Prophet soll Ali (seinen Schwiegersohn und den Vater Hussains) zu seinem Nachfolger bestimmt haben, ein paar Tage bevor er in den Himmel *zurück*kehrte.

Die Balti sind fast alle Schiiten (ausgenommen die Bewohner des Shyok-Tals), was seltsam anmutet, da sie ringsum von Sunniten umgeben sind: in Kaschmir, Pakistan, Gilgit und dem chinesischen Turkestan. Eine alte Überlieferung schreibt ihre Konversion vier Missionaren aus Khorassan zu, die angeblich Schiiten waren. In Wahrheit verhält es sich aber wohl so, daß die

Mönche sie zur Nurbashi-Sekte bekehrt haben, die noch immer in Khapalu viele Anhänger hat und auch im Shyok-Tal fortbesteht. Es gibt aber noch eine zweite Version, wonach die einheimischen Radschas, als sie feststellten, daß die ältesten und edelsten Familien Kaschmirs Schiiten (persischen Ursprungs) waren, aus snobistischen Gründen ebenfalls zum Schiismus übertraten und ihre Untertanen ihnen darin folgten.

Meine unbeschreiblichen Zahnschmerzen wurden heute von einem völlig wunden Mund abgelöst, was ich fast als eine angenehme Abwechslung empfand.

Skardu, 22. Januar

Gestern trafen wir im Basar einen gutaussehenden jungen Armee-Offizier, der sich uns als Captain Doctor Haroon vorstellte, ein Kaschmiri, der zum Government Hospital abkommandiert ist. Nachdem wir kurz über die Probleme der Balti gesprochen hatten, lud er uns ein, heute morgen gemeinsam mit ihm in seinem Zimmer im Krankenhaus zu frühstücken. Er versprach, mir einige Daten über das neue Rural Health Scheme herauszusuchen – von dem ich fürchte, daß es nur ein weiteres humanitäres Luftschloß in der dünnen Atmosphäre Baltistans ist.

Um 9.30 Uhr fanden wir das Hospital genauso leer wie die Stadt. Ein Anschlag am Eingang erklärte in mehreren Sprachen – von denen der Durchschnittsbalti nicht eine lesen kann –, daß das Krankenhaus an Wochenenden, öffentlichen Feiertagen und religiösen Festen geschlossen ist; mit anderen Worten, es existiert derzeit eher als ein statistischer Posten denn als Realität. Captain Haroon erwartete uns bereits, und ich setzte mich, um nun möglichst viel an Information aus ihm herauszubekommen. Aber schon nach wenigen Minuten machte mich sein Herumgefummel an Rachel nervös. Ich bin daran gewöhnt, daß Männer wie Frauen sie liebevoll küssen und mit ihr herumknuddeln, aber sein Verhalten war anders. Und auch Rachel hielt bald von sich aus Abstand und zog sich vor ihm in die entfernteste Ecke des

Zimmers zurück, obgleich sie normalerweise nichts Schöneres kennt, als bei einem Mann auf den Knien zu sitzen. Als nächstes versuchte er, mich auszuziehen, indem er vorgab, daß ihn meine wollene Unterkleidung ausgesprochen interessiere. Als er sich gezwungen sah, davon Abstand zu nehmen, holte er ein Fotoalbum aus seinem Koffer – das ihn in jedwedem Entwicklungsalter zeigte – und setzte sich auf den *charpoy* neben mich, legte seinen Arm um meine Schultern und brachte sein Gesicht möglichst nah an meins. Ganz offensichtlich befand er sich in einem fortgeschrittenen Stadium sexueller Frustration, und wegen Rachels Gegenwart fühlte ich mich ziemlich alarmiert. Als er anfing, mich leidenschaftlich zu küssen, guckte sie zwar aus dem Fenster, aber als ich versuchte aufzustehen, drehte sie sich um und sah, wie ich auf den *charpoy* zurückgestoßen und noch leidenschaftlicher attackiert wurde – wovon unser Gastgeber erst abließ, nachdem ich ihm meinen *dula* kräftig über den Schädel gezogen hatte. Rachel hat das Ganze später in ihrem Tagebuch sehr viel besser zusammengefaßt: »Ein Mann küßte Mami, und sie wurde sehr ärgerlich, und ich fühlte mich ganz durcheinander.«

Dieser Zwischenfall wäre es nicht wert, erwähnt zu werden, wenn ich allein gewesen wäre; aber sich in Gegenwart eines Kindes so zu benehmen, war sträflich – und absolut untypisch für einen Moslem. »So eine verdammte Frechheit!« wütete ich laut vor mich hin, als wir wieder nach Hause kamen. Aber Rachel hatte sich inzwischen wieder gefangen und hielt das Ganze im nachhinein für einen Riesenspaß. »Aber *warum* hat er dich geküßt?« wollte sie wissen. »Mochte er dich so gern? Hat er keine Frau, die er küssen kann? Warum wirst du nicht wütend, wenn Aurangzeb oder Onkel Jock dich küssen? Kommt es daher, daß sie nicht so lange dazu brauchen? Würdest du sie auch schlagen, wenn sie so lange brauchten? Ich mochte ihn übrigens auch nicht. *Warum,* glaubst du, mochte er uns wohl so sehr?«

Inzwischen nahm auch ich das Ganze von der komischen Seite. Ein weniger attraktives »Lustobjekt«, als ich es derzeit war,

war kaum vorstellbar: seit fünf Wochen ungewaschen, in dreckiger, formloser Gewandung, grau werdende, staubige, verschwitzte, fettige Haare, Fingernägel schwarz und abgebrochen, Hände wie Schmirgelpapier, rissig und blutend, das Gesicht vom Wetter gegerbt, daß ich eher wie 73 als wie 43 aussah – genug, man sollte meinen, daß jeder Mann das Zölibat als das kleinere Übel angesehen hätte. Es fiel mir nicht schwer, Captain Haroon zu vergeben. Er ist seit zwei Jahren in Skardu stationiert. Seine Frau und seine junge Familie kann er nicht hierher an den Rand der Zivilisation holen, und bisher hat Skardu noch keinen Rotlichtbezirk. Es wird häufig vermutet, daß Moslems sich in derartigen Situationen mit ihrem eigenen Geschlecht trösten, was ich bezweifle. Obgleich Homosexualität in islamischen Gesellschaften vielleicht häufiger vorkommt und ganz sicher »respektabler« ist als bei uns, so folgt daraus noch nicht, daß ein Mann mit einem normalen Sexualleben fröhlich über Nacht homosexuell werden kann. Im übrigen habe ich mir sagen lassen, daß jeder Mann, der den Versuch unternimmt, sich einer Balti-Frau zu nähern, ob verheiratet oder nicht, sehr schnell ein Messer zwischen die Rippen bekäme – trotz der bekannten Sanftmut der Balti. Wenn dies stimmt, dann müssen sich die Dinge sehr geändert haben, seit Fillipi vor 60 Jahren feststellte: »Balti-Mädchen heiraten mit zehn oder zwölf Jahren und werden Mutter, bevor sie noch ausgewachsen sind. Es scheint sogar so etwas wie eine Ehe auf Zeit zu geben, die von einer Woche bis zu mehreren Monaten dauern kann und in Wirklichkeit legalisierte Prostitution ist. Im übrigen ist Ehebruch durchaus üblich, entweder mit Zustimmung des Ehemannes oder zumindest von ihm geduldet.« Geändert hat sich mit Sicherheit das Heiratsalter, das heute bei 14 oder 15 Jahren liegt, und es mag durchaus sein, daß auch die Ehemänner gegenüber den zahlreichen unbeweibten Nicht-Balti, die sich in ihrem Land quasi im Exil befinden, inzwischen weniger tolerant sind.

Skardu, 23. Januar

Als ich um Mitternacht aufstand, um auf den »Topf« zu gehen (denselben, in dem wir tagsüber Wasser holen: mit solchen unappetitlichen Details ist das häusliche Leben in Baltistan nun einmal verbunden), hörte ich aus der Ferne Laute, die so unheimlich waren, daß mir eine Gänsehaut über den Rücken lief. Dann wurde mir klar, daß es »nur« das Heulen und Wehklagen der Skarduer war, die die Nacht vor *Muharram* aufbleiben, um sich auf den Höhepunkt der Trauerzeit vorzubereiten. In anderen Gegenden sind die *Muharram*-Prozessionen häufig großartige Angelegenheiten mit prachtvollen Umzügen und kunstvollen Zeremonien. Aber das verarmte Baltistan weiß nichts von Pomp und Pracht, und infolgedessen wird hier der eigentliche Anlaß, nämlich die Trauer um die Märtyrer, bis zu einem alarmierenden Exzeß ausgelebt. Die einzigen »Requisiten« sind buntfarbene, zerschlissene Seidenfahnen, die an langen Stangen befestigt im Zentrum der Prozession mitgeführt werden, und ein mit weißem Tuch verhülltes Pferd, das auf seinem Sattel zwei Turbane trägt – symbolhaft für Hussain und Hassan. Auch die Turbane müssen aus weißem Material sein, in das man rote Fäden hineingewoben hat, um das Blut der Märtyrer zu dokumentieren. Sie werden während der Prozession immer wieder von den weinenden Trauernden berührt, die sich anschließend mit der Hand über Gesicht und Kopf streichen.

Skardus Hauptprozession nimmt ihren Ausgang in dem vier Meilen östlich der Stadt gelegenen großen Dorf Hussainabad, das wir bereits zweimal auf unseren Streifzügen besucht haben, und beginnt kurz nach Sonnenaufgang. Gegen 8.30 Uhr waren auch wir auf den Beinen, um den Trauernden entgegenzugehen, wobei wir durch zarte, eisige Dunstschleier wanderten, die infolge der Sonneneinwirkung vom Indus aufstiegen. Den Fluß selbst konnte man weit unten eben noch erkennen, markiert durch seinen Nebelschleier. (Später war das Wetter perfekt: lange Stunden warmen, goldenen Sonnenscheins, ein tiefblauer Himmel, mit hauchdünnen weißen Schleiern drapierte Bergspitzen und glitzernde weite Schneefelder in allen Richtungen.)

Wir näherten uns Hussainabad über ein flaches, glitzerndes Schneefeld, das gelegentlich von gigantischen schwarzen Felsbrocken unterbrochen war. In der Ferne hörten wir rhythmisches Rufen – »O Hassan! O Hussain!« –, begleitet von etwas, das wie gedämpfte Trommeln klang. Ihr regelmäßiger Schlag wurde von den steilen Felswänden zurückgeworfen, die sich von der nahegelegenen Ebene erhoben. Als die Prozession schließlich auftauchte, lag etwas unerwartet Anrührendes über dem winzigen dunklen Fleck in der gewaltigen Schneelandschaft. Der Mensch und seine Trauer schienen vor dem kolossalen Hintergrund der teilnahmslosen Berge und dem zeitlosen Lauf des Indus sehr klein und vergänglich. Und trotzdem hat nur der Mensch die Möglichkeit, die Erinnerung an Menschen wachzuhalten, die vor 1300 Jahren starben. So gesehen war die heutige Prozession einfacher Bauern, die sich langsam durch das weite Tal bewegte, eine triumphale Demonstration geistiger Kraft.

Rachel bemerkte als erste, daß die dumpfen, rhythmischen Schläge daher rührten, daß sich etwa 50 in der Mitte der Prozession gehende Männer mit den Fäusten auf die Brust schlugen! Sie bearbeiteten ihren Brustkorb mit voller Kraft – wie wütende Gorillas –, wobei sie den Blick starr auf die zerfetzten Fahnen gerichtet hielten und um ihre ermordeten Helden klagten. Viele waren bis zur Gürtellinie nackt, obgleich die Temperatur noch unter dem Gefrierpunkt lag, und ihre Brust war bereits gerötet und voller blauer Flecken. (Der Körper eines Durchschnittsbalti ist ebenso hell wie der eines Nordeuropäers, sogar heller als der eines Romanen.) Immer wieder stoppte der an der Spitze gehende Mullah die Prozession, um leidenschaftlich zu deklamieren, worauf sich die gesamte Menge – etwa 200 überwiegend junge Männer – fanatisch gegen die Brust schlug, als ob jeder beweisen müsse, daß er härter zuschlagen könne als sein Nachbar. Wir standen etwa zehn Yards vom Pfad entfernt auf einem Felsbrocken, von wo aus wir alles beobachten konnten, ohne im Weg zu sein. Als die Prozession im feierlichen Begräbnistempo an uns vorbeischritt, sah niemand zu uns hin, obgleich wir sonst von jedem uns begegnenden Balti forschend angestarrt wurden.

Wir folgten in diskretem Abstand, während die Prozession schnell an Stärke zunahm. Sie muß aus wenigstens 500 Männern bestanden haben, als sie schließlich vom Pfad abbog, um ein mit drei Fuß tiefem Schnee bedecktes Feld zu überqueren. Sie vereinigte sich mit zwei ähnlichen, noch größeren Prozessionen aus anderen Teilen des Tales vor einer kleinen Moschee, dem »Haus der Klage«. Bei jedem Halt wurde der wütende Refrain der Trauernden frenetischer. Mittlerweile trommelten Tausende von Männern fanatisch auf ihren Brustkörben, während sie mit heiserer und tränenerstickter Stimme ihr: »O Hassan! O Hussain!« hinausschrien. Und von den Bergen kamen die Rufe verschwommen zurück und füllten das Tal mit gedämpften, geisterhaften Echos.

Als wir ebenfalls den Pfad verlassen und zum »Haus der Klage« gehen wollten, erschien ein finster blickender junger Polizist und wies uns barsch nach Hause. Mir aber hatte unser Freund, der Chief Superintendent, versichert, daß Fremde der Prozession folgen und sie auch fotografieren dürften, und so wollte ich mich nicht einfach vertreiben lassen. Mit Rücksicht auf die in den letzten Tagen des *Muharram* entstandene angespannte Atmosphäre schien mir jedoch ein Kompromiß das klügste, zumal der Polizist mit seinem *lathi* herumfuchtelte, als habe er große Lust, einer ungläubigen Ausländerin die Bekanntschaft mit ihm zu vermitteln. So schlugen wir einen Bogen, der uns den Blicken des wütenden Polizisten entzog, uns aber erlaubte, das »Haus der Klage« weiter im Auge zu behalten. Noch mehrmals versuchten die vielen diensthabenden Polizisten, uns von unserem Beobachtungsposten zu vertreiben. Einige wollten uns sicher nur vor Schaden bewahren – zu *Muharram* kann die fanatische Menge bei der kleinsten Provokation gefährlich werden –, aber der Mehrheit paßte ganz einfach unsere Anwesenheit nicht, wie immer der Chief Superintendent hierüber dachte.

186

Wir postierten uns etwa 100 Yards vom »Haus der Klage« entfernt, in das jede Prozession für kurze Zeit ihre Fahne und ihr Pferd hineinführte, während die meisten Trauernden sich nicht mehr mit hineinquetschen konnten. Sie warteten draußen. Manche lehnten erschöpft an der Mauer der Moschee, andere setzten ihren Gesang und ihr Getrommel mit unverminderter Kraft fort. Während wir warteten, wollte ich Rachel auf Hallam fotografieren. Sofort wurden wir von sechs sich sehr erwachsen gebenden kleinen Jungen, die meine Absicht mißverstanden hatten, wütend mit Steinen und Schneebällen beworfen, so daß ich meine Kamera schnell wieder einsteckte.

Danach gingen wir zum Polizei-Basar, um dort die nunmehr vereinten Prozessionen auf der letzten Strecke ihres Weges zu einer Moschee in der Nähe des Neuen Basars zu beobachten. Nur war dies eine Stelle, an der man aus irgendeinem Grund mit Zusammenstößen rechnete: sei es zwischen den rivalisierenden Gruppen der Trauernden oder zwischen den Trauernden und den Sicherheitskräften aus dem Tiefland. Infolgedessen befanden wir uns plötzlich inmitten einer Konzentration von hohen Armeeoffizieren, bewaffneten Soldaten, hohen Polizeioffizieren und einfachen Polizisten. Der Chief Superintendent saß auf einem Jagdstock und versuchte, nicht nervös zu wirken. Er ist ein sensibler, freundlicher, belesener Gentleman, aber nicht unbedingt der Richtige, um einen Aufruhr niederzuschlagen. Er gab uns den Rat, uns gut eine Meile hinter den Chasma-Basar zurückzuziehen, wo wir von einem kleinen Hügel aus das Geschehen ungefährdet weiter verfolgen könnten.

Nachdem wir Hallam in sicherer Entfernung in der Sonne an einen Baum gebunden hatten, warteten wir auf dem Hügel die weitere Entwicklung ab. Als die Prozession eine Stunde später in vier Gruppen wieder auftauchte, war sie inzwischen auf sicher 3000 Männer angewachsen. Zu den befürchteten Zwischenfällen war es bisher nicht gekommen, aber selbst von unserem Hügel aus wirkte der sich wie von Sinnen gebärdende Mob leicht bedrohlich. Wir stiegen bis auf Straßenhöhe hinab und sahen, daß jetzt viele der Männer mit bloßem Oberkörper marschierten. Ihre von Schlägen traktierte Haut hatte die Farbe zerquetschter Himbeeren angenommen – aber noch immer rissen sie die Arme hoch und ließen ihre Fäuste mit aller Kraft auf ihren keuchenden Brustkorb herabsausen, um jenen unvergeßlichen trommelartigen Ton hervorzubringen. Andere geißelten sich den nackten Rücken – wobei sie sich buchstäblich die Haut in Fetzen herunterrissen – oder zerschnitten sich Kopfhaut, Nacken und Brust mit Messern oder Rasierklingen, so daß ihnen das Blut am Körper herunterlief. Während sich die vereinte Prozession langsam vorwärts bewegte, hallte das ganze Tal vom Gesang, Ächzen, Brüllen, Kreischen und Stöhnen dieser wahnsinnigen Kreaturen wider, die sich selbst in einen Zustand unsinniger Trauer versetzt hatten. Und sosehr ich viele Aspekte des Islam bewundere, fühlte ich mich durch diese Zurschaustellung abgestoßen.

Am Fuß des Hügels standen – ein paar Yards von der Straße entfernt – einige Gruppen verschleierter Frauen. Andere eilten herbei, um sich ihnen anzuschließen: Jeweils zu viert oder fünft stolperten sie an einem ihrer wenigen »Ausflugstage« des Jahres über den Schnee, hielten sich mit der einen Hand braune Schals vor das Gesicht und versuchten mit der anderen, ihre farbenfrohen Hosen vor dem Schnee zu schützen. (Balti-Frauen tragen keinen *burkah*.) Um die Prozession auf ihrer letzten Etappe zu beobachten, schlossen wir uns einer Versammlung von Frauen auf einem Teil des stillgelegten Aquädukts an, das die Straße überbrückt. Es war ein seltsames Gefühl, hier zwischen so vielen Frauen zu stehen, die sonst kaum in Erscheinung treten. In ihrem tiefen Schmerz ließen die meisten schon bald die Schleier vor ihren gramzerfurchten, vom Weinen aufgequollenen Gesichtern sinken. Als sie ihre rasenden Männer sahen, schlugen sie sich ebenfalls mit geballten Fäusten gegen die Schläfen und schluchzten herzzerreißend. Sie hätten keinen aufrichtigeren und tieferen Schmerz zeigen können, wenn man gerade ihre Kinder ermordet hätte.

Ein Jugendlicher aus Hussainabad, den ich schon um neun Uhr gesehen hatte, machte den Eindruck, als sei er kurz vorm

Zusammenbrechen, als die Gruppe aus seinem Dorf unter uns hindurchschritt. Es war jetzt 14.15 Uhr, und er hatte sich fast skalpiert. Die Haut hing ihm in Streifen von seinem kahlgeschorenen Kopf herab, sein Rücken war kreuz und quer mit häßlichen roten Striemen bedeckt, aus denen das Blut sickerte, und seine Brust war mit dunklem, getrocknetem Blut verkrustet. Seine Augen waren glasig, aber wie ein Automat bearbeitete er weiter seinen Brustkorb und stieß heisere Schreie aus. Es gab noch andere, die ebenso und noch schlimmer aussahen. Zwei bewußtlose Männer hatte man neben den Weg gelegt. Übrigens hatte keiner dieser »Extremisten« ein mongolisches Aussehen, was kein Zufall gewesen sein mag.

Zu diesem Zeitpunkt hatte die Massenhysterie bereits gefährliche Züge angenommen, und als ich eins der Pferde fotografierte, versuchte eine neben mir stehende Frau, mir die Kamera zu entreißen, schlug mir hart ins Gesicht und beschimpfte mich wütend. Glücklicherweise merkte Rachel nichts davon. Sie unterhielt sich in diesem Moment gerade mit drei jungen Regierungsbeamten aus Lakore – Sunniten, die das Geschehen mit dem blasierten angewiderten Gesichtsausdruck betrachteten, den man bei einigen irischen Katholiken finden kann, wenn sie am 12. Juli einer Parade der Orangemen zusehen.

Ich hatte genug gesehen. Auf der letzten Etappe geißeln sich einige Männer bis an die Grenzen des Erträglichen – und manchmal noch darüber hinaus –, und ich verspürte kein Bedürfnis, mir das auch noch anzutun. Und Rachel hätte sich nur entsetzlich gefürchtet, falls irgendwer aus der verrückten Menge plötzlich die unverschleierte Heidin angegriffen hätte.

Fillipi hatte die *Muharram*-Prozession am 11. Dezember 1913 gesehen (es ist ein bewegliches Fest), und anscheinend hat es inzwischen auch dabei drei Veränderungen gegeben: Er erwähnt eine Gruppe Frauen, die die Prozession anführten oder ihr vorausgingen, während diese heute nur zusahen und im Hintergrund trauerten. Ferner berichtet er von zwei »Bahren« – mit rotem Stoff bedeckten Holzrahmen –, die in der Prozession mitgeführt wurden. Einer der Träger sei der »in ein makellos weißes Wollgewand gekleidete« Radscha von Skardu gewesen. Ich habe heute keine Bahren gesehen, und man hat mir erzählt, daß die buntfarbenen Seidenfahnen nicht nur im Brennpunkt der jeweiligen Dorfprozession stehen, sondern auch jene Bahren symbolisieren. Dagegen hat Fillipi keine blutigen Geißelungen beobachtet, die er kaum hätte übersehen können, wenn es sie damals in Baltistan bereits gegeben hätte. Dennoch stellt er fest: »Der Anblick einer gesamten Bevölkerung, die sich so heftig und übertrieben ihrem Schmerz hingibt, ist wahrlich ein außergewöhnliches Schauspiel. Ihre Trauer und Frömmigkeit sind so echt und bewegend, daß man vergißt, daß alles nur ein Spiel ist.«

Ich muß gestehen, daß meine Reaktionen nicht so mitfühlend waren. Zehn Jahre früher wäre es vielleicht anders gewesen, aber in den letzten Jahren haben wir in Irland selbst genug an aberwitzigem religiösem Eifer gesehen. Wir haben zu oft die tragischen Folgen erlebt, wenn Menschen emotional in der Vergangenheit leben und ihren alten Groll immer wieder aufwärmen. Ich will diesen unschuldigen Balti nichts von der Bösartigkeit der extremistischen katholischen und protestantischen Verbrecher in meinem eigenen Land unterstellen. Aber ich schaudre bei dem Gedanken an die Konsequenzen, wenn solche primitiven, machtvollen religiösen Gefühle von politischen Agitatoren ausgenutzt werden – was bei einfachen Leuten so leicht geschehen könnte.

Auf unserem Nachhauseweg bemühte ich mich, das eben gesehene »wahrlich außergewöhnliche Schauspiel« zu verstehen. Einige Kritiker, darunter viele Sunniten, behaupten, die *Muharram*-Prozession sei schlicht die öffentliche Befriedigung einer sexuellen Perversion; und sie fügen hinzu, es sei für jede Frau gefährlich, sich allein draußen aufzuhalten, wenn sich die aufgeregte Menge wieder zerstreut. Nachdem ich eine solche Prozession aus nächster Nähe erlebt habe, glaube ich das einfach nicht. Zweifellos kommt es in Einzelfällen auch zu Gewalttaten gegen Frauen, aber so beunruhigend das Ganze für uns ist und so abstoßend wir es finden mögen, so kann doch niemand die Echtheit

190

des heute gezeigten Schmerzes bestreiten. Wahrscheinlich haben die Christen in Europa in den Jahrhunderten der Glaubenskämpfe die Leiden und den Tod Christi ebenso empfunden.

Skardu, 24. Januar

Mit unserer Reise nach Satpara ist es wie verhext. Heute morgen, als alles verstaut und wir zum Aufbruch bereit waren, begann Hallam plötzlich auf der linken Hinterhand zu lahmen. Sadiq Ali meint, er habe sich beim Betreten oder Verlassen seines »Stalles« an einer Ecke gestoßen.

Wenn das stimmt, müßte er sich bis morgen wieder erholt haben. Nach der gestrigen Prozession waren die Straßen und Wege der Stadt heute glatt wie Schlittschuhbahnen. Ohne Pferd war Rachel daher die meiste Zeit ans Haus gebunden, was meinen sorgfältig kalkulierten Kerosinvorrat für Satpara stark angegriffen hat. Sie zu beschäftigen, wurde ebenfalls zu einem kleinen Problem, da sie die vier Bücher in der Jugendabteilung unserer mobilen Bibliothek inzwischen auswendig kennt. Als ich später allein einkaufen ging, wurde ich dauernd nach meiner *bungo* und ihrem *ghora* gefragt; einige befürchteten, daß letzteres mit ersterer durchgebrannt sei. Als ich nach Hause kam, hatte besagte *bungo* vor lauter Langeweile »Krieg und Frieden« angefangen und sich mit zäher Entschlossenheit gerade bis Seite sechs durchgebissen, wobei sie vielleicht die Hälfte des Gelesenen verstanden hatte.

Obgleich ich kein weiteres Kerosin auftreiben konnte, habe ich beschlossen, daß wir morgen – sofern Hallam wieder fit ist – nun wirklich nach Satpara aufbrechen und es eben riskieren müssen, am Seeufer zu erfrieren. Ich habe ein Kilo Reis gekauft, um etwas Abwechslung in unsere gegenwärtigen Mahlzeiten zu bringen – dreimal am Tag Linsen und Zwiebeln, gefolgt von Tee und Aprikosen, was eine sensationell blähende Wirkung hat. Linsen sind weit nahrhafter als Reis, aber ich halte es für besser, sie etwas mit Reis zu vermischen, bevor wir Sadiq Alis kleines Haus in die Luft sprengen.

7.

Ein Kapitel Tiermedizin

> Die Quellen des Entzückens liegen in uns selbst: sie erwachsen aus unserem Staunen, der wertvollsten aller Gaben, dem Geburtsrecht eines jeden Kindes.
>
> *Eric Shipton*

> Tiere sind die angenehmsten Freunde – sie stellen keine Fragen und äußern keine Kritik.
>
> *George Eliot*

Satpara, 25. Januar

Als ich Hallam bei Sonnenaufgang zum Fluß führte, schien er sich völlig normal zu bewegen, und so zogen wir gegen 9.30 Uhr los. Auf dem Weg lag zwei Fuß tiefer, knirschender, quietschender Schnee, und die dünne, trockene, kalte Luft war so prickelnd, daß es einen einfach glücklich machte, lebendig und frei sein. Das Licht blendete so stark, daß wir Sonnenbrillen tragen mußten, bis wir die enge Satpara-Schlucht erreichten. Vom Rand des Skardu-Tals fällt der Weg zunächst zwischen senkrechten, zerklüfteten Felsen steil bis auf Flußniveau ab und steigt dann wieder an in Richtung auf die hohe Moräne, die den Eingang des Satpara-Tals verschließt. In der Sonne war es fast warm, aber im Schatten schien die Luft in unseren Lungen zu gefrieren. Der Satpara fällt auf weniger als sechs Meilen um 1300 Fuß ab und ist selbst im Winter im Verhältnis zu seiner Wassermenge unproportional laut; sein Tosen war das einzige Geräusch, das wir hören konnten – und das dort, wo die Klippen über den Weg hinauskragten, noch durch ein unheimliches Echo verstärkt wurde. Die Felsbrocken im Flußbett waren wunderschön in glitzerndes Eis gehüllt und trugen Hermelincapes aus Schnee, und wenn wir den Blick in die Höhe schweifen ließen, sahen wir die Felsspitzen wie gigantische weiße Schwerter oder kolossale quadratische Zinnen, die den Himmel in alle Richtungen ausfüllten. Wir trafen weder einen Menschen noch eine Spur menschlichen oder tierischen Lebens. Inmitten der versteckten Schlucht fühlte man sich total vom Rest der Welt abgeschnitten, trotz der Nähe Skardus.

Die Steigung war so steil, der Pfad so vereist und das Gelände so faszinierend, daß wir zwei Stunden brauchten, um vier Meilen zurückzulegen. Ich dachte an Fillipo de Fillipi, dessen »Karakoram and Western Himalaya« ich letzte Nacht zu Ende gelesen hatte. Er schreibt: »Wandern ist wirklich die einzige Art der Fortbewegung, die uns mit unserer Umwelt auf eine Stufe stellt. Unsere modernen technischen Transportmethoden verstellen uns häufig den Blick für die Relativität unserer Bedeutung.« So ist auch eine Fußreise im Jahr 1975 keine unsinnige Überspanntheit, für die man sie vielleicht halten könnte: Wenn wir »den Blick für die Relativität unserer Bedeutung verlieren«, wird auch alles andere im Leben bis zu einem gewissen Grad verzerrt. »Technische Transportmethoden« aber hindern einen daran, eine Beziehung zur Landschaft herzustellen. Der Kraftfahrer kann seine Umgebung zwar auf eine eingeschränkte und distanzierte Weise bewundern, aber für ihn ist ein steiler Anstieg lediglich ein Grund, den Gang zu wechseln, ein Sturm, das Fenster zu schließen, und ein Dorf, die Geschwindigkeit zu drosseln. Und dennoch! Mit welcher Begeisterung machen Menschen wie die Balti vom Auto Gebrauch, sobald sie nur die Möglichkeit dazu haben! Bald, fürchte ich, wird es nur noch wenige Menschen geben, die den Blick für die »Relativität ihrer Bedeutung« nicht verloren haben.

Zu Fuß unterwegs in Baltistan nimmt man die Landschaft zunehmend als ein »Arrangement auf Zeit« wahr. Heute morgen, als wir jenes kurze, steile, enge Tal hinaufstiegen, waren wir ringsum von den Zeugnissen gewaltiger und dramatischer Geschehnisse umgeben, die sich erst kürzlich abgespielt hatten: Alles schien aus irgendeiner erdgeschichtlichen Katastrophe geboren. Unsere gesamte sichtbare Welt war ein Durcheinander aus Kliffs, Klippen, Felsgestein, Felsbrocken, Steinen, Kieseln und Sand.

Geröll jeder Form und Größe war von Lawinen ins Flußbett geschleudert worden, um sich dort mit den enormen Anhäufungen angeschwemmter Ablagerungen zu vermischen; die von den Lawinen hinterlassenen Narben waren auf den Steilhängen jenseits des Flusses noch klar zu erkennen. Von diesen Hängen brachen selbst heute trotz des intensiven Frostes gelegentlich Steine ab und sprangen Tausende von Fuß bis zur Talsohle hinab. Und direkt oberhalb des Weges ragten jähe rissige Kliffs auf, deren brüchige Fassaden einen weiteren Zerfall in naher Zukunft ankündigten. Unterhalb des Weges gab es ein paar glatte, glänzende Felsbrocken – uralte Kunstwerke der Natur –, während neben ihnen gigantische scharfkantige Gesteinsklumpen lagen, die erst vor kurzem frisch aus derselben Felswand herausgebrochen waren. Die Szenerie von heute ist bereits eine völlig andere als die des Jahres 1909, als Fillipi hier durchkam, und doch sind 65 Jahre geologisch gesehen nur ein kurzer Augenblick. Wie er selbst schreibt: »Die geologische Evolution (im Karakorum) schreitet fort ... mit einer solchen Aktivität und in einem solchen Umfang wie nirgends sonst.«

Kurz bevor man den Satpara-See sieht, endet der steile Anstieg, und auf der gegenüberliegenden Seite des Flusses erscheinen ein paar verkrüppelte Weiden und Obstbäume sowie ein einzelnes kleines Steinhaus. Dann kommt nach und nach der See in Sicht: zuerst eine Ecke dunklen, schattigen Wassers am Fuß eines schneeigen Abhangs; dann ein größerer, jadegrüner Fleck mit einer flachen kleinen Insel nahe dem östlichen Ufer, und schließlich der ganze See, eine halbe Meile breit und eine Meile lang. Kein Gekräusel unterbrach seine klare grüne Oberfläche, in der sich die schneebedeckten Flanken der ihn bewachenden Berge spiegelten. Im Glanz und der Stille dieser Mittagsstunde lag ein unerhörter Zauber: mit ihrem goldenen, aus einem dunkelblauen Himmel herabstrahlenden Licht und dem See, der in seinem glatten Spiegel die Schönheit der leuchtenden Gipfel eingefangen hatte. Rachel stand in den Steigbügeln, ihr Gesicht leuchtete vor Freude – und ihr Entzücken kompensierte den stundenlangen ermüdenden Redefluß, den man in der Gesellschaft eines kleinen Kindes über sich ergehen lassen muß.

Offensichtlich ist der Satpara-See dadurch entstanden, daß der Ausgang des Tales von einer hohen Moräne verschlossen wurde. Seine Form ist ungewöhnlich: fast rechteckig – abgesehen von zwei leichten Einschnitten am östlichen Ufer. In dem einen liegt das neue Rasthaus. Bevor wir weitergingen, besichtigten wir am Nordufer noch die etwa 30 Yards vom Weg entfernten Überreste eines alten Deiches. Dessen Stützen sind etwa 16 Fuß hoch, und es gibt noch zahlreiche Spuren von ehemaligen Sperrvorrichtungen und Schleusentoren. Nach einer örtlichen Überlieferung wurde der Deich von dem letzten buddhistischen Herrscher von Skardu erbaut, der von mongolischen Eindringlingen erschlagen wurde. Wenn das stimmt, müßten die Überreste fast 600 Jahre alt sein. Dem widerspricht eine andere Überlieferung, die den Bau dem letzten unabhängigen Radscha von Skardu zuschreibt. Immerhin ist bekannt, daß die Schleusentore bis etwa 1885 geschmückt waren mit buddhistischen Steinreliefs, die von den damals in Skardu diensttuenden buddhistischen Truppen nach Nepal mitgenommen wurden. Die Überreste wirken auf jeden Fall älter als 130 Jahre, und ich betrachtete sie mit einiger Ehrfurcht. In einem Land, wo die Natur so unerbittlich herrscht und der Mensch wie zufällig wirkt und lediglich geduldet scheint, trifft der Reisende sehr selten auf irgendwelche monumentalen Überreste menschlicher Bemühungen.

Als wir auf einem Pfad etwa 100 Fuß über dem Wasserspiegel am See entlangwanderten, begann Hallam wieder zu lahmen. Da das Rasthaus in der Nähe sein mußte, gingen wir trotzdem weiter, und bald konnten wir es unterhalb des Weges an einem der Einschnitte liegen sehen. Die Bucht hat lediglich einen Durchmesser von etwa 100 Yards, liegt voller Felsbrocken, und ihre Ufer sind mit niedrigen Büschen bewachsen. Nachdem wir Hallam Gepäck und Sattel abgenommen hatten, ließ ich ihn laufen. Normalerweise hätte er sich sofort auf die wenigen erreichbaren Thymiansträucher gestürzt, aber statt dessen begann er sich im

Kreis zu drehen, wobei er sich bewegte, als habe er die Kontrolle über seine Hinterhand verloren, und er schüttelte mehrfach den Kopf. Rachel kamen die Tränen, und sie rannte den Abhang hinauf, um ihm etwas zu fressen zu holen. Ich fühlte mich auch nicht gerade besonders glücklich, obgleich es mich etwas beruhigte, als ich ihn die Thymianbüschel fressen sah, die Rachel mit ihren kleinen Händen der gefrorenen Erde entriß. Als ich ihn an einen Maulbeerbaum band, traten zwei junge Männer aus einer verfallenen Hütte in der Nähe des Rasthauses heraus, die – soweit man sehen konnte – das einzige Wohnhaus weit und breit war. Ich nahm an, daß einer von ihnen der *chowkidar* sein müsse. Aber als sie das steile Ufer hinaufstiegen, sah ich, daß beide barfuß und in locker zusammengehaltene, selbstgewebte Stofflappen gekleidet waren, die ihnen bis zu den knochigen Knien reichten. Der eine war offensichtlich blöd, der andere so gut wie blind: keiner kam als *chowkidar* in Frage – nicht einmal in Baltistan. Nachdem wir ihnen Zeit gelassen hatten, unsere Ankunft zu verdauen, erklärte sich der Blinde bereit, den *chowkidar* zu holen, und ging – geführt von seinem Kameraden – zu dem alleinstehenden Haus hinüber, an dem wir am Eingang des Tales vorbeigekommen waren.

Eine halbe Stunde später kam der *chowkidar* und meinte als erstes, Hallam werde den nächsten Morgen nicht erleben. Er mochte sogar recht haben – ich verstehe zuwenig von Pferdekrankheiten, als daß ich darüber mit ihm hätte diskutieren können –, aber die Befriedigung, die ihm diese Feststellung ganz offensichtlich verschaffte, ärgerte mich beträchtlich. Auch sonst war er alles andere als entgegenkommend. Vielmehr versuchte er, mich zu überreden, wegen Hallams drohenden Zusammenbruchs sofort nach Skardu zurückzukehren (eine seltsame Begründung, einem Pferd einen weiteren Sechs-Meilen-Marsch zuzumuten), und behauptete, es gäbe hier weit und breit keinen Stall, obgleich ich an dem zerfallenen Wohnhaus der beiden jungen Männer einen überdachten Unterstand erkennen konnte. Außerdem waren angeblich weder Feuerholz noch Wasser vorhanden. Als ich ihm erwiderte, wir hätten unser eigenes Kerosin mitgebracht und schließlich einen ganzen See voller Wasser vor der Haustür, fiel ihm nicht mehr viel ein. Sein Widerstand, uns ins Rasthaus zu lassen, machte mich mißtrauisch: Und siehe, dieser neue Bungalow hat keine *charpoys*. Es ist klar, daß der *chowkidar* sie sich den Winter über ausgeliehen hat, nachdem sich wohl noch nie ein Reisender um diese Jahreszeit nach Satpara verirrt hat. Ich nehme es ihm auch gar nicht mal übel; mir mißfällt nur seine dummdreiste Art. Mit etwas Glück wird uns meine Astronautendecke vor einer Lungenentzündung bewahren.

Ich wollte gerade die Brauchbarkeit des Viehunterstands nebenan demonstrieren, als der nettere Bruder unseres *chowkidar* auftauchte (wahrscheinlich ein Stiefbruder, da er wenigstens 25 Jahre älter aussieht) und Hallam einen gemütlicheren Stall weiter unten an der Straße anbot. So machten wir uns auf den Weg, während der *chowkidar* beleidigt abzog, um sich Wasser aus dem See zu holen. Er ist ein junger Mann, der sehr leicht aus der Fassung zu bringen ist. Das Eingreifen seines Bruders paßte ihm gar nicht, wahrscheinlich weil es ihn der Chance beraubt hat, uns beim Preis für das Heu übers Ohr zu hauen.

Um zu seinem Stall zu kommen, mußte Hallam den Satpara durchwaten, der an dieser Stelle seicht, sehr schnell fließend, aber kaum zehn Yards breit war. Ich kreuzte ihn auf einer selbstgebauten »Brücke« aus zwei dünnen, mit Eis überzogenen Baumstämmen, die lose zusammengebunden waren. Da Rachel vernünftigerweise nicht den Wunsch verspürte, dieses Ding zu betreten, ließ ich sie spielend am Ufer zurück.

Das Haus unseres Freundes, das unterhalb eines 18 000 Fuß hohen Berges lag, schien auf den ersten Blick winzig, erwies sich aber aus der Nähe in seiner primitiven Art als ganz geräumig. Eigentlich müßten inzwischen jeden Sommer ein paar Touristen nach Satpara kommen, aber bei meiner Ankunft flohen Frauen und Kinder erschreckt nach drinnen, und ein rotbrauner Mastiff mußte daran gehindert werden, mir an die Gurgel zu gehen – die indessen derzeit so gut eingepackt ist, daß er nicht viel Schaden hätte anrichten können. Hallam in den ungewohnten Stall zu bringen, war noch schwieriger als gewöhnlich, was sicher mit seiner Indisposition zusammenhing. Aber als er erst einmal durch den engen, niedrigen Eingang hindurch war, stürzte er sich begeistert auf sein Futter. Er hat inzwischen eine deutlich sichtbare Schwellung an seiner linken Flanke, aber ich habe nicht das Gefühl, daß er umgehend das Zeitliche segnen wird, solange er einen so guten Appetit hat.

Als ich wieder bei Rachel war, stellte ich fest, daß sie unterdessen ins Wasser gerutscht und bis zur Taille pitschnaß war – eine ziemliche Katastrophe, da wir keine Sachen zum Wechseln und außer unserem Kerosinofen nichts haben, woran wir ihre Sachen trocknen können. Sie war entsprechend zerknirscht – ich hatte sie oft genug gewarnt –, aber zu meinem heimlichen Ärger schien sie auf dem Heimweg nicht einmal zu frieren oder sich unbehaglich zu fühlen. Kleine Kinder sind geradezu unglaublich zäh. Es war erst 15 Uhr, als wir zurückkamen, aber nun mußten wir sowohl Kerosin als auch ein paar Stunden Sonnenschein opfern, um ihren gefütterten Schneeanzug, ihre Flanellhose, ihre wollene Strumpfhose, ihre wollenen Strümpfe und ihre pelzgefütterten Stiefel zu trocknen. Der *chowkidar,* der Halbidiot und der Blinde waren natürlich begeistert, als wir unseren Ofen heizten, und hockten sich in einer Reihe vor die Wand, während Rachel, in unser vereintes Bettzeug gewickelt, in ihrer morbiden Art Bilder von Jeeps malte, die über einen Abgrund stürzten.

Satpara, 26. Januar

Vergangene Nacht wurde ich zum ersten Mal auf unserer Reise von der Kälte geweckt – mitten im Winter auf einer Höhe von 9000 Fuß nicht überraschend, zumal wir auf dem Betonfußboden liegen, Fenster und Türen nur sehr mangelhaft schließen und draußen eine Temperatur von minus 35 Grad herrscht. Da hilft auch keine Astronautendecke. Immerhin bewahrte sie mich davor, wach zu *bleiben;* ich tauchte nur gelegentlich für einen Moment an die Oberfläche, um festzustellen, daß mir nicht gerade sehr warm war. Obgleich der Ofen die ganze Nacht über gebrannt hat, hatte ein kleiner Schneeklumpen, den wir gestern nachmittag um 15 Uhr auf den Boden unseres Zimmers gelegt hatten, bis heute morgen um sieben Uhr nicht einmal versucht aufzutauen. Dennoch behauptet Rachel, tief und gemütlich geschlafen zu haben.

Um acht Uhr brach ich auf, um nach Hallam zu sehen, während ich meine Tochter fröhlich mit Rechenaufgaben beschäftigt in ihrem Schlafsack zurückließ: Aufgrund irgendeiner genetischen Laune *liebt* sie das Rechnen! Letzte Nacht hatte es zunächst heftig geschneit und dann stark gefroren. Die eisige Morgenluft brannte auf meiner Haut; der Himmel war dicht bewölkt – ein zinnfarbener Deckel auf dem Tal.

Hallam war gerade mit einem kräftigen Frühstück beschäftigt, obgleich die Schwellung stärker geworden war. Wir konnten ihn auf gar keinen Fall heute draußen bewegen, zumal der Weg hinter dem Rasthaus für Pferde inzwischen eine Zumutung ist. Desgleichen für *bungo,* wie mir der *chowkidar* versicherte, als ich hierher zurückkam. So fühlte ich mich gerechtfertigt, allein ins Dorf Satpara zu gehen, um Kerosin zu beschaffen: Ich hatte nicht damit gerechnet, daß wir Kleidungsstücke trocknen und den Ofen die ganze Nacht über brennen lassen müßten.

Gegen zehn Uhr umgaben die Wolken das gesamte Tal mit einem undurchsichtigen Wall aus silbrigem Dunst. Dann begann es in winzigen, trockenen Kristallen zu schneien, und die Luft wurde zunehmend wärmer. Der See war heute flaschengrün, und die umliegenden Gipfel spiegelten sich in ihm nicht mehr gestochen scharf wie »Fotografien« – so wie gestern –, sondern waren nur noch blasse, geisterhafte Flecken auf seiner Oberfläche.

Zwei Meilen weit schlängelte sich der vereiste Weg an abschüssigen Hängen entlang; dann führte er auf ein weites Schneefeld hinab, das sich vom Seeufer bis zum Ende des Tales erstreckte. Hier war von einem Pfad nichts mehr zu sehen, da die Steine, die ihn markierten, nicht hoch genug und längst eingeschneit waren. So stolperte ich also bald durch drei Fuß tiefen, feinen, trockenen, zuckrigen Schnee, unter dem sich zahlreiche kleine Wasserläufe und der Satpara verbargen (er fließt durch den See). All diese schmalen Flußläufe waren zugefroren, aber vorsichtshalber testete ich mit meinem *dula* erst einmal die Stärke des Eises, bevor ich mich darauf wagte. Den offenen Satpara, der hier knapp fünf Yards breit war, überquerte ich auf einer wunderschön, aber nicht sehr verläßlich aussehenden Brücke aus solidem Eis. Dann erblickte ich zwei kleine dunkle Gestalten, die in der vertrauten gebückten Haltung über den Schnee auf mich zukamen. Sie schleppten große Bündel Feuerholz – das Hauptprodukt des Dorfes Satpara. Ich änderte meine Richtung, um in ihren Spuren zum Dorf weiterzugehen. Als wir uns einander näherten, waren sie einen Moment lang so verwirrt, daß ich schon befürchtete, sie würden ihre Lasten hinwerfen und die Flucht ergreifen.

Satpara wird durch die üblichen Reihen und Gruppen blaßbrauner blattloser Obstbäume markiert, die den grauen Steinhütten auf dem steilen Berghang Schutz bieten. Als ich mich den eisbedeckten Pfad hinaufquälte, schien der Ort wie ausgestorben, und man hätte annehmen können, das Dorf sei schon vor langer Zeit aufgegeben worden. Dann kamen drei kleine Jungen vorsichtig um eine Ecke. Gekleidet waren sie in rauhe, selbstgefertigte braune *shalwar* und zerfetzte Decken. Sie hatten spitze, ausgezehrte schmutzige Gesichter und waren bereit, sofort zu flüchten, falls sie den Eindruck gewannen, ich führe Böses im Schilde. Als ich sie um Hilfe bat, faßten sie Mut und führten mich durch ein düsteres Labyrinth hoher Bäume und zusammengedrängter Hütten. Wie alle diese Dörfer ist Satpara viel größer, als es aus der Ferne den Anschein hat. Die Balti, die seit Jahrhunderten darauf angewiesen sind, jeden Fleck ihres kostbaren bebaubaren Bodens zu erhalten, haben gelernt, eine erstaunliche Anzahl von Hütten auf einem Felsvorsprung zusammenzuquetschen oder sie in offensichtlicher Mißachtung der Schwerkraft an nahezu senkrechte Felswände zu kleben.

Wir hielten am Fuß einer langen, primitiven Trittleiter, und einer der Jungen führte mich zu einem fünf Fuß hohen Eingang hinauf. Ich bückte mich, um hineinzugehen, stolperte über die steinerne Türschwelle und landete auf den Hörnern einer wiederkäuenden *dzo.* Sie schnaubte indigniert, als sie sich hochrappelte, und mein Führer gab einen Warnschrei von sich. Aber sie hatte nicht ernsthaft Anstoß genommen und war außerdem an einem Dachsparren festgebunden. Die Hälfte des Raumes war mit sauber aufgeschichtetem Feuerholz und süß duftendem Heu gefüllt. Mein Begleiter führte mich durch eine noch niedrigere Tür weiter in einen dunklen, verräucherten Wohnraum, der sehr warm und voller Menschen war. Wenn ich mich aufrecht hinstellte, berührte ich mit dem Kopf die Dachbalken. In der Mitte stand ein Holzofen, und daneben auf dem Boden saß im Schneidersitz ein älterer Mann mit einem schmalen Gesicht unter einem großen Turban und nähte auf einer Nähmaschine einen *kamiz.* Als ich mich ein wenig umsah, drückten sich die Frauen an die Wand, verbargen ihre Gesichter sittsam hinter ihren Umhängen und preßten ihre wimmernden kleinen Kinder beschützend an sich. Der Schneider starrte mich ohne die Miene zu verziehen an und fuhr in seiner Arbeit fort. Als ich ihm meinen Behälter entgegenstreckte und um etwas Kerosin bat, stand er – immer noch mit unbeweglichem Gesicht – auf und führte mich durch die niedrigste Tür von allen in ein angrenzendes Kabuff – seinen »Laden«. Er enthielt zwei Benzinkanister mit Kerosin, einen halben Sack *ata,* vier Stück Seife, einen Pappkarton mit Teestaub, einen Sack Steinsalz und – an einem Nagel – ein kleines Bündel Nylonsocken. (Ich kann mir zwar nicht vorstellen, wozu man im Karakorum Nylonsocken braucht, aber wahrscheinlich sind sie ein Statussymbol). Dies, so mein Gefühl, hatte mit Harrod's nicht mehr viel gemein.

Inzwischen hatte sich die Neuigkeit von meiner Ankunft verbreitet, und während ich meinen Behälter gerade hielt, füllte sich der Nebenraum mit neugierigen, aufgeregten Jugendlichen. Sie drängelten sich vor dem winzigen Eingang, schubsten sich gegenseitig weg, um mich zu sehen, und redeten aufgeregt in Shina, der Sprache Gilgits. Zu irgendeinem unbekannten Zeitpunkt muß dieses Dorf entweder von Gilgitern gegründet oder erobert worden sein, und so spricht die Dorfbevölkerung noch heute Shina. Dieser Umstand hat dazu geführt, daß sie ein außergewöhnlich isoliertes Leben führen, selbst nach hiesigem Standard, und die daraus resultierende Inzucht hat einen Menschentyp hervorgebracht, mit dem die »echten« Balti nichts im Sinn haben.

Als ich Satparas Supermarkt verließ, folgte mir die gesamte Jugend – ein wilder, robuster Haufen, alle in braunen, einfachen Gewändern und eher geneigt, einen Fremden zu verhöhnen als zu versuchen, mit ihm ein Gespräch anzufangen. Sie führten mich bewußt in die Irre und brüllten vor Lachen, als ich mich am Rand einer unpassierbaren Schlucht wiederfand. Dann rannten sie davon und überließen es mir, so gut es ging, den richtigen Weg wiederzufinden – eine ärgerliche Verzögerung, denn der Schnee fiel jetzt sehr viel dichter, und selbst Rachels Selbstgenügsamkeit hat ihre Grenzen. Auf den Talboden zurückgekehrt, suchte ich zunächst nach meinen eigenen Fußspuren, die aber natürlich längst zugeschneit waren. Ich konnte mich jedoch mehr oder weniger an die Route erinnern und genoß den Rückweg trotz allem sehr. Nichts ist so einzigartig und beruhigend wie eine Wanderung durch eine verlassene, unbefleckte weiße Landschaft, wo sich nichts bewegt außer den leise tanzenden Schneeflocken.

In der Nähe des Rasthauses überholte ich die beiden Holzträger, die dort auf einem Stein saßen und mit einem freundlichen Grinsen meinem Tempo applaudierten. Aber ich bin auch nicht ständig unterernährt (nur manchmal), noch mußte ich 60 Pfund auf meinem Rücken schleppen. Als ich an ihnen vorbeiging, wurde mir plötzlich bewußt, daß die drei einzigen Menschen, die heute im Tal unterwegs waren, alle mit dem Grundproblem der Balti befaßt waren, sich warm zu halten.

Ich kam gegen 14 Uhr zurück, als Rachel sich gerade bei dem Versuch, ihre Buntstifte anzuspitzen, Zeigefinger und Daumen ihrer linken Hand mit einer Rasierklinge aufgeschnitten hatte. Es sah wie in einem Schlachthaus aus, und ich (typisch!) hatte unseren Erste-Hilfe-Kasten (seit London ungeöffnet) in Skardu gelassen. Glücklicherweise kam gerade der *chowkidar* dazu und büßte alle seine bisherigen Sünden ab, indem er von seinem Hemd hinten ein Stück abriß, den Stoff über dem Ofen verbrannte, die Asche in die Wunden rieb und das Ganze mit dem Staniolpapier seiner Zigarettenpackung umwickelte. Die St. John's Ambulance Brigade hätte dieses Verfahren vielleicht nicht gutgeheißen, aber die Patientin fühlt sich nun wohl. Das gleiche gilt für Hallam, den ich nach einem verspäteten Mittagessen aus Linsen und Salz (unsere Zwiebeln sind leider alle) besucht habe.

Skardu, 27. Januar

Seit gestern nachmittag schneit es ununterbrochen, und als ich heute morgen Hallam besuchte, war die westliche Hälfte des Sees zugefroren und mit Schnee bedeckt. Als ich daher feststellte, daß er sich wieder ohne zu lahmen bewegen konnte, entschied ich mich für eine sofortige Rückkehr nach Skardu. Andernfalls könnte es passieren, daß wir hier völlig einschneien – ohne genug zu essen und ohne Brennmaterial. Das Aufladen des Gepäcks war mit abgestorbenen Fingern und bis zur Taille im Schnee ausgesprochen schwierig; und sei es nun aus Stumpfsinn oder bösem Willen, niemand machte auch nur den leisesten Versuch, mir dabei zu helfen. Aber schließlich waren alle lebenswichtigen Knoten geknüpft, Rachel saß im Sattel, und wir zogen los.

Ich fühlte mich seltsam heiter, als wir langsam am See entlang durch die herrliche Schneewelt wanderten. Alle jene eckigen, dunklen Felsen hatten sich in runde weiße Hügel verwandelt, die wenigen blattlosen Bäume in märchenhafte Illustrationen und alle grauen Schieferhänge in makellos weiße Tücher. Und es schneite immer noch – ein sanfter, feiner, schwebender Schneefall, der völlig schwerelos wirkte und dennoch innerhalb weniger Augenblicke alle Spuren auslöschte.

Als wir den See verließen, wurde der Weg nahezu unpassierbar, und jeder Schritt bedeutete für Hallam und mich eine Anstrengung. Aber wir hatten es nicht eilig. Ich hätte dieses magische Tal am liebsten nicht wieder verlassen, in dem heute alle Härte zugedeckt und selbst der Fluß unter verrückten Bögen, Baldachinen und Viadukten aus Schnee verborgen war – wie unter den Werken eines irren Künstlers –, die in dem diffusen, sonnenlosen Licht wie von innen erleuchtet wirkten.

Um 14.30 Uhr waren wir wieder in Skardu. Als ich Hallam das Gepäck abnahm, schrie Rachel plötzlich auf und zeigte auf seine linke Flanke: Dort war gerade ein Abszeß – groß wie ein Frühstücksteller – aufgegangen, und der Eiter sickerte scheußlich durch sein dickes Winterfell. Ich machte der entsetzten Rachel klar, daß das Schlimmste nun überstanden war – aus Hallams Sicht –, und während sie ihn mit Zärtlichkeit und Aprikosen tröstete, brachte ich unseren Ofen in Gang und kochte einen Gerstebrei. Dann kam Sadiq und versicherte mir, daß es hier einen guten Pferdearzt gäbe, was ich in Erinnerung an die Qualität der menschlichen Versorgung im Krankenhaus mit einiger Skepsis aufnahm. Ich weiß nicht, ob ein *ghora-hakim* in diesem Stadium viel tun kann – wahrscheinlich kann man nur warten, bis die Wunde von allein wieder heilt –, aber ich hätte gern die Meinung eines Experten darüber gehört, wodurch das Ganze ausgelöst wurde.

Skardu, 28. Januar

Glücklicherweise ist Nazir, der einheimische »Viehheiler«, im Gegensatz zum hiesigen Zahnarzt ein Gewinn. Nachdem er einen entzündeten Mungobiß diagnostiziert hatte, sagte er mir, Hallam brauche sieben Spritzen sowie ein stärkendes Mittel, das ich in seinen Gerstebrei tun solle. Nach Abschluß der Behandlung sei er dann wieder arbeitsfähig. Das Verfalldatum auf der Schachtel mit den Injektionen ist zwar mit November 1973 angegeben, aber da sie nur Rs 5 kostet, ist das nicht weiter überraschend.

Offensichtlich gibt es hier viele Mungos. Sie leben den Winter über in den Dächern der Häuser, und wenn ihr Hunger zu groß wird, greifen sie oft Tiere an und sogar schlafende Menschen. Wie Vampire saugen sie Pferden und Rindern das Blut aus, und diese Bißstellen können sich schnell entzünden, besonders wenn das Opfer nicht ganz auf der Höhe ist. Etwa vor einer Woche hat Hallam einmal in den frühen Morgenstunden einen solchen Wirbel veranstaltet, daß ich aufgestanden bin, um nachzusehen, was los war, konnte den Grund für seine Aufregung aber nicht herausbekommen. Nun hoffe ich nur, daß der Mungo ein Besucher war und kein Dauergast ist.

Nazir stammt aus Skardu und wurde ein halbes Jahr lang in Lakore ausgebildet. Er verließ die Schule mit 15, hat nie irgendein Examen gemacht, spricht jedoch ein recht gutes – wenngleich stockendes – Englisch, ist intelligent und hat viel Pferdeverstand. Er ist etwa 35 und kräftig gebaut, hat ein energisches, eckiges, ehrliches Gesicht und will nicht mehr scheinen, als er ist. Wie die meisten Balti hat er nur eine liebenswert vage Vorstellung vom Rest der Welt und kann es kaum glauben, daß nicht alle Menschen Moslems sind. Er war sehr erstaunt, als ich ihm erzählte, daß es keine irischen Moslems gibt und irische Frauen sich nie das Gesicht verschleiern, wenn sie sich in der Öffentlichkeit bewegen.

Nazir und Abbas Kazmi waren heute wegen der schlechten Nachrichten aus Gilgit sehr beunruhigt. Die Stadt befindet sich in einem Ausnahmezustand. Die Telefonleitungen sind abgeschnitten, und es besteht Ausgangsverbot. Am Ende der *Muharram*-Prozession hat eine Gruppe Sunniten die Schiiten angegriffen – beide Richtungen sind in Gilgit zahlreich vertreten –, und Polizei und Armee hatten alle Hände voll zu tun, die wütenden Mobs zu trennen. Abbas Kazmi behauptet, die unterschwellig vorhandene gegenseitige Animosität der Gilgiter werde von politischen Agitatoren ausgenutzt. Home, sweet home!

Was das Essen angeht, entwickelt man hier regelrecht Zwangsvorstellungen, so daß ich das Verschwinden der Linsen vom Basar als wichtige Neuigkeit betrachte. Wir leben derzeit (dreimal am Tag) von Reispudding. Ich koche den Reis mit Wasser und füge dann Zucker und Kondensmilch hinzu – letztere ist in Skardu reichlich zu haben, obgleich die 400-Gramm-Dose mit Rs 4,50 teuer ist. Zucker ist ebenfalls teuer und nicht ganz so leicht zu bekommen. In der letzten Woche ist der Preis auf Rs 7 pro Kilo gestiegen, und ich habe heute eine Stunde gebraucht, um ein Pfund aufzutreiben.

Skardu, 29. Januar

Heute morgen verkündete Sadiq, daß der Civil Supply Officer Mitleid mit uns bekommen und beschlossen habe, uns einen Bezugsschein für subventionierten Zucker, Kerosin und *ata* (Weizenmehl) zu geben. Als man mir vor 14 Tagen riet, einen entsprechenden Antrag zu stellen, hatte ich Skrupel, den Ärmeren etwas wegzunehmen. Nun wird mir, obgleich ich keinen Antrag gestellt habe, alles genehmigt ...

Als wir mit Sadiq und Mohammad Ali zum Civil Supply Officer gingen, hingen die Wolken so tief, daß wir kaum den »Felsen« sehen konnten; und jeder Baum trug eine solche Schneelast, daß es unbegreiflich war, wie sie sich dort oben halten konnte. Schnee übt auf die Balti einen interessanten psychologischen Effekt aus. Heute brauchte man z. B. schon um 8.30 Uhr draußen keine Handschuhe mehr, was an einem sonnigen Morgen mit blauem Himmel undenkbar ist. Trotzdem redeten sich die Einheimischen ein, daß es an diesem verschneiten, grauen Morgen viel kälter sei als sonst, und alle Mitarbeiter des Civil Supply Office hockten unglücklich um ihre rauchenden Öfen und übten Selbstmitleid. Während sie sich immer fester in ihre Decken, knöchellangen Gilgit-Mäntel oder ehemaligen Armeemäntel wickelten, versicherten sie sich wiederholt, daß dies der kälteste Tag des gesamten Winters sei – dabei ist genau das Gegenteil der Fall. Die Erklärung mag darin liegen, daß die Menschen mit zunehmendem Nahrungsmangel kälteempfindlicher werden.

Die Bürokratie hat hier noch nicht richtig Fuß gefaßt, und so bekamen wir unsere Permits innerhalb von 20 Minuten. Im Tiefland hätte das Ganze wenigstens einen Monat gedauert. Natürlich meinen auch hier Leute wie Mohammad Ali, daß es für ihre Tüchtigkeit spricht, wenn sie Anträge in achtfacher Ausfertigung aufnehmen. Heute morgen war er richtig eingeschnappt, als ich nicht mehr als drei Formulare ausfüllen wollte: eins für Zucker, eins für Mehl und eins für Kerosin. Offensichtlich legte er meine Mißachtung der – wie er es unerwartet nannte – »ordnungsgemäßen Prozedur« als persönliche Kränkung aus. Er ist das typische Beispiel für einen halbgebildeten, nicht sehr intelligenten jungen Mann, der von den geistlosen bürokratischen Ritualen hypnotisiert ist. Aber zugleich muß er einem leid tun. Selbst in den letzten 14 Tagen ist sein Kropf weiter gewachsen und drückt nun auf seine Stimmbänder. (Viele Balti haben eine Stimme wie Kastraten.) Er ist sowohl hier als auch in Pindi in Behandlung gewesen, aber die Tabletten haben ihm nicht geholfen. Was sind wir Westler doch für eine verhätschelte Minorität, daß wir eine sachkundige ärztliche Versorgung in jedem Fall als selbstverständlich betrachten, quasi als einen Teil unseres »Geburtsrechts«.

Eines der Hauptprobleme ist der Mangel an Nahrungsmittelgefäßen. Ähnliches, wenn auch nicht ganz so schlimm, haben wir vergangenen Winter in Coorg erlebt. Dort sorgten wenigstens die fünf Prozent Reichen für genug leere Dosen, Gläser, Flaschen oder Pappkartons, aber in Baltistan sind alle gleich arm. Die Einheimischen verstauen alles in ihren Decken oder in schmutzigen Tüchern oder knoten es – wenn es nur ein Pfund Tee oder Salz ist – in ihr Hemd. Glücklicherweise waren meine Astronautendecke und Rachels Schneeanzug in soliden Plastiktüten verpackt, in denen wir nun unser Mehl und unseren Zucker aufbewahren.

Als wir mit unseren Schätzen nach Hause kamen, legte sich allerdings meine Hochstimmung etwas. Eine Ration verbilligtes Mehl zu bekommen (20 Pfund für Rs 15 oder 75 Pence) ist die

eine Seite der Medaille, die andere ist, etwas Eßbares daraus herzustellen, wenn man nur einen sehr kleinen Kerosinofen hat.
Während Rachel ihre »beste Freundin« Farida besuchen ging –
ein zehnjähriges Mädchen aus Gilgit, Tochter des Engineer von
Baltistan –, kehrte ich zum Basar zurück und kaufte für Rs 32 eine Fünf-Pfund-Dose *ghee* aus Belgien (die gleiche Menge pakistanisches *ghee* kostet Rs 65) und eine große grifflose Bratpfanne, die nach Gewicht verkauft wurde und Rs 4,75 kostete. Als
Sadiq sie sah, meinte er: »N.B.G.« – zumindest klang es so auf
Balti – und holte aus Hallams Stall ein schweres, mit Pferdedung
überkrustetes Eisenblech. Ich kratzte es, so gut es ging, sauber
und legte es dann über die Glut, worauf es einen pikanten Geruch
verbreitete, den Rachel mit Weihrauch verglich. Ich fand diesen
Vergleich etwas weit hergeholt und fühlte mich nicht gerade von
Wohlgerüchen umschmeichelt, aber ich enthielt mich jeglichen
Kommentars.

Inzwischen hatte sich eine Reihe von Zuschauern versammelt:
außer Sadiq, seinem Sohn und seiner Tochter (vier und zwei
Jahre alt) noch Mohammad Ali, Nazir, ein älterer Lehrer namens Sanaullah, der (wie ich vermute) wegen des kostenlosen
Englischunterrichts kommt, Shakir Shamins Diener, der uns
schlicht faszinierend findet, und Mirza Hussain, der Dorftrottel
– ein schmutziger, aber harmloser Mann, der sich gern bei den
Murphys aufwärmt, wobei er schüchtern neben der Tür hockt
wie ein streunender Hund, der jeden Augenblick erwartet, mit
einem Fußtritt nach draußen befördert zu werden.

Sie alle sahen kritisch zu, als ich meinen ersten Backversuch
mit *ata* startete, das wir als Vollkornmehl bezeichnen würden.
Eine wilde Diskussion entbrannte, als Sadiq abermals im Stall
verschwand und mir ein antikes Sieb brachte, auf dem Hallam
offensichtlich schon einige Mal herumgetrampelt hatte, das aber
immerhin frei von Dung und noch zu gebrauchen war. Die Männer bestanden darauf, daß *ata* gesiebt werden müsse, um weißes
Mehl daraus zu machen, während ich protestierte, weil ich nicht
das Beste wegwerfen wollte. Aber alle regten sich über unsere

Idee, Vollkornbrot zu essen, dermaßen auf, daß ich schließlich nachgab, die Rückstände aber für später im Sieb aufbewahrte. Genauso mißbilligten sie, daß ich *ghee* und Zucker an den Teig tat und ihn mit beiden Händen knetete. Und sie brüllten vor Gelächter, als ich ein Dutzend kleine Brötchen daraus formte, statt den Teig zwischen den Händen zu dünnen *chappatis* auszuziehen. Dann mußten sie nach Hause, denn es war inzwischen fast dunkel und schneite immer noch. Ich war ziemlich erleichtert, sie loszuwerden, bevor der Augenblick der Wahrheit kam. Rachel verglich die fertigen Brötchen mit Hundekuchen, aber ich war in der Stimmung, *alles* zu essen, was nicht nach Linsen oder Reispudding schmeckte. Erst beim sechsten begann ich festzustellen, daß sie außen ziemlich verkohlt waren und innen noch ziemlich feucht. Nächstes Mal werden sie besser: Vielleicht sollte ich mehr *ghee* hineintun.

Skardu, 30. Januar

Heute fiel der Schnee nonstop, obgleich die Sonne als blaßgelber Diskus sichtbar war, als wir mittags loszogen, um auf der Suche nach etwas Eßbarem den Basar zu plündern. Unsere ganze Beute waren vier winzige Eier (Rs 3) und ein Pfund Zwiebeln. Rachel bekam ein Zwiebelomelett, und ich sah ihr mit heimlichem Neid beim Essen zu, während ich auf meiner Ration Hundekuchen kaute.

Dann bekamen wir unbekannten Besuch: ein großer 14jähriger Junge, der sehr vorsichtig ein weiteres winziges Ei brachte. In hervorragendem Englisch meinte er, er habe gehört, daß wir auf dem Basar nach Eiern gefragt hätten. Als ich mein Portemonnaie herausholte, lehnte er eine Bezahlung entschieden ab. Er erzählte uns, daß sein Vater aus dem Punjab stamme, eine Gilgiterin geheiratet habe, seit sechs Jahren hier lebe und als *dhobi* für die Armee arbeite. (An die Schwierigkeiten eines *dhobi* während des Balti-Winters will ich lieber gar nicht denken.) Ich war von Yakob sehr angetan. Er spricht fünf Sprachen: Punjabi, Urdu, Shina, Balti und Englisch. Er ist ohne Zweifel intelligenter als der Durchschnitt und hat darüber hinaus dieses gewisse Etwas, das ihn deutlich von seinen hiesigen Altersgenossen unterscheidet. Die Skarduer sind nicht unfreundlich, aber man macht quer durch alle Gesellschaftsgruppen (nicht, daß es davon viele gäbe) immer wieder die Erfahrung, daß sie nicht oft mit Außenstehenden zu tun haben und generell allem Unbekannten gegenüber auf Distanz gehen. Selbst wenn bereits engere Kontakte bestehen, wie zu Sadiq und unseren vielen anderen regelmäßigen Besuchern, wird man mit ihnen nicht richtig »warm« – im Gegensatz selbst zu den ärmsten Tibetern oder den völlig isoliert lebenden Hochland-Äthiopiern. Es fehlt ihnen, was ich in Ermangelung eines besseren Ausdrucks als »angeborene gute Umgangsformen« bezeichnen möchte – was aber nicht heißen soll, daß die Balti ungehobelt sind. Was ich meine, ist mehr negativ und schwerer zu fassen; vielleicht ist es schlicht eine grundsätzliche mangelnde Sensitivität anderen gegenüber, hervorgerufen durch den außergewöhnlich schwierigen Überlebenskampf der Balti, der nur wenig Raum für die Entwicklung irgendwelcher sozialen Beziehungen läßt, die über das Biologische und Wirtschaftliche hinausgehen.

Skardu, 31. Januar

Heute gab es einen erstaunlichen Wetterwechsel – ein deutlicher Anflug von Frühling. Es war fast mild, die Sonne schien warm, und über den wie Diamanten funkelnden Bergspitzen schwebte ein sanfter Dunstschleier. Von nun an wird die Wärme der Mittagssonne die vorherrschende Kraft sein, obgleich es noch eine Menge mehr Schnee geben wird. Ich habe noch nie etwas Schöneres gesehen als die Bäume heute morgen, besonders die sehr großen Pappeln. Jeder Zweig und Ast war in gefrorenem Schnee eingeschlossen, und hinaufzuschauen in diesen silbernen Glanz vor einem kobaltblauen Himmel war wie ein kurzer Blick ins Paradies – jedes Detail so zart, zerbrechlich und *vollkommen,* wie Menschenhand es nie erschaffen könnte.

Auf einer mehr weltlichen Ebene war alles damit beschäftigt, die flachen Lehmdächer mit hölzernen Schneeschiebern zu säubern. Während wir durch die Basare wanderten, schwebten wir in ständiger Gefahr, unter eine Mini-Lawine zu geraten, während acht bis zehn Fuß hohe Schneeberge zahlreiche Durchgangspassagen blockierten. Heute wurde unsere Nahrungssuche mit einem Pfund haariger Ziegenbutter belohnt, die den Geschmack der Hundekuchen enorm verbessert. Ein täglicher Einkaufsbummel empfiehlt sich, weil in unregelmäßigen Abständen immer wieder kleine Warenmengen in die Basare kommen. Aber das Wetter hat die meisten Zufahrtswege nach Skardu unpassierbar gemacht, so daß der Preis für Feuerholz jetzt auf Rs 60 pro *maund* gestiegen ist. Der Preis für Kerosin hat sich sofort angeglichen und ebenso der Preis für eine Tasse Tee in den *chia-khana,* wo auf Holzfeuern gekocht wird. Auf einer Abkürzung zwischen dem Alten und dem Neuen Basar sah ich in einer leeren Hütte einen erfrorenen Menschen liegen. Die Zahl derer, die hier in Skardu jeden Winter erfrieren, ist erschreckend hoch.

Heute hörten wir, daß die Unruhen in Gilgit noch immer andauern, wo sich die Truppen gezwungen sahen, auf aufrührerische Sektenangehörige zu schießen. Auf der Straße nach Hunza hat die pakistanische Armee 500 Schiiten aus Nagar aufgehalten, die unterwegs waren, um die Schiiten in Gilgit zu unterstützen; und auf der Straße nach Juglote waren es 300 Sunniten aus Chilas, die zur Entlastung der Gilgiter Sunniten anrückten. Nazir und Abbas Kazmi halten die gegenwärtige Situation für erniedrigend und erklärten, daß alle, die darin verwickelt seien, ihrem Glauben und ihrem Land Schande bereiteten. Die chinesischen Straßenarbeiter hätten den Aufruhr sozusagen von einem Tribünenplatz aus beobachten können und würden sich nun natürlich fragen: »Was ist das für eine Religion, die Menschen zu Barbaren macht?« Um sie zu trösten, schilderte ich ihnen in groben Umrissen die jüngste Geschichte Irlands.

Abbas Kazmir berichtete ferner, daß gestern ein mit Benzin beladener Jeep zwölf Meilen östlich von Thowar in den Indus gestürzt sei. Für den Fahrer und seine vier Passagiere gab es natürlich keine Rettung. Man sagt, daß der Unfall dadurch verursacht worden sei, daß die auf der Ladung sitzenden Mitfahrer das Fahrzeug aus dem Gleichgewicht gebracht hätten.

Skardu, 1. Februar

Vergangene Nacht entdeckte ich zu meiner Verblüffung – und nicht gerade sehr erfreut – auf meinem Schlafsack einen nassen Fleck. Ich starrte besorgt an die Decke, bevor mir das erst wenige Wochen alte Kitz einfiel, das Sadiqs Kinder auf ihrem Nachmittagsbesuch begleitet hatte. Das niedliche Tier gehört völlig zur Familie, ist aber leider noch nicht stubenrein.

Ich muß sagen, daß ich noch nie zuvor in einem so absolut dreckigen Raum gelebt habe. Einen gut gewarteten Lehmboden kann man aufwischen. Aber wir haben einen 1,5 Zentimeter dicken Bodenbelag aus feinem Staub, wie man ihn im Sommer draußen auf den Wegen vorfindet. Und so ist der Fußboden inzwischen verschwenderisch mit Zigarettenkippen (die meisten Balti sind starke Raucher), Streichhölzern, Schalen von Aprikosenkernen sowie Strohhalmen und Pferdedung garniert. Jede Bewegung löst eine Staubwolke aus, und unsere gesamte Habe hat einen blaßbraunen Überzug. Wenn man ständig in einer solchen Behausung lebt, muß das verheerende Folgen für die Lungen haben.

Heute schien die Sonne von 10.30 bis 15.30 Uhr so warm wie zu Hause an einem schönen Maitag, aber um 17.30 Uhr hat es bereits wieder heftig gefroren. Wir machten einen langen Spaziergang mit Farida – die fließend englisch spricht – und ihrem acht Jahre alten Bruder. Ich bin bisher noch nicht gebeten worden, ihre Mutter zu besuchen, die möglicherweise geheimnisvoll umherwandernde Frauen mißbilligt. Ihr Vater dagegen ist ein unterhaltsamer und belesener Mann. Farida bittet uns häufig zum Tee und genießt es, Hallam zu reiten. Sie ist eine selbstbewußte junge Lady mit einem ausgeprägten Interesse an der weiten Welt und wird wahrscheinlich mit der Zeit eine Menge Tabus ablegen.

Auf unserem Nachhauseweg trafen wir einen jungen Mann, der vor Schmerzen zusammengekrümmt auf einem Steinbrocken neben dem Fluß unter einer einzelnen Platane saß. Neben ihm hockte ein Freund mit rotblonden Haaren und strahlendblauen Augen, der bei unserem Anblick aufsprang und uns um Tabletten bat. Der Patient schwitzte leicht. Auf die Aufforderung seines Freundes hin rollte er sein *kamez* hoch und zeigte uns eine wirklich entsetzliche Schwellung am Bauch. Ich beschwor ihn, ins Krankenhaus zu gehen, aber sein Gefährte wies diesen Vorschlag verächtlich zurück und bettelte weiter um Tabletten. Daraufhin erklärte ich mich bereit, ihm ein paar Schmerztabletten zu geben, sagte ihm aber, daß sie die Krankheit unter keinen Umständen heilen könnten. Sofort quälte sich der Patient hoch und begann, auf den Arm seines Freundes gestützt, in unsere Richtung zu gehen. Ich versuchte vergeblich, ihn von dieser Anstrengung abzuhalten – und dann plötzlich begann er zu würgen und Blut in den glitzernden Schnee zu spucken. Als er zusammenbrach und mit geschlossenen Augen am Boden lag, hob sein Freund in verzweifelter Resignation die Schultern und machte mir ein Zeichen, sie allein zu lassen. (Die Kinder hatte ich bereits vorgeschickt.) Ich konnte nichts anderes tun, aber ich bin mir dennoch – völlig unlogisch – in meinem ganzen Leben nie so gefühllos vorgekommen. Als ich noch einmal zu der dunklen, auf dem Bauch im Schnee liegenden Gestalt mit dem unheimlichen Fleck daneben zurückblickte, sah ich, daß der Freund ebenfalls gerade fortging, in die entgegengesetzte Richtung – vermutlich, um Hilfe zu holen. In der Nähe unserer Hauses stieß ich auf eine Gruppe Regierungsangestellte aus dem Punjab und fragte sie, ob sie einen Jeep auftreiben könnten, um einen Schwerkranken ins Hospital zu bringen; aber schon mitten im Satz wurde mir klar, daß meine Bitte schlicht albern war. Die jungen Männer hoben die Schultern, erklärten, daß das Krankenhaus am Sonnabend geschlossen sei und Regierungsjeeps nicht zum Transport von Dorfbewohnern da seien.

Eine medizinische Untersuchungskommission hat festgestellt, daß wenigstens 30 Prozent der Balti eine längere Krankenhausbehandlung brauchten, was aber aus Mangel an Personal, Medikamenten und Ausrüstung nicht durchzuführen ist. Hallam hat es da besser. Er hat auf die Injektionen gut angesprochen (oder die Zeit hat das Ihrige getan), und so wollen wir am 5. nach Khapalu aufbrechen, wobei wir uns für die 15 Meilen Zeit lassen wollen.

Skardu, 2. Februar

Heute morgen waren alle Wege spiegelglatt, denn nach dem gestrigen Sonnenschein hatte es in der Nacht heftig gefroren. Auch heute blieb es kühl: der Himmel bezog sich, und gegen Mittag kam ein kalter Wind auf.

Heute morgen ging ich zu Sadiqs Haus, um die Kinder zu fotografieren, und traf seine junge Frau, die in dem kleinen Hof in der Sonne saß und an einem Strumpf strickte. Sie saß auf einem Balti-Hocker – einem Stück Holz von 18×12 Zoll auf zwei sechs Zoll langen Beinen –, und auf ihrem Schoß saß die jämmerliche kleine Tochter des Hauses. Der ganze Körper des Kindes starrt vor Schmutz, das blonde Haar ist hoffnungslos verfilzt, und das Kinn ist mit kleinen entzündeten Wunden bedeckt. Ich weiß: »Wer im Glashaus … usw.«, aber Gesicht und Hände eines Kleinkindes könnte man wohl einmal am Tag waschen und auch das Haar kämmen. Mama ist entsprechend dreckig und verwahrlost. Außerdem ist sie hochschwanger, hat einen gräßlichen gelben Teint und schrecklich blutunterlaufene Augen. Mit 21 Jahren sieht sie wie 40 aus. Was für ein Rahmen für ein weiteres Baby, um hineingeboren zu werden! Und wenn sie es überlebt, wird sie wahrscheinlich zehn oder zwölf Kinder bekommen, obgleich sie klar erkennen läßt, daß sie schon dieses dritte nicht haben will.

Rachel verbrachte eine aufregende Zeit mit den Tieren – vor allem mit ihrem Freund, dem »undichten« Kitz, und seiner Mutter. Ziegen sind echte Kameraden. Im Vergleich zu Schafen sind sie intelligent und besitzen Persönlichkeit. Im ganzen gesehen sind die Balti auf eine etwas rauhe Art gut zu ihren Tieren. Wenn die üblichen schmutzigen Aprikosen angeboten wurden, mußten sie jedesmal gegen das Kitz, seine Mutter, zwei andere Ziegen, ein Kalb von der Größe eines irischen Schafes, dessen Mutter, vier streitsüchtige Hühner und einen Hahn verteidigt werden, der bei weitem der aggressivste Angreifer war. Alle diese hungrigen Kreaturen bekamen jedes eine Aprikose und wurden dann energisch, aber keineswegs bösartig fortgejagt.

Als ich die drei Kinder fotografierte, drehte mir Mrs. Sadiq den Rücken zu; obgleich Sadiq sie gebeten hatte, mit in die Kamera zu schauen, wollte sie so etwas Schamloses denn doch nicht tun.

Skardu, 3. Februar

Nach all meinem Gerede über »Frühling in der Luft« – tra la la! – war dies der erste absolut widerliche Tag in Baltistan. Es war stark bewölkt und durchdringend kalt, und die Luft war ausgesprochen rauh. Wir machten alle mit Hallam einen Vier-Meilen-Marsch und zogen uns dann in unsere Zelle zurück. Als ich bei Sonnenuntergang Wasser holte, sah ich, daß es den ganzen Tag nicht das kleinste bißchen getaut hatte. Heute nachmittag übte Rachel unbewußt Literaturkritik: Sie hatte sich von Farida eine altsteinzeitliche Ausgabe von *Reader's Digest* geliehen, und nachdem sie eine wahre, sehr schlecht geschriebene Geschichte über zwei junge Männer gelesen hatte, die in Kanada ertrunken waren, sah sie nachdenklich auf und fragte: »Warum bin ich wegen dieser beiden jungen Männer nicht genauso traurig wie über den armen Prinzen Andrej? Ich weiß, daß *sie* wirklich gestorben sind und *er* nur erfunden ist, aber ich fühle für sie gar nichts.« Es ist interessant, daß selbst Rachel der Unterschied zwischen dem Werk eines der größten Schriftsteller und anderen Druckerzeugnissen auffällt.

Skardu, 4. Februar

Noch ein wolkenverhangener Tag, aber mild und daher matschig. Hallam ist jetzt groß in Form, und wir sind alle bereit, morgen aufzubrechen. Ich habe heute morgen 20 *roti* für unterwegs gebacken, und unsere heutige Entdeckung im Basar war eine kleine Kiste Äpfel. Ich habe sie alle (15) für Rs 5 gekauft, und Rachel behaupet, es seien die besten, die sie je gegessen habe: Dieses Tal ist für seine Äpfel berühmt. Das Einkaufen nimmt hier viel Zeit in Anspruch, da die Läden so winzig und dunkel sind und alles wie Kraut und Rüben durcheinanderliegt. Manche sind kaum größer als Hühnerställe – hölzerne Würfel auf vier kurzen Beinen –, und in so einem haben wir unsere Schatztruhe gefunden.

Heute morgen hatte ich eine (für mich) seltene Beschwerde – ernstes Sodbrennen, zweifellos hervorgerufen durch zuviel pikante Ziegenbutter auf meinen drei Tage alten Hundekuchen. Etwas von Hallams Stärkungsmittel hat die Sache jedoch bald wieder in Ordnung gebracht. Es ist eine wunderbare Mixtur aus Anissamen, gemahlenem schwarzem Pfeffer, doppelkohlensaurem Natrium, Kardamom, gemahlenem Ingwer und verschiedenen anderen, nicht zu identifizierenden Samen, Kräutern und Gewürzen. Sie kostet Rs 70 das Pfund, aber Hallam lehnt sie ab: So findet meine Krämerseele dadurch Erleichterung, daß sie eine ebenso hervorragende Medizin für Menschen ist.

8.

Von Skardu nach Khapalu

> Wir gingen ... bei typischem Winterwetter los und
> wanderten den Indus hinauf ... Unsere erste Etappe
> war ungewöhnlich lang; die Strecke zwischen Skardu
> und Gol ist für ihre Länge berühmt ... Wir hatten die
> Träger vorausgeschickt und legten die Strecke in zwei
> Etappen zurück ... Wo der Weg über steile Hänge
> führte, mußten wir auf herabrollende Steine achten;
> später sollte diese Gefahr noch größer werden; gegen-
> wärtig waren die Steine zumeist noch an den Felswän-
> den festgefroren. Aber einer der uns folgenden Wagen
> verlor ein Pferd durch Steinschlag, und einem der
> Träger wurde ein Arm gebrochen.
>
> *Fillipo de Fillipi (1914)*

Gol, 5. Februar

Die wenigen Menschen, denen wir begegneten, als wir Skardu
heute morgen verließen, blieben stehen und starrten die verrückten *ferenghis* an; ein junger Polizist, der etwas Englisch
spricht, meinte, daß wir Khapalu wegen der vereisten oder sich
auflösenden Wege, der Steinschläge, Schneestürme, Lawinen
und Erdrutsche kaum lebend erreichen würden. Hätte ich nicht
gewußt, daß diese Strecke weit weniger gefährlich ist als die M 1,
wäre ich vielleicht schwankend geworden. Wie viele einfache
Menschen neigen die Balti dazu, die örtlichen Gefahren zu über-
treiben. Für ein Volk, das durch Tragödien so wenig berührt
wird, wenn sie wirklich eintreten, sind sie äußerst besorgt, was
mögliche zukünftige Katastrophen anbelangt.

Der Morgen war so mild, daß ich keine Handschuhe brauchte
und meinen Parka offenließ. Die ersten sieben Meilen waren auf
dem völlig vereisten Weg sehr ermüdend; danach ging es leicht
bergauf, der Untergrund wurde sandig und blieb so, bis wir das

Skardu-Tal verließen. Kurz hinter der Abzweigung nach Shigar schlug Rachel eine frühe Lunchpause vor, und während Hallam seine Ration Gerste bekam, saßen wir auf schwarzen Felsbrocken mitten im Schnee, atmeten den Duft des wilden Thymians ein und aßen jeder einen Hundekuchen. Ich zumindest hätte ein halbes Dutzend verschlingen können, aber in Baltistan gewöhnt man sich bald daran, zu essen, um am Leben zu bleiben, und nicht, um satt zu werden.

Von hier aus war der Indus für uns unsichtbar in seinem Schotterbett; aber als wir uns dem engeren östlichen Ende des Tales näherten, tauchte er direkt unter uns wieder auf. In der hellen Mittagssonne leuchtete er in einem prächtigen Grün – ein klarer, funkelnder Smaragd zwischen gleißenden, verschneiten Ufern. Hier sahen wir uns noch einmal um und verabschiedeten uns vom Skardu-Tal, bevor uns der Weg um den Fuß eines klobigen grauen Berges herum und in eine völlig andere Welt führte.

Auf den nächsten zehn Meilen waren wir vom Indus durch ein weites, schneebedecktes, felsiges Buschland getrennt. Auf unserer Seite gab es keinerlei menschliche Spuren, aber auf dem rechten Flußufer lagen zwei winzige Dörfer in den schmalen Einschnitten der hohen schwarzen Berge. Die uns umgebenden Felsen waren alle zu steil, als daß sich der Schnee auf ihren graubraunen Flanken hätte halten können. Als sich der Himmel plötzlich gegen ein Uhr bezog, bekam die Landschaft etwas Bedrohliches. Dazu erhob sich jetzt ein eisiger Gegenwind, der mich zwang, mich fest in meinen Schal zu wickeln, den Parka zu schließen und Handschuhe anzuziehen. Wir waren die einzigen Reisenden auf dieser Strecke, und der Weg war mit gefrorenem Schneematsch bedeckt, wie ihn besonders die Jeepfahrer hassen. Hallam mochte ihn genausowenig. Schon bald wurde er zusehends langsamer – und wenn er nicht mehr will, dann will er nicht mehr. Wir hatten die ersten zwölf Meilen in dreieinhalb Stunden zurückgelegt – für die letzten neun Meilen brauchten wir fünf Stunden. Sogar Rachel ging sechs Meilen zu Fuß – um ihr Pferd zu schonen und zugleich ihre Blutzirkulation wieder in

Gang zu setzen. Zusätzlich zu unserem Gepäck schleppt Hallam jetzt noch 40 Pfund an Nahrungsmitteln: Mehl, Zucker, Milch, Reis und Linsen. Aber wir werden hier zwei Nächte bleiben, so daß er morgen einen freien Tag bekommen und sich an der reichlichen (wenn auch nicht sehr guten) Menge Heu satt fressen kann, das uns der *chowkidar* zum Preis von Rs 10 das Bündel verkauft hat.

Gol liegt fast auf Flußhöhe, und man sieht es zuerst von einer Anhöhe aus, bevor der Weg dann steil abfällt. Dort, wo die Berge am linken Flußufer zurücktreten, um ein Oval hügeligen Ackerlandes freizugeben, liegen verstreut über ein Gebiet von drei mal zwei Meilen die Häusergruppen und Obstgärten. Als wir ankamen, war es 17.30 Uhr, aber nicht sehr kalt. Der Wind hatte sich bei Sonnenuntergang gelegt – glücklicherweise, denn wir mußten vor dem Rasthaus 45 Minuten warten, bevor man den *chowkidar* fand. »Ich glaube, er hält Winterschlaf«, meinte Rachel resigniert, als es langsam dunkel wurde und sich die Schar unserer Bewunderer ständig vermehrte. Sie hat sich inzwischen völlig an den orientalischen Lebensstil gewöhnt und erwartet längst nicht mehr, daß irgend etwas schnell geschieht. Die uns umgebende Menge war freundlich, aber so wenig an Fremde gewöhnt, daß jede unserer Bewegungen aufgeregte Kommentare und viel Gelächter verursachte. Ich begann gerade an der Existenz des *chowkidar* zu zweifeln, als ein großer, breitschultriger älterer Mann aus der Dunkelheit hinter den Laternen hervortrat und nach meinem Übernachtungsschein fragte. Nachdem ihm ein junger Mann den Schrieb mühsam vorgelesen hatte, verschwand er abermals, um nunmehr den Schlüssel zu holen, wozu er weitere 20 Minuten brauchte. Inzwischen hatte starker Frost eingesetzt, und wir froren erbärmlich. Unsere ergebenen Bewunderer dagegen schienen die Kälte nicht zu spüren. Abgesehen davon, daß er den Schlüssel verlegt hatte, scheint unser freundlicher *chowkidar* ganz tüchtig zu sein. Wir stellen aber auch keine großen Anforderungen an ihn, da wir, was Essen, Brennmaterial, Bettzeug und Beleuchtung angeht, unabhängig sind. Das einzige, was wir brauchen, ist ein Dach über dem Kopf und ein Eimer Wasser.

Dieses Rasthaus wurde vor etwa 100 Jahren von den Briten gebaut und gehört zu einer Reihe von Unterkünften am alten Ponypfad von Leh nach Skardu. Es besitzt eigene Ställe, die einen Hof umschließen, nur leider inzwischen keine Dächer mehr haben. So ist Hallam wieder in der Küche untergebracht – wo einst ganze Dienerscharen gewaltige Feuer unterhielten, um Badewasser zu erhitzen und Vier-Gänge-Menüs für ihre Sahibs zuzubereiten. Vom Weg aus sah das Ganze so verfallen aus, daß ich es zunächst für nicht gut möglich hielt, daß dies unser Quartier sein sollte. Aber entgegen allen Erwartungen ist unser Raum ganz bequem: klein und fensterlos (ein großer Vorteil im Winter), mit einer richtigen – seit 30 Jahren nicht benutzten – Feuerstelle anstelle eines Metallofens. Und das Plumpsklo im Badezimmer ist weit angenehmer als die wasserlosen modernen Toiletten in Thowar und Satpara.

Als wir schließlich in unseren Raum geführt wurden, folgten uns sieben der Männer, verströmten freundliche Neugier und nahmen so viel Platz ein, daß ich nicht einmal unsere Sachen auspacken konnte. Da Rachel schon fast im Stehen schlief, mußte ich sie nach zehn Minuten bitten zu gehen, obgleich sie zu gern auch noch unser Gepäck inspiziert und uns beim Abendbrot zugesehen hätten. Was das letztere angeht, haben sie nicht viel verpaßt. Rachel hatte ihre getrockneten Aprikosen bereits gegessen, während wir draußen warteten, und mein Abendessen bestand aus zwei Hundekuchen und einem Topf Tee. Es ist inzwischen (22 Uhr) viel kälter als in Skardu, aber der Ort liegt auch höher. Es gibt nur einen *charpoy,* und ich hatte darauf bestanden, auf dem Boden zu schlafen. Aber da wir unseren Kerosinofen nicht die ganze Nacht über brennen lassen können, ist es wahrscheinlich klüger, den *charpoy* mit Rachel zu teilen.

Es war ein kalter, strahlender Morgen, als wir das Rasthaus um 8.30 Uhr verließen. Innerhalb weniger Augenblicke hatten wir eine Schar zerlumpter Kinder angezogen, die entzückt über jedes Wort und jede Geste von uns losquiekten. Immer wenn ich mich umsah, drängten sie sich nervös aneinander, und die ängstlicheren Gemüter ergriffen die Flucht. Aber sobald ich wieder wegsah, brachte die Neugier sie zurück.

Unser Ziel war der *nullah* oberhalb von Gol. Zunächst stiegen wir eine »Treppe« aus schmalen, verschneiten, sorgfältig terrassierten Feldern empor, die uns zu einer Ansammlung flacher Wohnhäuser inmitten der üblichen Obstbäume brachte – einige alt und knorrig, andere frisch gepflanzt, wobei man die jungen mit Stoffetzen umwickelt hatte. Das weitaus größte Gebäude war eine neue, im traditionellen Balti-Stil erbaute Moschee. Zwei freundliche Jugendliche, die sich uns angeschlossen hatten, öffneten die Haupttür, damit ich einen Blick in das mit wunderschönen Schnitzereien geschmückte Innere werfen konnte. (Bevor sie diese Indiskretion begingen, blickten sie sich verstohlen um, ob kein fanatischer Mullah oder orthodoxer Ältester in der Nähe war.) Die pakistanischen Entwicklungshelfer schimpfen ständig über die Unmöglichkeit, modernes Baumaterial nach Baltistan zu importieren, ohne zu erkennen, daß gerade dies einer der größten Vorteile der Region ist. Nur von wenigen Ländern kann man im Jahr 1975 sagen, daß ihre neuen Bauten ebenso schön sind wie ihre alten.

Die beiden Jungen waren auf dem Weg zur Schule, und der ältere, der ein paar Worte Englisch sprach, lud uns ein, ihr »College« zu besuchen. Wir wurden zu einem zweigeschossigen Gebäude geführt, dessen Erdgeschoß als Stall diente und mit knöcheltiefem, getrocknetem Dung bedeckt war. Eine wacklige, fast senkrechte Leiter führte nach oben. Als wir hinaufstiegen, ergriffen drei verschleierte Frauen panikartig die Flucht. Der Fußboden war hier mit frischem Geflügelkot bedeckt, und als wir auch da durch waren, kamen wir zu einer niedrigen Tür in einer Steinmauer – und waren wieder im Freien. Hier hatte man den Steinfußboden vom Schnee gesäubert und abgewetzte Teppiche aus Ziegenhaar ausgebreitet. Auf ihnen saßen in Reihen hintereinander die Schüler von Gol und saugten in sich hinein, was man hierorts unter Bildung versteht. Jedes Kind bringt sein eigenes hölzernes Schreibbrett mit; mehr wird nicht benötigt; kein Abakus, keine Bücher, nicht mal eine Schultafel. Ein etwas zu klein geratener 22jähriger mit einem schmalen, blassen Gesicht und unstetem Blick kam auf uns zu, um uns zu begrüßen: »Ich habe das Examen am Skardu College bestanden«, stellte er sich vor. »Machen Sie mit Ihrer Kamera ein Foto von mir? In welcher Stadt leben Sie in Amerika? Bitte setzen Sie sich doch auf diesen Stein. Weshalb sind Sie hier? Ich bin der Hauptlehrer an dieser Schule. Ich lehre die Jungen Urdu, Englisch, Physik, Mathematik und die erfreuliche Geschichte Pakistans.«

Sehr langsam sprechend und jede Frage wenigstens dreimal wiederholend, entlockte ich diesem »Englischlehrer« die Information, daß die Schule in Gol 1947 gegründet wurde und heute 140 Schüler und zwei Lehrer hat. Wahrscheinlich lernen die Schüler hier nur das Schreiben und Lesen von Urdu – und schon das erscheint mir zweifelhaft.

Hinter einer niedrigen Steinmauer hatte sich eine Gruppe kleiner Mädchen eingefunden, um uns scheu zu betrachten, wobei sie die untere Gesichtshälfte mit ihren Schals bedeckten. Als ich den Hauptlehrer provozierend fragte: »Haben Sie keine Schülerinnen?«, starrte er mich einen Moment verblüfft an, warf einen verächtlichen Blick auf die Mädchen und erwiderte: »Frauen können nicht lernen! Wir wollen sie hier nicht haben!« Als Reaktion auf seinen Blick begannen die Kleinen zu kichern, bedeckten ihre Gesichter vollständig und zogen sich hastig zurück. »Ich habe eine Frau und zwei Söhne«, fuhr der Direktor fort, »aber ich möchte nicht, daß sie liest.«

Nachdem wir so weit in die Schlucht hineingegangen waren, wie es Schnee und Eis erlaubten, kehrten wir auf einer anderen Route zum Weg zurück. Rachel schlug vor, wir sollten versuchen, bis zum Fluß hinunterzukommen. Das war leichter gesagt als getan, obwohl Gol, aus der Ferne betrachtet, nah am Indus zu liegen scheint. Aber schließlich erreichten wir den unberührten Schnee am Ufer des schnell fließenden grünen Stroms.

Der Indus ist an dieser Stelle etwa 80 Yards breit. Auf der gegenüberliegenden Seite steigt unmittelbar aus dem Flußbett eine steile, grau marmorierte und hellbraune Felswand auf. Stromaufwärts liegen gewaltige Felsbrocken im Wasser, an denen der Fluß wild aufschäumend vorbeiströmt, und auch stromabwärts gibt es eine breitere, seichte Stelle, wo er sich tosend in weißen Schaum verwandelt. Wo wir standen, floß der Indus indessen tief, ruhig, lautlos und kraftvoll. Während Rachel aus Schnee einen Hund und eine Katze modellierte, saß ich auf einem gesprenkelten Granitblock und wünschte mir, die Politik hätte vom 20. Jahrhundert nicht so erfolgreich Besitz ergriffen. Ohne die Politiker könnte man jetzt versuchen, dem Indus bis zu seiner Quelle in Tibet zu folgen. Was wäre das für eine Reise ... Zwei Wildenten mit schwarzweiß gestreiften Flügeln flogen über uns hinweg, und ein riesiger Eisvogel – blau, schwarz und scharlachrot – schoß über den Fluß zu seiner Höhle am anderen Ufer. Außer *chikor,* Dohlen und ein paar Elstern sieht man in Baltistan sehr wenige Vögel.

Auf unserer langen Kletterei ins Dorf zurück rief Rachel, die mir ein Stück voraus war, plötzlich: »Guck doch mal! Schnell!« Sie beugte sich über irgend etwas, das am Fuß einer Terrassenmauer verborgen war. Und dann hockten wir beide im Schnee und betrachteten ehrfürchtig ein paar winzige junge Grashalme. »Es ist grün und es wächst«, staunte Rachel ungläubig.

Es ist nicht leicht zu vermitteln, was dieser Anblick für uns bedeutete. Ich stand auf und ließ den Blick über die weite, öde Landschaft um uns herum schweifen: nichts als dunkle, leblose Felsen, meilenweit Schneefelder und nackte, kahle Obstgärten. Und ich fragte mich, wieviel andere winzige, verborgene Frühlingsboten bereits auf die warmen Strahlen der Sonne reagierten. Zu Hause hat der Frühling etwas Romantisches und Fröhliches; hier ist er eine feierliche und heilige Angelegenheit. Ich beobachtete, wie Rachel ganz sanft diese winzigen Boten eines Neubeginns berührte: Ich glaube, daß sie unausgesprochen die gleiche Scheu vor diesem kleinen grünen Wunder empfand wie ich.

In Gols Mini-Basar kaufte ich sechs Eier. Sie kosteten die Hälfte wie in Skardu, waren aber doppelt so groß und reichten für zwei Omeletts zum Mittagessen. Danach machten wir uns wieder auf den Weg. Wir überquerten den Indus auf einer schönen neuen, noch nicht für den Jeepverkehr freigegebenen Hängebrücke. Ihre massiven und dennoch eleganten Pfeiler sind aus hiesigem Granit erbaut. Der *chowkidar* erzählte mir, daß sie von einem jungen Armeeoffizier entworfen worden sei.

Um einen niedrigen, rotbraunen Schieferfelsen, der mit scharfen, faustgroßen Steinen bedeckt war, wanderten wir vier Meilen stromaufwärts in Richtung Kiris. Jenseits des Flusses sah man den Weg nach Khapalu wie ein geschwungenes Band am Fuß der hohen dunkelgrauen Berge, deren Hänge tiefe, von Steinschlägen und Erdrutschen hinterlassene Narben trugen. Und unterhalb unseres Pfades erkannte man neben dem Indus zahlreiche silbergraue, vom Wind abgeschliffene und geriffelte Sanddünen. Aber Rachels Wunsch, eine Sandburg zu bauen, ließ sich nicht erfüllen: Wie gestern nachmittag war es bedeckt, windig und sehr viel kälter als am Vormittag.

Gwali, 7. Februar

Ein herrlicher Tag – bis auf zwei kurze, aber böse »Zwischenfälle«. Hallam war gut in Form, der Weg war weder vereist noch verschneit (wenngleich manchmal ziemlich matschig), und das Wetter war zum Wandern ideal. Wir legten insgesamt 18 Meilen zurück und begegneten dabei nur zwei Armee-Jeeps und einem Bauern, der einen Sack Getreide schleppte. 15 Meilen weit gibt es auf der Südseite des Tales keine Spuren menschlichen Lebens; lediglich jenseits des Shyok sahen wir mehrere Dörfer.

Etwa fünf Meilen hinter Gol, wo das Shyok- und das Kharmang-Tal zusammenstoßen, mußten wir uns vom Indus verabschieden. Vor der Teilung führte die Hauptstraße hier weiter am Fluß entlang zwischen den Deosai Plains und dem Ladakh Range hindurch, aber heute ist dieses Gebiet aus militärischen

Gründen für Fremde gesperrt. Nachdem wir dem Indus noch etwa eine Meile weit ins Kharmang-Tal hinein gefolgt waren, kamen wir an eine militärische Straßensperre und mußten die Hamayune-Hängebrücke überqueren, die vor 24 Jahren von der pakistanischen Armee innerhalb von zwei Monaten gebaut wurde. Anschließend ging es wieder ein Stück zurück bis zu der Stelle, wo der mächtige Shyok – der ebenfalls in Tibet entspringt – in den Indus fließt.

Als wir uns auf einem schmalen, aus dem Fels herausgehauenen Pfad der Brücke näherten, brachen genau über uns mehrere fußballgroße Steine los und kamen polternd herunter. Der größte sauste haarscharf an Hallams Nase vorbei, worauf er scheute und bis an den äußersten Rand des Pfades zurückschreckte, der an dieser Stelle direkt über dem Indus schwebt. Sekunden später verfehlte ein weiterer Stein knapp meinen eigenen Kopf. Aber daß Rachel fast abgestürzt wäre, hatte mich so entsetzt, daß ich es kaum wahrnahm. Sie selbst schien sich glücklicherweise der Gefahr, in der sie geschwebt hatte, gar nicht bewußt zu sein, so daß ich meinen Schock möglichst schnell zu überspielen suchte. Es war nur gut, daß ich in diesem Moment nicht ahnte, daß das Schicksal heute noch einen weit übleren Zwischenfall für uns bereithielt.

Wenn man von der Brücke aus in das steile Kharmang-Tal blickt, sieht man den Indus durch eine enge Schlucht tosen. Dort, wo hinter einer scharfen Biegung die Sonne auf ihn fiel, glühte das Wasser wie flüssiges Metall. Dann plötzlich wird der Fluß breiter und ruhiger, als ob er sich auf die Vereinigung mit dem Shyok vorbereitet, der an dieser Stelle der Mächtigere von beiden ist: Ein Reisender ohne Karte oder entsprechende Information würde vermuten, daß der Shyok die Fortsetzung des Indus ist und nicht umgekehrt.

Die Ladakh-Berge lagen zu unserer Rechten, als wir den Weg nach Osten fortsetzten, und zu unserer Linken floß breit und tief der Shyok. Dann verschwand er auf ein paar Meilen, wo der Weg ansteigt, um ein Gebiet zu umgehen, das im Sommer überflutet ist.

Als er wieder in Sicht kam, war er flach und wirbelte funkelnd um die im unberührten Schnee liegenden Steine des Flußbetts.

Gegen Mittag kamen wir an einen jener furchterregenden Abschnitte, wo der Weg über eine in die Wand eingelassene Balkenkonstruktion geführt wird. Der Fels steigt hier senkrecht neben dem tief unten dahinwirbelnden Shyok auf. Und ausgerechnet hier kam etwa 20 Yards vor uns ein Jeep ohne Warnung über einen Straßenbuckel auf uns zugeschossen. (Wegen des Tosens des Flusses hatten wir ihn nicht hören können.) Hallam schnaubte entsetzt, bäumte sich auf, und ich mußte voller Entsetzen mit ansehen, wie Rachel auf seinem Rücken über dem Abgrund schwebte. Selbst jetzt wird mir in der Erinnerung daran noch ganz schlecht. In meinem ganzen 43jährigen Leben hat es nie einen fürchterlicheren Augenblick gegeben. Als der Jeepfahrer prompt reagierte und auf die Bremsen stieg, beruhigte sich Hallam wieder. Rachel stieg ab, und ich bat den Fahrer, mir beim Abladen zu helfen, da Hallam mit seiner Last nicht am Jeep vorbeigekommen wäre. Dann führte ich ihn langsam – wobei er noch immer zitterte und die Ohren zurückgelegt hatte – am Rand des Abgrunds entlang und über den Buckel hinweg. Dahinter wurde der Weg glücklicherweise breiter, und so konnten wir ihn sicher wieder beladen. Inzwischen war Rachel vor Angst in Tränen ausgebrochen, und wenn jemals liebevoller, mütterlicher Trost gefragt war, dann hier. Ich bin tief beschämt, daß ich mich statt dessen wütend nach dem armen Kind umdrehte und es anfuhr, aufzuhören, sich wie ein Baby zu benehmen. Der Mensch kann bisweilen sehr unsympathisch sein.

Nachdem wir wieder festen Boden unter den Füßen hatten, hielten wir an, um Mittag zu essen. Aber der *chowkidar* in Gol hatte unser Lunchpaket versehentlich mit im Gepäck verstaut, so daß wir nicht darankamen. Und so labten wir unsere Augen statt unsere Mägen – während Hallam zufrieden seine Gerste kaute, die ich in Ermangelung von etwas Besserem in meinen wasserdichten Anorak eingewickelt hatte.

Vier Meilen weiter führte der Weg hinab auf den breiten Talboden und dann durch riesige alte Obstgärten: Seit wir von zu Hause abgereist waren, hatten wir noch nirgends so viele Bäume auf einer Stelle gesehen. Direkt über uns klebte ein Dorf aus kleinen Steinwürfeln am dunklen Hang, und hinter den Obstgärten, in Richtung auf den wieder einmal unsichtbaren Fluß, wuchsen zahlreiche Pappeln und Weiden zwischen riesigen, schneebedeckten Felsbrocken. Hier beobachteten wir eine Elster beim Nestbau: ein weiteres Anzeichen für den nahenden Frühling.

Die nächste Steigung brachte uns auf einen breiten Felsvorsprung, der aus der steil aufragenden südlichen Wand hervortrat und den Shyok zu einer U-Schleife zwang. Auf diesem »Plateau« legten wir eine kurze Rast ein und sahen noch einmal die zehn Meilen zurück, die wir vom Zusammenfluß der beiden Ströme bis hierher zurückgelegt hatten. Von hier oben wirkte die Fortsetzung unseres Weges wie ein dünner leichter Kratzer am verschneiten Fuß der Berge.

Selbst für hiesige Maßstäbe war der Abstieg nach Gwali außerordentlich steil und außerdem sehr schlüpfrig. Wieder einmal wurde mir die eigene Winzigkeit im Verhältnis zu dem gigantischen uns umgebenden Durcheinander von Bergen, Schluchten, Kliffs und Felsspitzen bewußt. Ich kam mir vor wie eine Ameise, während ich neben dem stolpernden Hallam dahinschlitterte, der laut schnaubend seinen Unmut über einen derart abschüssigen Weg kundtat. Wir sahen mehrere Häusergruppen auf den unglaublichsten Felsbändern. Zwei aufgeschreckte Einwohner starrten uns wortlos an wie Geistererscheinungen.

Da ich gehört hatte, es gäbe in Gwali ein »*chota* Hotel«, erwartete ich etwas Ähnliches wie das »Hotel« in Thowar. Statt dessen fanden wir am Fuß des Felsvorsprungs – dort, wo Gwalis lange Oase beginnt – ein alleinstehendes neues Gebäude. Dieses »Hilton« wurde vor einem Monat eröffnet und verfügt über zwei Räume: eine kleine Küche und einen großen Wohn-/Schlafraum, in dem vier *charpoys* mit vergleichsweise sauberem Bettzeug standen sowie zwei primitive Holzbänke, ein wackliger kleiner Tisch und der vorgeschriebene metallene Ofen. Es hat dicke

Steinmauern, einen unbehandelten Fußboden und ein flaches Lehmdach. Safarhad, unser Wirt, ist ein angenehmer Mann mittleren Alters. Er stammt aus Gilgit und kann somit als weitgereist betrachtet werden. Er ist schlank und lebhaft, mit hellen Augen, einer natürlichen Herzlichkeit und einem plötzlichen Lächeln. Außerdem scheint er ein hervorragender Koch zu sein, aber wir waren heute abend zugegebenermaßen nicht sehr kritisch. Nachdem Hallam abgeladen war und Wasser bekommen hatte, tranken wir jeder vier große Tassen Tee, und ich schlang drei dicke, in Fett gebackene *paratas* in mich hinein, während Rachel ein Omelett aus sechs Eiern bewältigte.

Danach brachte uns Safarhad einen »Gastgeber« für Hallam, einen netten jungen Mann mit mongolischen Gesichtszügen namens Hussain, der uns über zwei verschneite Felder zu seinem Haus führte. Das Gebäude beherbergt im Erdgeschoß einen langen, fensterlosen Wohnraum und drei Ställe. Außerdem führt eine Außenleiter hinaus zu einer Loggia mit drei Wänden aus Weidengeflecht, die nur unzureichend mit Lehm verstrichen sind.

In einer Ecke der Loggia versuchte Hussains Schwägerin über einem schwachen, mit Zweigen und Aprikosenkernschalen gespeisten Feuer *roti* zu backen. (Hier kann man alles irgendwie verwenden.) In einer anderen Ecke saß seine Frau und wiegte sich mit vor Gram verzerrtem Gesicht vor und zurück. Ihre Augen waren vom stundenlangen Weinen rot und verquollen. Man erklärte mir, ihr Baby sei vergangene Nacht gestorben – ein drei Monate alter Sohn. Hussain dagegen scheint von diesem Verlust nicht sehr berührt, obgleich er seine anderen Kinder sehr liebevoll behandelt. Sie waren etwa zwei, vier und sechs Jahre alt, hockten neben ihrer Tante und starrten verstört und ängstlich auf ihre verzweifelte Mutter. Sie trugen lediglich abgetragene, formlose, selbstgefertigte Hemden und waren von der Taille abwärts nackt. Sie zitterten erbärmlich vor Kälte und Kummer. Ihre kleinen runden Mongolengesichter, ihre entzündeten Augen und die durch Unterernährung hervorgerufenen Wunden erinnerten mich sofort wieder an das tibetische Flüchtlingscamp in Dharamsala, wo ich eine Zeitlang als Helferin ge-arbeitet habe. Beide Frauen haben rosige Wangen und tragen ihr Haar wie die Tibeterinnen in zahllosen dünnen Zöpfen. Sauber und nicht so unglücklich, würden sie äußerst attraktiv aussehen. Keiner sprach ein Wort Urdu, aber der Gwali-Dialekt des Balti scheint dem modernen Tibetisch ähnlicher zu sein als die Dia-lekte von Ronda und Skardu.

Als wir auf zwei abgewetzten Fuchsfellen Platz nahmen, die die Ehrenplätze neben dem kläglichen Feuer bildeten, riß sich unsere unglückliche Gastgeberin plötzlich zusammen, nahm – noch von Schluchzen geschüttelt – ein großes Bündel Schafwol-le und begann mit geschickten Fingern zu spinnen. Sofort rann-te das jüngste Kind zu seiner Mutter und verbarg sein Gesicht in den Falten ihres Kleides, als sei mit der Wiederaufnahme dieser normalen Tätigkeit die Welt wieder in Ordnung. Als es aufstand, konnte ich seinen grotesk aufgeblähten Bauch sehen – offen-sichtlich litt es stark unter Würmern. Trotz der äußersten Armut dieser Familie schenkte uns Hussain zwei Eier und füllte Rachels Tasche mit Aprikosenkernen.

Bei unserer Rückkehr trafen wir im Hotel auf vier weitere Gäste, die zwei der *charpoys* für uns gelassen und sich gerade auf den beiden anderen zum Schlafen gelegt hatten. Da sie alle ein Gewehr bei sich hatten, waren es vielleicht Soldaten oder Polizi-sten in Zivil. Mein emsiges Schreiben gab ihnen Rätsel auf. Man vergißt leicht, was für eine Verrücktheit das Tagebuchschreiben für Angehörige eines illiteraten Volkes sein muß. Gerade höre ich eine Ratte zwischen den trockenen Blättern der Zimmer-decke rascheln – vielleicht ist es aber auch ein Mungo, der Lust auf ein wenig irisches Blut zum Abendbrot hat.

Gwali, 8. Februar

Um 6.15 Uhr wurde ich davon wach, daß Safarhad den neben meinem Kopf stehenden Ofen anheizte. Kurz danach standen unsere vier Zimmergefährten auf, schlürften geräuschvoll ihren

Tee, schulterten ihre Gewehre und waren noch vor sieben Uhr unterwegs. Da es hier jede Menge Eier gibt, aßen wir jeder ein Riesenomelett und zwei *paratas,* bevor auch wir loszogen, um Gwali zu erkunden.

Es schneite leicht, und die blassen Wolken hingen tief zwischen den Bergen; aber ich finde den Himalaja hinter einem flüchtigen, beweglichen Schleier schwebender Schneeflocken besonders schön: Die gewaltigen kahlen Spitzen erscheinen und verschwinden wieder hinter den Wolken, während die nähergelegenen Klippen, Abbrüche, Rinnen, Felsen und Schluchten eine neue, geheimnisvolle, sanftere Schönheit gewinnen. Wir stiegen hoch hinauf, wobei wir als Ausgangspunkt jenen massiven Felsvorsprung nahmen, den wir gestern überquert hatten. Aber so hoch wir auch kamen, immer gab es hinter der nächsten Ecke noch ein paar kleine Hütten. Die meisten hoben sich kaum von den Felswänden ab, so daß man sie erst bemerkte, wenn man fast davorstand. An unserem höchsten Punkt, der nicht niedriger als 10 000 Fuß gewesen sein kann, bot sich uns ein überraschender Anblick: Wir waren einem zugefrorenen Bewässerungskanal gefolgt, der um mehrere Berge herumführte, als wir plötzlich sechs Männer sahen – junge und alte –, die bis zu den Knien im eisigen Wasser standen und mit den Füßen ein paar Decken bearbeiteten. Ihr *dhobi*-Becken war künstlich angelegt und mit einer drei Fuß hohen Steinmauer umgeben, gegen die sie sich mit gesenktem Kopf lehnten, während sie kraftvoll mit den Beinen stampften. Wir sahen ihnen schon eine Weile zu, als sie uns bemerkten. Sie wollten sich vor Lachen ausschütten, als ich ihnen durch Zeichen klarzumachen suchte, daß ich allein vom Zusehen kalte Füße bekäme. Schneeflocken wirbelten durch die Luft, und überall um das Becken herum standen Eiszapfen von sechs Fuß Höhe und dick wie Eichen. Blieb nur die Frage, warum diese Repräsentanten einer spektakulär schmutzigen Rasse sich ausgerechnet diesen ungesunden Morgen ausgesucht hatten, um so enthusiastisch und masochistisch ihre Wolldecken zu waschen. In solchen Momenten ist die Sprachbarriere besonders frustrierend.

Gwali erstreckt sich über ein Gebiet von ungefähr fünf mal zwei Meilen und besteht aus etwa zwölf voneinander getrennten, unterschiedlich hoch gelegenen Häusergruppen. Ein paar Häuser haben kunstvoll geschnitzte Fenster und Türen, aber die meisten sind recht primitiv. Ihre Bewohner begannen eben erst herauszukommen, als wir vorbeigingen. Viele brachten ihre Babys und Kleinkinder heraus – die nach Art der Tibeter von ihren Eltern oder älteren Geschwistern in einem Tuch auf dem Rücken getragen werden – und hielten sie über dem Schnee ab. Ich fürchte nur, wir haben dieses morgendliche Ritual ganz erheblich gestört, denn die Kleinen gerieten bei unserem Näherkommen leicht in Panik und brüllten und zappelten dermaßen, daß es der prompten Erledigung ihres »Geschäfts« mit Sicherheit abträglich war. Ich kann nicht behaupten, daß man uns das Gefühl gab, willkommen zu sein. Alle waren dermaßen verwirrt, daß sie uns nur stumm anstarrten. Unsere Grüße wurden kaum erwidert. Abgesehen von ein paar ausgedienten Armeepullovern, die den kleinen Kindern als Kittel dienten, trugen alle Dorfbewohner selbstgefertigte Kleidung und häufig Fellstiefel nach tibetischer Art.

Gegen Mittag hörte es auf zu schneien; dafür wurde es am Nachmittag außergewöhnlich kalt und die Luft sehr rauh. Wir wanderten stromauf am Shyok entlang, wobei wir häufig von Stein zu Stein sprangen, um dem tiefen Schnee zu entgehen. Auf der gegenüberliegenden Seite konnte man sehen, daß ein vor kurzem niedergegangener Erdrutsch die alte Handelsstraße, die wir eigentlich auf dem Rückweg benutzen wollten, auf eine Viertelmeile verschüttet hatte. Aber vielleicht gibt es eine Alternative oder eine Furt hier in der Nähe, oder vielleicht ist der Weg auch bis dahin wieder in Ordnung gebracht: Die Balti sind seit langem als die besten, mutigsten und schnellsten Straßenbauer im westlichen Himalaja berühmt, wahrscheinlich weil sie die weitaus meiste Erfahrung haben.

In der Nähe unseres Hotels gerieten wir in ein geschäftiges Treiben um sieben kleine Wassermühlen, die gerade wieder zu arbeiten begannen, nachdem sie Anfang Dezember eingefroren waren. Es sind niedrige runde Steinhäuser, die über einem Mahlstein errichtet wurden, der vom Wasser aus einem *nullah* angetrieben wird. Dieses Wasser wird über einen ausgehöhlten Baumstamm im spitzen Winkel auf das Wasserrad geleitet, um dessen Kraft zu verstärken. Über dem Rad hängt ein kegelförmiger Weidenkorb mit einer entsprechenden Öffnung an der Unterseite. Dieser enthält eine seltene Gerstenart – ohne Spreu –, die nur in einer Höhe von mehr als 8000 Fuß gedeiht und in niedrigeren Gebieten wieder die Eigenschaften normaler Gerste annimmt. Schon Marco Polo erwähnt, daß er diese nützliche Abart in Afghanistan gesehen habe. Man braucht diese Gerste nicht zu säubern; sobald sie ausgedroschen ist, wird sie von den Balti – wie von den Tibetern – in speziellen »Backöfen« geröstet. Auf diese Weise ist das Mehl bereits »vorgebacken« und ein ideales Nahrungsmittel für lange Reisen durch Gegenden, in denen es kein Brennmaterial gibt. Die Tibeter und die Ladakhi vermischen es mit Buttertee zu einem schmackhaften, nahrhaften Teig, dem *tsampa,* der ihr Hauptnahrungsmittel ist. In dem sehr kargen Baltistan ist *satu* dagegen eine Delikatesse. Das Mehl riecht wie Toast, und uns lief das Wasser im Mund zusammen, als wir uns hinunterbeugten, um durch den vier Fuß hohen Eingang in das lärmerfüllte Dunkel der Mühle zu schauen. Zweifellos war es nur ein Zufall, daß jede Mühle von einem älteren, bärtigen Mann und einem jungen Mädchen bedient wurde. Der Mann überwachte den Wasserzufluß über den Baumstamm und säuberte den hölzernen Grill von eventuellen Anschwemmungen, während das Mädchen in der Mühle hockte – eine geisterhafte Erscheinung im Mehlstaub – und in stetem Rhythmus das wertvolle *satu* in einem viereckigen, schmutzigen Tuch sammelte. Die Mühlen von Gwali mahlten heute nur langsam, da die Schneeschmelze erst beginnt, und die Umstehenden betrachten sie mit dem resignierten Ausdruck jener, die akzeptiert haben, daß sie gegen die bestehende Kälte keine Chance haben.

Nahe den Mühlen, auf einer ebenen sandigen Fläche, die man vom Schnee freigeschaufelt hatte, hockte eine junge Frau vor einer ausgebreiteten Menge Schafwolle, die sie energisch mit zwei dünnen, etwa drei Fuß langen Weidenruten bearbeitete. Gelegentlich hielt sie inne, um die Wolle reichlich mit Sand zu bestreuen. Ich schloß daraus, daß man die Wolle auf diese Weise reinigen kann, ohne ihre natürliche Fettschicht zu zerstören. Als wir eine Stunde später den Rückweg antraten, klopfte und bestreute sie noch immer unermüdlich ihre Wolle: Aber Zeit gehört in Baltistan zu den wenigen Dingen, die man reichlich hat. Und schließlich hält diese Arbeit warm. Ich habe den Eindruck, daß die Frauen hier stärker unter der Kälte leiden als die Männer, wahrscheinlich wegen der vielen Geburten bei ständiger Unterernährung.

Bara, 9. Februar

Ich wollte, unsere heutige Wanderung wäre nie zu Ende gegangen. Selten habe ich einen Tag mehr genossen. Ich verstehe nicht, wieso sich so viele frühere Reisende in Baltistan über die Monotonie der Landschaft beklagt haben.

Letzte Nacht hat es einen schweren Schneesturm gegeben, so daß wir um 8.15 Uhr in die einzigartige Stille einer mit frischem Schnee zugedeckten Welt aufbrachen. Der Himmel war taubengrau. Aber im Südosten zeigte sich bereits ein blauer Fleck, der schnell größer wurde, als wir den Khardung La hinaufkletterten. Safarhad und Hussain hatten darauf bestanden, Hallams Last auf *ihre* Art zu befestigen. Als diese auf halbem Weg zum Paß herunterfiel, war ich nicht besonders überrascht, aber ziemlich irritiert. Man benötigt zwei Leute, um die Last an ihren Platz zu heben, und in diesem Fall konnte ich Rachel kaum mitzählen – zumindest dachte ich das. Seit Verlassen des Hotels hatten wir nirgends irgendeinen Menschen gesehen, und da der Paß tief verschneit war, konnten wir auch nicht mit einem vorbeikommenden Jeep rechnen. Jetzt verfluchte ich meine Nachgiebigkeit gegenüber Safarhad und Hussain, während ich ihre idiotischen Knoten aufpulte und die Ladung wieder so verschnürte, wie man es mir in Thowar gezeigt hatte. Dann zerrte ich sie irgendwie auf einen flachen Felsbrocken – auf halbe Höhe zwischen Boden und Sattel –, stellte Hallam daneben und bat Rachel, mit anzufassen. Sie stellte sich dabei so geschickt an, daß wir es tatsächlich schafften: Im entscheidenden Moment stemmte sie sich kräftig unter den Sack, so daß ich die Segeltuchtasche über den Sattel schieben konnte. Hallams Mitarbeit war nicht weniger wichtig: Hätte er sich im falschen Moment auch nur um Zentimeter bewegt, hätten wir von vorn anfangen können. Aber er ist sehr verständig, obgleich es von seinem Standpunkt aus natürlich weit angenehmer ist, wenn das Gepäck am Straßenrand liegt. Trotzdem stand er wie ein Fels, während ich, mit dem Rücken gegen ihn gelehnt, hob, fluchte und zerrte. Seine Kondition mag zu wünschen übriglassen, aber was sein Temperament angeht, ist er ein Juwel. Als ich die Tasche schließlich mit letzter Kraft über den Sattel bekommen hatte, sah er sich nach mir um, als wolle er mir anerkennend zuzwinkern.

Dann ging es steil aufwärts weiter. Tief unter uns tauchte der Shyok wieder auf, und hinter uns erstreckte sich das weite weiße Gwali-Tal. Von der Spitze aus konnten wir die nächsten zwei Meilen unseres Weges sehen, der waagerecht um einen Bergkomplex herumführte, um dann vor dem eigentlichen Paß noch einmal kurz und steil anzusteigen. Über dem Khardung La segelten jetzt nur noch wenige Wolken, und in der Sonne war es fast warm. Gut 1000 Fuß unter uns schlang sich der Shyok wie ein grünes Band um den Fuß eines alleinstehenden Berges, dessen Spitze tiefer lag als unser Weg; und direkt über uns reckten sich die goldbraunen Klippen gegen einen dunkelblauen Himmel. Hallam stapfte vorsichtig durch den frischen, knietiefen Schnee, unter dem eine schwarze Eisschicht lag. Ich hatte mich für ein Picknick auf dem Paß entschieden. Für ihn würde der Abstieg noch schwerer werden als der Aufstieg, und mit ein wenig Gerste im Bauch würde er sich leichter tun.

Unser eigenes Mittagessen aus hartgekochten Eiern und *chapatti* war in fünf Minuten verzehrt, und die nächste halbe Stunde – während Hallam genüßlich vor sich hin kaute – wanderten wir auf der ebenen, kreisrunden Kuppe des Khardung La auf und ab. Auf dieser exponierten Höhe war es viel zu kalt, um auch nur einen Augenblick lang stillzustehen. Rings um uns sahen wir auf verschneite Spitzen – einige von schnell dahinsegelnden Wolken verdunkelt, die sich gelegentlich auch vor die Sonne schoben. Unterhalb jener Spitzen war nichts mehr zu erkennen, und uns umfing der Frieden der Berge – jene unerklärliche und unvergleichliche Stille, die gleichzeitig besänftigt und erregt wie nichts sonst.

Die nächste Stunde schlitterten wir über Abhänge hinunter, die schon ohne Schnee und Eis Hallams Reaktionsvermögen strapaziert hätten. Vor uns lag ein weiteres wüstes Chaos aus Felstrümmern, wirbelndem Wasser und glitzerndem Schnee, das von den Bergspitzen beherrscht wurde, von denen wir gerade herunterkamen. In seinem Bemühen, einen Weg durch das dunkle Gewirr winkliger Felsen zu finden, strömt und wirbelt der Shyok hier wieder sehr heftig, und wir versuchten vergeblich, die Fortsetzung unseres Weges auszumachen. »Wo nun lang?« ist in dieser Gegend ein interessantes Ratespiel. Ganz gleich, in welcher Richtung das eigentliche Ziel liegt, kann sich der Weg jederzeit in jeder Kompaßrichtung fortsetzen.

Unterhalb des Passes liegt eine weitere bewohnte Oase, aber wir sahen nur zwei Leute – eine fröhliche junge Frau mit einem Baby auf dem Rücken, die eine hinkende Ziege führte, sowie einen alten kleinen Mann mit einem langen schütteren Bart, der vage etwas Sand auf den Weg am Fuß des Berges schaufelte. Wenn man ihm zusah und dann auf die Barriere zurückblickte, die wir eben überwunden hatten, schien er eher mit irgendeiner mythologischen Aufgabe beschäftigt als mit einem gewöhnlichen P.W.D.-Job. Viele Yaks und *dzos* waren über Mittag an der frischen Luft, wühlten mit der Nase voller Hoffnung im dicken Schnee und schlugen wegen des negativen Ergebnisses gereizt mit ihren langen buschigen Schwänzen.

Dann führte unser Weg einen Felsabhang hinauf, um anschließend ein paar Meilen weit in spektakulären Serpentinen neben dem Fluß zu verlaufen. Die Mittagssonne hatte den Untergrund aufgeweicht, und selbst Hallam kam zweimal ins Rutschen. Ich verrenkte mir bei einem meiner zahlreichen Stürze das Knie, aber es war nicht allzu schlimm.

Wieder auf der Talsohle, ging es ein paar Meilen weit auf einem leichten Weg durch ebene, sauber gepflanzte Obstgärten. Jenseits des Shyok im Nordosten ragte über einem Seitental ein unglaublich symmetrischer Zwillingsgipfel auf, dessen leuchtende rechteckige Spitzen sich majestätisch über einem Gewirr kleinerer Berge erhoben. Wie meistens waren die Bergzüge neben dem Fluß vergleichsweise niedrig und so steil, daß nur ein wenig Schneestaub an ihnen hängengeblieben war. Im goldenen Sonnenlicht gewann ihre graubraune Schroffheit eine berauschende Schönheit. Immer wieder blickte ich auch auf die Berge zurück, die wir überquert hatten: Der gesamte westliche Horizont erstrahlte in ihrer wilden, schimmernden Großartigkeit.

Gegen 14.30 Uhr kam ein durchdringender scharfer Wind auf – glücklicherweise in unserem Rücken. Er fegte den trockenen, feinen Schnee zusammen und formte ihn – wie ein rastloser, unsichtbarer Bildhauer – zu zahlreichen, ständig die Form wechselnden, elegant geschwungenen Hügeln.

Wo der Shyok nach Süden abbiegt, stiegen wir hoch über das Flußbett hinauf. Der Untergrund wurde wieder abscheulich glatt, und Rachel bemerkte fröhlich: »Wenn Hallam hier über den Rand rutschen würde, würden wir beide ertrinken. Würdest du versuchen, mich zu retten, oder wäre das reine Zeitverschwendung?« Die schreckliche Erfahrung von neulich hat ihr glücklicherweise keinen Schock versetzt, wie ich schon befürchtet hatte. Vielleicht habe ich instinktiv das Richtige getan, als ich sie hinterher so herzlos angefahren habe.

Hinter dem Berg waren wir vor dem Sturm geschützt und hatten nun das Khapalu-Tal vor uns, das etwa zehn Meilen lang und eine Meile breit ist und 8500 Fuß über dem Meeresspiegel liegt. An seinem Ende steht ein überwältigender Bogen herrlicher, messerscharfer Felsspitzen. Die Talsohle war an diesem Nachmittag ein fleckenloses Weiß, das lediglich von den kleinen Kanälen durchbrochen wurde, in die sich der Shyok im Winter aufteilt. Kurz vor Sonnenuntergang spiegelten sich die Kliffs auf der anderen Seite des Tales im Fluß, und der Shyok wurde zu einem über den Schnee geworfenen Silberband, dessen sich kräuselnde Oberfläche in einem satten Gold mit seltsamen karminroten Einsprengseln aufleuchtete.

Inzwischen waren wir auf Flußhöhe und inmitten der Pappeln, Weiden und Obstbäume von Bara angekommen. Die meisten Häuser des Ortes liegen hoch oberhalb des Weges, mit Ausnahme einer Gruppe, die direkt an der Straße steht. Viele der Balti-Siedlungen sollte man ohnehin besser als eine Ansammlung verstreut liegender Hütten statt als Dorf bezeichnen. Wir sahen nur einen einzigen Mann, der zwei schwarze *dzos* vom Fluß herübertrieb. Als ich hinüberrief, ob es hier ein »*chota* Hotel« gäbe, kam er eilig auf uns zu. Er war schon älter, barfuß und trug unter einem einst eleganten roten Damenmantel zerlumpte *shalwar-kamez*. Sein breites Grinsen entblößte krumme, abgebrochene Zähne. Als Antwort auf meine Frage zeigte er auf ein kleines alleinstehendes Gebäude inmitten von Apfelbäumen, das ich zunächst irrtümlich für das Rasthaus hielt. Rotmantel nahm sich erfreut unser an, führte Hallam in den Obstgarten, band ihn an einen Baum und half mir, ihn abzuladen. Als er auf eine halboffene Tür zeigte, betrat ich das Haus und fand mich in einer verlassenen Schule wieder, die man erbaut hatte, bevor die junge, ehrgeizige pakistanische Regierung gelernt hatte, daß Schulgebäude allein keine Bildungsprobleme lösen. Falls Türen und Fenster jemals verglast waren, dann hatte man die Scheiben jedenfalls schon vor langer Zeit wieder entfernt, und das Dach ist inzwischen so undicht, daß ein Drittel des erdigen Fußbodens gegenwärtig unter Wasser steht. Dafür kann man auf einer Wandtafel – dem einzigen Einrichtungsgegenstand – noch schwach das Urdu-Alphabet lesen.

»Ich glaube nicht, daß dieser Fußboden sehr gut geeignet ist, um darauf zu schlafen«, bemerkte Rachel, die sich bisher noch nie über unsere Schlafstätten beschwert hatte. Ich konnte ihr nur zustimmen und versuchte, Rotmantel klarzumachen, daß uns ein *charpoy* schon ganz angenehm wäre. Er nickte eifrig und verschwand in der Dämmerung, wobei er Hallam mit in den Stall nahm.

Unsere Ankunft hatte das stille Dorf in eine brodelnde Menge von Männern und Jungen verwandelt. Es schien unglaublich, daß so viele Menschen in so wenigen Häusern leben konnten. Während sie um das kleine Schulhaus herumrannten und sich um die besten Aussichtsplätze stritten, veranstalteten sie einen solchen Lärm, daß Rachel und ich uns nur noch schreiend verständigen konnten. Der tiefe Schnee auf dem Paß war mir in die Stiefel gedrungen, und so packte ich schnell den Ofen aus, zog Schuhe und Strümpfe von meinen halberfrorenen Füßen und setzte mich auf den Verpflegungssack, um meine Zehen aufzutauen und meine klitschnassen Socken zu trocknen. Währenddessen hockte Rachel mit einer Kerze in der Ecke, völlig vertieft in »William the Fourth« – wie zu Hause am Kamin. Die Anpassungsfähigkeit der ganz Jungen verblüfft mich immer wieder. Gerade in den letzten Tagen hatte ich häufig Grund, ihren abnorm geringen Appetit zu segnen. Nach einem 18-Meilen-Ritt in frischer Bergluft hätten die meisten Kinder nicht ohne Grund sofort etwas zu essen haben wollen, aber sie greift erst einmal nach ihrem Buch.

Meine Zehen waren gerade aufgetaut, als die Menge draußen ein Schweigen befiel. Dann erschien ein großer, sehr dünner, alter Mann in der Tür, eingehüllt in eine abgetragene Decke. Er hielt eine Laterne hoch, bei deren Schein man sah, daß er zahnlos war, tiefliegende, glänzende, freundliche Augen hatte und unmißverständlich Autorität besaß. Er meinte, ein fensterloser, undichter Schulraum sei nicht der geeignete Platz, um Baras Gäste unterzubringen, und wies eine Schar junger Burschen an, unser halb ausgepacktes Gepäck in sein Haus zu bringen. Als wir ihm durch den Obstgarten folgten, brach die gesamte jugendliche Bevölkerung in Begeisterungsrufe aus, sang und pfiff ohrenbetäubend hinter uns her. Noch nie habe ich einen so fröhlichen Aufruhr verursacht.

In absoluter Finsternis stolperten wir durch ein Labyrinth enger Dorfgassen, überquerten auf einer kurzen Fußgängerbrücke aus schwankenden Baumstämmen einen zugefrorenen *nullah* und tasteten uns, über festgetretenen Schnee stolpernd, durch noch engere Gassen, wo sich die Luft mit dem warmen Geruch und den Geräuschen der Haustiere vermischte. Dann mußte ich den Kopf einziehen, als wir durch einen niedrigen Eingang in einen Stall eintraten, wo unsichtbare *dzos* bei unserem Erscheinen nervös zu schnauben begannen. Eine schwankende Leiter führte auf das Dach des Stalles, von wo aus zwei Türen in eine Küche und einen Wohnraum führten. Wir sind jetzt in letzterem untergebracht. Der Raum ist etwa zwölf mal zehn Fuß groß und bis auf einen hohen hölzernen Schrank an der einen Wand unmöbliert. Den ganzen Abend war es mir zum ersten Mal zu warm, da die Wärme des gut geheizten Ofens durch Dutzende von Männern, Frauen und Kindern vermehrt wurde, die hereinströmten, um uns zu sehen. Das kleine unverglaste Fenster ist mit den Seiten einer japanischen Zeitung abgedichtet, und die eine Wand ist mit Farbbeilagen von *Time* und *The Observer* dekoriert. Wie klein ist doch die Welt ... Ein paar schmutzige Matten auf dem Lehmfußboden halten ebenfalls die Wärme, und die Steinwände sind mehr als drei Fuß dick, so daß der Raum selbst jetzt (23.45 Uhr) noch beschlagen ist, obgleich der Ofen schon seit Stunden aus ist.

Nach einem Abendbrot aus zwei hartgekochten Eiern war Rachel bald auf dem Fußboden eingeschlafen. Eine Stunde später servierte man mir vier kleine *chapatti* und einen emaillierten Suppenteller mit einer sehr scharfen Currysoße. Unser Gastgeber, der Headman von Bara, ist ein charmanter alter Gentleman, dessen Aufmerksamkeit und Güte vielen Reicheren als Vorbild dienen könnte. Die Armut dieser Familie ist erschütternd. Ein neun Jahre alter Enkel, der an einem trockenen Husten leidet, trägt lediglich ein durchgescheuertes blaues Baumwollhemd europäischen Ursprungs, das ihm fast bis zu den Knöcheln reicht. Keiner von ihnen scheint ganz gesund.

Kurz nach 20.30 Uhr zog sich unser Gastgeber, gefolgt vom Rest der Familie, zurück. Zuvor hatte man aus dem Schrank ein paar dreckige Steppdecken, zusammengenähte Ziegenfelle und zerfetzte Decken herausgenommen. Offensichtlich hat man diesen Raum für uns geräumt, und ich hoffe nur, daß es die Familie in der Küche warm und gemütlich hat.

Während ich schreibe, habe ich ein größeres Problem am Hals – oder besser in der Blase. Die natürliche Konsequenz mehrerer Plastikbecher (made in China) gesalzenen Tees … Der Haken dabei ist, daß unser Gastgeber uns sorgfältig eingeschlossen hat – wahrscheinlich in der Annahme, ich würde mich dadurch glücklicher und sicherer fühlen (von innen kann man die Tür nicht abschließen). So bleibt mir nichts übrig, als unseren Kessel auszupacken und mir im Geist zu notieren, daß ich ihn sterilisiere, bevor ich ihn das nächste Mal zum Kochen benutze. Dabei fällt mir ein, daß uns der Genuß von ein wenig Urin an einem dunklen Morgen in Skardu auch nicht geschadet hat. (Ich war der Annahme, Wasser in unseren Tee zu tun.)

Khapalu, 10. Februar

Wir wurden von unserem Gastgeber geweckt, der einen schmalen Streifen der *Tokyo Times* vom Fenster entfernte, um einen blassen Schimmer graue Morgendämmerung und einen Schwall eisige Luft hereinzulassen. Seine Schwiegertochter – ihr vier Monate altes *bungo* auf dem Rücken – trug in einer Dose glühendes Holz vom Küchenfeuer herein und brachte durch hartnäckiges Anblasen unseren Ofen in Gang, der Mutter und Kind beißenden Rauch in die Augen trieb. Nachdem die Sonne aufgegangen war, strömte – reflektiert von dem verschneiten Hang hinter dem Haus – überraschend viel Licht durch den kleinen Spalt in der

Tokyo Times. Unsere »erste« Tasse Tee war süß und dunkel. Übrigens nahm kein Familienmitglied an diesem Genuß teil. Erst nach einer langen Pause wurde das Frühstück serviert. Es bestand aus gesalzenem Tee, zwei *chapatti* und einem winzigen Omelett, für das sich unser Gastgeber entschuldigte, der bedrückt erklärte, die Frauen hätten nur ein einziges kleines Ei finden können.

Währenddessen waren wir von zahlreichen Dorfbewohnern besichtigt worden, inklusive einer Gruppe von 24 Frauen. Sie kamen *en masse* lachend ins Zimmer und setzten sich mit erwartungsvollen Gesichtern zusammengedrängt auf den Boden, als erwarteten sie von uns, daß wir jeden Moment mit der Vorführung seltsamer Riten beginnen würden. Eins der Mädchen hatte einen riesigen Kropf, ihr Gesicht war von Pockennarben verunziert, und sie war auf einem Auge blind. Letzteres sah schrecklich aus, auch wenn wir inzwischen an diesen Anblick gewöhnt sein sollten, denn der Verlust eines oder beider Augen ist bei den Balti nicht ungewöhnlich. Die meisten unserer Besucherinnen waren jedoch gesund und machten einen glücklichen Eindruck, hatten rosige Wangen und hübsche Gesichter. Die Pracht ihres Kopfschmucks aus Silber, Türkisen und Korallen wies sie als die Elite von Bara aus, und ihre Gesichter (wenn auch nicht ihre Kleider oder Trachten) schienen sauberer als die der Durchschnittsbalti. Zwischendurch bekamen so viele Babys ihr Frühstück, daß mich die Hintergrundgeräusche an einen Wurf saugender Ferkel erinnerten. Rachel bewunderte vor allem den Stoizismus jener Mütter, die stämmige Kleinkinder mit einem Mund voller scharfer Zähne nährten. Nach dem Aufbruch dieses Kontingents sah man auf dem Boden zahlreiche kleine Seen ... Schwiegertochter streute ein paar Handvoll Holzasche als Löschpapier darüber.

Dann kam Rotmantel und ließ sich vor dem Ofen nieder, um mit unserem Gastgeber zu plaudern. Als ein anderer Mann ihm eine Zigarette anbot, öffnete er lässig die Ofentür, holte mit bloßen Fingern ein rotglühendes Stück Holz heraus, zündete in aller Ruhe seine Zigarette an und warf es wieder in den Ofen. »Ist er ein Zauberkünstler?« erkundigte sich Rachel atemlos.

Während wir frühstückten, rief unser Gastgeber seine Frau und bat sie, irgend etwas zu holen. Aus dem Bund in ihrer Tasche wählte sie einen Schlüssel aus, entfernte ein kleines Schloß von einer Abteilung des Wandschranks und gab ihrem Mann nach langem Herumwühlen eine Armbanduhr. Er reichte sie vorsichtig an mich weiter. Offensichtlich erwartete er von mir, daß ich sie durch irgendeine westliche Magie zum Gehen bringen könnte, und die ganze Familie sah angespannt zu, als ich sie öffnete. Da aber die Feder fehlte, konnte ich nichts ausrichten. Was den enttäuschten Eigentümer verblüffte, war, daß man trotzdem die Zeiger herumlaufen lassen konnte.

Gegen 10.15 Uhr marschierten wir weiter, gefolgt von Gruppen völlig aus dem Häuschen geratener Jugendlicher. Nach einer sehr frostigen Nacht kamen wir auf den vereisten Berghängen nur langsam voran. Aber nach und nach kamen Khapalus blaßbraune Obstgärten und verschneite, terrassierte Felder zu unserer Rechten in Sicht. Die Oase hat in etwa die Form eines Fächers und steigt vom Fluß 1000 Fuß hoch an, bis zur Basis eines halbrunden Walls glitzernder Schneeberge. Zwischen diesem Wall und dem Ort beschreibt der Shyok, abgelenkt durch einen gewaltigen braunen Felsvorsprung, der sich 2000 Fuß hoch über den Talboden erhebt, einen weiteren U-förmigen Bogen. Ein paar Meilen nordöstlich dieses Felsens kann man den Eingang zum Hushe-Tal sehen, das von einer aufregenden Phalanx schlanker, spitzer, grauweißer Felsen eingerahmt wird. Am Ende des Hushe-Tals erhebt sich der Masherbrum. Wir hoffen, daß wir bis Ende des Monats das Dorf Hushe erreicht haben, falls der Weg bis dahin frei ist.

Khapalus solides, von den Briten gebautes und gut erhaltenes Rasthaus steht etwa 400 Meter von jenem braunen Felsvorsprung entfernt. Durch unser Fenster sehen wir an einer majestätischen Platane im Garten des Rasthauses vorbei, über den kaum 50 Yards entfernten Shyok hinweg in den breitesten Teil des Tales hinauf zu den spitzen Felsen. Hinter dem Rasthaus sind gemütliche Ställe und dahinter Obstgärten und Terrassen, deren vereiste Wege steil zum Basar hinunterführen. Es handelt sich dabei um Abkürzungen. Die Jeep-Straße führt etwas sanfter hinab.

Die Preise auf dem Basar sind hier niedriger als in Skardu, obgleich zusätzliche Kosten für den Transport entstehen. Khapalus Kaufleute erhöhen auch nicht automatisch die Preise, wenn ein Fremder auftaucht. Heute nachmittag bekamen wir zehn frische Eier für Rs 5 und ein Pfund Zwiebeln für eine Rupie. Eine Ladung Heu kostet auch nur Rs 2, und unser schon etwas älterer *chowkidar* hat mir erzählt, daß er mir morgen Hafer besorgen kann, das Pfund zu Rs 1,50. Er ist ein prächtiger Bursche: intelligent, diskret und höflich – der erste echte *chowkidar,* den wir in Baltistan getroffen haben. Er ist klein und stämmig, hat ein kantiges, nußbraunes Gesicht und blitzende blaue Augen. Er und Rachel haben sich auf den ersten Blick ineinander verliebt.

In Khapalu ist es weit kälter als in Skardu, und dieser Raum hat eine so hohe Decke, daß es praktisch unmöglich ist, ihn mit einem kleinen Ölofen zu erwärmen. Ich trage inzwischen alle Kleidungsstücke, die ich habe, einschließlich eines Handschuhs an der linken Hand, und der Ofen zwischen meinen Füßen ist voll aufgedreht – trotzdem zittere ich vor mich hin.

9.

Der Einfluß der Nurbashi

> Hinter Daho erstreckt sich Khapolor weitere 25 Meilen am Shyok entlang, dessen Oberlauf eine Gesamtlänge von 67 Meilen aufweist. Da die breiteste Stelle des Tales etwa 30 Quadratmeilen beträgt, ist das ganze Gebiet etwa 2010 Quadratmeilen groß. Die Dörfer liegen im Durchschnitt 9000 Fuß hoch. Die Herrscher von Khapolor sind seit mehreren Generationen Vasallen der Gyalpos von Balti. Aber ihre Vorfahren haben dieses Land wahrscheinlich schon viele Generationen vor dem Aufstieg der Balti-Dynastie in Besitz gehabt, deren Titel »Makapon« oder General schon verrät, daß sie die Abkömmlinge irgendeines Heerführers sind.
>
> *Alexander Cunningham (1852)*

> Der Balti-Wesir von Khapalu ... war wie alle Balti ein sanfter und nachgiebiger Mann, der tat, was man ihm sagte. Zu seinem Habit gehörten ein Schirm und ein Schwert; das Schwert, um seinen Rang zu dokumentieren, obgleich ich mir absolut sicher bin, daß er nicht fähig wäre, es zu führen – nicht einmal, um sich selbst zu verteidigen.
>
> *C. G. Bruce (1910)*

Khapalu, 11. Februar

Roti zu backen dauert in unserer eigenen Pfanne weit länger als auf Sadiqs Eisenblech. Ich habe heute morgen zwei Stunden dazu gebraucht und inzwischen ein perfektes Rezept entwickelt – ich nehme eine Menge *ghee* und etwas Zucker, um sie nahrhafter zu machen, wodurch eine Art Balti-Shortbread entsteht.

Heute folgten wir der Jeep-Straße bis auf 10 500 Fuß. Als wir aufbrachen, schien warm die Sonne, und das Licht war selbst für hiesige Verhältnisse von außergewöhnlicher Klarheit. Jede Farbe wirkte lebendig und jeder Atemzug wie prickelnder Sekt, während wir nach und nach durch verstreute Dörfchen, Pappelhaine, üppige Obstgärten und Hunderte von winzigen terrassierten Feldern hinaufkletterten. Khapalus Bevölkerung (etwa 9000 Menschen) lebt so verstreut, daß man ganz und gar nicht das Gefühl hat, in einer – selbst kleinen – Stadt zu sein. Die Atmosphäre ist absolut dörflich, und die Menschen sind weit entgegenkommender als in Skardu.

Aus der Ferne sieht man in der Nähe von Khapalus halbkreisförmiger südlicher Bergwand, dort wo die Jeep-Straße steil ansteigt, ein riesiges Gebäude. Es ist das größte Haus von Khapalu und vielleicht von ganz Baltistan – abgesehen von Skardus Festung. »Das muß der Palast des Radscha sein«, meinte Rachel, die sich inzwischen im Karakorum schon gut auskennt. Die auffallenden, weißgetünchten Holz- und Steinpfeiler und die geschnitzten Balkone erinnerten mich ein wenig an Tibet, obgleich die Wände nicht die charakteristische Neigung nach innen aufweisen. Das imposante Gebäude ist äußerst baufällig, aber in seiner Schlichtheit immer noch schön und beherrscht ohne Zweifel das gesamte Tal. Auf seinem riesigen Flachdach, von dessen Rand uns mehrere zwergengleiche Figuren durch Ferngläser beobachteten, stehen deutlich sichtbar zwei kleine runde Sommerhäuser. Der für gewöhnlich so fügsame Hallam zeigte sich so entschlossen, die Jeep-Straße an der Abzweigung zum Palast zu verlassen, daß ich mir fast sicher bin, daß er früher zum Polo-Team des Radscha gehörte. Schließlich hatte Rachel ihn über die Abzweigung hinweggebracht, und wir wanderten parallel zum Polo-Platz weiter, der schon an seiner Größe zu erkennen ist – er ist etwa zehnmal so groß wie ein durchschnittliches Feld.

Eine Stunde später waren wir am Rand eines etwa drei mal sechs Meilen großen, ovalen Plateaus angekommen. Vor uns lag ein in seiner Schönheit vollendetes Bergpanorama: die weiten glitzernden Schneeflächen, das kristallene Licht, die am blauen Himmel schwebenden vereinzelten leichten Wolkenschleier, die tiefe Stille. Aber als wir weitergingen, wollte Rachel natürlich wissen, was Uran ist, wie man Juwelen schürft, warum die einzelnen Völker verschiedene Sprachen sprechen, wo die Zahlen erfunden wurden und wann der Himalaja entstanden ist! Manchmal juckt es mich, sie in die nächste Schlucht zu stoßen.

Auf dem Rückweg sahen wir an einer Stelle direkt auf ein kleines Dorf hinunter und konnten das gesamte, sich auf den Dächern abspielende Dorfleben beobachten: Männer, Frauen, Kinder, Yaks, *dzos*, Schafe, Ziegen und Hühner. Viele Balti-Häuser sind um oder dicht neben einem alten Aprikosen- oder Maulbeerbaum bzw. einer Platane gebaut. In diesen Bäumen hängen die von den Frauen in den eisigen, halb zugefrorenen Flüssen gewaschenen Kleidungsstücke zum Trocknen. Die meisten Frauen sind unverschleiert – die Einwohner sind in der Regel Nurbashi und keine Schiiten – und sehen bemerkenswert gut aus. Zur allgemeinen Freude ist Rachel exakt derselbe Typ wie die meisten der einheimischen Kinder; auch sie haben runde Gesichter, rosige, von Wind und Sonne verbrannte Gesichter, dunkelbraune Augen und glattes, hellbraunes Haar. Heute nachmittag haben ein paar ältere Jungen versucht, Hallam scheu zu machen; offensichtlich wollten sie erreichen, daß Rachel runterfiel. Ihre Eltern versuchten sie ohne großen Erfolg davon abzubringen. Diese Art Rowdytum kommt für mich unerwartet.

Khapalu, 12. Februar

Ein grauer Morgen. Es sah nach Schnee aus. Der Eimer Wasser, der die Nacht in unserem Zimmer gestanden hatte, trug eine dicke Eisschicht. Nach dem Frühstück gingen wir zu Fuß los, um einem interessanten kleinen Pfad um die Flanke des nahegelegenen Felsvorsprungs zu folgen, der sich aber bald als *zu* interessant erwies. Er war etwa einen halben Meter breit, mit gefrorenem Schnee bedeckt und ragte unmittelbar über den Shyok hinaus. Als wir den Rückzug antreten wollten, sahen wir uns plötzlich von einem Dutzend Ziegen blockiert, die keine Anstalten machten, höflich aus dem Weg zu gehen; ober- und unterhalb dieses armseligen Pfades war die Felswand selbst für Ziegen wenig anziehend. Der Höhenunterschied zum Shyok betrug indessen kaum 30 Fuß, Felsen waren keine zu sehen – und unsere Überlebenschancen damit nicht allzu schlecht.

Dann erschien der Ziegenhirt, ein schwachsinnig aussehender Jugendlicher, der seine Füße mit Lederriemen umwickelt hatte. Er brüllte irgend etwas Unverständliches, wobei unklar war, ob er uns oder die Ziegen meinte. Aber die Ziegen bezogen es auf sich und kamen direkt auf uns zu. Ich ergriff Rachel und schob sie in eine kleine Aushöhlung in der Felswand, die ich glücklicherweise entdeckt hatte. Dann drückte ich mich selbst flach gegen den Felsen und hoffte das Beste. Als die Ziegen an uns vorbeigingen, rutschte ein junger Bock – wahrscheinlich durch uns nervös geworden – über den Rand in den Abgrund. Der Hirt war entsprechend wütend, aber nachdem der Bock 20 Yards stromab getrieben war, gelang es ihm, wieder ans Ufer zu kommen – leichter, als wir es gekonnt hätten.

Wir wanderten am Fuß des Berges weiter und kamen schließlich zu einem Dickicht, wo sich ein ganzer Schwarm wunderschöner kleiner Vögel eingefunden hatte und eifrig nach Nahrung suchte – worin immer diese bestehen mochte. Verzaubert blieben wir stehen, um ihrem vorsichtigen Winterabschiedsgesang zu lauschen. Er klang sehr lieblich – und tapfer – in der unendlichen verschneiten Stille des Tales. Die Vögel hatten weiße Kappen, schwarze Kragen, eine rote Brust und – im Flug – schwarzweiß gestreifte Flügel; sie waren so groß wie Finken, aber ihr Gesang ähnelte dem einer Drossel. Auch eine große schwarzweiße Wildente sahen wir im Shyok gründeln.

Mittags kamen wir zu einem hoch über dem Fluß gelegenen Dorf, wo sich die gesamte Einwohnerschaft an den Rändern der Dächer versammelte, um unser Näherkommen zu beobachten, uns zuzuwinken, zuzulächeln und zu begrüßen. Schließlich sprach uns ein Mann auf englisch an und stellte die üblichen Fragen: »Wo liegt Ihre Stadt? Wie alt sind Sie? Wieviel kostet dort ein Pferd?« Als wir seine Einladung zum Tee annahmen, öffnete sich plötzlich in der hohen Steinmauer neben dem Weg eine Tür. Wir folgten einem scheuen kleinen Mädchen durch einen dunklen, breiten Raum – offensichtlich ein Stall, von dem aus eine Steintreppe nach oben führte, die der Rinder wegen sehr flache Stufen hatte. Das Dach war in zwei Abteilungen unterteilt. Wir saßen auf wackligen, selbstgebauten Holzstühlen im »Freiluft«-Wohnzimmer unter einer Platane, während ein Yak und drei *dzos* uns durch eine baufällige Wand aus Weidengeflecht ungläubig betrachteten. Von einem zweiten, höheren Dach – dem Küchen- und Schlaftrakt, den man vom »Wohnzimmer« aus erreichte – spähten verschiedene kleine weiße und braune Schafe und langhaarige Ziegen in komischer Verwunderung auf uns herab. Ein herrlicher Hahn und sein Harem flogen hin und her – Balti-Hühner sind tüchtige Flieger –, und die faszinierten Frauen der Familie, die selbst einige Ähnlichkeit mit Hühnern auf der Stange hatten, hockten in 20 Fuß Höhe in einer Reihe auf einem Baumstamm, der als »Brücke« zwischen zwei Dächern diente.

Unser junger Gastgeber stellte sich als Khapalus »Tierheiler« vor, und trotz seiner bescheidenen Englischkenntnisse gelang es ihm, uns die tragische Geschichte dreier Neuseeland-Widder zu erzählen, die er fünf Jahre zuvor nacheinander erworben hatte. Aus irgendeinem Grund wurden die Balti-Schafe von ihnen nicht trächtig, und vergangene Woche waren alle drei an einem geheimnisvollen Fieber eingegangen. Es scheint, daß Yak und *dzo* gegen Tuberkulose immun, aber sehr anfällig für Brucellose sind; und fast alle einheimischen Tiere leiden unter irgendwelchen Würmern. Unser Tee war – als er dann schließlich kam – ungewöhnlich kostbar: chinesischer Jasmintee (der in Gilgit Rs 24 das Pfund kostet). Er wurde in französischen Pyrex-Bechern serviert.

Nach dem Mittagessen machten wir dem Radscha unsere Aufwartung. Unterwegs begann es zu schneien, und das tut es seither immer noch. Diesmal überließen wir Hallam die Führung, und er brachte uns durch eine hölzerne, 15 Fuß hohe und wunderschön geschnitzte Doppeltür in der 25 Fuß hohen Steinmauer in den Hof des Palastes. Von hier führt ein breiter Weg zwischen zweigeschossigen Ställen und Kornspeichern unter einem Torbogen hindurch in einen weiteren viereckigen Hof. Hier erhebt sich der viele Stockwerke hohe Palast, den der Urgroßvater des derzeitigen Radschas vor etwa 140 Jahren erbaut hat. Die schmutzig-weiße, festungsgleiche Fassade wird in unregelmäßigen Abständen von zehn Fenstern sehr unterschiedlicher Größe unterbrochen. Und in der Mitte der Wand sind wie riesige Erkerfenster vier wunderschöne Holzbalkone angebracht worden, die sich jetzt allerdings in einem traurigen Zustand befinden. Da der Haupteingang nicht mehr benutzt wird, kletterten wir eine Treppe aus zerborstenen, eisüberzogenen Stufen bis zu einer Nebentür hinauf, wo uns zwei hübsche, aber sehr scheue junge Frauen bereits erwarteten. Ich vermutete in ihnen die Töchter des Radschas, obgleich sie kein Englisch sprachen. Lächelnd, aber ohne ein Wort zu sagen, führten sie uns durch einen endlosen dämmrigen Korridor mit Lehmfußboden und -wänden, der sich in nichts von dem eines Bauernhauses unterschied. Eine niedrige Tür führte in eine nahezu totale Finsternis, und wir beide kamen häufig ins Stolpern, während wir uns durch weitere Türen und über unsichtbare Türschwellen vorwärts tasteten. Als plötzlich ein aufgeschrecktes Huhn gackernd neben uns hochschoß, stieß Rachel einen verständlichen Angstschrei aus und klammerte sich fester an meine Hand. Schließlich sahen wir vor uns einen Lichtschimmer und kamen in ein kleines Zimmer mit niedriger Decke und einem winzigen Fenster in Fußbodenhöhe. Die Temperatur lag um den Gefrierpunkt, und die einzigen Einrichtungsgegenstände waren ein *charpoy,* ein abgewetzter Buchara und ein ziemlich verbeulter Metallofen. In einer Ecke lehnten zwei Gewehre, und auf dem Fensterbrett lagen Rasiermesser und Pinsel. Die jungen Frauen wiesen auf den *charpoy,* auf dem wir folgsam Platz nahmen. Sie selbst setzten sich auf den Teppich – noch immer schweigend –, und eine strahlende, aufgeregte Dienerin eilte herbei, um den Ofen anzuzünden. Trotz der resoluten Schweigsamkeit unserer Gefährtinnen fühlte ich mich verpflichtet, wenigstens zu versuchen, in meinem besten Englisch/Urdu/Balti ein wenig »Konversation« zu machen. Glücklicherweise erschien gleich darauf der Radscha.

Stub Yabgo Fateh Ali Khan ist ein ziemlich großer, gutgebauter Mann Mitte der 60, der eine dunkle Brille und hausgemachte Kleidung trägt. Er sieht absolut europäisch aus, obgleich eine seiner Großmütter der königlichen Familie von Ladakh entstammte. Nachdem wir uns vorgestellt hatten, setzte er sich neben den Ofen auf den Teppich, wobei er sich gegen die Wand lehnte, und holte zu einem fesselnden Vortrag über seine Vorfahren aus. Ich wußte bereits, daß seine Familie seit Generationen die wenigen Gelehrten Baltistans gestellt hat, und er steht ihnen darin mit Sicherheit in nichts nach. Er wurde auf dem College in Srinagar erzogen – wo der Direktor ein Ire namens McDermot war. Vor der Teilung vertrat er Kaschmir im ersten indischen Parlament. Er entstammt einem Zweig der türkischen Seldschuken, die sich in Baltistan niederließen, kurz bevor ihre ambitionierteren Brüder nach Persien und in die Türkei eindrangen, und er betont nachdrücklich, daß sich seine Familie nie mit den Balti vermischt hat. Dafür wurden in den vergangenen Jahrhunderten viele Ehen zwischen den Männern seiner Familie und den buddhistischen Frauen der Herrscherfamilie von Ladakh geschlossen, aber niemals umgekehrt. (Ein gutes Beispiel dafür, daß die Gesellschaftsklasse mehr zählt als die Abstammung.) Die Ehefrauen blieben in der Regel Buddhistinnen, während die Kinder im islamischen Glauben erzogen wurden. Die Familie des Radschas gehört, wie die Mehrheit der Bevölkerung von Khapalu, der Sekte der Nurbashi an: der liberalsten und unorthodoxesten Sekte des Islam. So fiel es ihr nicht schwer, das islamische Verbot der Heirat mit »Ungläubigen« zu ignorieren. Die Toleranz der Nurbashi erklärt auch das natürliche Verhalten der unverschleierten Frauen zu den Männern in Khapalu, das mich nach den ausschließlich von Männern bevölkerten Straßen in Gilgit und Skardu zunächst sehr überrascht hat.

Die offizielle Entmachtung des Radschas ist noch zu neu, als daß sie bereits den geringsten Eindruck auf seine Untertanen gemacht hätte. Für die Menschen in Khapalu ist er noch immer ihr geliebter »Radscha Sahib«, ein Mann, der an weltlichen Gütern nur wenig mehr besitzt als sie selbst, aber voller Weisheit und besorgt um ihr Wohlergehen ist, und den jene unnachahmliche Aura einer 700jährigen, vererbten Autorität umgibt. Er selbst empfindet gegenüber der pakistanischen Regierung keine Bitterkeit. Er besitzt zu viel Würde und zu viel Selbstbewußtsein, um irgendwelchen kleinlichen Groll zu hegen, und ist zu intelligent, um sich einzubilden, daß irgendein bewohnter Winkel der Erde dem »Fortschritt« der 70er Jahre entgehen könnte. Allerdings verhehlt er auch nicht seine persönliche Abneigung gegen so manches, das mit diesem Fortschritt verbunden ist, und es freute mich zu hören, daß er von Jeeps und Flugzeugen in einem Ton sprach, als handele es sich um krankheitenübertragende Insekten. Als ich ihn lachend darauf hinwies, meinte er sehr ernst, daß die Maschinen tatsächlich Krankheitsüberträger *seien*. Vor 30 Jahren, als man zu Fuß noch drei Wochen brauchte, um aus dem Tiefland hierher zu kommen, waren Pocken, Typhus, Tuberkulose und Masern praktisch unbekannt: Heute haben diese Krankheiten auch Khapalu erreicht.

Während wir uns unterhielten, saßen seine beiden hübschen Töchter und eine Reihe zerlumpter Diener und Gefolgsleute im Schneidersitz um den Ofen. Häufig unterbrach der Radscha unser Gespräch, um für sie zu dolmetschen. Die Atmosphäre hatte etwas sehr Mittelalterliches: die extreme Ungemütlichkeit des »Palastes«, die zahlreichen unterbeschäftigten und dennoch geschätzten Gefolgsleute und die zugleich autokratische wie ungezwungene Radscha-Untertanen-Beziehung. Ich fand die ganze Szene wundervoll passend.

Um 16 Uhr wurde aus einer monumentalen, massiv silbernen Kanne der Tee serviert. Jetzt erschien auch die älteste (unverheiratete) Tochter. Ihr Gesicht war leicht gerötet, was ihre Schönheit noch unterstrich: Sie war mit der Zubereitung köstlicher pikanter Vorspeisen und süßer Leckerbissen beschäftigt gewesen. Erst als ich sie probierte, wurde mir bewußt, daß wir seit dem Verlassen von Islamabad nichts gegessen hatten, das auf eine zivilisierte Art zubereitet worden war.

Es hatte die ganze Nacht geschneit und schneite noch immer, als ich aufwachte. Nach dem Frühstück verschwand Rachel, um den *chowkidar* zu besuchen, während ich backte, Schuhe und Zaumzeug einfettete, Aprikosenkerne aufknackte, Steinsalz zerkleinerte und mich anderen trivialen, aber zeitraubenden Hausarbeiten widmete.

Um die Mittagszeit, als wir auf Eierjagd gingen, war das verschneite Tal traumhaft schön. Kein Mensch war zu sehen, und als wir die ersten Basarbuden erreichten, sahen wir, daß sie alle geschlossen waren. Offensichtlich bleiben die Einwohner Khapalus an einem Tag wie diesem einfach im Bett. Immerhin waren die ganz am Ende des Sadar-Basars gelegenen »Karakarom (!) General Stores« geöffnet. Khapalus ehrgeizigster Laden gehört Hadschi Abdul Rehman und seinem Sohn Ghulam, einem stämmigen jungen Mann mit hellbraunem Haar, haselnußbraunen Augen und einem solchen Talent für Sprachen, daß er in der hiesigen Schule ein verständliches Englisch gelernt hat. Ghulam wurde bereits wenige Stunden nach unserer Ankunft unser Freund. Heute lud er uns in die Veranda des Ladens ein, wo ein winziges Feuer in einer abgeschnittenen alten Kerosindose brannte. Fünf Passanten, die diese winzige Wärmequelle bemerkt hatten, hockten bereits dort. Sie hatten sich so fest in ihre Decken eingewickelt, daß nur noch ihre dunklen Gesichter herausschauten, die sie uns mit unterschiedlich neugieriger Freundlichkeit zuwandten. Für uns wurden wacklige Hocker geholt, und während es draußen unvermindert weiterschneite, befragte mich Ghulam wieder einmal über Irland, Europa und Pakistan, das für ihn ebenso weit entfernt ist wie Irland, obgleich man von Skardu aus in einer Stunde hinfliegen kann.

Auf dem Rückweg wurden wir im Post Office zum Tee eingeladen. Es besteht aus einem einzigen Raum von acht mal sechs Fuß. Der Postmeister, ein Punjabi mittleren Alters namens Akbar, ist deshalb bemerkenswert, weil er Baltistan *mag*. Khapalu hat erst seit zwei Jahren eine Post, und Akbar bat mich, seine Dienste in Anspruch zu nehmen. Da es hier nie üblich war, Briefe von offiziellen Schreibern aufsetzen zu lassen, geht das Geschäft sehr schlecht. So kaufte ich ihm drei Luftpostbriefe ab und verbrachte den Rest des verschneiten Nachmittags mit Schreiben.

Khapalu, 14. Februar

Ein sonniger Morgen, wenngleich noch dicke Wolken in den umliegenden Bergen hingen. Wir brachen schon zeitig auf, um – wie versprochen – unseren Gastgeber in Bara zu besuchen, wurden aber bereits am Ortsrand von unserem Vorhaben abgebracht. Ein aufgeregter junger Mann, der selbst an einer schweren Bindehautentzündung litt, bat mich eindringlich, mir seinen kranken Sohn anzusehen. Obgleich ich mir der Wertlosigkeit einer laienhaften medizinischen »Behandlung« bewußt bin, besaß ich nicht das Herz, seine Bitte abzuschlagen. So banden wir Hallam fest und folgten dem beunruhigten Vater einen steilen, schneeglatten Pfad hinauf. Sein Haus stand genau oberhalb einer alten Moschee mit einem kunstvoll geschnitzten Portikus. Im kalten, schattigen Hof saß eine junge Frau und nährte einen ausgemergelten, zwei Jahre alten Jungen, der nur ein kurzes zerrissenes Hemd anhatte. Er hatte so viele offene, entzündete Stellen im Gesicht, daß sie wie eine einzige Wunde wirkten, und sein magerer Po sah genauso aus. Dagegen war die Haut am übrigen Körper heil, und er hatte gesunde Zähne, die fest im Kiefer saßen. Wenn sein Vater nächstes Mal nach Khapalu kommt, soll er sich im Rasthaus eine Tube Penicillinsalbe abholen, die keinen Schaden anrichten kann (es sei denn, das arme Kind reagiert auf Penicillin allergisch – wie ich), aber vielleicht hilft sie.

Als wir die Moschee bewunderten, kam ein großer junger Mann um den Berg und stellte sich als Ghulam Hussain vor, Lehrer an Khapalus High School. Er lud uns ein, mit seiner Frau Tee zu trinken. An der Außenwand seines brandneuen Hauses kletterten wir über eine steile, wacklige Leiter auf das Stalldach, von dem drei Räume abgingen. In einer Ecke des kleinsten Zimmers saß ein 18 Jahre altes Mädchen auf einer Steppdecke und nährte einen sieben Wochen alten Säugling von der Größe einer Frühgeburt. Die Mutter selbst sah krank, sorgenvoll und deprimiert aus, brachte aber dennoch ein Lächeln zustande. Während unser Gastgeber nicht zu sehen war, kam eine weitere junge Frau herein, fröhlich und mit rosigen Wangen, mit einem Kleinkind auf dem Rücken und einer Spindel in der Hand. Unmittelbar darauf folgten vier junge Männer und drei Jungen. Danach mußten wir die Tür verriegeln, um die neugierige, lachende, rufende Menge zu bändigen, die uns unbedingt in Augenschein nehmen wollte.

Wir saßen auf einem *charpoy* – dem einzigen Möbelstück im Raum – vor einem großen Foto von Mr. Bhutto, dem einzigen Schmuck. Nach 20 Minuten kam Ghulam Hussain mit einem glänzenden neuen Tablett zurück, auf dem sich zwei Tassen Ingwertee (ein höchst wärmender und erfrischender Trank) und auf einer Untertasse zwei gekochte Eier sowie zwei Löffel befanden. Rachel fand den Tee zu pikant. So aß sie die beiden Eier, und ich trank ihren Tee mit, während ein Strom kranker Dorfbewohner an die Tür kam und mich um Medizin bat. Es war nicht leicht, ihnen zu erklären, daß ich vielleicht für das Kind etwas tun, nicht aber ihnen allen helfen konnte.

Khapalu, 15. Februar

Wir verbrachten den größten Teil dieses trostlosen, grauen Tages im Palast, wo Rachel von den drei reizenden Töchtern unter ihre Fittiche genommen wurde, während ich mich mit dem Radscha, seinem jüngeren Bruder, dem Direktor der High School und verschiedenen anderen Besuchern unterhielt, die ein und aus gingen. Als wir aufbrachen, schloß Radscha Sahib die massive Tür seines Gäste-Bungalows auf, um ihn uns zu zeigen. Bei unserem ersten Besuch hatte er sich vielmals entschuldigt, daß es ihm leider nicht möglich sei, uns während des Winters seine Gastfreundschaft anzubieten, und nun wurde mir klar, was er gemeint hatte: Die zahlreichen, spärlich ausgestatteten Räume wirkten eine halbe Meile lang, eine viertel Meile hoch und konnten um diese Jahreszeit unmöglich bewohnbar gemacht werden.

Wie ich bereits vermutet hatte, stammt Hallam tatsächlich aus Khapalu. Bis vor drei Jahren hatte er dem Bruder des Radschas gehört, der ihn unserem Freund in Thowar überlassen hatte. Als Polopony war er nicht sehr geeignet gewesen: Er war zu groß und neigte dazu, die Vorderbeine zu kreuzen. Außerdem hatte er nur zwei weiße Fesseln, was ziemlich ungünstig ist; vier oder gar keine ist besser. Beiläufig erwähnt Radscha Sahib, daß »Polo« ein Balti-Wort ist und »Ball« bedeutet. Außerdem erzählte er mir, daß während des Radsch viele Jahre lang englische und Schweizer protestantische Missionare in Khapalu gewirkt, aber nie jemanden bekehrt haben.

Khapalu, 16. Februar

Ein Vorteil, alt zu werden, besteht darin, daß ich einen Tag wie diesen weit mehr genieße als vor zehn Jahren, als die Zukunft noch eine unendliche Zahl von Tagen bereitzuhalten schien. Heute ist mir bewußter, daß die Zukunft begrenzt ist, und dadurch wird jede positive Erfahrung um so wertvoller.

Es lag ein Hauch von Frühling in der Luft, als wir aufbrachen, um jenes Hochplateau näher zu erkunden, das wir vor fünf Tagen viel zu kurz besucht hatten. Plötzlich treiben die Bäume Knospen, und im Schnee erscheinen hier und da wieder kleine Flecken Erde, die mit kurzem, toten gelben Gras bewachsen sind. Der aus dem Tal aufsteigende Weg war mit gefrorenem Schnee, rinnendem Wasser und schlüpfrigem Lehm bedeckt, aber im »Hochland« – wie es die Einheimischen nennen – marschierten wir wieder durch tiefen, trockenen Schnee.

Nach dem frischen Schneefall blendeten uns die umliegenden Berge förmlich. Als wir ostwärts weiterwanderten, kam nur wenige Meilen entfernt eine lange Reihe hoher, zerklüfteter, glänzender Felsspitzen in Sicht, die in einem aufregenden Kontrast zu den abgerundeten Gipfeln vor uns standen. Vom Rand des Plateaus konnten wir tief unten den weniger bekannten Surmo-Teil des Shyok-Tales sehen, wo sich der Shyok mit dem Hushe vereint. Der Abstieg in Richtung Surmo war leicht, obgleich der Schnee zwei Fuß hoch lag. Jene aufregende Reihe von Felsspitzen erhob sich jetzt direkt vor uns auf der gegenüberliegenden Seite des Tales – ein ungeheurer Anblick. Der Weg war Meilen im voraus zu erkennen. Er fiel zunächst fast bis auf Flußhöhe ab und führte dann spiralförmig hinauf, bis er hinter einem massigen braunen Berg verschwand. Nach drei Vierteln des Abstiegs machten wir eine Lunch-Pause. Hinter uns erhob sich eine senkrechte rotbraune Wand, von der aus zwei herrliche Adler in die glitzernde Einsamkeit des Tales hinausschwebten. In der Ferne leuchteten die grünen, mäandernden Seitenarme des Shyok, die sich bald zu einem reißenden Strom zusammenschließen würden, und zu unserer Rechten lag der einem Amphitheater ähnliche Abhang, über den wir gerade gekommen waren – eine wundervolle Schneefläche in Form einer gigantischen zerbrochenen Schüssel. Der flache Rand der Schüssel erstreckte sich etwa zwei Meilen weit gegen einen Himmel, auf dem silberne Wolkenfetzen vor jener faszinierenden Hochgebirgsbläue segelten, die für mich die schönste aller Farben ist. (Aus irgendeinem verrückten Grund macht mich allein die Betrachtung dieses Himmels wahnsinnig glücklich.) Hinter dem Rand erhoben sich abgerundete Berge und dahinter noch einmal eine Ansammlung noch höherer Gipfel in jeder vorstellbaren Form. Und zu unserer Linken lag hinter den Felsspitzen ein endloses desolates Durcheinander von kahlen, weißgestreiften Bergspitzen – das Herz des Karakorum, hinter dem China beginnt.

Auf unserem Heimweg sahen wir beim Hinaufsteigen in der »zerbrochenen Schüssel« eine zauberhafte »Regenbogenwolke«, und auf dem Plateau angekommen, blendete uns die Nachmittagssonne. Hier trödelte ich ein wenig herum; voller Widerstreben, die Schönheit dieses »Hochlands« zu verlassen, während Hallam und Rachel weit vorausgeeilt waren. Sie waren das einzige, was sich in dieser glitzernden Weite bewegte, die sich nach Süden hin erstreckte, bis sie mit verschneiten, felsgesprenkelten Berghängen unter harten grauen Felsspitzen verschmolz. Im Norden lag eine ausgedehnte braune Felswand – so regelmäßig, daß sie wie künstlich wirkte –, hinter der die »Spitzen« aufragten. Und vor mir lagen alle die leuchtenden Gipfel und düsteren Abgründe, die Khapalu im Westen umgeben.

Nach stundenlangem Sonnenschein war der Abstieg tückisch, aber in den Basaren schloß sich die Eisdecke bereits wieder über dem knöcheltiefen Matsch.

Khapalu, 17. Februar

Heute morgen mußten wir als erstes einen abgerissenen Sattelgurt reparieren lassen, was ein alter Flickschuster in fünf Minuten erledigte, ohne dafür von uns Geld zu nehmen. Wie viele einheimische Handwerker arbeitet er im Freien. Sein weniges Werkzeug hat er neben sich auf dem Boden ausgebreitet. Khapalus Schreiber, Juweliere, Blechschmiede, Schweißer und Gerber haben alle ihre »Werkstätten« in der Nähe von Kaufleuten, bei denen sie sich aufwärmen, wenn das Geschäft nicht so läuft. Ebenso machen es zwei Friseure und mehrere Schneider. Einer der Schneider – ein verhutzelter alter Mann, der unter seiner Decke nur ein paar Baumwollfetzen trägt – sitzt an einem besonders zugigen Platz, wo er den Schnee ein wenig zur Seite gefegt hat und fröhlich auf seiner Maschine näht, als säße er am Strand des Mittelmeers.

Mir ist unverständlich, warum die Balti keine Winterkleidung besitzen. Trotz der wenigen ihnen zur Verfügung stehenden Mittel könnten sie ebenso warm gekleidet sein, wie es selbst die ärmsten Tibeter immer waren. Aber Radscha Sahib erzählte mir, daß die Balti nie irgendeine vernünftige Nationaltracht gekannt hätten.

Zum Lunch waren wir im Palast, wo schon ein reizender vierjähriger Junge als Spielkamerad auf Rachel wartete. Das Essen bestand aus einem Omelett, ein paar Bissen sehr scharfem Hammelcurry, leckerem eingelegten Kohl und *chapatti*. Als ich im Verlauf des Gesprächs die Frage stellte, warum es in Khapalu keine Hunde gäbe, erzählte Radscha Sahib, daß sie vor vielen Jahren sämtlich an einer Krankheit eingegangen seien (Tollwut?) und man keine neuen angeschafft habe. Mit Sicherheit besteht derzeit auch kein Bedarf an Wachhunden – dazu sind die Balti viel zu ehrlich. Die Situation könnte sich jedoch bald ändern, da immer mehr pakistanische Regierungsbeamte nach Baltistan kommen, in deren Gefolge auch die weniger hohen Moralbegriffe des Tieflands hier Einzug halten werden. Wie leicht einfache Gemüter korrumpiert werden können, habe ich erlebt, als ich in Tibet arbeitete – genauso wie Körper, die keine Abwehrkräfte gegen fremde Bakterien haben.

Auf dem Heimweg wollte ich noch ein Paar Schuhbänder kaufen, die ich in einem kleinen, etwas abseits gelegenen Laden an der Straße an einem Nagel hatte hängen sehen. Der Inhaber war nirgends zu finden, aber ich nahm an, daß er, aufmerksam geworden durch die Menge, die sich inzwischen um uns versammelt hatte, gleich kommen würde. Schließlich wurde ich aber doch ungeduldig und fragte die Umstehenden, was Schnürbänder kosteten. Man sagte mir: 50 Paise, aber ich hatte kein Kleingeld. Daraufhin zeigte ein junger Mann auf eine Blechschachtel im Hintergrund des Ladens und meinte, ich solle mir das Wechselgeld dort herausnehmen. Die Schachtel enthielt wenigstens Rs 500. Als wir weitergingen, zerstreute sich die Menge; Kasten und Laden blieben wieder sich selbst überlassen. Dies zum Thema »Ehrlichkeit«.

Khapalu, 18. Februar

Heute hatte Hallam einen freien Tag, während wir auf einer Abkürzung zu meinem geliebten »Hochland« hinaufstiegen. Wenn

Rachel laufen muß, hat das den großen Vorteil, daß sie weniger reden kann. Unsere heutige Wanderung brachte uns auf eine Höhe von 11 500 Fuß, und obgleich es nur langsam bergauf ging, legten wir den größten Teil der Strecke schweigend zurück.

Nach einer Stunde Kletterei über schlüpfrige Pfade kamen wir auf einen breiten baumlosen, unbebaubaren, mit Felsbrocken übersäten Hang, der von zahlreichen Rinnen durchzogen war. Wir blieben häufig stehen, damit Rachel sich ausruhen und ich mich an der Landschaft berauschen konnte. Als wir auf einem Felsblock schwitzend in der Sonne saßen, vernahmen wir plötzlich in der intensiven Stille der Bergwelt einen zarten, lieblichen Gesang. Ich fühlte mich augenblicklich nach Tibet zurückversetzt, konnte aber den Sänger zunächst nicht ausmachen. Dann sahen wir, daß sich in der Ferne hinter einer schneegefüllten Rinne ein paar Ziegen bewegten, und schließlich auch den Ziegenhirten, der in seine felsfarbene Decke gehüllt auf einem Stein saß und seine zeitlose Melodie sang. Sie war zugleich kraftvoll und traurig, lustig und ergreifend, und jede Note kam durch die dünne, reine Luft deutlich zu uns herüber.

An diesem Morgen herrschte hier oben ein geschäftiges Treiben, da auf dem Hochland Khapalus Wiesen liegen. Hier wird in halb in die Erde eingelassenen, runden Steinhütten das Winterfutter aufbewahrt und je nach Bedarf heruntergeholt. Dabei wird das Stroh (von den Balti als »Heu« bezeichnet) in Weidenkörben und das Heu (das man hier als »Gras« bezeichnet) in großen zusammengeschnürten Bündeln wie ein Rucksack auf dem Rücken getragen. Gelegentlich benutzt man zum Transport auch Yaks oder *dzos*, aber das Extrafutter, das sie für diese Arbeit brauchen, macht ihren Einsatz unrentabel. Wir begegneten zahlreichen Gruppen von Männern und Frauen, die den Weg bereits wieder herabkamen. Sie mußten vor Anbruch der Dämmerung aufgebrochen und sehr schnell gegangen sein. Die Frauen waren gut gewachsen, sahen gut aus und machten einen lebhaften Eindruck; sie hatten eine gesunde Hautfarbe, kräftige weiße Zähne und trugen ihr glänzendes Haar in lauter dünnen Zöpfen.

Alle blieben stehen, um uns zu begrüßen, und Rachel bekam von ihnen süße, saftige Birnen und selbstgebackene Kekse geschenkt, die sie aus den Tiefen ihrer selten gewaschenen Kleidungsstücke herausholten, aber von der entzückten Empfängerin umgehend verzehrt wurden. Diese fröhlichen Frauen und Mädchen trugen Lasten, die den männlichen Durchschnittseuropäer des 20. Jahrhunderts zu Boden gestreckt hätten, und ich konnte nicht umhin, sie mit ihren schwächlich wirkenden Schwestern in Skardu und Gilgit zu vergleichen.

Wir waren völlig ausgehungert, als wir die Jeep-Straße erreichten, hinter der sich unser Weg stetig ansteigend bis zum Fuß der südlichen Berge fortsetzte. Bevor wir weitermarschierten, picknickten wir daher erst einmal in der Nähe eines günstig gelegenen Sommerhauses. Viele dieser einräumigen Hütten sind von Futterspeichern umgeben, die unter dem Schnee wie schlecht gemachte Iglus aussehen, die man über das Hochland verstreut hat. Wir folgten ein paar frischen Fußspuren und trafen hinter der Hütte einen liebenswerten Zehnjährigen, der gewissenhaft eine Herde von acht winzigen Schafen fütterte.

Im Hintergrund rannte eine struppige Ziege mit manisch-depressivem Gesichtsausdruck ohne ersichtlichen Grund immer wieder mit den Hörnern gegen eine Steinmauer. Wahrscheinlich protestierte sie auf ihre Art gegen ihr Mittagessen, das offensichtlich nur aus getrockneten Blättern bestanden hatte. (In Baltistan gibt es keine Herbstfeuer: Jedes Blatt wird als Futter gehortet.) Wir setzten uns auf den schneefreien Rand eines Daches, aßen unsere hartgekochten Eier – die Schalen bekam die Ziege – und sahen Hassan bei der Arbeit zu. Auch die Schafe bekamen zuerst einen Armvoll getrocknete Blätter, dann ein Bündel aromatische Kräuter, die wie Salbei aussahen, es aber nicht waren, danach einen Korb Gerstenstroh und zum Schluß noch ein wenig Heu, das stark nach Thymian duftete. Es war nicht weiter verwunderlich, daß die Ziege eifersüchtig war. Später erfuhren wir, daß Hassan die Tiere zum Füttern heraufgetrieben hatte, weil alle Erwachsenen seiner Familie krank waren und er selbst zu klein, um das Futter hinabzutragen. Während die Herde fraß, säuberte er mit einer schweren Schaufel die Dächer der Futterhäuser vom Schnee: andernfalls würde das Schmelzwasser sowohl die Gebäude als auch das Futter verderben. Für einen kleinen Jungen war dies keine leichte Aufgabe, aber er ist kräftig, und die Arbeit schien ihm Spaß zu machen.

Die Sonne brannte ziemlich heiß, als wir Hassan in der weißen Einsamkeit seiner Felder zurückließen. Wieder auf dem Fußweg stiegen wir stetig auf jene mächtigen grauen Gipfel zu, deren schneebedeckte Ränder sich bis zum Hochland erstrecken. Als wir uns dem Rand der Klippen näherten, begannen sich die Nachmittagswolken zu verdichten, ohne jedoch die Kraft der Sonne zu beeinträchtigen. Das Ganze sah aus wie ein riesiger symmetrischer Fächer aus silbrigem Dunst, dessen Griff nach Osten zeigte: Rachel betrachtete ihn eine Weile und stellte dann fest: »Ich vermute, das ist der Nebel, den wir heute morgen vom Shyok haben aufsteigen sehen.« Es ist schon komisch, wie verschieden wir beide sind. Ich habe zwar die Schönheit des Morgennebels und ebenso heute nachmittag die Wolkenbildung genossen, aber von allein wäre ich nie auf die Idee gekommen, sie miteinander in Verbindung zu bringen.

Als wir später auf einem Felsblock inmitten des Glanzes, der Stille und der unwandelbaren Schönheit saßen, dachte ich plötzlich ohne besonderen Grund an die »Welt da draußen«, und mich befiel ein absurder Zweifel, ob dieses geschäftige, lärmende, sich ständig verändernde Getümmel tatsächlich existierte, von dem wir nun seit zwei Monaten völlig abgeschnitten waren. Nie zuvor habe ich mich vom Rest der Welt, meiner eigenen Vergangenheit und Zukunft so weit entrückt gefühlt. Hier ist die Gegenwart so einfach, befriedigend und anspruchslos – und so voller Frieden und Schönheit –, daß man nur zu gern bereit ist, sich einzureden, daß es nie etwas anderes gegeben hat oder geben wird. Jeder Tag hier macht mich zufriedener und innerlich stärker, als sei die reine Freude an unserer Wanderung durch diese Berglandschaft eine Art Seelennahrung. Würden wir uns jedoch hier niederlassen, so würde ich vermutlich nach einiger Zeit wiederum genauso rastlos werden und den Wunsch verspüren, zu all den Menschen, Orten und Aktivitäten zurückzukehren, die mein normales Leben ausmachen. Aber im Augenblick fühle ich mich nur bereichert.

Auf dem Rückweg zur Jeep-Straße wurden wir von fünf jungen Männern mit Futterbündeln begleitet. Dann schloß sich uns auch Hassan an, der seine kleine Herde nach Hause trieb und ebenfalls unter einem Bündel »Heu« dahinstapfte, das ebenso groß war wie er selbst. Er hatte ziemlich Mühe, auch noch seine schwere Schaufel zu tragen und mit seiner Herde Schritt zu halten. Also nahm ich ihm die Schaufel ab, und Rachel rannte voraus und beschimpfte jedes Schaf auf Balti, das Anstalten machte, vom rechten Weg abzuweichen. Unsere Seite des Tales lag noch immer im warmen Sonnenschein, und auf dem Weg hatten sich teilweise Wasserlachen gebildet. Zweimal rutschte ich aus und setzte mich mit Aplomb hin, was meine Gefährten jedesmal außerordentlich erheiterte. Mein Pidgin-Balti brachte sie noch mehr zum Lachen. Als dann auch noch der singende Ziegenhirt zu uns stieß, sorgten seine widerspenstigen Ziegen für weitere Fröhlichkeit, besonders als sie versuchten, Hassan etwas von seinem Futter zu stehlen. Man konnte sich keine angenehmere, herzerwärmendere Begleitung wünschen. Als ich Hassans Schaufel vor seinem Haus abstellte, schenkte sein freundlicher, knorriger, halbblinder Großvater Rachel drei wertvolle kleine Birnen.

Khapalu, 19. Februar

Heute wanderten wir nach Bara. Unsere Freunde saßen auf dem Dach in der Sonne und bewachten einen Berg goldbrauner Gerste, die vor dem Mahlen auslüften mußte. Daneben war ihre Schwiegertochter mit dem Aufbrechen von Aprikosenkernen beschäftigt, und eine der Enkeltöchter – neun Jahre alt, aber kleiner als Rachel – strickte an einer Mütze für ihren kleinen Bruder. Da sie selbstgefertigte Holznadeln benutzte, kam sie nur langsam voran. Balti-Frauen (jeden Alters) sind ständig mit irgend etwas beschäftigt: Schon kleine Mädchen waschen die Wäsche in eisigen Flüssen, spinnen Wolle oder stricken, während sie lachend und plaudernd auf den Dächern in der Sonne sitzen. Auf dem Dach gegenüber mühte sich ein halbes Dutzend junger Frauen, einen primitiven Webstuhl zu reparieren, der vom nächsten höher gelegenen Dach herunterhing, wo mehrere Männer aus Weidenruten Tragekörbe flochten. Wie immer flogen und tobten Hühner und Haustiere von Dach zu Dach, wurden von jedem verjagt, aber nie bösartig. Und zwischen allen diesen Ziegen, Schafen, neugeborenen Kitzen und Lämmern, den zimperlichen Hühnern und liebestollen Hähnen wimmelten zahllose kleine Kinder mit nacktem Hinterteil und laufenden Nasen herum. Ich hätte hier stundenlang glücklich und zufrieden sitzen können, aber wir waren nur gekommen, um ihre Gastfreundschaft zu erwidern, nicht, um diese erneut in Anspruch zu nehmen. Nachdem wir unsere als Geschenk mitgebrachten Kugelschreiber überreicht hatten, verabschiedeten wir uns daher bald wieder, um zu verhindern, daß man uns zum Essen einlud.

In der Nähe von Bara beobachteten wir einen herrlichen Specht – olivgrün mit einer roten Kappe und einer gesprenkelten Brust. Er flog vor uns von Baum zu Baum und klopfte versuchsweise an die Stämme – ein gehetzter Wohnungssuchender, der von seiner Frau auf der anderen Seite des Weges ungeduldig angetrieben wurde.

Jeden Tag hört man jetzt das Rauschen des Flusses in Khapalu deutlicher, während ringsum die Ströme und Bäche auftauen.

Heute nachmittag folgten wir den sprudelnden Bewässerungsgräben, die von großen Felsblöcken überbrückt wurden, und kamen schließlich in ein Labyrinth alter Häuser, Ställe, Vorratshäuser und Mühlen – ein so unstrukturiertes Durcheinander von Steinen, daß die Gebäude wie ein integrierter Teil der Felswand wirkten. Drei junge Frauen, die wir gestern auf dem Hochland getroffen hatten, luden uns in eine kleine Mühle ein, in der es nach gerösteter Gerste duftete. Wir bekamen eine Handvoll *satu,* das man – in kleinen Portionen – gut so essen kann. Plötzlich tauchte aus einem schattigen Hauseingang ein kleines Mädchen auf, zog drei schmale Armreifen vom Handgelenk, reichte sie der verwirrten Rachel und lief scheu über ihre Schulter lächelnd davon. Die spontane Großzügigkeit dieser Menschen ist einfach umwerfend. An der nächsten Ecke bat uns eine zahnlose alte Frau, fröhlich mit den Augen zwinkernd, einen Moment zu warten, und kam gleich darauf mit zwei frischen Eiern zurück. Und zu guter Letzt schenkte der Kerosinhändler Rachel noch eine Handvoll Walnüsse.

Auf dem Rückweg trafen wir Radscha Sahib, der mit seinem älteren – vor kurzem zum Polizeioffizier ernannten – Sohn über den Basar bummelte, in respektvollem Abstand begleitet von einer Gruppe älterer Gefolgsleute. Als ich ihm erzählte, daß wir vorhätten, das zerfallene Fort seiner Vorfahren zu besuchen, meinte er, der Weg würde für Rachel zu anstrengend werden, und lud sie ein, den morgigen Tag im Palast zu verbringen.

Khapalu, 20. Februar

Da es heute morgen sehr grau war und nach Schnee aussah, habe ich meinen Ausflug zum Fort verschoben. Statt dessen haben wir uns das nördlich des Shyok gelegene Dorf Saling angesehen.

In dieser Jahreszeit können Tiere den Fluß an einer etwa eine Meile vom Rasthaus stromabwärts gelegenen Furt überqueren, während es für den Personenverkehr zwei niedrige Fußgängerbrücken gibt, die im September errichtet und im Mai wieder abgebaut werden. Diese Arbeit wird von Familien verrichtet, die hierfür seit undenklichen Zeiten zuständig sind. Die größere der Brücken befindet sich nahe dem Rasthaus und ist eine wackelige Angelegenheit aus runden, locker zusammengebundenen Baumstämmen. Für einen Eigenbau ist sie ziemlich lang (etwa 40 Yards). Auf dem Hinweg wurde Rachel von einem jungen Mann huckepack genommen und hinübergetragen, der extra unseretwegen die Brücke überquerte. Für mich war dies eine große

Erleichterung: Ich fand es schon schwierig genug, selbst die Balance zu halten, während ich das grüne Wasser unter meinen Füßen dahinschießen sah. (Zwischen den Baumstämmen sind sechs Zoll breite Zwischenräume.)

Saling liegt auf der Sonnenseite des Tales, und so sahen wir zum ersten Mal nach sechs Wochen wieder braune, schneefreie Äcker, über denen Schwärme von Krähen und Dohlen kreisten, sich zankten, sich von Zeit zu Zeit niederließen, um einen Wurm aufzupicken, und das Wiedererwachen der Natur anzeigten.

Früher einmal muß diese Gruppe kleiner Dörfer weit bedeutsamer und entschieden wohlhabender gewesen sein als heute. Noch immer gibt es hier einige halb zerfallene, aber wohldurchdachte Befestigungsanlagen, ein paar schöne, wenngleich baufällige Moscheen, zahlreiche große Häuser und die Winterresidenz des Radscha. Dieses prächtige Gebäude ist das größte im Dorf, wird aber seit Jahren nicht mehr genutzt, obgleich es ungleich wärmer sein muß als der Palast.

Auf unserem Rückweg ging Rachel vor mir über die Brücke, während ich eisern ihre linke Hand festhielt. Die schlimmsten Stellen auf den mangelhaft verbundenen Baumstämmen waren die, wo man sich auf eine neue Ebene hinübermanövrieren mußte, während das ganze verdammte Ding wie eine Hängematte hin- und herschaukelte. »Macht richtig Spaß!« krähte Rachel fröhlich. »Kolossal!« stimmte ich ihr mit zusammengebissenen Zähnen zu. Am anderen Ufer wartete schon eine kleine Gruppe, die nach Saling hinüberwollte und uns mit ironischen Zurufen empfing, bevor sie mit riesigen Lasten auf dem Rücken und unhandlichen Bündeln in den Händen flott hinübertänzelte. »Toll, wie die das machen!« meinte Rachel bewundernd.

Khapalu, 21. Februar

Der heutige Aufstieg zum alten Fort war nicht wirklich schwierig – bis auf eine Stelle, wo der vernachlässigte Pfad über einem 100 Fuß tiefen Abgrund bereits ziemlich brüchig war. Mit Rachel wäre ich dort nicht hinübergegangen. Die Ruinen habe ich allerdings nicht gefunden. Vermutlich waren sie zu tief unter dem Schnee vergraben, aber immerhin gaben sie mir die Gelegenheit, den Berg zu ersteigen. Vom Fluß aus wirkt er im Verhältnis zu den ihn umgebenden Giganten eher wie ein Hügel, aber beim Hinaufklettern wird man schnell eines Besseren belehrt – er ist etwa so hoch wie der Montblanc und sehr steil.

Weite Strecken des Pfades sind nicht deutlich zu erkennen, aber der jüngere Sohn des Radschas hatte mir gezeigt, wo in etwa er verlaufen müsse. Ich habe ihn dann auch nur einmal verloren, was mich zu einer anstrengenden Sucherei in brusthohem Schnee zwang, der zwar fein und trocken wie Zucker, durch den aber auf dem sehr steilen Hang nur schwer durchzukommen war. Anfangs konnte man noch den Palast sehen – auf Puppenhaus-Größe geschrumpft und mit kleinen Punkten auf dem Dach, die meine Kletterei beobachteten. Der kleinste Punkt war Rachel. Dann umrundete ich einen Vorsprung und war für meine Zuschauer nicht mehr zu sehen, was für mich eine ziemliche Erleichterung war.

Als ich – selbst hier! – zu treppenartig angelegten Mini-Feldern kam, wurde der Weg weniger steil. Niemand kann den Balti vorwerfen, daß sie Ackerboden vergeuden. Sie bauen sogar dort noch Feldfrüchte an, wo selbst die Nepalesen aufgeben würden. Der Pfad überquert den Berg auf einem Sattel, etwa 200 Fuß unterhalb eines schroffen, schneefreien braunen Gipfels und einer runden, schneebeladenen Kuppe, auf der an diesem Morgen die frischen Spuren eines Steinbocks zu sehen waren. Vom Sattel aus blickt man in ein hochgelegenes, flaches Seitental im Schoß ungeheurer Felsspitzen, zu dem eine steile Treppe aus dick mit Eis überzogenen Steinbrocken hinabführte. Man sieht zwei Dörfer: das eine am Ende des Pfades, das andere hoch oben auf dem gegenüberliegenden Berg.

In diesem Tal müssen Schiiten leben: Im ersten Dorf ergriffen alle weiblichen Wesen panikartig die Flucht, bevor man mich ebenfalls als Frau identifiziert hatte. Aber dann erkannte man in mir die neue Bekannte des Radscha Sahib, und nun wollten alle wissen, wo mein *bungo* und unser *ghora* seien. Ich mußte ihnen versprechen, auf einem leichteren Weg, der um den Berg herumführt, noch einmal mit Rachel heraufzukommen.

Das höher gelegene Dorf wirkte von fern wie ein Haufen aufeinandergetürmter Steine, bei dem man die größeren Ritzen mit einer Handvoll Lehm ausgefüllt hatte. Die ständig im Schatten liegenden Wege zwischen den Hütten bestanden aus sauber abgestochenen Treppenstufen aus festgefrorenem Schnee, und aus den Mauern ragten so viele Balken heraus, daß ich mich beim Gehen tief bücken mußte. Zwischen der »öffentlichen Hauptstraße« und den Korridoren zu unterscheiden, die von einem Teil des Wohnhauses zum anderen führten, war ausgesprochen schwierig, und ausnahmsweise erschienen auch keine neugierigen Einwohner. Trotzdem hatte ich die ganze Zeit das Gefühl, beobachtet zu werden, während ich zögernd durch die dämmrigen Gassen auf den dahinterliegenden Schneehang zuging. Ich kam jedoch nicht sehr viel weiter. Schon bald darauf endete der Pfad inmitten eines seltsamen Bogens verrückt geformter Schneewehen und Eiszapfen, die wie Pfeiler einer Kathedrale aussahen. Hier ohne Bergsteigerausrüstung weiterzugehen, wäre leichtsinnig gewesen.

Auf dem Rückweg begegnete ich drei besorgt aussehenden älteren Männern, die es für ihre Pflicht gehalten hatten, mich davor zu warnen, noch höher hinaufzusteigen. Nachdem sie gemerkt hatten, daß ich eine Frau war, führten sie mich auf ein Dach – eins von den wenigen in diesem trostlosen Dorf, das von der Mittagssonne beschienen wurde – und luden mich zu einer Rast auf einem Ziegenfell ein. Eine alte Frau mit schwarzen Zähnen und trüben Augen unterbrach kurz ihre Webarbeit, um mich besser betrachten zu können. Und dann schwärmte plötzlich aus allen Himmelsrichtungen eine Gruppe aufgeregter Frauen und Kinder auf das Dach – wobei zahlreiche kleine Jungen über die Zweige eines Baumes kamen, von denen sie wie die Affen heruntersprangen. Sofort begannen die Frauen, sich fröhlich mit mir zu unterhalten und ihre Späße zu machen, als seien wir seit langem alte Freunde. Sprachbarrieren lassen die extrovertierten Balti gar nicht erst entstehen. Alle sahen schmutzig aus, wirkten aber, abgesehen von ein paar Augenkrankheiten, gesund. (Ich habe übrigens um Khapalu herum nur wenige Kröpfe gesehen.) Auf einer Untertasse wurden sauber ausgepulte Walnüsse und Aprikosenkerne angeboten. Die Party dauerte länger als eine Stunde, wobei uns ein halbes Dutzend Männer zusah, die auf den angrenzenden Dächern saßen und ihrer Winterbeschäftigung nachgingen: Körbe flechten, Wolle spinnen, Aprikosenkerne aufknacken (um Öl daraus zu gewinnen) und Fellstiefel anfertigen.

Auf dem Rückweg über den Sattel machte ich einen Umweg, um den Fußspuren eines Steinbockjägers zu folgen. Sie führten mich auf die runde, verschneite Kuppe – wo ich ohne die Spuren nicht gewagt hätte hinaufzugehen. Auf dem höchsten Punkt ruhte ich mich auf einem flachen, mit Aprikosenkernschalen übersäten Felsen aus. (Glücklich das Land, wo der Abfall noch so aussieht.) Während ich die absolute Stille genoß, bemerkte ich ein amüsantes Phänomen. Von der Kletterei war ich völlig durchgeschwitzt, und in der kalten Luft begann ich unter der Sonneneinwirkung förmlich wie ein Wasserkessel zu dampfen.

Der Abstieg dauerte länger als der Aufstieg: In dem rapide tauenden Schnee mußte jeder Schritt sorgfältig bedacht werden. Als ich wieder in Sichtweite des Palastes war, kam ein schwacher, aber ganz klarer Freudenschrei durch die Stille zu mir herauf: »Mami!«

Gesalzener Tee und knusprige *paratas* warteten schon auf mich, und Radscha Sahib hatte brandneue Nachrichten vom Bergdorf Hushe – unserem nächsten Ziel. Ein großer Teil des Weges liegt zwar noch immer unter einer vier Fuß tiefen Schneedecke, aber das Tauwetter hat eingesetzt, und es sollte möglich sein, in ein paar Tagen mit einem Pferd zum Dorf durchzukommen. So habe ich unsere Abreise auf den 26. festgelegt – Inschallah.

Khapalu, 22. Februar

Ein weiterer heißer Frühlingstag, obgleich der Matsch im Schatten bereits um 15 Uhr wieder gefroren war. Ich glaube es den Einheimischen ohne weiteres, wenn sie behaupten, die durchschnittliche Sommertemperatur liege bei 45 bis 50 Grad Celsius.

Heute waren wir noch einmal in Bara und erlebten, wie schnell das Tauwetter hier die Landschaft wieder zum Leben erweckt. Vor ein paar Tagen noch bestand die einzige sichtbare Aktivität der Bauern darin, daß man die Rinder um die Mittagszeit nach draußen trieb. Jetzt ist man bereits eifrig damit beschäftigt, die Düngung der Felder vorzubereiten. Neben dem Weg lagen zahlreiche, sieben oder acht Fuß hohe, sorgfältig mit Holzasche vermischte Dunghaufen. *Hunderte* von kleinen Eseln brachten diese Mischung in Weidenkörben auf das flache Land am Shyok, wo das Ganze abermals aufgehäuft wird, damit man es auf den Feldern verteilen kann, sobald der Schnee schmilzt. Wenn man die Ernte von den fruchtbaren Feldern am Fluß rechtzeitig vor den Sommerfluten einbringen will, darf man keine Zeit verlieren. Ich staune über die vielen Esel, die ich bisher nie mit den anderen Tieren draußen gesehen habe. Viele sind pechschwarz, manche auch wunderschön rauchblau und alle flauschig wie Kuscheltiere.

Die Esel werden von den kleineren Kindern geführt, damit die älteren bei der schweren Arbeit des Schaufelns helfen können, die Männer und Frauen gemeinsam erledigen. Offensichtlich freute sich jeder, nach Monaten erzwungener Untätigkeit wieder draußen arbeiten zu können. Schon der Geruch der Dunghaufen verkündete den Frühling – auch wenn es nicht gerade ein lieblicher Duft war, da es sich zumeist um menschliche Exkremente handelte. Im Winter dagegen ist Baltistan seltsam geruchlos – abgesehen vom gelegentlichen Duft des getrockneten Thymians.

Dies war ein widerlicher Tag – absolut untypisch für Baltistan und schwer zu beschreiben. Es hat weder richtig geschneit noch geregnet oder gehagelt oder gegraupelt; vielmehr fiel ein ganz feiner Schnee, der zu schmelzen schien, sobald er den Boden berührte. Im blassen, grauen Zwielicht gingen wir mittags zum Basar. Als ich zur Post kam, um mir ein paar Luftpostbriefe zu besorgen, stellte ich fest, daß Sonntag war. Aber ein fröhlicher kleiner Junge fand den Postmeister, der mir mitteilte, daß er wahrscheinlich nächste Woche einen Postsack hinausschicken wird: per »mail-runner« nach Skardu und von dort mit dem Flugzeug weiter nach Pindi.

Auf dem Rückweg trafen wir einen jungen Lehrer aus Saling, der uns neulich eingeladen hatte, und kamen ins Gespräch über die »örtliche Politik«. Unser Freund lobte Mr. Bhutto in den höchsten Tönen wegen seiner praktischen Hilfe für die Northern Areas und behauptete, seine Regierung sei die erste, die sich wirklich für Baltistan interessiere. Ich weiß nicht, inwieweit dies zutrifft, aber die meisten Balti scheinen begeisterte Bhutto-Anhänger zu sein. Nur bei der »Oberschicht« findet man gelegentlich Kritiker, die sich von seinen Bemühungen nicht beeindruckt zeigen. Andernorts würde man daraus vielleicht schließen, daß er mit seinen Reformen in angestammte lokale Rechte eingegriffen hat, aber derartige Rechte existierten hier nicht. Seine Kritiker argumentieren vielmehr, daß man durch die Subventionierung der Nahrungsmittel den Stolz der Bauern untergraben und in ihnen – ähnlich wie bei der Flüchtlingshilfe – die Vorstellung erwecken würde, sie hätten ein selbstverständliches Recht auf eine solche Unterstützung. Aber wenn man die außerordentliche Armut gesehen hat, die in den meisten Balti-Dörfern herrscht, dann kann man nur jede Anstrengung begrüßen, die hier in irgendeiner Weise zu helfen versucht.

Glücklicherweise ist Khapalu von der schlimmsten Armut bisher verschont geblieben. Die Menschen hier sind deutlich besser genährt, gesünder und weniger schmutzig als anderswo. Aber die politische Entwicklung nach der Teilung hat den Handel zum Erliegen gebracht, der von den alten, nach »draußen« führenden Handelsrouten via Leh oder Srinagar lebte. Baltistans Beziehungen zu Gilgit, Hunza oder Chitral waren traditionell spärlich und dürftig: Die Kommunikation war zu schwierig; und die Balti haben immer nach Osten geblickt: nach Ladakh und Kaschmir. So kommt es, daß viele Balti in der Vergangenheit wohlhabender waren, als ihr Land noch nicht von den Politikern zu einer Art künstlicher Sackgasse gemacht worden war.

Khapalu, 24. Februar

Ein weiterer Ferientag für Hallam, während wir um den Berg hinter dem Palast herum in jenes Seitental wanderten, das ich neulich auf meiner Bergwanderung besucht hatte. Der lange Aufstieg dauerte vier Stunden. Wir kamen durch drei Dörfer, von denen sich das am höchsten gelegene durch eine eindrucksvolle viereckige, aus Holz errichtete Moschee mit einem pagodenähnlichen Dach auszeichnete. Um 10.30 Uhr waren wir total durchgeschwitzt und zogen die Jacken aus. Aber zwei Stunden später streiften wir sie ganz schnell wieder über, als wir in etwa 10 500 Fuß eine Picknick-Pause einlegten. Unter uns glitzerte das Tal in strahlendem Sonnenschein, während die Reste der gestrigen Wolken noch um die hohen Gipfel schwebten. Direkt gegenüber lehnte sich die 17 000 Fuß hohe Spitze des Marshakma in jungfräulichem Weiß gegen einen kobaltblauen Himmel, einsam und majestätisch und durch ein Wolkenband von ihrer Basis abgeschnitten. »Ich fühle mich ganz komisch«, meinte Rachel, während sie mit einem hartgekochten Ei in der Hand über das Tal hinwegschaute. »In welcher Weise?« fragte ich. »Angenehm komisch«, erwiderte sie, »aber ich kann es nicht beschreiben.« Ich kann es auch nicht.

Während wir aßen, gab es einen gewaltigen KNALL, als ob jemand neben uns ein Gewehr abgefeuert hätte. Sekunden später folgte das unheimliche, dröhnende Krachen einer Lawine, die ganz in der Nähe niedergegangen sein mußte. Dieses schreckliche gedämpfte Tosen, das so schlagartig die Stille der Berge zerbricht, erweckt gegen alle Vernunft sofort eine ganz primitive Furcht. Noch lange danach hallt das Echo durch Täler und Schluchten. Es scheint buchstäblich von einer Felswand zur anderen zu springen. Man hat uns bereits gewarnt, wegen der Lawinengefahr im Hushe-Tal zwischen elf und 15 Uhr ganz besonders vorsichtig zu sein. Dies ist übrigens auch die Jahreszeit mit den meisten Steinschlägen. In der Nähe von Bara sahen wir eine furchterregende Kaskade von dicken Brocken und Steinen einen steilen Abhang in nächster Nähe der Wohnhäuser hinunterkrachen.

Vom Fluß aus schien unser Ziel weder sehr weit entfernt noch sehr hoch zu sein. Der dazwischenliegende Hang hatte sanft und leicht ausgesehen. Aber tatsächlich war er alles andere als »sanft und leicht«: An manchen Stellen tauchte der Pfad plötzlich in eine Schlucht hinab, wand sich um ansehnliche Hügel herum oder führte darüber hinweg. Diese »Kleinigkeiten« sieht man aus der Ferne nicht, weil sie neben den glatten, massiven braunen Felswänden verblassen, die das Tal umschließen, genauso wie diese ihrerseits neben den mächtigen Schneegipfeln an seinem Ende klein wirken.

Wir kamen über den Basar zurück, und der Postmeister lud uns wieder zum Tee ein. Während wir gemütlich neben dem Ofen saßen, ging plötzlich die Tür auf und ein großer jugendlicher Mann erschien: Er trug einen Sack auf der Schulter, und sein Gesicht war schweißüberströmt. Um den Leib trug er einen breiten Ledergürtel mit einem großen Messingmedaillon mit der Aufschrift MAIL RUNNER. Er mußte wirklich gerannt sein, denn er hatte Skardu – 62 Meilen entfernt – *gestern* morgen um sieben Uhr verlassen und war 33 Stunden später hier angekommen. Der Postmeister erzählte mir, daß die Jeepfahrer gelegentlich anhalten, um sie ein Stück mitzunehmen, daß sie ein solches Angebot aber aus Stolz nie annehmen. Eine bemerkenswerte

Haltung heutzutage. Heute brachte er die erste Post aus Pindi seit dem 4. Januar, und wir sahen zu, wie sie feierlich entsiegelt und sortiert wurde. Sein Sack war nicht schwer. Selbst über einen so langen Zeitraum bestand Khapalus Post nur aus einem Päckchen (einer Kopie des Korans für die High School), einer Zeitschrift (für den Radscha) sowie etwa 40 Briefen.

Khapalu, 25. Februar

Ein trüber Tag des Abschieds von Freunden und Lieblingsplätzen. Wir beide verlassen Khapalu nur ungern, obgleich es kaum ein verlockenderes Ziel als Hushe geben kann. Im Verlauf unserer Abschiedsbesuche erhielten wir alle möglichen widersprüchlichen Hinweise: die Warnung, daß Hallam die Wanderung nach Hushe nicht überleben werde; die Zusicherung, daß der Weg morgen völlig frei sein werde; die Befürchtung, daß die Kälte dort uns alle töten werde (was unwahrscheinlich ist) und daß der Weg inzwischen an vielen Stellen von Lawinen zerstört sein müsse. Wir werden es bald genau wissen. Zumindest wird Hallam auf den nächsten Etappen weniger zu tragen haben; das letzte *ata* habe ich heute morgen verbraucht, und auch sonst ist unsere Nahrungskiste ziemlich leer.

Der Abschied von Radscha Sahib wurde uns ausgesprochen schwer; er ist zu einem meiner liebsten Freunde geworden, die ich in den ganzen Jahren in vielen Ländern gefunden habe.

10.

Wege, die plötzlich enden

> Der größte Teil des Weges führt über die Flanken der
> höchsten und schrecklichsten Berge; in der Regel ist
> er so schmal, daß man dort selbst mit der größten Vor-
> sicht und hintereinander nicht sicher gehen kann.
> An manchen Stellen, wo der Berg teilweise herunter-
> gekommen ist, sei es durch das Gewicht des Schnees,
> sei es durch die Kraft des Wassers, gibt es überhaupt
> keinen Weg mehr.
>
> *Fr. J. Desideri, S.J. (ca. 1720)*

> In Tälern wie dem des Shyok ... ist der Weg eher in
> der Einbildung als wirklich vorhanden.
>
> *Giotto Danielli (1914)*

Marzi Gone, 26. Februar

Heute abend kann ich bestätigen, daß Hushe derzeit unerreichbar ist. Um 16 Uhr mußten wir aufgeben, aber es war ein ehren-
voller Rückzug. Nachdem wir zwei Lawinen überwunden hatten,
die im Augenblick den Weg blockieren, hat uns die dritte zur
Umkehr gezwungen.

Unser guter Freund Ali, der *chowkidar,* hatte sich angeboten,
die Murphy-Expedition über den Shyok zu bringen. Hallam wurde an der Fußgängerbrücke entladen und abgesattelt, und Ali
ging zweimal mit dem Gepäck und ein drittes Mal mit Rachel
hinüber. (Er bot sogar an, mich huckepack hinüberzutragen,
aber dafür bin ich noch nicht senil genug.) Danach saßen Rachel
und ich auf einem Steinhaufen in der strahlenden Sonne, während Ali mit Hallam auf der Suche nach einer Furt stromabwärts
ritt. Eine ständige Furt gibt es hier nicht, da die Himalaja-Flüsse
jährlich ihren Lauf verändern. Nach einer dreiviertel Stunde
wurden wir unruhig, und Rachel schlug vor, ins Tal hineinzu-
wandern und nachzusehen, ob etwas schiefgegangen war. Wäh-

rend wir angespannt über den ebenen, auf Meilen ununterbrochenen, noch immer zwei Fuß tiefen Schnee Ausschau hielten, sahen wir schließlich den armen Hallam, der sich tapfer auf uns zukämpfte, mit einem strahlenden, bis zu den Knien nassen Ali. An Hallams langem Bauchfell hingen ganze Bündel von Eiszapfen, aber wie allen Balti scheint ihm das eisige Wasser nichts auszumachen. Ali erzählte, es habe keinerlei Schwierigkeiten gegeben, obgleich sie den Hauptfluß hätten durchschwimmen müssen, da sie keine richtige Furt gefunden hätten. Erst als wir uns wieder der Brücke näherten, wurde mir bewußt, daß ich unsere gesamte Ausrüstung dort unbeaufsichtigt hatte liegenlassen. Der Aufenthalt in einer so ehrlichen Gegend ist sehr entspannend – und erleichtert so manches.

Saling war heute morgen ein einziger Morast, in dem man die Straße häufig nicht von den umliegenden Feldern, Pfaden und Flüssen unterscheiden konnte. Im derzeitigen Stadium des Tauwetters verschmelzen Land und Wasser auf eine sehr verwirrende Weise, aber es war immer jemand zur Hand, der uns weiterhalf, wenn wir in die Irre gegangen waren. Danach stiegen wir langsam hinauf zur Grenze zwischen dem Shyok- und dem Hushe-Tal. Da der Shyok hier eine scharfe Biegung macht, entsteht fast der Eindruck, als handele es sich um drei Täler; und auf eine Meile – bevor man nach Norden in Richtung Hushe abbiegt – gewinnt die Landschaft eine Weite, wie sie in Baltistan selten ist.

Als wir das Shyok-Tal verließen, leuchtete links von uns ein Abhang in den herrlichsten Farben: Grün, Rosa, Gelb, Rostrot, Burgunder und Weiß. Ich habe noch nie an einer Felswand so viele unterschiedliche Gesteinsfärbungen gesehen. Man hatte uns bereits vor diesem Wegstück gewarnt, und in der Tat war der Weg mit frisch herabgefallenen Felsbrocken übersät, von denen manche so groß waren, daß sie fast den gesamten Weg blockierten. Rechts unter uns sah man gelegentlich den Hushe, soweit sein »Deckel« aus Schnee und Eis bereits aufgetaut war. Ein paar Meilen weiter führte der Weg steil auf den Talboden hinab. Hier floß neben dem Pfad ein schneller, schmaler Strom, an dem wir dankbar unseren Durst stillten, denn die Sonne brannte ziemlich heiß. Schon bald ging es wieder steil hinauf, bis wir auf einem hohen Vorsprung ein Dorf sahen, dessen Hütten man hinter den winzigen terrassierten Feldern und großen breiten Bäumen scheinbar aufeinandergetürmt hatte. Der Untergrund bestand aus Eis und Schneematsch, als wir den Vorsprung überquerten und Dutzende verwirrter Einheimischer hinter uns ließen. Aber dann tauchte in seiner ganzen Erhabenheit von 25 600 Fuß der Masherbrum vor uns auf, und beim Anblick dieses majestätischen Berges waren alle kleineren Unannehmlichkeiten sofort vergessen. Dieses mächtige weiße Dreieck beherrscht das Tal so völig, daß die übrige Landschaft wie eine Staffage wirkt. Als wir schwerfällig weiterstapften, kam ein älterer Dorfbewohner eilig hinter uns her und bat mich, ihn zu fotografieren. Nachdem ich ihm den Gefallen getan hatte, weinte er fast, weil ich ihm sein Foto nicht sofort geben konnte. Offensichtlich ist er dem Polaroid-Zauber der Bergsteiger verfallen.

Von hier aus war die Talsohle unsichtbar; wir befanden uns inzwischen auf einem breiten, bebaubaren Berghang. Etwa eine Meile weit verlief der Weg eben, bevor er zu einem weiteren Dorf hin abfiel. Dort verlor er sich zeitweilig im Matsch. Ein junger Mann, der uns weiterhalf, bat mich – wie üblich – um Medikamente und Zigaretten. Völlig unüblich sind dagegen die zahlreichen kleinen Jungen, die in diesem Tal um Geld betteln, und dies manchmal auf eine ziemlich aggressive Art. Bettelei ist uns bisher in ganz Baltistan nicht begegnet; anscheinend ist es ein Nebeneffekt der Bergsteiger-Expeditionen.

Das Tal wurde nun enger und geradezu melodramatisch zerklüftet. Die Felsen variierten von scharfen, gegen das Blau des Himmels gerichteten Lanzen aus grauem Gestein bis zu braunen, festungsgleichen Bergzügen. Und zahlreiche abgerundete Schneegipfel mit steilen weißen Abhängen machten den Eindruck, als wollten sie jeden Moment eine Lawine losschicken – aber hier waren wir noch nicht in der Gefahrenzone. Das Tauwetter hat in dieser Höhe noch nicht viel ausgerichtet, und unser

Weg zog sich wie ein matschiger Graben durch dicken Schnee. Zahlreiche Bäume, die sich dunkel von der weißen, mit riesigen Felsbrocken bestreuten Fläche abhoben, ließen uns vermuten, daß wir uns wieder einem Dorf näherten. Unsere Ankunft verursachte einen Aufstand. Mehrere Männer in zerrissenen Expeditionsanzügen (die verglichen mit ihren eigenen reizvollen »Toga«-Wolldecken das letzte waren) warnten uns, weiterzugehen. Ich versicherte ihnen, daß wir kein Risiko eingehen und für die Nacht ins Dorf zurückkehren würden, falls der Weg zu schwierig werden sollte.

Hallam mußte entladen werden, um ihn zwischen den engstehenden Hütten hindurchzubekommen, da die um das Dorf herumführende Straße für ein *ghora* zu vereist war. Die beiden jungen Männer, die unser Gepäck 200 Yards weitergetragen hatten, verlangten ziemlich unhöflich Geld dafür. Ein paar junge Frauen folgten uns noch ein Stück weit und versuchten, uns gutmütig vom Weitergehen abzuhalten, aber sie stellten bald fest, daß die wahnsinnige *ferenghi* entschlossen war, so weit zu gehen, wie dies möglich war. Langsam krachten und patschten wir durch den gefrorenen Matsch unterhalb einer gewaltigen Wand aus sägeartig gezacktem Felsgestein, an der sich das Tosen des Flusses brach – der hier zwischen einem gewaltigen Durcheinander von Felsbrocken hindurchjagt. Wir hatten nun die im mittleren Talabschnitt konzentrierten Dörfer hinter uns gelassen, und als wir das nächste Mal den Weg verloren, war weit und breit niemand zu sehen, der uns hätte führen können. Und so merkten wir zu spät, daß der steile Weg, auf dem wir uns nach oben quälten, nur für Ziegen keine Sackgasse war. Wir kehrten daher zum Fluß zurück, wo ich mich zwischen den Felsbrocken umsah und schließlich Fußspuren entdeckte. Hallam folgte mir mit katzenartiger Gewandtheit durch ein Gewirr unebener Felsen, aber als wir zur ersten von zwei tiefen, engen Schluchten kamen, mußte Rachel absteigen, während ich ihn über so höllisch steile Hänge rauf- und runterführte, daß ihm die Ladung ins Genick rutschte. Sie mußte zurückgeschoben und wieder festgezurrt werden, bevor wir weitergehen konnten. Beide Spalten enthielten reißende Bäche in einem Bett aus losen Steinen, die für ein *ghora* schwer zu bewältigen waren, während wir keine Mühe hatten, von Stein zu Stein springend auf die andere Seite zu kommen. Als wir aus der zweiten Schlucht herauskamen, konnten wir gleich rechts von uns den Hushe sehen – einen sprühenden Wasserfall zwischen gigantischen, glänzenden Felsen, ein lebendiges Grün im eintönigen Weiß und Graubraun von Schnee und Klippen.

Unerwartet waren wir auf einem Schneefeld angekommen, das sich eine halbe Meile weit bis zum Fuß der westlichen Felswand des Tales hinzog. Dort konnte man ganz klar einen Weg erkennen, der zunächst steil hinaufführte und sich dann weit über Flußhöhe waagerecht nach Norden fortsetzte. Etwa fünf oder sechs Meilen entfernt wurde das Tal zu einem engen Spalt, und ein schwacher brauner Fleck von Bäumen zeigte das große Dorf an. Der Masherbrum schien sehr nah, eine großartige Ansammlung schroffer Felsen und Gipfel unter einem Panzer aus ewigem Eis und Schnee. Über das Schneefeld folgten wir den noch sichtbaren Spuren eines zuvorkommenden Gentleman, der schon einige Zeit unser »Führer« gewesen war. Er hatte eine Ladung Heu getragen, und gelegentlich versicherten uns ein paar Halme, daß wir noch in die richtige Richtung gingen. Als wir schließlich den Weg erreichten, sahen wir, daß er mit den Überresten zahlreicher Steinschläge bedeckt war, einschließlich eines Brockens von der Größe eines Sofas. Ich nahm dies dankbar zum Anlaß, Rachel zu sagen, sie dürfe hier nicht reden, da die Vibration unserer Stimmen eine Katastrophe auslösen könne. Als wir zu dem waagerechten Felsband hinaufkamen, wurde der Weg sehr schmal. Aber obgleich er außerdem schneebedeckt war, war er nicht übermäßig schwierig, solange man vorsichtig war. Die steilen weißen Hänge über uns mochten früher am Tag unsicherer gewesen sein, aber da sie im Schatten lagen, gefror der Schnee bereits wieder. Dann kamen wir um eine leichte Kurve, und Rachel rief: »Guck mal. Ist das eine Lawine?« Es war eine. Sie war direkt über den Weg hinweggegangen – aber nur etwa 15 Yards breit und offensichtlich nicht ganz neu. Die Fuß-spuren unseres »Führers« bewiesen, daß sie zumindest von Menschen überquert werden konnte. Nicht daß mir ihre Neigung sehr gefallen hätte – oder die Aussicht auf einen Ausrutscher. Für hiesige Verhältnisse ging es zwar nicht sehr tief hinab (vielleicht 150 Fuß), aber es würde ein ungebremster Sturz auf die steinige Talsohle sein. Außerdem, wie würde Hallam auf eine Lawine unter seinen Hufen reagieren? Und – noch wichtiger – wie würde die Lawine auf Hallams Gewicht reagieren? Aber während ich noch zweifelnd das Für und Wider abwog, übernahm Rachel das Kommando. »Ich steige ab«, sagte sie bestimmt, »und gehe zuerst rüber. Dann kannst du Hallam rüberführen.« Ich betrachtete mein Lämmchen mit bösen Vorahnungen. Schon allein das Absteigen auf diesem engen Pfad schien mir ziemlich gefährlich. Aber sie war bereits unten, drückte mir die Zügel in die Hand und meine nichtmütterliche Hälfte billigte ihre Haltung. Ich hielt die Luft an, als sie hinüberging. Kühl und sorgfältig trat sie in die Fußstapfen unseres »Führers« und stützte sich dabei auf meinen *dula*. Dann erst wurde mir klar, daß wir gar keine Alternative hatten, als weiterzugehen, da es völlig unmöglich war, an dieser Stelle ein *ghora* zu wenden. Diese Erkenntnis tröstete mich unsinnigerweise, während ich den schwach protestierenden Hallam hinüberbrachte. Nur einmal blieb er plötzlich stehen, und als er die Ohren zurücklegte, lockerte ich rasch den Griff. Einen entsetzlichen Moment lang fürchtete ich, er könne in Panik geraten und sich selbst in den Abgrund stürzen – um so die Prophezeiung unserer pessimistischen Freunde in Khapalu zu erfüllen. Aber als ich ruhig auf ihn einsprach, faßte er wieder Mut.

Rachel ging zu Fuß weiter, da nicht genug Platz war, um wieder aufzusteigen. Etwa 200 Yards weiter stießen wir dann hinter einer weiteren Biegung auf die Zwillingsschwester der ersten Lawine. »Hier ist schon wieder eine!« krähte Rachel fröhlich – und drüben war sie. Hallam warf mir zwar einen vorwurfsvollen Blick zu, aber nach mehrfachem Kopfgeschüttel und viel grollendem

Geschnaube gab er schließlich nach. Hinter diesem Hindernis wurde der Weg merklich breiter, aber Rachel beschloß, zu Fuß weiterzumarschieren, hüpfte weit voraus und sorgte dafür, daß ich einen ziemlichen Schock erlitt, als ich hinter noch einer Biegung auf das Hindernis Nummer drei stieß: Diese Lawine hatte es in sich. Sie war breiter, steiler und definitiv weder von einem Menschen noch einem Tier zu überqueren. Aber sie hatte einen 15 Zoll breiten Streifen des Weges (ich habe es nachgemessen) freigelassen, und da ich Rachel hinter der Kurve nicht hatte sehen und rechtzeitig bremsen können, war sie auf diesem gefrorenen Schneeband neben einem tiefen, steinigen Abgrund einfach weitergegangen. Ich unterdrückte mein Entsetzen und überdachte blitzschnell unsere Situation: Entweder wartete ich, bis Rachel von allein zurückkam, oder ich ging hinterher, um sie auf dem Rückweg fest an die Hand zu nehmen. In Erinnerung an mein alptraumartiges Erlebnis in der Nähe von Thowar kam ich zu dem Schluß, daß das einzig Vernünftige war zu warten. Dann sah ich über die Lawine hinweg, daß der Weg nach etwa 30 Yards nicht nur blockiert, sondern von einem Steinschlag völlig zerstört worden war. Hunderte Tonnen von Felsgestein hatten ihn einfach weggerissen – offensichtlich erst vor kurzer Zeit, da die Fußspuren unseres Führers nur in eine Richtung gingen.

Mir war ganz schlecht, als ich Rachel zurückkommen sah. Völlig unbeeindruckt sah sie in das furchterregende Konglomerat herabgestürzter Felsbrocken hinunter und stellte fröhlich fest: »Ich glaube nicht, daß es jemand überlebt, wenn er hier ausrutscht.« Wir haben zwar erst Februar, aber ich wette, diese Feststellung wird die treffendste Bemerkung des Jahres.

Glücklicherweise konnte ich Hallam leicht wenden (ich habe gar nicht erst versucht, mir vorzustellen, was wir sonst getan hätten), und wir überquerten die beiden Lawinen ohne Anzeichen eines Protestes noch einmal. Natürlich waren Rachel und ich tief enttäuscht, daß wir Hushe nicht erreicht hatten. Aber niemand kann sagen, wir hätten es nicht versucht.

Der Rückweg nach Marzi Gone war von einer herben Schönheit, da inzwischen das kalte blaue Abendlicht über dem Tal lag. Der Masherbrum war eindrucksvoller als je zuvor. Seine hohen Schneefelder reflektierten den Sonnenuntergang über einer Welt, die längst schon im Schatten war. Damals habe ich mir geschworen, irgendwie und irgendwann würde ich nach Baltistan zurückkommen; aber dann zu einer Jahreszeit, in der es möglich sein würde, mit diesen gewaltigen Gipfeln näher vertraut zu werden.

Bei Sonnenuntergang (18 Uhr) kamen wir wieder hier an, und das ganze Dorf eilte herbei, um uns zu begrüßen. An der Spitze die beiden jungen Männer, die zuvor unser Gepäck getragen hatten und entschlossen schienen, uns nun völlig mit Beschlag zu belegen. Nachdem sie Hallam zu einem übelgelaunten Yak in den Stall gebracht hatten, führten sie uns über eine Leiter in diesen kleinen Raum, wo sie sich mit zwei anderen jungen Männern drei *charpoys* teilten. Für die Nacht haben sie einen *charpoy* zum Preis von Rs 5 an Rachel abgetreten, und ich habe mein Bettzeug auf einem Teppich mit einer dicken Strohunterlage ausgebreitet.

Nach unserer Ankunft spielten sich hier etwa eine Stunde lang unbeschreibliche Szenen ab, als Dutzende von Männern, Frauen und Kindern sich gegenseitig tätlich und verbal angriffen, um Misses Murphy aus nächster Nähe zu betrachten. Die Expeditionen haben die Sucht der Balti, Fremde zu beobachten, offensichtlich noch nicht befriedigt, was wahrscheinlich daran liegt, daß die meisten in einiger Entfernung von den Dörfern kampieren. Es macht mich traurig, wie die Bergsteiger in ihrem Gefolge unabsichtlich Habgier gesät haben. Allein fünf Männer drängten sich in unser Zimmer, um mir zu aberwitzigen Preisen Balti-Schmuck zu verkaufen. Sie wurden ziemlich ausfallend, als ich ihnen sagte, daß ihre »Schätze« kitschige Imitationen tibetischer Arbeiten und keine Rupie wert seien. Aber noch schlimmer waren die drei japanischen Transistorradios, die unsere Gastgeber letzten Sommer geschenkt bekommen hatten. Als sie sie auch noch gleichzeitig aufdrehten, mußte ich mich gewaltig zusammenreißen, um nicht zu explodieren. Natürlich war meine Reaktion übertrieben, aber dieser heisere Klang tat mir nach so vielen Wochen der Stille buchstäblich in den Ohren weh. Bis zu diesem Moment war mir gar nicht so recht klar gewesen, wie sehr diese Ruhe ein integrierter Bestandteil der landschaftlichen Schönheit ist. Abgesehen von einem gelegentlichen Jeep hört man in Baltistan keine lauten Geräusche. Selbst die Stimmen der Einheimischen sind leise und sanft, wobei Balti wie Tibetisch sehr melodisch und beruhigend klingt. (Es sei denn, die Balti sind ungewöhnlich erregt wie bei der *Muharram*-Prozession in Skardu, oder wenn die Murphys in kleinen Dörfern auftauchen.) Es ist eine Ironie des Schicksals, daß ausgerechnet das abgelegenste Tal, das wir besucht haben, am meisten durch äußere Einflüsse verdorben ist. Glücklicherweise gehen die Balti jedoch früh schlafen, und um 20 Uhr trat wieder himmlische Ruhe ein.

Mundik, 27. Februar

Heute morgen brauchte ich schon keine Handschuhe mehr, als wir um 7.45 Uhr Marzi Gone verließen, nachdem man mich zuvor für Hallams Futter kräftig geschröpft hatte. Durch den Temperaturanstieg werden die Tage für uns entschieden länger. Wenn nötig, kann man jetzt von sieben bis 18 Uhr unterwegs sein. Aber das Tauwetter hat auch Nachteile: Bei unseren Picknicks können wir Rachels Tee nicht mehr mit frischem Schnee abkühlen, und ich vermisse *sehr* mein Schneeball-Klopapier. Steine sind nun mal kein gleichwertiger Ersatz.

Heute morgen waren wir doch ein wenig traurig, als wir uns immer weiter vom Masherbrum entfernten. Aber in einer Umgebung wie dieser, mit der Aussicht auf einen herrlichen Wandertag in reiner, klarer Luft hielt dieses Gefühl nicht lange an. Um acht Uhr waren bereits ganze Scharen von Dorfbewohnern damit beschäftigt, Dung auf die Felder zu bringen. (Wir sahen im Hushe-Tal übrigens keine Esel.) Die Arbeitsteilung sah dabei so aus: Der Familienvater stand mit einer Holzschaufel bewaffnet neben dem Dunghaufen und füllte die großen Körbe, die sich die Frauen auf die Schultern gebunden hatten. Während dieses Vorgangs setzten sie sich auf den Boden, standen dann mühsam allein wieder auf und trugen ihre Körbe aufs Feld. Dort ließen sie den stinkenden Inhalt, ohne den Korb abzusetzen, mit einer tiefen Verbeugung auf den Boden gleiten. Anschließend drehten sie sofort um, und das Ganze begann von vorn. Die zahlreichen kleinen Kinder, die mit ihren Mini-Körben eifrig mithalfen, demonstrierten die Bedeutung der Kinderarbeit in dieser Gegend – aber auch die daraus folgende Unmöglichkeit eines geregelten Schulunterrichts, da die Kinder die Schulen nur besuchen, wenn nichts Besseres zu tun ist.

Viele der jungen Frauen hatten hübsche Gesichter, die von Silberschmuck und schmutzigen Tüchern gekrönt waren. Die meisten liefen auf dem noch gefrorenen Boden barfuß und waren in Lumpen gekleidet – primitiv zusammengenähte Baumwollfetzen mit Resten von Decken und Ziegenfellen. Häufig baten sie mich um Medikamente für sich und ihre Kinder – gewöhnt an die medizinische »Hilfe« der Expeditionen – und nahmen es mir ziemlich übel, daß ich ihnen nichts geben konnte. Aber ob sie nun jung oder alt oder krank waren, jede trug ihre Last offensichtlich ohne große Mühe, selbst steile Hänge hinauf.

Gegen 10.30 Uhr waren wir wieder unten im Shyok-Tal, wo der Boden nach der eisigen Nacht noch fest war. Mitten in Saling mußten wir eine kurze Zwangspause einlegen, als Rachel nicht aufpaßte, unser Gepäck eine junge Pappel streifte und heruntergerissen wurde. Es ist aber auch nicht einfach, ein beladenes *ghora* durch enge, mit Pappeln gesäumte Gassen zu reiten.

Mittags, als wir wieder in Rufweite des Rasthauses von Khapalu waren, wandten wir uns nach Westen, blieben aber diesmal auf der rechten Seite des Shyok. Bis Gol werden wir nun einem alten Ponypfad folgen, der der Haupthandelsweg war, bevor in den frühen 1920er Jahren auf der linken Flußseite ein Saumpfad angelegt wurde (der kürzlich zu einer Jeep-Straße erweitert wurde). Bald darauf kamen wir zu einer nur etwa zwei Fuß über dem Shyok hängenden Fußgängerbrücke. Hier mußte ich noch einmal die Ladung festzurren, bevor Rachel mit Hallam durch das bauchtiefe Wasser ritt. Danach quälten wir uns mühsam eine Meile weit durch weichen trockenen Sand, wo wir von ganzen Wolken heißhungriger, äußerst irritierender Sandfliegen verfolgt wurden – den ersten Insekten überhaupt, die wir in Baltistan gesehen haben. In der Nähe des Dorfes Youski picknickten wir neben einem funkelnden Fluß im Schatten großer Walnußbäume. Binnen kurzem waren wir von aufgeregten, lächelnden Frauen umringt, die Dungkörbe und/oder Babys trugen. Während wir aßen, setzten sie sich vor uns in einer Reihe in die Sonne, und die nährenden Mütter nutzten die Pause in ihrer Feldarbeit, um ihre begeisterten Kinder zu stillen, von denen die meisten an Augenentzündungen litten.

Hinter Youski ging es zwei Meilen weit einen Hang hinauf, wo man den Pfad aus dem Berg herausgehauen hatte. Unter uns strömte breit und grün der Shyok, und über uns ragten kahle, senkrechte Felswände empor, auf denen im Winter nicht einmal der Schnee liegenbleibt und im Sommer nichts wächst. Der Weg war von Anfang an schwierig, aber trotzdem waren wir nicht auf jenen Horrorabschnitt vorbereitet, wo er allem Anschein nach aufhörte zu existieren. Hier mußte Hallam auf einem schmalen Felsband über dem 100 Fuß tiefer dahinströmenden Shyok einen steilen Haufen lockerer Steine hinaufklettern. Ich wäre umgekehrt, wenn uns nicht in der Nähe von Youski zwei schwerbeladene, aus Dhagoni kommende Packponys begegnet wären. Da sie denselben Weg benutzt hatten, gehörte ein derartiges Hindernis offensichtlich zu jenen Dingen, mit denen Balti-Ponys spielend fertig werden. Aber diese Tiere waren auch entsprechend beladen gewesen: Man hatte die Schaffellbündel hoch auf ihrem Rücken aufgetürmt – und sie nicht an den Seiten befestigt wie unser Gepäck. Nachdem Rachel abgestiegen war – aus naheliegenden Gründen auf der falschen Seite – und ich sie vorübergehend in einer sicheren Spalte des Kliffs verstaut hatte, begann ich daher, Hallam vorsichtig abzuladen. Dann führte ich ihn über den Steinhaufen – wobei ich jeden Moment damit rechnete, daß er sich ein Bein brechen würde –, band ihn an einen Felsen und ging zweimal zurück, um unser Gepäck zu holen. Beim dritten Mal befreite ich Rachel und brachte auch sie hinüber. An sich war dieses Stück nicht besonders gefährlich – der Weg war breit genug –, aber da es eher ein Klettern als ein Gehen war, hielt ich sie fest an der Hand, da die Gefahr bestand, daß sie in ihrer Unerfahrenheit auf einen losen Stein trat. Als ich danach Hallam wieder belud, begann ich doch mein Alter zu spüren.

Als der Weg wieder zum Fluß hinunterführte, wurde er zu einer breiten Rinne, in deren Matsch Hallam und ich bei jedem Schritt tief einsanken. Gelegentlich kamen wir auf noch festen Schnee, aber an den meisten Stellen war der Boden darunter bereits aufgetaut. Dann ging es steil und atemberaubend wieder hinauf zu einem großen, auseinandergezogenen Dorf. Ich sah mich gerade nach einer Unterkunft um, als wir auf englisch angesprochen wurden. Als ich mich völlig perplex umdrehte, sah ich einen schlanken jungen Mann, der am Rand eines nahegelegenen Daches stand, einen braun-weiß gestreiften Pyjama trug und sich die Zähne putzte. Er winkte wild mit seiner Zahnbürste und rief: »Kommen Sie, meine Damen aus Irland, und seien Sie unsere Gäste!«

»Woher weiß *er,* daß wir irische Damen sind?« wunderte sich Rachel. »Du siehst doch überhaupt nicht wie eine Dame aus.«

Wir fanden bald heraus, daß Liaqat Ali und sein Kollege Ali Hussain (in einem blau-weiß gestreiften Schlafanzug) Gesundheitsinspektoren aus einer kleinen Stadt der Gilgit Agency waren und daß Mazhar ihnen von uns erzählt hatte. Sie bleiben jeweils sechs Wochen in einem Dorf und versuchen, den Einheimischen die Grundbegriffe der Hygiene beizubringen, aber da keiner von den beiden Balti und die Dorfbewohner kein Urdu sprechen, führt die Sprachbarriere zu ernsten Schwierigkeiten. Sie sind charmante junge Männer, unendlich freundlich und von ihrer Aufgabe erfüllt. Nur die Konversation mit ihnen ist etwas zu mühsam, da ihr Englisch nicht viel besser ist als mein Urdu. Ganz offensichtlich praktizieren sie, was sie lehren, und sie sind die ersten wirklich sauberen Menschen, die wir seit langer Zeit getroffen haben: glatt rasiert, mit gepflegten Haaren, manikürten Nägeln und tadellos sauberer Kleidung. Ich will mir lieber nicht vorstellen, wie sie über den Abgrund menschlicher Verkommenheit denken müssen, in den »die Damen aus Irland« inzwischen gesunken sind. Aber ich glaube, daß wir gut daran tun, es mit der Sauberkeit derzeit nicht zu genau zu nehmen. Diese beiden mageren jungen Männer leiden unter ständigen Erkältungen und Husten, während wir absolut bazillenfrei sind, seit wir das Tiefland verlassen haben – Allah sei Dank! Unzweifelhaft ist der beste Schutz gegen die Winterkälte im Himalaja das natürliche Fett, das die eigene Haut zu diesem Zweck produziert. Nicht umsonst ölen sich die Tibeter von oben bis unten ein, statt sich zu waschen.

Unsere Freunde teilen sich ein winziges Zimmer, und es war schwer, sie davon abzubringen, uns ihre *charpoys* abzutreten. Jetzt sind wir in der noch kleineren, angrenzenden Küche untergebracht, wo ihr einheimischer Diener die Mahlzeiten zubereitet. Er wird nicht übermäßig gefordert, da ihr Essen aus den berühmten Balti-Spezialitäten *roti*, Zwiebeln, Linsen und Eiern besteht, was bei besonderen Gelegenheiten durch Reis ergänzt wird. Heute abend gab es Reis und Linsen – etwa ein Viertel der Menge, die ich nach unserem 45-Meilen-Marsch seit gestern morgen hätte essen können, auf dem ich von drei Balti-Shortbreads, zwei hartgekochten Eiern und einer Jackentasche getrockneter Früchte gelebt habe.

Nachdem der Diener nach dem Abendbrot die Küche aufgeräumt hatte, wurde ein schmaler *charpoy* mit durchhängenden Gurten hineingestellt. Da der Lehmboden (nach dem Aufwischen) ziemlich naß ist, werde ich wohl das Lager mit Rachel teilen müssen. Derzeit sitze ich auf dem Fußboden neben den glühenden Holzscheiten des Lehmofens und schreibe beim Licht eines in ein Tintenfaß mit Kerosin getauchten Bindfaden-Dochtes. Dies ist Baltistans beliebteste Form der Beleuchtung – leider wurden die Bedürfnisse eines Reiseschriftstellers beim Entwurf nicht berücksichtigt.

In einigen dieser Dörfer erinnern mich die Menschen an die äthiopischen Hochländer: Zuerst sind sie Fremden gegenüber sehr mißtrauisch, tauen aber nach und nach auf und sind dann sehr freundlich. Heute nachmittag versammelte sich die übliche Menge, um uns anzustarren, wobei sie anfangs ziemlich abweisend war. Aber eine halbe Stunde später zeigte man mir bereits, wie man erfolgreich Nissen aus dem Haar entfernt (ein Tip, der sich durchaus einmal als nützlich erweisen kann). Inzwischen führte man Rachel in einem der Ställe zu einem neugeborenen Yak-Kalb, und danach durfte sie einen Tag alte Zwillingskitze bemuttern. Alle Balti-Frauen waren sehr besorgt darüber, daß ich es ablehnte, unsere Köpfe zu bedecken. Ich bin mir nicht sicher, ob moralische oder gesundheitliche Gründe dahintersteckten, aber wenn sie weniger streng darauf achten würden, ihre Umhänge fest um den Kopf zu wickeln, bräuchten sie wahrscheinlich nicht so viel Zeit und Kerosin für die Läusejagd.

Kuru, 28. Februar

Was für ein Tag! Was für ein Land! Was für ein Weg! Wir haben nur 15 Meilen zurückgelegt – aber was für Meilen!

Ich verbrachte eine etwas unruhige Nacht neben Rachel, die im Schlaf fast genauso aktiv ist wie in wachem Zustand. Bei Sonnenaufgang (sechs Uhr) standen wir auf, um die Küche zu räumen, bevor der Diener kam. Aufgrund meiner Karte befürchtete ich, daß uns die Rocky Road nach Kuru einige Schwierigkeiten bereiten könnte; aber es wäre unhöflich gewesen, vor dem Frühstück aufzubrechen. Allerdings dauerte es dann noch zwei Stunden, bis der Ofen angeheizt und vier *paratas,* vier hartgekochte Eier und ein Topf Tee zubereitet waren.

Unsere Freunde waren entsetzt, als sie entdeckten, daß wir uns Gesicht und Hände im eisigen Fluß hinter dem Haus gewaschen hatten. Sie warten, bis das Wasser heißgemacht ist. Und wir waren entsprechend beeindruckt, als wir sie um sieben Uhr, nur mit dünnen Baumwollpyjamas bekleidet, zur entfernten Latrine gehen sahen. Als sie im 9.30 Uhr mit auf die Straße kamen, um uns zu verabschieden, trugen sie ihre Schlafanzüge übrigens immer noch. – Da kein Korn aufzutreiben war, mußte ich für Hallams Lunch Heu mitnehmen – unhandlich zu tragen, aber ein bequemes Rückenkissen für Rachel, nachdem wir es schließlich sicher auf der Last festgebunden hatten.

Zunächst war der Weg eine nasse Angelegenheit, die sich über ebenes, kultiviertes Land von einem Dorf zum nächsten schlängelte. Dann begann er, Katz und Maus mit uns zu spielen, und versickerte in einem See aus Matsch ohne irgendeinen Hinweis, wo es weiterging. Ich wußte, daß wir hier irgendwo den Thalle überqueren mußten – um diese Jahreszeit ein unbedeutender Nebenarm des Shyok. Aber der Schlamm vor uns erstreckte sich über mehrere Meilen, und nachdem wir den Weg verloren hatten, war es unmöglich, zu erraten, wo die Furt sein könnte. (Unsere Karte – die einzig verfügbare – ist von der U.S. Air Force herausgegeben und gibt sich nicht mit solchen Kleinigkeiten ab.) Kurz darauf wurden wir jedoch von einem freundlichen alten Mann gerettet, der seinen Dunghaufen im Stich ließ und uns über weite Flächen von Schlamm und Eismatsch führte. Dann standen wir plötzlich vor dem Thalle. Er war nur etwa 20 Yards breit, flach, aber sehr schnell und voller kleiner Felsbrocken, die ihn für Hallam gefährlich machten. Rachel überquerte den Fluß auf einer Brücke aus zwei schlanken, schwankenden Baumstämmen, die nicht einmal nominell zusammengebunden waren. Unser Führer gab mir ein Zeichen, ihr zu folgen und ihm die Sorge für Hallam zu überlassen. Gleichzeitig wollte er sich meinen *dula* ausleihen, den er – wie er mir zu verstehen gab – brauchen würde, um das *ghora* damit zu prügeln. Also nahm ich ihm entschlossen die Zügel aus der Hand. Während ich auf die Brücke zuging, sah er sich hastig nach einem anderen Stock um und fand einen aus dem Wasser herausragenden Ast. Er war einigermaßen verwundert, als ich ihm sagte, er solle gehen und uns allein lassen. Hallam leistete zunächst heftigen Widerstand. Mit durchgedrückten Vorderbeinen und rollenden Augen stand er am Ufer. Aber er reagiert unfehlbar auf geduldiges Zureden (und anschließendes Lob), und nach fünf Minuten hatte ich ihn drüben – zum Erstaunen unseres Führers ohne Flüche, Tritte, Schläge oder Steinwürfe. Ich verstehe nicht, daß ein so liebenswertes Volk wie die Balti, das so eng mit seinen Haustieren zusammenlebt, noch nicht begriffen hat, daß man Tiere leichter durch Freundlichkeit als mit Gewalt lenken kann.

Nun war auch unser Weg wieder sichtbar (wenn man sehr genau hinsah), und wir schlitterten und platschten weiter zwischen schmalen Feldern hindurch, die durch verschiedene Spalten und Gräben voneinander getrennt waren. Ich hatte gerade einen besonders glitschigen Graben überquert, als ich hinter mir ein Schnauben von Hallam und einen ungewohnten Aufschrei von Rachel hörte. Als ich mich umdrehte, sah ich, wie Hallam sich gerade wieder von den Knien erhob – auf der einen Seite neben ihm lag die Ladung, auf der anderen mit dem Gesicht nach unten und völlig bewegungslos Rachel. Ich war nicht ganz so entsetzt, wie man annehmen könnte, denn der Matsch war tief, und Rachels Reitkappe saß dank des Kinnriemens fest auf ihrem Kopf. Als ich mich über sie beugte, wandte sich auch Hallam zu ihr um und betrachtete sie mit fast menschlicher Besorgnis. Sie hob grinsend den Kopf und meinte: »Das war mein erster Sturz! Joan sagt, man muß erst siebenmal runterfallen, bevor man richtig reiten kann. – Ist Hallam okay?« Er war es und auch die Ladung – nachdem ich den Benzinkanister mit Kerosin vom Bücherpaket und unser Bettzeug vom Sack mit den Küchenutensilien und alles zusammen vom Heu befreit hatte.

Als sich unser Pfad dem Khardung La zuwandte, blieben wir stehen, um einen letzten Abschiedsblick auf Khapalu zu werfen. (Aber ich glaube, es war kein wirklicher Abschied. Man kann ein Land nicht so liebgewinnen, wie ich Baltistan liebe, und nicht zurückkommen. Und auch Rachel hat neulich – aus heiterem Himmel – verkündet, daß dies hier ihre Lieblingsgegend sei und sie ihre Hochzeitsreise hierher machen wolle.)

Inmitten der ebenen Obstgärten mit Apfel- und Aprikosenbäumen, die noch in fußhohem Schnee standen, konnten wir den Shyok noch nicht sehen. Aber der Weg war klar zu erkennen, wenn er auch tückisch blieb, bis wir die breite Talsohle wieder verließen. Obgleich es bereits Mittag war, war die Sonne noch nicht erschienen, und man konnte sehen, daß es auf dem Khardung La schneite, während uns ein eisiger Wind entgegenwehte. Er erreichte schließlich Sturmstärke und blies uns feinen Sand ins Gesicht, während wir einen unebenen, steilen Pfad hinaufstiegen. Bald darauf wurde der Weg wieder eben und führte uns durch eine öde Gegend voller dunkler, herabgestürzter Felstrümmer, von denen manche größer waren als eine Scheune. Unter einem bleigrauen Himmel zeigte sich der Himalaja hier von seiner grimmigsten Seite. Als wir einer kleinen Ziegenherde und drei beladenen Ponys begegneten, fielen ihre beiden jugendlichen Begleiter vor Erstaunen fast in den flaschengrünen Shyok. Dann umrundeten wir die Flanke dieses Berges und waren im Windschatten, genau unterhalb des Khardung La. Danach kam eine halbe Meile ebener, fester Sand – die bequemste Wegstrecke seit Wochen. Hier trafen wir ein schwarzes, zottiges Pony, kaum größer als ein Shetland, das einen langbeinigen Mullah mit einem schwarzen Turban trug. Ohne anzuhalten, warnte er uns vor Steinschlägen auf dem Weg vor uns, der hier wieder anstieg, um sich um einen steilen Schieferfelsen herumzuwinden, der neben dem Shyok aufragte. Tatsächlich war der Weg mit kleinen Felsbrocken übersät – die größeren enden gleich im Fluß –, aber Hallam suchte sich besonnen seinen Weg, und Rachel blickte wie gewöhnlich aus dem Sattel fröhlich in den 300 Fuß unter uns wirbelnden Shyok. Inzwischen klarte der Himmel rasch auf, und als wir wieder ins Tal hinabstiegen, schien die Sonne. Eine weitere Meile durch eine Halbwüste aus grauem Sand, grauem Thymian und grauem Fels brachte uns zum Fuß eines gewaltigen braunen Berges. Dann kamen wir zu einem kleinen, schattigen Dorf, das an drei Seiten von kolossalen Felswänden eingeschlossen war. Als ich nach dem Weg nach Kuru fragte, zeigten die verblüfften Bewohner ohne ein Wort auf einen 12 000 Fuß hohen Gipfel. Zunächst hielt ich dies für einen Scherz. Aber wie Rachel richtig bemerkte: »Wenn wir hier raus wollen, müssen wir über einen Berg, und der ist der niedrigste.«

Wenigstens 3000 Fuß hoch zickzackte unser Weg nun in den Himmel, und bald hatten wir vereisten Schnee unter den Füßen. In jeder Haarnadelkurve hielten wir an und blickten auf eine Pracht hinunter, die man einfach nicht beschreiben kann. Dann schauten wir nach oben, wo man die kunstvoll aufeinandergepackten Steine erkennen konnte, die den Weg, der sich wie eine gewaltige graue Schlange immer höher und höher hinaufwand, auf der Unterseite abstützten. Wir fragten uns, wo der höchste Punkt erreicht sei und es wieder hinabgehen würde, aber das war unmöglich auszumachen, weil über uns ein scheinbar endloser Komplex von Gipfeln, Spitzen und Schneehängen den ganzen Himmel ausfüllte. Nach einiger Zeit konnten wir – tief unter uns jenseits des unsichtbaren Flusses – die Jeep-Straße über den Khardung La sehen, die uns so hoch vorgekommen war, als wir dort entlanggekommen waren.

Während wir höher stiegen, wurde der Boden unter unseren Füßen immer trügerischer. Es gab nur noch eine schmale Fußspur, an die sich auch Hallam halten mußte. Rechts und links daneben war der Schnee zwei Fuß tief; aber vor allem konnte man nicht mehr erkennen, wo der eigentliche Wegrand verlief und wo die zwar kunstvolle, aber gefährliche Randleiste anfing. Dann kam ein sehr steiles Stück, das scheinbar zum Gipfel führte, und Rachel stieg ab, da Hallam anfing zu schnaufen. Ich führte ihn langsam hinauf, aber wir waren alle drei »aus der Puste«, als wir schließlich ebenen Boden erreichten. Nur war dies keineswegs der Gipfel: Wir standen vielmehr am ausgezackten Rand einer flachen Schüssel – eine Meile im Durchmesser und voller Schnee. Außerdem enthielt sie gigantische, im Lauf der Zeit abgerundete Felsbrocken, die wie eine Herde prähistorischer Monster aussahen. Auf der gegenüberliegenden Seite, wo der Rand weit höher war, sah man die Fortsetzung unseres Weges.

Nachdem wir auch diesen »Gipfel« bezwungen hatten, standen wir abermals vor einer ähnlichen Schüssel – und vor dem großartigen Ladakh-Gebirge, das südlich des Shyok liegt, dessen Gipfel wir aber nicht hatten sehen können, als wir an seinem Fuß entlang nach Khapalu gewandert waren. Jetzt beschien die Sonne seine höchsten Hänge – anmutige Schneeflächen unter dreieckigen, starren grauen und weißen Spitzen –, während auf unserer Seite des Tales über uns riesenhafte Felswände goldbraun vor einem strahlendblauen Himmel glühten.

Nachdem wir uns energisch auch durch diese zweite Schüssel hindurchgearbeitet hatten, machten wir erst einmal eine Pause. 30 Yards vor uns stieß unser Pfad mit einem anderen zusammen, der von wer weiß wo über einen ultrasteilen Hang des Berges rechts von uns herabkam. Auf ihm war kurz zuvor ein beladener Yak heruntergekommen, der nun in einiger Entfernung auf dem von uns einzuschlagenden Weg einen völlig mit Schnee bedeckten und offensichtlich lawinenträchtigen Berg kreuzte. Ich dankte Allah, daß er der Sonne heute morgen nicht erlaubt hatte zu scheinen. Und ich war gleichzeitig jenem Yak dankbar, dessen Eigentümer sich vermutlich mit den örtlichen Gegebenheiten gut genug auskannte, so daß man ihm vertrauensvoll folgen konnte.

Auf der nächsten Etappe, einem sanften Anstieg zur Flanke eines Felsens, der zu steil war, als daß sich der Schnee auf ihm hätte halten können, stieg Rachel wieder ab. Oben angekommen, tat sich vor uns eine Schlucht auf, die so tief war, daß wir im ersten Moment nur ungläubig hinabstarrten. Der schattige senkrechte Einschnitt war sehr eng und vielleicht eine halbe Meile lang. Er lag zwischen dem braunen Berg, auf dem wir jetzt standen, und einem verschneiten Berg vor uns und war nach vorsichtiger Schätzung 1500 Fuß tief. Dies war die absolute Quintessenz des Himalaja-Dramas – unermeßlich großartig, wunderschön und grausam – und gehörte zu einer Landschaft, die von den armseligen Bestrebungen der Menschheit nicht berührt wird.

Wo er die Schlucht umging, war unser Pfad entschieden baufällig. Nachdem ich Rachel hatte absteigen lassen, hielt ich mir vor Augen, daß sie schon ganz andere Strecken bewältigt hatte, und sagte fest: »Wir gehen vor.« Dann band ich die Ladung hoch und hoffte das Beste. Als wir in den Schatten des weißen Berges kamen, wirkte die Schlucht plötzlich unheimlich – und da ich in ihr eine Bedrohung für Rachel sah, konnte ich mich nicht an ihrer Großartigkeit freuen. Der psychologische Effekt der Tiefe ist gewaltig. Würde Rachel 150 Fuß tief abstürzen, wäre sie genauso tot wie hier, und trotzdem war dieser furchteinflößende Abbruch ausgesprochen beunruhigend – wozu noch der schlechte Zustand des Weges beitrug. (Hinter uns sausten alle paar Yards Steine in die Schlucht.)

Ich überließ das Tempo Hallam – er zieht es vor, derartige Wegstrecken ziemlich schnell hinter sich zu bringen. An manchen Stellen war der Felsüberhang so tief, daß ich den Kopf einziehen mußte. Ich sah mich bewußt nicht um, nachdem ich Rachel eingeschärft hatte, sich dicht an der Felswand zu halten. (Sie hat die perverse Angewohnheit, stets am Rand einer Schlucht entlangzugehen, zweifellos, um die Tiefe unter sich auszukosten.) Am Kopf der Schlucht, wo der Weg in einer V-förmigen Biegung auf die Gegenseite und den beschneiten Berg zuführte, war er durch einen kleinen Steinschlag blockiert. Aber unterhalb der Wegbiegung war das Gelände eben, und ein Dutzend vorsichtige Schritte brachte uns wieder auf den Pfad zurück, der nun zwar nicht mehr bröckelig, dafür aber mit gefrorenem Schnee bedeckt und haarsträubend glatt war. Hier begann ich nun doch ein komisches Gefühl in der Magengrube zu bekommen, das nicht gerade besser wurde, als ich um einen Felsvorsprung bog und sah, daß sich eine 40 Fuß breite Lawine auf dem Pfad vor uns ausgebreitet hatte. Daneben ging es wieder senkrecht in die Schlucht hinab. Unsere Rettung waren die tiefen, entschlossenen Fußspuren des Yaks. Tatsächlich war der abgerutschte Schnee dann auch ganz fest und sicher, obgleich man zunächst den Eindruck hatte, das Ganze sei drauf und dran, jeden Moment weiter in den

Abgrund hinunterzudonnern. Kurz darauf ging es wieder steil nach oben, und nach weiteren 100 Yards hatten wir die Schlucht hinter uns gelassen und waren auf einem so hohen Plateau, daß wir uns fast auf gleicher Höhe mit den einsamen Spitzen des Ladakh-Gebirges glaubten.

Hier warteten Hallam und ich auf Rachel – eine winzige rote Gestalt, die sich tapfer den steilen weißen Hang hochmühte, wobei sie öfter innehielt, um auf meinen *dula* gestützt Atem zu schöpfen; die Luft war in dieser Höhe bereits ziemlich dünn. Ich war in diesem Moment sehr stolz auf meine Tochter. Sie mag zu viel reden und immer im falschen Augenblick, aber sie ist zäh …

Weiter ging es über ein buckeliges Schneefeld, dem das schräg einfallende, zartgoldene Licht einen zauberhaften Glanz verlieh. Ein Ende war nicht abzusehen, dagegen war es nur knapp eine halbe Meile breit. Rechts von uns lagen die felsigen unteren Hänge eines unsichtbaren Schneegipfels, und links versperrte uns ein langer, abgerundeter verschneiter Bergrücken die Aussicht ins Tal – aber nicht auf die Gipfel des Ladakh-Gebirges. Diese waren vor dem blasser werdenden Blau des Abendhimmels von einer solchen Schönheit, daß ich den Anblick kaum ertragen konnte. Und die Struktur dieser Landschaft mit ihren langen, uns umschließenden braunen Felswänden und weißen Bergrücken verstärkte jenes einzigartige Gefühl der Isolation und Stille, das man nur in diesen Höhen empfindet.

Rachel, die wieder im Sattel saß, rief plötzlich: »Sieht Hallam nicht wie ein feuriges Streitroß aus?« – was er mit dem goldenen Glanz dieses Augenblicks auf seinem kastanienbraunen Fell zweifellos tat. Dann tauchte ein schwarzer Punkt vor uns auf, und gleich darauf hatten wir den Yak überholt, ein herrliches Exemplar mit ungeheuer langen Hörnern. Sein schon älterer Gefährte, der seine Füße mit Fell umwickelt hatte und lediglich zerlumpte, selbstgefertigte *shalwar-kamiz* trug, starrte uns wie Geistererscheinungen an und war zu perplex, um unseren Gruß zu erwidern.

Ich hatte mir schon leichte Sorgen gemacht, wir könnten uns

bei Einbruch der Dunkelheit noch auf irgendeinem tödlichen Abhang befinden. Aber der Abstieg war vergleichsweise kurz, da Kuru auf halber Höhe über dem Tal liegt. Während des Hinunterkletterns nahm ich unsere Umgebung kaum wahr, da ich mich völlig auf den schmalen Weg konzentrieren mußte. Wenn er sich nicht zwischen hohen, zerklüfteten Felsen hindurchwand, die förmlich nach unserer Ladung zu greifen schienen, schlängelte er sich um Hänge, wo ein falscher Tritt der letzte sein konnte. Das letzte Stück war so steil, daß Hallam die Last auf den Hals rutschte – was langsam zur Gewohnheit wird. Als ich sie am Dorfrand abnahm, erschien ein bemerkenswerter alter Mann auf dem Dach seines Hauses. Augenblicke später war er bei mir und bot mir seine Hilfe und Gastfreundschaft an.

Während die Familie über ihre unvorhergesehenen Gäste konferierte, saßen Rachel und ich in einem kleinen Hof auf den Treppenstufen zur Latrine und sahen dem eifrig kauenden Hallam zu. Wir mußten uns jetzt genau gegenüber unserem Hotel in Gwali befinden – nur sehr viel höher. Das Hotel selbst konnten wir nicht sehen, da uns ein Berg die Sicht versperrte. Die Sonne war gerade untergegangen, und der ganze südwestliche Himmel war in ein seltsames fades Rosa getaucht, in dem golden die Venus leuchtete. Als der Orion über uns erschien, öffnete unser Gastgeber eine niedrige Holztür in einer schwarzen Steinwand und bat uns in einen absolut finsteren Stall, von dem eine noch niedrigere Tür in diesen fensterlosen Raum führte. Er ist etwa zehn mal acht Fuß groß. Die eine Hälfte des Fußbodens ist mit gewebten Ziegenhaarteppichen ausgelegt, die andere besteht aus blankem Lehm. Unter einem Loch im Dach befindet sich eine »Feuerstelle« mit drei Steinen für den Teekessel. An der einen Wand reihen sich hübsch geschnitzte Holzschränke aneinander – die einzige Einrichtung außer einem Berg schmutzigen Bettzeugs. Dies ist die Wohnung unseres uralten, aber noch sehr munteren Gastgebers und seiner liebenswerten Frau. Die jüngere Generation lebt oben. Bei unserer Ankunft trafen wir noch einen weiteren alten Mann, der im Dunkeln neben einem winzigen

Feuer hockte und nachdenklich eine Wasserpfeife rauchte. Dagegen ist uns der übliche Andrang neugieriger Dorfbewohner erspart geblieben, und ich hatte endlich einmal genug Platz, bei Kerzenlicht »unsere Küche« einzurichten und einen Topf Reis auf unserem Ölofen zu kochen. Durch Zugabe von Zucker und unserer letzten Dose holländischer Kondensmilch wurde er anschließend in Reispudding verwandelt. Nichts hat uns jemals besser geschmeckt.

Es ist äußerst angenehm, ein Kind mit geringem Appetit zu haben. Heute abend habe ich zum ersten Mal von Rachel gehört: »Ich bin hungrig!« Trotz ihrer Größe und ihres enormen Energieverbrauchs scheint sie mit etwa zwei hartgekochten Eiern so alle 36 Stunden auszukommen. Sie lag schon in ihrem Schlafsack, als wir aßen, und im selben Augenblick, da sie ihren leeren Napf abgestellt hatte, drehte sie sich um und war auch schon eingeschlafen. Ich beneide sie darum: Tagebuchschreiben am Ende eines anstrengenden Tages stellt die eigene Willenskraft auf eine harte Probe. Wie Alexander Cunningham vor etwa 125 Jahren auf seiner Reise durch Baltistan schrieb: »Die Mehrzahl der Reisenden ist nach den Strapazen des Tages zu müde, um nachts noch irgend etwas wahrzunehmen.« Aber nachdem ich mir einen starken schwarzen Tee gekocht hatte, wurde ich wieder – und fühle mich auch jetzt noch – ganz lebendig.

Diese Familie sieht sehr tibetisch aus. Unser Gastgeber hat ein ausgesprochen gütiges Gesicht: runzelig und von Wind und Wetter gegerbt, mit einem schütteren grauen Bart, strahlenden humorvollen Augen und einem breiten Lächeln, das seine gesunden, kräftigen Zähne zeigt. Seine Frau – die 22 Kinder geboren hat, von denen noch 16 leben – leidet sehr unter Rheuma, ist aber nichtsdestotrotz stets fröhlich und sehr um unser Wohlergehen besorgt. Man hat uns die mit Teppichen ausgelegte Hälfte des Zimmers überlassen. Vor zwei Stunden breiteten die beiden Alten ein paar zerfetzte Ziegenfelle auf dem Lehmboden aus, legten ihr dürftiges Bettzeug darauf und gingen schlafen. Gerade eben kamen noch ein weiteres älteres Paar und drei halbwüchsige Mädchen herein und holten sich ebenfalls ihr Bettzeug von dem Haufen in der Ecke. So ist das Zimmer nun voll, und wir werden nicht frieren – was nicht auszuschließen gewesen wäre, wenn in einem Raum von dieser Größe nur vier (bzw. dreieinhalb) Personen geschlafen hätten.

Kiris, 1. März

Meine Nachtruhe war etwas gestört: Sandfliegen sind nicht die einzigen Insekten Baltistans, die aus dem Winterschlaf erwachen. Wir sind beide völlig zerbissen.

Ich wachte um 5.45 Uhr durch ein bekanntes Geräusch auf, das ich aber nicht sofort identifizieren konnte. Dann steckte ich den Kopf aus meinem (sehr treffend so benannten) »Flohsack« und sah, daß unser Gastgeber im Licht des Feuers in einem ausgehöhlten Holzblock tibetischen Tee zubereitete. Die Balti fügen ein wenig Milch, aber auch ranzige Butter, Salz und Natron hinzu. Das Ergebnis ist nahezu das gleiche. Obgleich wir genug Reis für unser Frühstück aufbewahrt hatten, bestanden unsere Gastgeber darauf, daß ich ihren Tee und *tsampa* mit ihnen teilte. Für sich selbst gossen sie vier Tassen Tee ein: zwei, um sie mit *satu* zu mischen, und zwei, um sie gleich zu trinken. Als Schnellgericht hat *tsampa* alle Vorteile: Abgesehen davon, daß es bequem herzustellen ist, ist es wesentlich schmackhafter und hält länger vor als Reis. Der (von konservativen Fremden) abgelehnte Buttertee ist an sich schon ziemlich gehaltvoll und wärmt herrlich durch. Er hat einen fast whiskyähnlichen Effekt. Aber leider bekommt Rachel ihn nicht herunter. Sie gehört zu den »konservativen Fremden«, die tibetischen Tee und *tsampa* nicht anrühren, obgleich ihr unsere monotone Ernährung langsam zum Hals heraushängen müßte.

Ich konnte unserem Gastgeber kein Geld geben, wollte ihm aber etwas schenken, und so gab ich ihm schließlich meine Handschuhe, die ich kaum mehr brauchen werde, und einen unserer zwei großen Plastikbecher, die seine Frau am Abend zuvor so bewundert hatte. Um 7.30 Uhr brachen wir dann auf; die Sonne wärmte bereits, und der Himmel war wolkenlos.

Die erste Stunde war heikel. Der steile, enge Pfad wand sich zwischen Häusern oder fünf Fuß hohen Mauern hindurch, die nirgends genug Platz für Hallam ließen. Im Haus unseres Gastgebers, das an der Peripherie des Ortes liegt, hatte ich überhaupt nicht realisiert, wie groß Kuru ist. Als er mir erzählte, der Ort habe zu Zeiten der britischen Verwaltung ein einräumiges Rasthaus besessen (das inzwischen abgerissen worden ist), lautete meine Diagnose auf Größenwahn. Aber heute morgen habe ich mir ausgerechnet, daß das Dorf – das sich über mehrere, von engen Spalten unterbrochene Felsbänder erstreckt – wahrscheinlich 5000 bis 6000 Einwohner hat. Mit seinem verwirrenden Netzwerk aus Schluchten, dunklen überhängenden Felsen und laut tosenden Strömen ist es ein wildromantischer Ort. Wie schon in Saling hatte ich den Eindruck, daß das Dorf früher einmal sehr viel wohlhabender war. Die Dörfer auf dem rechten Flußufer müssen mit weit mehr Leben erfüllt gewesen sein, als sie noch an der Haupthandelsstraße lagen. Jetzt kommt kaum noch ein auswärtiger Balti hierher.

Auch hier waren ganze Heerscharen von Männern, Frauen und Kindern damit beschäftigt, den Dung auf die Felder zu bringen. Aber je mehr die Sonne an Kraft gewinnt, desto weniger romantisch wird der Duft – selbst an einem herrlichen Frühlingsmorgen. Als der Pfad schließlich wieder eben wurde – und sich der nächsten Bergflanke zuwandte statt dem unsichtbaren Fluß –, atmete ich erst einmal erleichtert durch, daß Rachel und unser Gepäck noch ordnungsgemäß an ihrem Platz waren. (Obgleich es sehr steil hinabgegangen war, war Rachel nicht abgestiegen, weil Hallam die Last sonst wohl wieder auf den Hals gerutscht wäre. Wenn sie dagegen auf dem Halteseil sitzt, bleibt die Ladung eher an ihrem Platz.) Aber ich hatte mich zu früh gefreut. Gleich hinter Kuru überquert der Weg einen schreckenerregenden Felsvorsprung am Fuß eines 20 000 Fuß hohen Berges. Auf einer Länge von einer Viertelmeile schwebt der Pfad hier in etwa 700 Fuß Höhe über dem Fluß und ist mit das Schlimmste, was uns an Wegen in Baltistan begegnet ist. Ich erinnerte mich, ihn vom linken Flußufer aus gesehen zu haben. Schon an einem schönen Tag hätte er demoralisierend gewirkt, aber heute war kein schöner Tag: In der Nacht hatten außerdem zwei Erdrutsche im Abstand von etwa 50 Yards den Pfad blockiert. Glücklicherweise waren eine Menge Menschen in der Nähe, die uns warnten. Schließlich nahm uns ein freundlicher Mullah unter seine Fittiche, der ebenfalls nach Kiris wollte und ein wenig Englisch sprach. Er wandte sich an zwei der zahlreichen Jugendlichen, die sich hinter uns angesammelt hatten, und wies sie an, Hallam abzuladen und die Ladung über die Erdrutsche zu tragen, die etwa eine halbe Meile vor uns lagen. Ich folgte ihnen mit Hallam und überließ Rachel dem Mullah und seinem Gefolge. Dieses bestand aus einem weiteren Mullah, der (seltsamerweise) taubstumm zu sein schien, seiner verschleierten 16jährigen Tochter, einem drahtigen kleinen Mail-Runner mit rötlichem Haar und zwei trübsinnigen älteren Bauern, denen es völlig an orientalischem Fatalismus gebrach. Sie waren überzeugt, daß es Allah auf uns alle abgesehen hatte und uns die herabfallenden Felsbrocken erschlagen würden, bevor Kiris überhaupt in Sicht kam. Ich selbst hatte es längst aufgegeben, mich aufzuregen: Wenn man durch Baltistan wandert, wird man entweder Fatalist oder ein nervöses Wrack. Den vertrauensvollen Hallam hinter mir herziehend, schritt ich gelassen über die beiden schlüpfrigen Erdrutsche wie über ein irisches Feld. Erst dann drehte ich mich um und beobachtete, wie Rachel mitten auf dem einen stehengeblieben war, ernst zu dem Mullah aufsah und ihn korrigierte: »Nein, nicht Holland – Irland – eine kleine Insel, die *Irland* heißt.« Sollte man sie einmal aus einem brennenden Haus retten, wird sie wahrscheinlich als erstes einen kleinen Plausch mit den Feuerwehrleuten halten.

Hinter den Erdrutschen setzten wir unseren Weg gemeinsam fort, wobei Rachel weiterhin neben dem Mullah ging und sich mit ihm unterhielt. Der Mail-Runner trottete als Späher voraus und mußte uns einmal zurückhalten, als von oben ein kleinerer Steinschlag herunterkam und tief unten im Fluß verschwand. (Wir hätten ihn vielleicht nicht klein gefunden, wenn wir direkt darunter gestanden hätten.) Als wir den Vorsprung schließlich hinter uns gebracht hatten, wurde der Pfad urplötzlich so breit wie eine Jeep-Straße, während die Berge zurücktraten und ein weites Plateau in Form einer in Wellen verlaufenden Halbwüste freigaben, das nicht viel höher war als die Talsohle. Hier verabschiedeten wir uns von unseren Gefährten, da Hallam noch nicht gefrühstückt hatte.

Kiris ist nur zehn Meilen von Kuru entfernt, und der Rest des Weges war vergleichsweise leicht zu gehen, mit Ausnahme von ein paar Streifen weichen Sands bzw. rutschigen Matschs und einem steilen Anstieg zum Dorf Gone, drei Meilen vor Kiris.

Die fruchtbare Oase liegt eine Meile stromaufwärts vom Zusammenfluß von Shyok und Indus. Drei junge Männer, die von ihren Feldern zurückkamen und nach Dung stanken, führten uns über einen braunen Streifen matschigen Ackerbodens an unser Ziel. Offensichtlich wird dieses Rasthaus seit der Teilung nur noch selten benutzt (wenn überhaupt). Der *chowkidar* war nicht aufzutreiben. Ohnehin schien es einige Verwirrung über seine Identität zu geben. Aber schließlich erschien ein uralter kleiner Mann mit einem großen Schlüssel und ließ uns in das Gebäude, das sich, abgesehen von seinem britischen Kamin und den verglasten Fenstern, nicht von den größeren Häusern des Dorfes unterscheidet. Unser Zimmer, das man über eine steinerne Außentreppe erreicht, liegt direkt über Hallams Stall und enthält ein paar leere Borde, einen kleinen Tisch, einen Stuhl und einen wackligen *charpoy*. Von hier gelangt man in ein völlig leeres Badezimmer, durch das man auf ein anderes Dach kommt, das mit vier runden Löchern ausgestattet ist. Da diese Latrine nicht einmal andeutungsweise mit einer Wand umgeben ist, muß man sich hier direkt vor den Augen des gesamten Dorfes hinhocken – was in einer Gemeinschaft, die dies als völlig natürliche Angelegenheit betrachtet, überhaupt nichts ausmacht. Eins unserer Fenster geht auf einen kleinen Hof hinaus, der von sechs Pappeln beherrscht wird, die weit höher sind als das Haus. Von dem anderen aus können wir das Dorfleben studieren, das heute nachmittag hauptsächlich von ein paar Yaks und zahlreichen Mischlingen bestritten wird, denen der Frühling im Blut liegt. Ein ausgelassener Yak ist etwas sehr Komisches. Mit gesenkten Köpfen und ihren dicken, buschigen über den Rücken gebogenen Schweifen springen und toben sie herum wie die Lämmer – bis sie auf ein weibliches Tier treffen. Die Fortpflanzung scheint völlig unkontrolliert zu erfolgen, obgleich Rindererzeugnisse in Baltistan eine wichtige Rolle spielen.

Wir haben gerade erfahren, daß der Weg zwischen hier und Gol vergangene Nacht von einem massiven Steinschlag blockiert worden ist. Die P.W.D.-Straßenbauabteilung meint, daß sie wenigstens drei Tage braucht, bis sie die Strecke wieder gesäubert hat, aber das berührt mich nicht. Ich habe große Lust, ein wenig in Kiris zu bleiben, das ein äußerst attraktives und freundliches Dorf zu sein scheint.

11.

Von Kiris nach Skardu

Im gesamten Transhimalaja ist das Klima so trocken,
daß im Jahr kaum sechs Zoll Regen fallen. Wäre er
eine Ebene, so würde es hier wie in der Sahara aussehen. Glücklicherweise jedoch schlägt sich auf den
höchsten Gebirgskämmen als Kondenswasser ab, was
den Schneefeldern des Himalaja an Feuchtigkeit ent-
weicht, so daß sich, wo Lage und Beschaffenheit der
Berge es erlauben, Firnschnee und Gletscher bilden,
die es der spärlichen Bevölkerung ermöglichen, trotz
der unmenschlichen Umgebung ihr Leben zu fristen.

Fillipo de Fillipi (1909)

Kiris, 2. März

Ich hasse das Wort »März«: Es erinnert mich zu eindringlich daran, daß unsere Tage in Baltistan gezählt sind. Ich habe in den
vergangenen Jahren zu vielen Orten und Menschen eine enge
Beziehung entwickelt, aber als wir heute morgen hoch über Kiris
herumgeklettert sind, ist mir klargeworden, daß meine Gefühle
für Baltistan weit tiefer gehen: Für dieses Land empfinde ich
eine leidenschaftliche Liebe. Aber es ist ganz eindeutig eher eine
Liebe zum Land als zu den Menschen. Die Balti sind liebenswert, zuverlässig, fröhlich, angenehm und über alle Maßen großzügig mit dem wenigen, das sie besitzen. Aber es fehlt ihnen
jenes Etwas, das sich mit »Persönlichkeit« nur unvollkommen
beschreiben läßt. Dies mag daran liegen, daß sie weder eine eth-
nisch homogene noch eine kulturelle Einheit bilden: Sie bilden
keine eigene Rasse, sondern sind ein Mosaik aus vielen unterschiedlichen Rassen, von denen keine stark genug war, um dem
ganzen Gebiet ihren Stempel aufzudrücken. Vergleicht man sie
mit den Bauern anderer Regionen, so scheint ihnen die Vitalität
der Pathanen, die Güte der Perser, die Gelassenheit der Tibeter,

die Würde der Amharas, die subtile Art der Hindus und das Unternehmerische der Nepalesen zu fehlen. Ihr Überlebenskampf in diesen gnadenlosen Tälern hat ihnen keine Zeit und Kraft für die Entwicklung von Kunst und Handwerk gelassen, mit Ausnahme einiger lebenswichtiger Fertigkeiten wie der Anlage von terrassierten Feldern. Und ihre geographische Abgeschiedenheit hat in Verbindung mit dem Fehlen einer reichen, müßigen Oberschicht selbst die Entwicklung des rudimentärsten intellektuellen Lebens verhindert. Dies mag in der vorislamischen Ära anders gewesen sein. Cunningham berichtet von einer Überlieferung, wonach zu Beginn des 17. Jahrhunderts alle Tempel und Klöster des Landes zerstört und ihre Bibliotheken in den Indus geworfen worden sein sollen. Heute besteht die »gebildete Klasse« fast ausschließlich aus fanatischen Mullahs, die sehr geschickt die islamische Theologie für ihre eigenen Zwecke manipulieren. Und so ist es wie gesagt das *Land*, zu dem man eine Beziehung entwickelt. Sir Younghusband hat für viele Reisende gesprochen, als er schrieb: »Je mehr man vom Himalaja gesehen hat, um so mehr möchte man noch sehen.«

Hinter Kiris stiegen wir in eine enge Schlucht hinauf. Wir kamen an zahlreichen Wassermühlen vorbei, die von Gruppen freundlicher Frauen bedient wurden, die uns Hände voll *satu* schenkten. Der machtvolle Strom sprang lärmend von Stufe zu Stufe, wobei er auf unserer Seite von funkelnden Schmelzwasserbächen gespeist wurde. Auf der gegenüberliegenden Seite war die Wand dagegen noch mit Eisstreifen bedeckt – wie mit Glasscheiben – sowie mit Eiszapfen von der Größe von Telegrafenmasten. Einer hat gestern einen Ziegenhirten erschlagen, als das Felsstück abbrach, an dem er hing. Die Naturkatastrophen Baltistans sind grauenhaft vielfältig.

Gegen Mittag überholten wir eine Herde von 17 Ziegen und Schafen, die von drei kleinen Jungen gehütet wurde. Wir waren inzwischen in einem ovalen Tal, in dem verstreut einige Heuschober, massive Felsbrocken und ein paar »Sommerresidenzen« lagen. Während wir neben dem Fluß in der Sonne saßen, beobachteten wir, wie die kleine Herde über eine schmale Baumstamm-»Brücke« auf das andere Ufer dirigiert wurde, wo die ersten gelbbraunen Grasflecken zu sehen waren. Danach kamen die drei Jungen vorsichtig auf uns zu und betrachteten uns zehn Minuten lang in verwundertem, aber nicht unfreundlichem Schweigen. Dabei vergaßen sie keinen Moment ihre Verantwortung. Alle paar Augenblicke rief einer von ihnen eine Warnung hinüber oder erteilte einem Mitglied seiner Herde einen Befehl, und ich war fasziniert, wie prompt das einzelne Tier trotz der Entfernung gehorchte – aber offensichtlich nur Angehörigen »seiner Familie«, was erklären würde, daß drei Kinder so wenige Tiere beaufsichtigen, wenn zugleich überall die Feldarbeit einsetzt. Zum Hüten gehört eben doch mehr, als man mit dem bloßen Auge wahrnimmt.

Es wird mir das Herz brechen, wenn ich diese Schönheit, die Stille und die endlose Vielfalt dieser Berge verlassen muß. Aber ich werde etwas von diesem seltsam stark machenden Himalaja-Frieden mitnehmen. Und er wird fortdauern. Die Eindrücke, die eine Reise wie diese hinterlassen, haben nichts Flüchtiges an sich.

Kiris, 3. März

Ein faszinierender Tag trotz des schlechten Wetters: alles grau in grau und dazu ein scharfer Wind – wie an einem widerlichen Märztag in Irland.

Zwischen Kuru und hier waren uns ein paar sehr seltsame blaßbraune Lehmklippen aufgefallen, die wir uns etwas näher ansehen wollten. Wir folgten zunächst einem Pfad neben einem Bewässerungsgraben, der uns um den Fuß eines Berges herumführte. Hier bot sich uns ein überraschender Anblick: Drei Männer schlugen mit Brecheisen und Holzhammer unter großen Kraftanstrengungen lange, flache Steinplatten aus dem Felsen heraus. Bei den vielen tausend Tonnen Felsgestein, die hier überall herumlagen, schien mir dies auf den ersten Blick ziemlich unverständlich. Aber wenn man sich die terrassierten Felder einmal genau ansieht, erkennt man, daß ihre Umrandungen nicht aus irgendwelchen alten Steinen errichtet sind, die gerade zur Hand waren, sondern aus sorgfältig behauenen Ecken. Was hier in jedes Fleckchen fruchtbaren Bodens an Arbeit hineingesteckt wird, um es bebaubar zu machen und zu erhalten, ist ganz enorm. Und wie oft brechen die Umrandungen während der Schneeschmelze zusammen, wenn alle Arbeitskräfte für die Düngung der Felder benötigt werden. Dann muß der unglückliche Bauer den Schaden möglichst rasch beheben, bevor ihm sein wertvolles Land weggeschwemmt wird. Jene Leute aus dem Tiefland, die verächtlich von den »faulen Balti« reden, sollten einmal hier ein paar Jahre lang versuchen, den Acker zu bestellen.

Das Dorf in der Nähe der Lehmklippen erinnerte verblüffend an den Mittleren Osten, da alle Häuser aus Lehmziegeln statt wie üblich aus Steinen gebaut waren. Einige dieser Wohnhäuser standen auf den Klippen, als seien sie aus ihnen herausgewachsen. Aber die meisten waren nur noch Ruinen, deren Fundamente bereits teilweise weggefressen waren – ein Zeichen dafür, wie schnell die seltsamen Kliffs verfallen. Sie sind von aufregenden Höhlen durchlöchert, die den Eindruck erwecken, als hätten sie in nicht allzu ferner Vergangenheit noch als Behausungen gedient. Rachel hätte sie gern näher untersucht, aber in einer so instabilen Landschaft war ich darauf nicht sehr erpicht. Das Dorf zeichnete sich außerdem duch die größten Weinstöcke aus, die ich je gesehen habe – fantastische Gewächse. Einige wirkten wie zahllose, ineinander verknäuelte Schlangen, andere waren direkt durch die Dächer und Wände der Häuser hindurchgewachsen, und wieder andere dienten als Fußgängerbrücken über die Bewässerungsgräben oder verbanden mit ihren 50 bis 60 Yards langen Ranken mehrere Aprikosen- und Maulbeerbäume.

Hinter den Kliffs lag eine kleine unheimliche Ebene, die teilweise noch mit Schnee bedeckt war. Der unbebaubare, schwammige Boden war seltsam elastisch und von vielen dunklen Spalten durchzogen, deren Tiefe man mit bloßem Auge nicht ausloten konnte. Manche waren kreisrund mit einem Durchmesser von wenigstens 100 Fuß, andere wiederum lange, schmale Risse. Alle waren an den Rändern abgebröckelt. Zwischen diesen tödlichen Fallen schwankte der dürre Boden bei jedem Schritt, als ginge man über ein Torfmoor, und mir fiel plötzlich auf, daß es nirgends auch nur einen einzigen Pfad gab. Mir war das Ganze ziemlich unheimlich, und wir verließen diesen Ort so schnell und vorsichtig wie möglich, indem wir auf unseren Hosenböden ein 500 Fuß hohes Kliff hinunterrutschten, bis zu den eben über dem Fluß liegenden Obstgärten und Feldern.

Der Bezirk Kiris ist etwa zehn Meilen lang und zehn Meilen breit und hat wie jede bedeutende Balti-Oase auch einen Radscha – der, glaube ich, sogar ein wenig Englisch spricht, sich aber leider derzeit in Skardu aufhält. Auf unserem Rückweg zum Rasthaus kamen wir an seinem Palast vorbei, einem viereckigen, dreigeschossigen Gebäude am Rand einer über dem Shyok aufragenden Klippe. Abgesehen davon, daß er bei weitem das größte Bauwerk in Kiris ist, gibt es über ihn nichts Bemerkenswertes zu berichten. Ein junger Polizist aus Shigar, der uns um den Palast gehen sah, erklärte uns: »Schönstes Haus in Kiris ist große Moschee – komm mit, ich zeigen.« Also folgten wir ihm, und er zeigte sie uns.

Die Moschee liegt in der Nähe des Basars – wenn man die sechs kleinen Buden mit ihren dreiviertel leeren Regalen so bezeichnen kann – und ist für Balti-Verhältnisse in der Tat großartig. Im Entwurf ähnelt sie den gewöhnlichen Steinmoscheen in den Dörfern: viereckig, mit einem Flachdach, ziemlich heruntergekommen und mit einem hölzernen Portikus. Aber ihr Ausmaß und ihre Proportionen verleihen ihr trotz des fortgeschrittenen Verfalls eine schlichte Größe. Eine dichte Reihe hoher Holzsäulen trägt den Portikus. Ihr geräumiger Innenraum, in den wir von der Tür aus einen Blick werfen durften, wird durch einfache, symmetrisch angeordnete Säulen in mehrere Schiffe unterteilt. Der Lehmboden ist mit Strohmatten bedeckt, und von der hohen Decke hängen vier Leuchter herunter. Schiiten und Nurbashi – die die Lehren des Propheten völlig unterschiedlich auslegen – beten hier gemeinsam. Nordirische Christen, bitte notieren!

In einer Einfriedung neben der Moschee sieht man zwei verfallene Gräber, die früher einmal sehr eindrucksvoll gewesen sein müssen. Die Reste der Steinmetzarbeiten lassen eine Kunstfertigkeit erkennen, wie sie dem modernen Baltistan fremd ist. Unser Führer erzählte uns, es handle sich um die Gräber jener unerschrockenen Missionare, die die Balti zum Islam bekehrten. Mag sein. Aber was die Glaubwürdigkeit historischer Überlieferungen angeht, bin ich hier etwas mißtrauisch geworden.

Heute sahen wir fünf größere Steinschläge, hörten aber noch einige mehr. Derzeit ist auf der von hier aus jenseits des Flusses gut sichtbaren Jeep-Straße nur wenig Verkehr. Die Unfallgefahr ist zu groß, da die Jeepfahrer – im Gegensatz zu Reitern und Fußgängern – das warnende Donnern der herabsausenden Felsbrocken nicht hören können. Die steilen, glatten Hänge neben diesem Abschnitt der Straße sind klassische Steinschlaggebiete, in denen die massiven Felsbrocken mit der Geschwindigkeit von Meteoriten herunterkommen.

Kiris hat eine Unmenge Ratten. Ich schlafe auf dem Holzfußboden, und während ich gestern abend bei Kerzenschein in meinem Buch las, hüpften sie dreist auf meinem Schlafsack herum. Als ich die Kerze ausblies, kamen sie sofort, um das Wachs zu fressen, und ich konnte sie neben meinem Ohr nagen hören.

Kiris, 4. März

Wir wachten in der Dämmerung auf, um festzustellen, daß draußen wieder drei Zoll Neuschnee lagen. Um acht Uhr war der Schnee jedoch in Regen übergegangen – dem ersten seit drei Monaten. Er hielt den ganzen Tag an, wurde gelegentlich zu Schneeregen, und die kalte Feuchtigkeit verbannte die Menschen in die Häuser. Gegen 17 Uhr, als der Himmel aufzuklaren begann, war Kiris' durchschnittliche jährliche Niederschlagsmenge im wesentlichen erreicht. Rachel verbrachte den Tag mit Malen und Rechnen, und ich widmete mich der üblichen Schlechtwetter-Hausarbeit.

Skardu, 5. März

Unser anstrengendster Tag! Das Wetter zwang uns zu einem Gewaltmarsch über 26 Meilen in siebendreiviertel Stunden mit nur einer Pause von fünf Minuten. Woraus der Leser sehen kann, daß Hallam und ich jetzt ganz schön fit sind – trotz (oder wegen?) der Beschränkungen der Balti-Küche.

In der Dämmerung war noch nicht zu erkennen gewesen, wie sich das Wetter entwickeln würde, aber gegen 7.30 Uhr klarte der Himmel auf, und um 9.15 Uhr zogen wir los. Als wir uns Gol näherten, verdichteten sich die Wolken bereits wieder über den vor uns liegenden Gipfeln, aber auf den nächsten sechs bis sieben Meilen blieb das Wetter erträglich. Der Boden war trocken, und es war nicht zu kalt. Der Weg wand sich in Serpentinen auf einem breiten Felsband zwischen einem dunklen Bergchaos zu unserer Linken und der tiefen Indusschlucht rechts von uns hindurch. Als wir vor einem Monat hier entlangkamen, war noch alles weiß; jetzt ist der Schnee völlig weggetaut. Auf der anderen Seite des Indus stiegen mächtige Felsen senkrecht neben dem Fluß auf, die aus einiger Entfernung aussahen, als hätten sie einen braunen Samtüberzug. Wir beobachteten dort drei aufregende Steinschläge, aber auf unserer Seite bestand keine Gefahr. Auf dem unbewohnten, zwölf Meilen langen Streifen zwischen Gol und Gomo Thurgon begegneten wir nur einem einzigen Menschen – einem Mail-Runner, der dort mit seinem kleinen, versiegelten Sack auf dem Rücken entlangjoggte. Er warf uns einen verwunderten Blick zu, als traue er seinen Augen nicht, veränderte aber nicht eine Sekunde seinen Laufrhythmus.

Ich rechnete mit Regen, als die Wolken immer dichter wurden und immer tiefer herabsanken und der Wind uns stärker und kälter entgegenblies. Als wir ins Skardu-Tal einbogen, begann es jedoch zu schneien. Nur war es leider nicht der angenehm trockene Schnee, den wir gewohnt sind, sondern mieser, nasser, »irischer« Schnee, der sofort schmolz, sobald er den Boden berührte. Mit jeder Meile wurden wir nasser und kälter. Die Sichtweite betrug bald nur noch 50 Yards, und der Weg war sechs Zoll hoch mit Matsch bedeckt. Häufig hörten wir von irgendwoher das unheimliche Krachen von Lawinen. Aber trotz dieser Widerwärtigkeiten war ich froh, Baltistan auch von dieser Seite kennenzulernen. Von dem, was man liebt, kann man nicht erwarten, daß es jederzeit liebenswert ist. Sadiq hat uns später erzählt, daß es im Skardu-Tal bereits seit vier Tagen ununterbrochen schneite.

Es war genau fünf Uhr, als wir wieder in Skardu waren und ich die klatschnasse und vor Kälte zitternde Rachel in unser kleines kaltes Zimmer schob. Dann mußte zuerst Hallam abgeladen, trockengerieben und gefüttert werden (mit klammen Fingern nicht ganz einfach). Danach packte ich unser Gepäck aus, setzte den Ofen in Gang, zog Rachel aus, wickelte sie in eine Steppdecke, machte Tee – und stellte fest, daß auch unser Bettzeug klatschnaß war. Und so mußte ich mich umgehend der außerordentlich mühsamen Aufgabe widmen, unsere Schlafsäcke am Ofen zu trocknen. Und dann ins Bett – keine Sekunde zu früh.

Skardu, 6. März

Heute konnte man in Skardu keine zehn Yards weit gehen, ohne bis zu den Knien im Matsch zu landen, und ohne Stock zog es einem die Füße weg. Der graue Himmel hing tief über dem Tal. Von unserer Zimmerdecke tropft es inzwischen an so vielen Stellen, daß kaum genug Platz bleibt, um die *charpoys* aufzustellen, während sich der Fußboden langsam den Wegen draußen anpaßt. In Hallams Stall ist die Decke noch schlechter. Vier Schuljungen haben heute nachmittag den Schnee vom Dach geschippt, aber ich fürchte, daß sie mit ihrer Schaufelei die Lehmdecke nur noch mehr beschädigt haben. Viele Skarduer Haushalte kämpfen heute mit dem gleichen Problem.

Wir verbrachten den Tag damit, Freunde zu besuchen, die uns alle davon abrieten, nach Shigar aufzubrechen, bevor sich das Wetter gebessert hat. Obgleich Skardu im Augenblick nicht besonders attraktiv ist, ist es ein schönes Gefühl, wieder »zu Hause« zu sein. Viele Familien haben uns herzlich begrüßt – genauso wie die Händler im Basar, unsere Nachbarn, die wir beim Wasserholen trafen, und die Polizisten auf der Veranda ihrer Kaserne. Skardu mag es an der offenherzigen Freundlichkeit Khapalus fehlen, aber wenn man erst einmal akzeptiert ist, dann gehört man auch hier dazu.

Skardu, 7. März

Heute wurde das Wetter sehr viel besser, was für uns allerdings katastrophale Folgen hatte. In der heißen Sonne taute so viel Schnee auf unserem Dach, daß unser Bettzeug wieder klatschnaß war, als wir vom Kerosinkauf zurückkamen. Aber draußen in der Sonne war es bald wieder trocken. Am frühen Nachmittag war wiederholt das Krachen und Donnern von Lawinen zu hören. Rachel verbrachte den Vormittag mit ein paar Freundinnen in der örtlichen Mädchenschule; auch für sie ist es schwierig, auf den derzeit völlig durchweichten Wegen in Skardu nicht hinzufallen. Das Kerosin wird jetzt sehr knapp, da von Juglote keine Jeeps mehr herüberkommen können. Der Weg ist durch sieben große Erdrutsche blockiert.

Skardu, 8. März

Heute morgen haben wir den Chief Superintendent besucht, der uns erzählte, daß in Baltistan jedes Jahr erhebliche Mengen an Ackerboden durch Erosion verlorengehen. Dies erklärt zumindest teilweise, warum viele Dörfer den Eindruck machen, als sei es der Bevölkerung früher besser gegangen. Wenn man den Balti zeigen würde, wie sie die herabkommenden Wassermassen auffangen und kanalisieren können, könnten zahllose Flächen gerettet werden. Es liegt auf der Hand, daß Bauern, die in der Lage sind, diese Berghänge hier zu bebauen, aus einer solchen Unterweisung ihren Nutzen ziehen würden, auch wenn sie heute die Zerstörung ihres (buchstäblich) fruchttragenden Bodens ergeben als »Willen Allahs« hinnehmen.

Während unseres Gesprächs kamen eine Reihe Jeepeigentümer ins Büro – in der Mehrzahl Pathanen – und baten um Bezugsscheine für Benzin, mußten aber alle abgewiesen werden. Mir war nicht ganz klar, wieso der Chief Superintendent of Police für die Benzinzuteilung zuständig ist und nicht der Civil Supply Officer nebenan. Aber das ist Skardu. Beiläufig erwähnte ich, daß es auch mir nicht gelungen war, Kerosin zu bekommen, obgleich mir der C.S.O. einen entsprechenden Bezugsschein ausgestellt hatte. Sofort versuchte Radscha Karim Khan unser Problem zu lösen, indem er einen jungen Rekruten auf die Suche nach der kostbaren Flüssigkeit schickte – ausgestattet mit unserem Kanister, der Bescheinigung und Rs 9. Es ist jetzt Schlafenszeit, ohne daß er bisher wieder aufgetaucht ist: Aber eines Tages wird er schon kommen.

Falls es das Wetter erlaubt, wollen wir morgen einen Tagesausflug nach Satpara machen.

Skardu, 9. März

Als wir nach dem Frühstück aufbrachen, schwebten zwar über den Gipfeln ein paar Wolken, aber sonst war der Himmel blau. Trotzdem schneite es um 14 Uhr wieder. Das ganze Satpara-Tal liegt noch unter einer dicken Schneedecke, die sich auch über die fest zugefrorene Oberfläche des Sees erstreckt, so daß man ihn überqueren könnte, ohne etwas von seiner Existenz zu merken. Auch die Jeep-Straße ist längst unter den Schneemassen verschwunden, und die Einheimischen haben sich ihren eigenen Trampelpfad angelegt, auf dem sich Hallam jedoch sehr schwer tat – und der schließlich für ihn gefährlich wurde –, so daß wir eine Meile vor dem Dorf umkehren mußten. Inzwischen wehte ein stetiger Wind, und die Wolken hingen sehr tief. Es scheint mir nicht vergönnt, das Ende des Satpara-Tales an einem klaren Tag zu sehen.

Die Regelmäßigkeit der Lawinenabgänge ist verblüffend. Als wir um den unsichtbaren See herumwanderten, hörten wir den ersten »Knall« des heutigen Tages, dem nach einem Moment absoluter Stille jenes schreckliche Poltern folgte – das lauteste, das wir bisher gehört haben. Es schien von einem Berg am gegenüberliegenden, westlichen Ufer des Sees zu kommen. Ich sah auf meine Uhr: Es war 11.58 Uhr. Das Merkwürdige daran ist, daß man die erste Lawine des Tages immer zwischen 11.55 und 12.05 Uhr hört.

Auf den steilen Schneehängen zeichneten sich tiefe Rinnen und lange braune Erdflecken ab. Von Skardu kommend, hatten wir auf dem weißen Pfad frische Blutstropfen entdeckt – eine seltsam melodramatische Farbkombination. Zwei Meilen weiter stießen wir auf den Unfallort, wo sich eine dünne Blutspur den Abhang hinauf bis zu einer Geröllhalde hin fortsetzte. Wo sie begann, sah man im Schnee einen großen roten Fleck. Von dort aus war das Opfer zum Weg hinabgerollt und hatte dabei einen kleinen Steinschlag mitgerissen. Später hörten wir, daß der Mann auf der Suche nach einem verlorengegangenen Schaf die Geröllhalde überquert hatte, als ihn ein Stein am Kopf traf. Als echter Balti riß er sich zusammen, band sich sein Hemd um den Kopf und marschierte vier Meilen weit zum Krankenhaus – um festzustellen, daß dort wegen des heutigen Sonntags niemand Dienst tat. Darauf zog er seinen »Druckverband« wieder fest und marschierte noch einmal acht Meilen nach Hause. Ein paar Monate unter den Balti machen deutlich, wie gefährlich verweichlicht wir »Westler« bereits sind. Noch ein paar Generationen Verhätschelung und zuwenig Bewegung, und unser Körper wird nicht mehr in der Lage sein, seine normalen Funktionen zu erfüllen.

Skardu, 10. März

Heute morgen fand ein historisches Ereignis von enormem Interesse statt: Die Damen Murphy legten zum ersten Mal nach fast drei Monaten ihre Kleidung ab! Rachel war regelrecht ein wenig enttäuscht: »Unsere *Körper* sehen überhaupt nicht schmutzig aus! Der ganze Dreck sitzt in den Sachen!« Offensichtlich wird man in einem sehr kalten Klima nicht zunehmend schmutziger. Der schützende Ölfilm, der sich auf der Haut bildet, scheint jeden Schmutz abzuweisen. Unser Unterzeug konnte man natürlich nur noch als potentielles Brennmaterial wegwerfen. Von einer gründlichen Wäsche haben wir dennoch vorerst abgesehen und unsere sauberen Sachen so angezogen. Wer weiß, welchen Temperaturen wir im Shigar-Tal noch ausgesetzt sein werden?

Heute war das Wetter scheußlich. Es schneite ununterbrochen. Der Schnee war naß, der tiefhängende Himmel fast schwarz, und die eisige Feuchtigkeit ging einem durch Mark und Bein. In der Stadt herumzulaufen war die Hölle. Der dicke, klebrige Matsch versuchte einem die Schuhe auszuziehen oder war so glitschig, daß man sich nicht einmal mit Hilfe eines Stockes auf den Beinen halten konnte.

Heute abend bereitet mir die Kerosinkrise echte Sorgen. Seit Tagen pumpen wir bereits verzweifelt unsere Freunde an – einen halben Liter hier, einen halben Liter da. Auch der junge Polizist hat uns nicht helfen können. So wie die Dinge liegen, müssen wir ohne Ofen nach Shigar gehen und uns auf den unsicheren Holzvorrat der Einheimischen verlassen.

Skardu, 11. März

Heute war das Wetter eine Kleinigkeit besser als gestern, und unsere Zukunft erhellte sich durch die Entdeckung von vier Gallonen Kerosin. Das bedeutet, daß wir das Geborgte zurückgeben und nach Shigar aufbrechen können, sobald die Sonne durchkommt. Ich habe sogar ein paar Kartoffeln auf dem Basar erstanden; mit Rs 2 das Pfund zwar teuer bezahlt, aber ein wahrer Hochgenuß.

Auf dem Basar in Kiris gab es *satu* – das Pfund zu Rs 1 –, und ich habe für unsere Wanderung nach Shigar vier Pfund gekauft. Vermischt mit dem Tee aus unserer Thermoskanne, liefert es uns ein warmes Mittagessen – anstelle der hartgekochten Eier an einem guten Tag und der getrockneten Aprikosen in schlechten Zeiten.

12.

Frühling im Shigar-Tal

> Das Shigar-Tal war von nicht geringer Schönheit. Es ist
> ein breites, flaches, offenes Tal: an beiden Seiten sowie
> am Kopf- und Fußende von den zerklüftetsten Bergen
> eingeschlossen, die in nadelgleichen Spitzen enden
> oder mit ewigem Schnee bedeckt sind.
>
> *Sir Francis Younghusband (ca. 1888)*

> Unser Glücksempfinden hängt von unserem Geschmack
> ab, nicht von der Sache. Deshalb macht uns der Besitz
> von Dingen glücklich, die wir selbst schön finden, nicht
> aber der Besitz einer Sache, die anderen gefällt.
>
> *La Rochefoucauld*

Shigar, 12. März

Ein in jeder Hinsicht glücklicher Tag. Um 8.45 Uhr waren wir
bereits unterwegs; Kesselflickern gleich zuckelten wir dahin,
während unsere Küchenutensilien in ihrem durchlöcherten Sack
zusammenstießen. Diese fröhliche Kakophonie ist zu unserer
Karakorum-»Kennmelodie« geworden.

Die ersten sieben Meilen folgten wir der Straße nach Khapalu, die gerade mit Schotter und Sand ausgebessert worden war.
(Das örtliche P.W.D. beschäftigt einen Kuli pro Meile.) Dann
kreuzten wir den Indus auf einer älteren Hängebrücke. Der Fluß
ist hier etwa 100 Yards breit, und sein sanfter, grüner Fluß wird
nur von wenigen riesigen, seltsam geformten Felsbrocken behin-
dert. Weitere gigantische Granitblöcke liegen an seinen Ufern.
An einigen von ihnen hat man die Stahltrossen für die Brücke
verankert. Auf dem rechten Ufer war der Schnee fast vollständig
weggetaut, und unser Weg führte uns sogleich auf eine lange,
breite, silbrige Sandbank, die mit Büscheln einer harten Wü-
stenpflanze bewachsen war, die nicht einmal Ziegen fressen. In
Richtung Skardu wurde diese Ebene zu einer Reihe elegant ge-

schwungener Sanddünen. Die dunkle Felswand vor uns war verschwenderisch mit weißem Marmor durchzogen; an ihrem westlichen Ende erhob sich ein einzelner, scharfkantiger, rotbrauner Felsen. Zwischen ihm und der dunklen Felswand quetschte sich unser Weg hindurch, und hinter diesem Einschnitt lag ein flaches Tal, wo ein Ziegenhirte in der Ferne seine Herde auf irgendwelche unsichtbaren Weiden trieb.

Nachdem wir eine flache Halbwüste überquert hatten, wandte sich der Weg nach Norden und schlängelte sich steil zwischen öden, geborstenen Felsen nach oben, die aussahen, als habe irgendein Riese seine Wut an ihnen ausgelassen. Wir stiegen höher und höher bis zu einem langen, schmalen Sattel, auf dem noch tiefer Schnee lag. Nach der anstrengenden Kletterei genoß ich die prickelnde frische Luft hier oben. Vor uns lagen ungewöhnliche Schneegipfel, die von blassen Dunstbändern umschlungen waren, und zu beiden Seiten erhoben sich ausgemergelte schwarze Klippen mit seltsamen runden Löchern. Wir ließen es nun langsam angehen und schlenderten gemächlich unter einem dunkelblauen Himmel inmitten jener wilden Schönheit und endlosen Stille dahin, die in mir jedesmal den Wunsch weckt, Baltistan nie wieder verlassen zu müssen.

Dann blickten wir über das stille Shigar-Tal hinweg bis zu seiner etwa 30 Meilen entfernten Einmündung in die wesentlich schmaleren Täler von Braldu und Basna. Links von uns tauchte noch einmal der Skardu-»Felsen« auf, unterhalb dessen der Shigar in den Indus fließt. Der lange Abstieg endete auf einem breiten, kaum 80 Fuß über dem Fluß gelegenen Felsband. Dieses flache Band am Fuß dunkler, kahler Klippen war mit Felsblöcken, dicken Brocken, Steinen und Steinchen jeder Größe, Form und Farbe übersät. Wir sammelten so viele davon auf, daß die Taschen meines Parkas prall abstanden. Als nächstes folgten Obstgärten und Häuser, auf deren Dächern die Frauen saßen und webten und zwischen denen stolz um sich blickende Yaks standen. Einige der gekreuzten Rinder hatten ein ungewöhnlich graublau bzw. zimtbraun gefärbtes Fell. Als der Hauptweg zu matschig wurde, wichen wir auf einen über die Felder führenden Fußweg aus und passierten eine Reihe kleinerer Dörfer, bevor wir schließlich in das Zentrum der Stadt Shigar schlidderten. Ich erkannte sofort die ins Auge fallende, von winzigen Häusern und riesigen Bäumen umgebene Moschee wieder, die der Herzog von Abruzzi auf seiner Expedition vor 60 Jahren fotografiert hatte. Wo sonst haben sich die Hauptstädte seit 1909 so wenig verändert? Kein Wunder, daß mein reaktionäres Herz in Liebe für Baltistan schlägt.

Im Basar sah ich flüchtig ein paar wunderschöne Holzschnitzereien an den Balkonen zahlreicher Häuser. »Flüchtig« deshalb, weil ich den Blick nur für Sekunden von dem matschigen Weg abwenden konnte, ohne in Gefahr zu geraten, meine eben erstandenen zehn Eier zu zerbrechen. Hinter dem Basar verkündete ein pompöses neues Schild vollmundig: »Government Servants Colony: Civil Hospital and P.W.D. Rest House«. Hinter dem hübschen kleinen Rasthaus fanden wir dann auch die »Kolonie« – eine Reihe verlassener, halbfertiger Bungalows. Solche aufgegebenen Projekte sind für das moderne Baltistan typisch: Diese »Kolonie« hatte sich wahrscheinlich ein Beamter in Islamabad ausgedacht, der nie weiter nördlich als bis Murree gekommen war. Aber glücklicherweise liegt das Ganze hinter dem Rasthaus, und von unserer Veranda sehen wir auf einen strahlenden Halbkreis von Schneegipfeln.

Ghulam Nabi schickte einen der vielen kleinen Jungen aus unserem Gefolge los, um den *chowkidar* zu holen. Ghulam ist eigentlich nur für die Vergabe von Medikamenten am Civil Hospital zuständig, führt aber in Wahrheit das Krankenhaus, wobei er von einer älteren Krankenschwester unterstützt wird, die vermutlich aus Rangoon kommt. Für eine Bevölkerung von etwa 30 000 Menschen stehen sechs Betten zur Verfügung. Ärzte kommen selten nach Shigar. Dafür suchen täglich etwa 200 Patienten das Krankenhaus auf, von denen die meisten unter Kröpfen, Tuberkulose, Bronchitis, Augenkrankheiten und Würmern leiden.

Die Pakistan Tourism Development Corporation hofft, daß dieses Tal bald zur Costa Brava Baltistans wird. Das von den

Briten gebaute Rasthaus ist kürzlich renoviert, reich möbliert und mit elektrischem Licht und modernen sanitären Einrichtungen versehen worden, die in absehbarer Zukunft jedoch kaum richtig funktionieren werden. In unserem Zimmer gibt es nur einen einzigen (sehr vornehmen) *charpoy;* aber der mit einem dicken Teppich ausgelegte Fußboden kann als zweites Bett mitgezählt werden. Als der *chowkidar* erschien, bat Ghulam ihn, Tee zu bereiten, der auch nach einer halben Stunde kam, nachdem ich zuvor die Teeblätter geliefert hatte. – Inzwischen brauche ich nur noch knapp 15 Minuten, um Hallam abzuladen, auszupacken, den Ofen zusammenzusetzen, anzuheizen und einen Topf Tee zu kochen. Übung macht den Meister ...

Shigar, 13. März

Während unserer Morgenwanderung am Shigar machte ich eine sehr unangenehme Bekanntschaft mit Treibsand. Glücklicherweise befand sich Rachel auf festem Boden und hat nichts davon gemerkt. Um dieses Hindernis zu umgehen, mußten wir weit von unserem Kurs abweichen, bis der Sand wieder fest genug war und wir uns über ihn hinweg in die Sicherheit eines Felshangs retten konnten. Dieser erwies sich jedoch sehr schnell als gar nicht so sicher, als 50 Yards vor uns ein Erdbrocken von der Größe eines Hauses auf unseren Weg stürzte. Ein kurzer Spaziergang im Karakorum ist nie langweilig.

Oben auf diesem Kliff kamen wir an einer Gruppe Häuser inmitten morastiger Felder vorbei, wo uns drei junge Frauen mit eindringlichen, bittenden Gesten hartnäckig zu sich heranwinkten. Wir folgten ihnen und wurden durch Ställe hindurch in einen engen, schmutzigen, dämmrigen, rauchgefüllten Raum geführt, wo eine alte Frau auf einem Haufen Stroh nackt unter einer zerfetzten Steppdecke lag und entsetzlich hustete. Ihre Stirn war ganz heiß, und ihre Hände waren abgezehrt und zitterten, als sie sie dankbar um meine Hand legte. Und dennoch strahlte sie eine unzerstörbare Würde aus, als sie dort in dieser

Verkommenheit und Armut lag, die sich unsere Überflußgesellschaft kaum vorstellen kann. Ich blieb eine halbe Stunde neben ihr sitzen, während Rachel mit schmutzverkrusteten Aprikosen gefüttert wurde. Es war kaum zu übersehen, daß die geliebte Großmutter im Sterben lag, aber dennoch forderte ich einen ihrer Enkel auf, uns zum Rasthaus zu begleiten, wo ich ihm ein Dutzend Kapseln mit einem Antibiotikum gab. Ich hoffe nur, er hat verstanden, wie und wann sie sie einnehmen muß.

Nach dem Mittagessen überquerten wir den hinter dem Rasthaus fließenden Nebenarm und folgten den engen Pfaden oberhalb der Bewässerungsgräben. Häufig blieben wir stehen und betrachteten die wilde, zerklüftete, glitzernde Pracht des Karakorum, über dessen Gipfel gelegentlich eine Federwolke hinwegsegelte. Auf dem Rückweg kamen wir durch ein Gewirr alter Häuser, wo wir viele winzige Esel und auch ein paar Hunde sahen. Sie hatten etwa die Größe eines Collie, waren aber stämmiger, hatten ein kurzes, schmutzig-weißes Fell, eine stumpfe Schnauze und kupierte Ohren.

Shigar war schon immer Baltistans reichstes Haupttal, und so sind auch einige der hiesigen Bauwerke ein wenig eleganter als der Durchschnitt – möglicherweise beeinflußt durch die Kaschmiri, die die Hauptmoschee der Stadt gebaut haben. Diese wurde vor »ein paar hundert Jahren« errichtet, und die zierlichen Filigranarbeiten an ihrem Gesims passen eigentlich gar nicht in eine Gegend, in der plumpe Improvisation die architektonische Norm ist. Das pyramidenähnliche, dreistufige Dach gleicht befremdlich einer Pagode. Auch ihr Inneres soll sehr eindrucksvoll sein. Aber da die Einwohner strenge Schiiten sind, gestattete man uns Frauen nicht einmal einen kurzen Blick durch die Tür.

Shigar, 14. März

Der Basar wird von drei Felsgipfeln überragt – die Rachel »die drei Bären« getauft hat. Der am Rasthaus vorbeifließende Nebenarm strömt durch eine Spalte zwischen dem kleinen und dem

mittleren »Bären« herab. Wir brachen früh auf, um dieses Nebental zu erkunden, und stießen dabei am Rand der Stadt auf
eine (für mich) neue Anti-Erosionserfindung: Wo die Sommerfluten am heftigsten angreifen, hatte man eine große Anzahl riesiger Weidenkörbe – etwa acht Fuß hoch und fünf bis sechs Fuß
im Durchmesser – am Ufer angebracht und mit Steinen gefüllt,
um so die Kraft des Wassers zu brechen. Unmittelbar über dieser Stelle steht eine pagodenähnliche, sehr baufällige kleine
Moschee, die anscheinend von ganzen Scharen streitsüchtiger
Hühner bewohnt wird. Ein wenig höher befindet sich ganz in der
Nähe der alte Palast des Radscha, ein grauer, viergeschossiger,
festungsgleicher Bau. Er überschattet den untadelig traditionellen neuen Palast – ein zweigeschossiges, weißgetünchtes Gebäude mit einer hölzernen Außentreppe und einem mit einfachen
Schnitzereien verzierten Südbalkon. Niemand kann den Balti-
Potentaten vorwerfen, sie hätten der Bequemlichkeit gefrönt.

Als unser Pfad den kalten, schattigen Spalt zwischen den
»Bären« erreichte, standen wir plötzlich mitten in einem Gewirr
von Felsblöcken. An den Felswänden konnte man häufig noch
die Stelle sehen, von wo sie herabgekommen waren. Der Gipfel
des »kleinen Bären« hing direkt über unserem Pfad. »Sieht aus,
als ob der Bär den Kopf vorstreckt«, meinte ich. »Finde ich
nicht«, widersprach Rachel, »eher wie ein Stück Fels, das jeden
Augenblick herunterfallen will.« Instinktiv beschleunigten wir
unsere Schritte, obgleich dieses »Stück Fels« wahrscheinlich
noch weitere 500 Jahre da oben hängen wird.

Hinter dieser kurzen Schlucht stieg der Pfad langsam zu einem
hoch aufragenden Schneegipfel an. Rechts von uns, auf der anderen Seite des Flusses, schwangen sich weiche, weiße Hänge bis
zu einer Reihe zerklüfteter Felsspitzen empor, während auf unserer linken Seite sanftere, mit Felsbrocken bedeckte Hänge lagen, die bereits schneefrei waren und von denen das Schmelzwasser in Bächen herabfloß. Dieses Tal konnte keine von Shigars Sommerweiden sein, da nur an ganz wenigen Stellen Gras
zu wachsen schien. Dennoch war der Weg über weite Strecken

erstaunlich gut, was mich zunächst etwas verwunderte, bis wir weit unter uns die Überreste vieler kleiner terrassierter Felder sahen. Heute abend bekam ich auf meine Frage die etwas vage Antwort: »Es hat dort einmal ein Dorf gegeben – aber wir wissen nicht, was mit ihm passiert ist.«

Das Desinteresse der Balti an der Vergangenheit – egal, wie weit die Sache zurückliegt – kann einen verrückt machen. Schließlich muß dieses Dorf zu einer Zeit existiert haben, an die man sich noch erinnert. Denn weder Wege noch Felder bleiben hier lange bestehen, wenn man sich nicht darum kümmert. – Natürlich ist der Pfad nicht von Anfang bis Ende gut erhalten; an mehreren Stellen ist er bereits fast verschwunden, insbesondere dort, wo er über der tiefen Schlucht des (auf meiner Karte) namenlosen Flusses schwebt.

Fünf Stunden lang sahen wir kein Lebewesen, obgleich sich auf der anderen Seite der Schlucht viele Tierspuren im Schnee abzeichneten. Häufig blickten wir dorthin zurück, wo die mächtigen Gipfel jenseits des Shigar die dunklen »drei Bären« überstrahlten. Glücklicherweise wandte ich nicht gerade den Kopf, als unser Weg plötzlich am Rand einer tiefen Spalte endete, die offensichtlich erst vor kurzem durch irgendein leichtes Beben entstanden war. Hier waren wir den Schneegipfeln am Kopf des Tales schon recht nah, und nach dem – trotz der heißen Mittagssonne – sehr scharfen Wind zu urteilen und gemessen an den umliegenden Berggipfeln, würde ich meinen, daß wir etwa 11 000 Fuß hoch waren. Ein so völlig menschenleeres Flußtal zu finden wie dieses, ist ziemlich ungewöhnlich – so hartnäckig machen die Balti die unmöglichsten Plätze bewohnbar –, und so genoß ich die weite Einsamkeit. Trotzdem stimmten mich jene winzigen verlassenen Felder traurig, ebenso wie die knorrigen Obstbäume gegenüber unserem Rastplatz, wo das verschwundene Dorf einst gestanden haben mußte.

Korrekter wäre natürlich zu sagen »meinem Rastplatz«. Selbst nach einer Sechs-Meilen-Wanderung bergauf kann Rachel nicht stillsitzen. Während ich mich ausruhte, sammelte sie

Steine. Inzwischen sieht das Rasthaus schon wie ein schlecht geführtes geologisches Museum aus. Auf dem Weg hinauf waren wir schon an zahlreichen bunten Geröllfeldern vorbeigekommen – voller großer Gesteinsbrocken in Rot, Grün, Weiß, Rosa, Orange, Schwarz und Purpur – sowie an riesigen Blöcken mit verschiedenfarbigen Schichten. Neben dem Weg lagen weiße Marmorbrocken wie von einem zusammengestürzten Renaissancepalast, und überall funkelte der Glimmer wie Goldstaub. Wir blieben bei einem der vielen weichen, rostroten Felsen stehen und brachen einen der Blöcke buchstäblich mit den bloßen Händen auseinander.

Dieses Tal war in jeder Hinsicht perfekt: mit seinen langen, anmutigen Schneehängen, seinen unfruchtbaren graubraunen Geröllhalden neben emporstrebenden Pfeilern aus gelbbraunem Fels und seinen alles beherrschenden Schneegiganten. Wie unvergleichlich schön ist Baltistan! Und wie kümmerlich sind alle Versuche, es beschreiben zu wollen! Man kann allenfalls auf seine Pracht hinweisen.

Shigar, 15. März

Der heutige Tag war chaotisch, aber auf eine sehr angenehme Art. Nach dem Frühstück lud mich Ghulam Nabi ein, das Krankenhaus zu besichtigen. Da wir zum Mittagessen bereits mit dem Tahsildar verabredet waren, blieb uns anschließend nur noch Zeit für einen kurzen Spaziergang über die morastigen Felder. Auf einer ausgesprochen sonnigen Terrasse, auf der zuvor die Frauen den Dung verteilt hatten, wurde gerade der Boden umgepflügt. Zwei Yak-Mischlinge zogen den primitivsten aller vorstellbaren Holzpflüge (er hatte nicht einmal eine eiserne Pflugschar), der mit Lederriemen an einem Bambusjoch befestigt war. Der Pflüger mußte erhebliche Kraft aufwenden, um den eben aufgetauten Boden aufzureißen. Wenn ein Streifen gepflügt war, gingen vier Männer mit plumpen hölzernen Harken daran, die großen Erdklumpen zu zerkleinern. Danach kamen die Frauen zurück und vermengten mit bloßen Händen den Dung mit der fruchtbaren braunen Erde, als kneteten sie einen riesigen Kuchen. Derweilen gesellten sich die Männer mit den Harken zu einer kleinen Gruppe am Feldrand, wo sie ein paar Züge aus einer Wasserpfeife rauchten und sich die Hände an einem winzigen Feuer aus Zweigen und trockenen Graswurzeln wärmten.

Um in das Haus des Tahsildars zu kommen, mußten wir eine steile Leiter hinaufklettern und uns durch eine Herde dunkelbrauner Mini-Schafe hindurcharbeiten, die auf dem sonnenwarmen Dach ihr Mittagessen einnahmen. In der »Eingangshalle« wurde unser Weg noch einmal von zwei streitenden Ziegenböcken blockiert sowie sich paarendem Hühnervieh. Aus der warmen Sonne wurden wir in einen dunklen, kühlen Raum mit niedriger Decke geführt, dessen gesamte Einrichtung aus einem *charpoy* und einem Ziegenhaarteppich bestand. Hier gilt es als Statussymbol, um den Ofen herumzusitzen und das knappe und teure Holz zu verbrennen, statt die Wärme der Sonne auszunutzen.

Der junge Tahsildar ist größer als der Durchschnittsbalti und sehr darum bemüht, die Wichtigkeit seines Amtes zu betonen. Sein Englisch ist dürftig, aber er war nicht davon abzubringen, es trotzdem nonstop und sehr schnell zu sprechen. Das Ergebnis erinnerte in etwa an »Unterhaltungen« mit sehr alten, tauben Menschen:

Ich: »Benutzen die Fischer hier Netze, Fallen oder Dynamit?«

Er: »Ja, die Regierung plant einen großen Staudamm, um ganz Baltistan mit Elektrizität zu versorgen.«

Ich: »Wann wurde das Dorf dort im Flußbett (ich zeige in die Richtung) zerstört? Wann sind die Bauern weggegangen?«

Er: »Nein, unsere Leute verlassen dieses Tal nicht. Es ist reich – ganz Shigar ist reich. Nichts wurde zerstört.«

Einer unserer Mitbewohner im Rasthaus (einer der zwölf High-School-Lehrer) erzählte mir später, daß man in jedem Sommer im Shigar bemerkenswerte Mengen Gold findet. Es wird in den Dörfern eingeschmolzen und (bei Nacht!) an Schmuggler verkauft, die es über Chitral nach Afghanistan bringen. Ich glaube zwar, daß unser Informant, was die Menge anbelangt, reichlich übertrieben hat, aber es ist eine gute Story.

Um die etwas längere Wartezeit vor dem Lunch zu überbrücken, schlug unser Gastgeber den Besuch einer nahegelegenen Girls' Primary School vor, die 1909 von dem Political Agent for Baltistan gegründet wurde. Ich habe noch nie ein kläglicheres Erziehungsinstitut gesehen. Der Tahsildar durfte uns nur bis zu der niedrigen Tür in der Umfassungsmauer begleiten – in Shigar wird *purdah* sehr ernst genommen. Wir traten also ohne Eskorte ein und trafen auf zwei schüchterne junge Frauen, die 30 kleinen Mädchen das Urdu-Alphabet und die einfachsten Rechenarten beizubringen versuchten. Die Schülerinnen saßen draußen vor dem baufälligen Schulgebäude – dessen Fußböden zolltief mit schmelzendem Schnee bedeckt waren – und schrieben auf ihren gefärbten Holzbrettern mit angespitzten Schilfrohren, die sie in eine Mixtur aus Kreide und Wasser tauchten: Das Kreidepulver kann man händeweise an vielen Berghängen einsammeln, und wenn das Wasser verdunstet ist, hinterläßt die Kreide eine klare Spur – warum also Geld für Tinte vergeuden? Ich versuchte, ein paar Worte mit den Lehrerinnen zu wechseln, aber sie waren durch den Besuch von »außerhalb« so überwältigt, daß sie kein Wort herausbekamen. Als wir diese sanften kleinen Mädchen verließen, die sich mit ihrem Urdu-Alphabet abquälten, fragte ich mich unwillkürlich, was das Ganze sollte. Als Shigars künftige Ehefrauen und Mütter brauchten sie weit dringender Unterricht in Kinderpflege und Hygiene.

Als wir zurückkamen, war das Mittagessen immer noch nicht fertig. Während wir weiter warteten, kamen zahlreiche Männer herein, um mit unserem Gastgeber Geschäfte zu besprechen. Jedesmal wenn die Tür aufging, konnte ich drei Diener sehen, die mit angespannten Gesichtern um das Küchenfeuer hockten. In gewissen Abständen ging einer hinaus, um Holz zu holen, das dann mit einer viel zu kleinen Axt zerhackt werden mußte. Als das Feuer einmal während dieser Arbeit auszugehen drohte, mußten sie gewaltig pusten, um den großen Reistopf wieder zum Kochen zu bringen. Das Ergebnis dieser Anstrengungen waren schließlich wunderbar dicke *chapatti,* matschiger Reis, eine wässerige Soße und das zäheste – ich wiederhole: absolut zäheste – Fleisch, das ich je gegessen habe. Völlig unmöglich, es zu kauen: Man konnte die Stücke nur ganz hinunterschlucken und das Beste hoffen. Dennoch hatte dieses Mahl nach drei Monaten Baltistan für uns den Charakter eines Festbanketts.

Auf unserem Rückweg besuchten wir den Police Superintendent, der mit der Schwester des Radschas von Khapalu verheiratet ist. Die Frauen blieben jedoch unsichtbar. Der indische Tee und die vor Jahren aus Pindi importierten »cream crackers« wurden von einem abgerissenen, barfüßigen jungen Mann serviert, der sich zugleich um die herrliche juwelenbesetzte Wasserpfeife seines Herrn kümmerte. Von Zeit zu Zeit wurde die Tür von einem silberhaarigen jungen Ziegenbock mit leuchtenden bernsteinfarbenen Augen aufgestoßen, der den Tag für Rachel rettete. Er war ein »Charakter«, und er hatte sichtlich seine Freude daran, den Superintendent zu provozieren, und genoß gleichzeitig die Aprikosen, die ihm die Kinderschar zuwarf, die sich inzwischen um uns versammelt hatte, um uns aus nächster Nähe zu betrachten. Zwei der Jungen wurden später abgeordnet, uns zum Rasthaus zu begleiten. Der eine trug einen großen Heuballen auf dem Rücken, der andere balancierte auf seinem Kopf eine große Schale mit Gerste. Unser Gastgeber hatte offensichtlich von meinen vergeblichen Bemühungen gehört, auf dem Basar Korn für Hallam zu kaufen. Ich bin erleichtert, daß der prächtige Kerl etwas Anständiges zu fressen bekommen hat, bevor wir morgen nach Dasso und möglicherweise Askole aufbrechen. Wie im Fall Hushe sind sich die Einheimischen nicht sicher, ob das Wetter hält oder nicht und ob der Weg derzeit von einem *ghora* bewältigt werden kann. Wir werden es bald wissen. Bis Dasso sind es 34 Meilen, so daß ich damit rechne, in zwei Tagen hinzukommen.

Yuno, 16. März

Es ist lange her, daß ich mich beim Schreiben körperlich wie seelisch so unbehaglich gefühlt habe. Aber ich muß versuchen, meine Gedanken zu sammeln und am Anfang zu beginnen. Und ich beklage mich keineswegs, denn es war ein glorreicher Tag.

Drei Meilen hinter Shigar begann der Weg anzusteigen, aber so gemächlich, daß wir es kaum bemerkten, bis wir uns umdrehten und sahen, daß die Obstgärten der Stadt tief unter uns zu einem rötlich braunen Nebel am Fuß bläulicher Felsen geworden waren. Dieses Tal ist das lieblichste von allen, die wir gesehen haben. Es ist durchschnittlich fünf oder sechs Meilen breit, mit Dörfern zu beiden Seiten des Shigar, der heute jedoch zumeist unsichtbar blieb. Die Dörfer liegen in Mulden zwischen den Ausläufern der hohen Berge, und man läuft im Zickzack von Mulde zu Mulde über eine ausgedehnte, öde Moräne. Sobald man die Shigar-Oase verlassen hat, gibt es auf der linken Seite des Flusses nur noch wenig bebaubares Land. Dagegen konnte man auf der rechten, noch tief verschneiten Seite – auf der auch der Weg entlangführt – Hunderte von terrassierten Feldern erkennen. Rechts von uns öffnete sich alle paar Meilen ein enges Seitental und gab den Blick auf ein Gewirr kantiger Schneeberge frei, während auf der anderen Seite des Flusses eine ungebrochene weiße Bergwand steil aus dem Tal aufstieg, die gegen den strahlendblauen Himmel fast unerträglich schön war. Und am Kopf des Tales, wo sich Braldu und Basna zum Shigar vereinigen, stand eine weitere Gruppe weißer Giganten.

Zweimal machten wir eine Pause, um eine Kleinigkeit zu essen, Sandburgen zu bauen, in der Sonne zu liegen und die Natur zu genießen. Außerhalb der Dörfer trafen wir kaum einen Menschen. Nur bei unserem ersten Halt wurden wir von einer ungewöhnlichen Gestalt überholt. Der junge Mann trug einen billigen himmelblauen Straßenanzug, ein leuchtendrosa Hemd und glänzende Plastikschuhe. Wo jeder andere seine Kleidung den Bergen anpaßt, wirkte er in diesem Aufzug wie ein Paradiesvogel.

Offensichtlich war er mit dem Flugzeug gekommen, dessen Anflug auf Skardu wir gestern beobachtet hatten, und wanderte nun nach Hause, wobei er eine prall gefüllte P.I.A.-Tüte mitschleppte. Gleichermaßen offensichtlich wollte er mit Fremden nichts zu tun haben. Er ignorierte unsere Grüße, und ich fand ihn ausgesprochen unsympathisch – ein hartes, mürrisches Gesicht mit unsteten Augen.

Seit wir Skardu verlassen hatten, war uns kein Jeep mehr begegnet, und wir waren ziemlich überrascht, als wir etwa um 16 Uhr in der Ferne Motorengeräusche hörten. (Diese wenig benutzte Jeep-Straße führt zum Kopf des Tales.) Als wir uns umsahen, erblickten wir ein blaues W.H.O.-Fahrzeug, das den Weg hinter uns heraufkam und in dem zwei unserer besten Freunde aus Skardu saßen – zwei Armee-Ärzte, die sich auf einer Inspektionsreise befanden. Sie zeigten sich sehr besorgt, daß wir uns 21 Meilen von Shigar entfernt hatten, und waren geradezu entsetzt, daß wir noch nicht wußten, wo wir die Nacht verbringen würden. Sofort boten sie uns an, alles Notwendige für uns im nächsten Dorf zu regeln. Im nachhinein meine ich allerdings, es wäre besser gewesen, wenn wir auf eigene Faust weitergezogen wären. Die gespannte Atmosphäre hier beruht wahrscheinlich zum Teil darauf, daß wir Freunde der »sich überall einmischenden Punjabi« sind. (Die Balti scheinen alle Pakistani als Punjabi zu betrachten.)

Vom nächsten Buckel aus sahen wir Yuno am Fuß eines steilen öden Berges liegen. Die terrassierten Felder unterhalb der Häuser waren noch unter dem Schnee begraben. Kurz darauf kehrte der Jeep, gefolgt von einer Gruppe Männer und Jugendlicher, zurück. Die Ärzte bezeichneten sie nicht ganz zu Unrecht als »Steinzeit-Typen« und empfahlen uns dem Vertrauenswürdigsten unter ihnen. Kaum war der Jeep jedoch verschwunden, reichte er uns aus irgendwelchen unerklärlichen Gründen an diese ziemlich unangenehme Familie weiter, die von Anfang an keinen Zweifel daran aufkommen ließ, daß sie es vorgezogen hätte, nichts mit uns zu tun zu haben.

Manchmal gibt die Sprachbarriere den Ereignissen einen irrealen Anstrich. Während wir in der mit dem Sonnenuntergang plötzlich einsetzenden grauen Kälte unter einer riesigen Platane standen, führte unser »Beschützer« ein lebhaftes, längeres Gespräch mit mehreren aufgeregten Frauen, die von den Dächern ihrer Häuser auf uns herabstarrten, als ob wir die Pest hätten. Alle redeten so schnell und temperamentvoll aufeinander ein, daß ich von dem Gespräch kein Wort mitbekam, außer daß wir ausgesprochen unwillkommen waren. Ich wollte Rachel gerade vorschlagen, die drei Meilen zum nächsten Dorf weiterzugehen, als unser »Beschützer« plötzlich beide Fäuste gegen die Frauen schüttelte und irgendeine fürchterliche Drohung ausstieß, die die Unterhaltung beendete. Dann führte er uns den steilen Pfad zu diesem Haus hinauf, das über einen neu angebauten Raum verfügt, der der luxuriöseste im ganzen Dorf zu sein scheint. Während ich ablud und absattelte – ohne daß einer der herumstehenden Männer mir seine Hilfe angeboten hätte –, fand Rachel heraus, daß man diesen Raum nur durch ein Fenster erreichen konnte. Die Männer sahen flüsternd und kichernd zu, wie ich unser Gepäck ins Zimmer brachte. Es mißt etwa 10×30 Fuß und hat einen großen, überheizten Holzofen. Da wir daran gewöhnt sind, in kalten Räumen zu wohnen und uns entsprechend warm anzuziehen, kamen Rachel und ich schon bald vor Hitze fast um. Während ich Tagebuch schreibe – auf dem Fußboden, beim Licht meiner eigenen Kerze und so weit wie möglich vom Ofen entfernt –, bin ich völlig durchgeschwitzt. Und auch Rachel kann wegen der Hitze und des Lärms nicht einschlafen, obgleich sie sehr müde ist. Die ganze Familie scheint an einem fürchterlichen Husten zu leiden – was nicht ausbleiben kann, wenn sie nur in Lumpen gekleidet aus dieser Wärme in die Kälte hinausgehen.

Aber zurück zu unserer Ankunft. Den ersten, den ich in unserem Zimmer sah, war Blauer Anzug, der mit finsterem Gesicht auf dem Rand des *charpoy* neben dem Ofen saß. Unsere abweisenden »Gastgeber« sind seine Großeltern, und seine Rückkehr nach Yuno ist von heftigen Gefühlsausbrüchen begleitet; alle, die hereinkommen, um ihn zu begrüßen, brechen in Tränen aus – Frauen wie Männer gleichermaßen –, während sie ihn heftig an sich drücken und küssen.

Als ich unseren Ofen auspackte, um Tee zu machen, fragte mich Blauer Anzug brüsk: »Sind Sie Moslemin?« Meine Antwort weckte seine deutlich erkennbare Feindschaft. Bisher ist mir diese Art von Bigotterie nur in der Osttürkei begegnet. Sie ist weit weniger verbreitet, als uns antimoslemische Autoren glauben machen wollen. Aber dort, wo sie vorhanden ist, kann sie einem erhebliches Unbehagen bereiten. Als ich meinen Kessel hinhielt und höflich um *chu* bat, starrten mich alle einen Moment lang schweigend und bewegungslos an. Dann sagte Blauer Anzug: »Hier gibt es kein Wasser. Warum gehen Sie nicht ins nächste Dorf? Dort hat man Wasser. Dort gibt es auch ein Rasthaus. Es ist nur eine Meile zu laufen.« Ich wünschte mir inzwischen längst, wir wären weitergegangen, aber nachdem ich unsere Sachen ausgepackt und bereits unverschämte Rs 10 für minderwertiges Futter bezahlt hatte, wollte ich mich nicht so einfach verscheuchen lassen. Außerdem wußte ich, daß das nächste Dorf kein Rasthaus besaß und wenigstens drei Meilen weit entfernt war.

Rachels Reaktion auf »kein *chu*« war sehr direkt: »Ein Dorf ohne Wasser gibt es nicht!« Und schon nahm sie unseren Kessel, kletterte aus dem Fenster und verschwand. 15 Minuten später kam sie leicht irritiert mit einem schneegefüllten Topf zurück. »Es stimmt«, sagte sie, »es gibt weder einen Fluß noch einen Bewässerungsgraben oder einen Brunnen. Ich mußte zu den Feldern gehen und Schnee holen. Aber ich habe ihn von unten genommen, so daß er nicht allzu schmutzig sein kann.« Töchter sind manchmal sehr nützlich.

Von Gastfreundschaft konnte den ganzen Abend über keine Rede sein, während sonst einem Gast in jedem noch so armen Balti-Haushalt sofort Aprikosen und Aprikosenkerne angeboten werden. Im Augenblick nehmen hier 15 Personen ein mehr als kärgliches Mahl aus *chapatti* ein, die sie mit getautem Schnee hinunterspülen. Man kann nur hoffen, daß ihr Hunger bereits etwas durch die Aprikosen gedämpft war, die sie in den vergangenen Stunden gekaut haben. (Kein Wunder, daß die alten chinesischen Geographen Baltistan als »Tibet der Aprikosen« bezeichnet haben.) Ich kriege zuviel! Unser »Gastgeber« heizt schon wieder nach, wahrscheinlich zu Ehren der Rückkehr von Blauer Anzug. Für Balti-Verhältnisse ist dies eine Familie von Rowdys. Bisher ging es bei ihren Gesprächen hauptsächlich ums Geld, wobei die rauhen Stimmen der Männer und die schrillen Stimmen der Frauen gelegentlich ziemlich laut wurden. Inzwischen ist es 22.15 Uhr – für alle anständigen Balti längst Schlafenszeit –, aber gerade wurde eine neue Wasserpfeife bereitet, und draußen wird schon wieder Holz gehackt. Von Zeit zu Zeit wirft mir mein Gastgeber einen feindseligen Blick zu – zumindest wirkt es im Schein eines flackernden, in einer Wandnische über seinem Kopf angebrachten Dochtes so auf mich. Er ist ein großer, dünner Mann mit einem seltsam dreieckigen, blassen Gesicht und einem wuchernden schwarzen Bart. Wie die übrige Familie leidet er an schmerzhaft entzündeten Augen und ist so todernst, wie ich es noch nicht erlebt habe. Ein Lächeln ist absolut undenkbar.

Und nun ins Bett – aber ich fürchte, daß an Schlaf kaum zu denken ist.

Sildi, 17. März

Was für eine Nacht! Rachel war gerade in einen unruhigen Schlaf gefallen, als ich mich auf dem staubigen Lehmboden neben sie quetschte. Die nächsten drei Stunden schwitzte ich unglücklich vor mich hin, während der Ofen vor Hitze glühte, die Wasserpfeife gluckste und die Gesellschaft heftig diskutierte. Immer, wenn ich gerade am Einschlafen war, schreckten mich Hitze, Lärm und Flöhe wieder auf. Irgendwann wurde das Kaschmir-Problem hitzig debattiert, und ich erfuhr – Blauer Anzug brachte die letzten Neuigkeiten aus Pindi mit –, daß heute ein von Mr. Bhutto ausgerufener Generalstreik aller Moslems in Indien stattfinden sollte.

Es war 1.40 Uhr, als sich schließlich alle – außer unserem Gastgeber – auf dem Boden zum Schlafen gelegt hatten. Wir waren 19 Personen, nicht gerechnet die zahlreichen Babys, die ihren Anteil zum nächtlichen Lärm beigetragen hatten und auch während der restlichen Nacht von Zeit zu Zeit Laut gaben. Ich kam vor Durst fast um, konnte aber nichts dagegen tun, und als ich schließlich in einen leichten Dämmerschlaf fiel, bekam ich von Rachel einen heftigen Schlag auf die Nase. Die Folge war ein solches Nasenbluten, daß ich meine Socken ausziehen mußte, um das Blut aufzuwischen. Dies war wirklich eine Nacht! Entschieden eine unter meinen Top ten der schlimmsten Sorte.

Um 5.40 Uhr stand unser Gastgeber von seinem *charpoy* auf, füllte seine Wasserkanne aus einem großen Gefäß mit geschmolzenem Schnee neben dem Ofen und ging hinaus, um vor dem Morgengebet seine rituellen Waschungen vorzunehmen. Er kam genau in dem Augenblick zurück, als die Sonne aufging, verneigte sich gen Mekka (mehr oder weniger) und begann laut seine Gebete zu sprechen. Die übrigen Männer schlossen sich ihm an, während ich unseren Tee zubereitete, nachdem ich mich trotz des Protestes von Blauer Anzug ebenfalls aus dem Wassergefäß bedient hatte. Nach der schweißtreibenden Nacht waren wir so ausgetrocknet, daß unsere zwei Kessel schwarzen, ungesüßten, abgestanden schmeckenden Tees rasch ausgetrunken waren. Zum Frühstück aßen wir Aprikosen und *satu,* während die Familie nur ein paar Stück *roti* und Kräutertee hatte.

Als alles wieder eingepackt war, gingen Rachel und ich zur Latrine. (Getrocknete Aprikosen sorgen für eine regelmäßige Verdauung.) Auf dem Weg verweilten wir einen Augenblick in Bewunderung der Berge jenseits des Shigar. Leichte perlrosa Wölkchen umschwebten die kantigen Bergkämme – die einer nach dem anderen in rascher Reihenfolge golden aufleuchteten, als die Sonne hinter den östlichen Bergen emporstieg.

Als ich etwas später Hallam belud, stellte ich fest, daß man mir für wenigstens Rs 5 Kerosin aus dem Kanister gestohlen hatte – das erste Mal, daß mir in Baltistan etwas weggekommen ist, obgleich ich unser Gepäck fast täglich stundenlang unbeaufsichtigt gelassen habe. Das Ganze war besonders übel, weil ich ihnen bereits eineinhalb Liter Kerosin für ihre Tintenfaß-Lampe geschenkt hatte und außerdem einige Schachteln Streichhölzer und Rachels pelzgefütterten Anorak, der schon allein in Skardus »K2« (einem Second-Hand-Laden im Neuen Basar) Rs 75 gekostet hätte. Ich ließ es sie merken, daß ich Bescheid wußte, hielt es aber für besser, nichts weiter zu unternehmen. Ich glaube nicht, daß man uns etwas angetan hätte, aber man hatte bei ihnen ein ungutes Gefühl, und bigotten Moslems ist in einer primitiven Gegend nicht unbedingt zu trauen.

Unsere erste Pause legten wir in der Nähe des nächsten kleinen Dorfes ein – dem letzten im Tal –, um Hallam an einem der zahlreichen, unseren Weg kreuzenden Schmelzwasserbäche zu tränken. Dann folgten wir den Höhenlinien der Berge hoch über dem Tal, wobei wir mehrere Erdrutsche überquerten. Um neun Uhr schwitzte ich schon wieder, nachdem uns ein leichter Abstieg auf ein Schneefeld geführt hatte, auf dem schon dieser seltsam seidige Schimmer lag, der die Schneeschmelze anzeigt. Über das ganze Feld verstreut lagen kolossale, viereckige Felsbrocken, die offensichtlich die Wärme speicherten und so den Schmelzvorgang beschleunigten, denn um sie herum sah man schon wieder Büschel von Thymian auftauchen. Ihr Duft machte Hallam so verrückt, daß wir eine Pause von einer halben Stunde einlegen mußten, um ihm Gelegenheit zu geben, sich daran satt zu fressen.

Das nächste Dorf war Dasso, zehn Meilen entfernt im Braldu-Tal. Vor uns lag der Kopf des Shigar-Tales mit seinen hoch aufragenden Felsbastionen, einem Durcheinander herrlicher verschneiter Gipfel, die Braldu und Basna eben genug Raum lassen, um sich hindurchzuwinden. Ich studierte noch einmal sehr genau die steilen blaßbraunen Berge oberhalb von Yuno und versuchte herauszubekommen, warum an ihren nackten Flanken kein Schmelzwasser herabfloß: Auf ihren Gipfeln lag reichlich Schnee, und irgendwo mußte er schließlich bleiben. Sehr seltsam.

Am Kopf des Tales konnte von einer Straße keine Rede mehr sein; aber das P.W.D. (oder sonst irgendwer) hat sich große Mühe gegeben, die Verbindungen zu verbessern. Während unser Pfad auf Flußniveau abfiel – im Sommer muß er teilweise überschwemmt sein –, konnten wir über uns die Überreste zweier weiterer Pfade sehr hoch oben in den steilen Bergen erkennen. Beide waren an einem Dutzend Stellen von Lawinen, Erdrutschen und Steinschlägen unterbrochen, aber wahrscheinlich wird jährlich einer für den Verkehr im Sommer repariert.

Bald darauf wurde unser Pfad für Hallam zum Alptraum: runde, lose Flußbettsteine als Untergrund und zu beiden Seiten mehrere Fuß tiefer Schnee. Dann wurde es auch für mich schwierig, als sich der Pfad in zolltiefen nassen Matsch verwandelte, während der Schnee daneben bereits zu weich war, um mein Gewicht zu tragen. Während wir uns nach Osten wandten, wurde das Braldu-Tal immer enger, und wir sahen mit einiger Beklommenheit auf zahlreiche ausgewachsene, frische Lawinen, die sich auf den rotbraunen Hängen rechts von uns ausgebreitet hatten. Die Felsen waren hier weit zerborstener und zerklüfteter als die glatten, grauen Wände auf der gegenüberliegenden Seite des unsichtbaren Flusses. Schließlich bog der Weg über ein Schneefeld in Richtung des Braldu ab, und wir sahen den tosenden, gelbgrün gefärbten Strom, der kaum 40 Yards breit war. Als nächstes mußten wir einen riesigen Felsvorsprung überwinden, wobei Hallam auf dem schwarzen Eis des ständig im Schatten liegenden Überhangs zweimal in die Knie ging: Obgleich Rachel abgestiegen war und ich die Ladung hoch aufgetürmt hatte, fehlte häufig nicht viel, und er wäre abgerutscht. Es war völlig unmöglich, die wahre Breite des Weges abzuschätzen, da am Rand tiefer Schnee lag. Häufig, wenn ich prüfend an einer scheinbar festen Stelle mit meinem Stock hineinstach, verschwand das Ganze auf beängstigende Weise im Abgrund. Dann kamen wir um eine Ecke und sahen, daß der Weg genau vor uns über eine gigantische Lawine führte, die sich auf einem steilen, tiefverschneiten Berg ausgebreitet hatte. Ich sah auf meine Uhr: 11.45 Uhr. Wir waren nur noch knapp fünf Meilen von Dasso entfernt, aber die Sonne schien sehr heiß, und es wäre unverantwortlich gewesen, weiterzugehen.

Rachel war wütend. »Wir sind fast da!« protestierte sie. »Warum machst du so ein Theater? Tust du doch sonst auch nicht – warum müssen wir jetzt zurück?« – »Weil mir manchmal nach Theater ist«, erwiderte ich scharf, »wie gerade jetzt. Würdest du also bitte so freundlich sein und den Mund halten und so schnell wie möglich von diesem Berg verschwinden!« Was sie als gehorsames Kind tat, während ich mit größter Mühe den einigermaßen entnervten Hallam auf einem vorspringenden Felsbrocken neben dem Weg wendete.

Nachdem wir den Felsvorsprung in umgekehrter Richtung zum zweiten Mal bewältigt hatten, verstaute ich unsere Ladung wieder seitlich, und Rachel stieg erneut auf. Dann – charakteristisch für sie – kam sie auf unser Thema zurück: »Woher hast du *gewußt,* daß es Zeit war umzudrehen?« fragte sie. »*Ich* meine, wir sind schon viel gefährlichere Wege gegangen.« – »Sind wir«, stimmte ich ihr zu, »aber nicht Mitte März um die Mittagszeit auf einem Lawinenhang. Und es ist Zeit, ›Theater‹ zu machen, wenn das Überleben nicht mehr von der eigenen Geschicklichkeit und Vorsicht abhängt. Auf einem gefährlichen Weg kann man aufpassen, daß man nicht stolpert oder ausrutscht. Wenn sich eine Lawine löst, kann man nichts mehr tun.« – »Verstanden«, seufzte Rachel. Ich hoffe, sie hat.

Auf dem Rückmarsch machten wir einen Umweg, weil wir versuchen wollten, die Stelle zu erreichen, wo Braldu und Basna zusammenfließen und den Shigar bilden. Zunächst ging es auf einem unbequemen, schmalen Pfad über lockere Steine und durch tiefen Schnee zum Ufer des Braldu. Als wir den Fluß erreichten, kamen gerade sechs Männer auf der gegenüberliegenden Seite an – die ersten Menschen, denen wir seit Yuno begegnet waren. Wir hatten sie schon eine Weile beobachtet, während sie klein wie Ameisen über ein riesiges Schneefeld auf uns zugekommen waren. Jeder von ihnen trug einen schweren Sack aus Ziegenleder. Mein Gruß wurde von ihnen nicht erwidert. Statt dessen starrten sie uns nur verwirrt und ungläubig an, was die normale Reaktion der Balti gegenüber den Damen Murphy ist. Dann zogen sie ihre *shalwars* aus, befestigten sie oben auf ihren Säcken und begannen paarweise langsam durch den Fluß zu waten, den Arm um die Schultern des Partners gelegt und auf ihre Stöcke gestützt, um das Gleichgewicht zu halten. Der reißende Strom ging ihnen fast bis zur Taille, und ich machte mir zu spät klar, daß unsere Gegenwart für sie bedeutete, daß sie wegen des zu wahrenden Anstands nun in nassen Hemden würden weitergehen müssen. Ihr Hauptproblem war übrigens nicht die starke Strömung, sondern die nachgebenden Steine im Flußbett. Drei der Männer waren schon älter, und der schwächste von ihnen rutschte einmal aus, wobei sein Sack kurz ins Wasser tauchte. Später entdeckten wir, daß er Butter enthielt, so daß kein Schaden entstanden war.

Nachdem die Männer weitergegangen waren, blieben wir noch am Wasser und kauten stoisch unsere Aprikosen, während Hallam seinen Hafer genoß. Inzwischen ist er das am besten ernährte Expeditionsmitglied. Als ich Rachel in den Sattel hob, merkte ich, daß sie nur noch die Hälfte wie vor drei Monaten wiegt.

Die Sonne brannte heiß und die Luft flimmerte, als wir unseren Weg im Tal fortsetzten. Trotz unseres »Mißerfolgs« zähle ich diesen Tag zu unseren allerschönsten in Baltistan. Er unterstrich die seltsame Tatsache, daß hier weder Hunger noch Mangel an Schlaf eine Rolle zu spielen scheinen. Liegt das nun an der Höhe oder an der durch die Schönheit Baltistans hervorgerufenen Euphorie? Wie auch immer. Jedenfalls ist es sehr angenehm, wenn man nach nur einer Stunde Schlaf und mit drei Handvoll Aprikosen im Magen mühelos 22 Meilen wandern kann.

Als wir um 17.30 Uhr in Sildi ankamen, sah es zunächst so aus, als wolle man auch hier nichts mit uns zu tun haben. Die ersten vier Männer, die ich ansprach, verstanden meine Bitte um Unterkunft entweder nicht oder wollten sie nicht verstehen – ich nehme an, das letztere. Darauf wandte ich mich an eine alte Frau, die uns von einem Dach aus beobachtete und ein freundliches, runzliges – und unglaublich schmutziges – Gesicht hatte. Bevor ich noch etwas sagen konnte, bedeutete sie mir, Hallam seitlich an ihrem Haus vorbeizuführen, und zeigte auf eine etwa 30 Yards entfernte einräumige Hütte. Wie sich herausstellte, war dies die Wohnung und der Laden ihres verheirateten Enkels. Die Frau des jungen Mannes und ihre zwei Kinder – drei und ein Jahr alt – haben schmutzige, mit ekelhaft nässenden Wunden bedeckte Gesichter, sind aber fröhlich und freundlich. Wasser wurde uns bereitwillig gegeben, und Zucker gab es im Laden zu kaufen. (Das Pfund zu Rs 9, und ich sah, daß die meisten Kunden nur ein paar Löffel voll erstanden.) So hatten wir bald einen Topf sehr süßen Tee auf dem Feuer – ein Getränk, das mir zu Hause Übelkeit verursachen würde, aber hier die Stelle eines starken, um sechs Uhr abends eingenommenen Whiskeys hat. Das Zimmer füllte sich schnell mit neugierigen Dorfbewohnern, und zunächst schienen uns alle wohlgesinnt. Dann erschien ein großer, arroganter, gutaussehender junger Mullah, der uns mit gezielter Grobheit behandelte. Solange er neben dem Ofen saß, waren wir für die übrigen Luft. Aber in dem Augenblick, als er ging, entspannten sich alle wieder, und unsere junge Gastgeberin brachte uns vier heiße *chapatti* aus der jenseits des Hofes gelegenen Küche, wo die Großmutter das Abendessen bereitete. Nachdem wir sie zusammen mit einem weiteren Topf Tee verspeist hatten, schlief Rachel fast im Stehen ein. Aber es war kein Platz, sie irgendwo hinzulegen, bevor nicht unser Gastgeber, fünf seiner Freunde und seine Frau auf dem Gebetsteppich in der Mitte des Raumes ihre Gebete verrichtet hatten. Als ich anschließend Rachels Schlafsack ausrollte, wurden die beiden anderen Kinder, in unbeschreibliche Fetzen alter Steppdecken gehüllt, neben sie gebettet. Inzwischen ging es beim »Laden« recht lebhaft zu – einem selbstgezimmerten, etwa sechs Fuß hohen und drei Fuß breiten Schrank, der geringe Mengen Tee, Steinsalz, Ziegenbutter, Zucker, Zigaretten, bunte Glasarmreifen und Seife enthielt.

Dann brachte die Großmutter das Abendessen für das junge Paar. Es bestand aus einem kleinen Napf mit einer eklig aussehenden grauen Flüssigkeit sowie vier sehr dünnen *chapatti* für ihn und zwei für sie. Anschließend war Schlafenszeit (20.30 Uhr). Unsere Gastgeberin legte sich auf den Boden zwischen ihre Kinder und nährte das einjährige kleine Mädchen, während sich ihr Gatte in die einzige warme Steppdecke hüllte und es sich auf dem schmalen *charpoy* bequem machte. Man gewinnt den Eindruck, daß Frauen in Baltistan den Status sprechender Tiere haben.

Shigar, 18. März

Noch eine unruhige Nacht! Ich lag eingezwängt zwischen Rachel und dem Dreijährigen, dessen häufiges unglückliches Wimmern neben meinem Ohr von dem nicht weniger häufigen Husten und Schreien seiner Schwester begleitet wurde. In den ersten Morgenstunden zitierte unser Gastgeber seine Frau zu sich. Als er sie nicht mehr brauchte, kehrte sie auf ihren Platz auf dem Boden zurück. Und die ganze Zeit wurde ich von Flöhen gebissen, die mit einem Bärenhunger aus dem Winterschlaf erwacht sind. Auch Rachel warf sich herum, sprach und kratzte sich im Schlaf, wurde aber wenigstens nicht richtig wach.

Um 7.45 Uhr brachen wir auf und trödelten glücklich die 14 sonnenbeschienenen Meilen nach Shigar zurück. In einem Dorf machten wir halt, um etwas zu essen zu kaufen, aber es war nur ein Mini-Laden geöffnet. Auf dem obersten Regalbrett ruhte ein Vier-Unzen-Paket ausgetrockneter Kekse. Außerdem waren zwei winzige Eier im Angebot, die wir zum großen Vergnügen der versammelten Dorfbewohner auf der Stelle austranken.

Wir beobachteten wieder zahlreiche Gespanne beim Pflügen, aber die Mehrzahl der Tiere war mit so wenig Begeisterung bei der Sache, daß drei oder vier Männer nötig waren, um sie anzutreiben. Und zweimal mußten zwei Männer den Pflug selbst ziehen, weil ihre *dzos* ausgebrochen und mit erhobenem Schwanz davongaloppiert waren, gefolgt von einer begeisterten Schar kleiner Jungen. In diesem Tal haben wir mehr Packponys gesehen als sonst irgendwo – klein, robust und wollig, das genaue Gegenteil von unserem mageren, langbeinigen Hallam, der für Balti-Pfade im Grunde viel zu groß ist. (Ich bin sicher, er hat fremdes Blut in den Adern.) Der Besitz eines Packponys deutet auf Wohlstand – allein schon wegen der Futterkosten. Die meisten Leute schultern daher ihre Lasten selbst und verschnaufen unterwegs häufig auf ihrem »Jagdstock«, einem Wanderstock, der oben statt der Krücke ein Querholz hat, auf das man sich setzen kann. Besonders bei langen Wanderungen im Schnee oder wenn die Last so schwer ist, daß man sich nicht auf den Boden setzen bzw. ohne Hilfe nicht wieder aufstehen kann, sind sie unverzichtbar.

Während einer unserer heutigen Pausen neben einer langen Felsplatte, die von den Einheimischen als Rastplatz benutzt wird, gesellten sich drei schwerbeladene Männer zu uns, die in mir unwillentlich Schuldgefühle erzeugt haben. Sie trieben ein ungewöhnlich zahmes *dzo* vor sich her und führten einen Ziegenbock mit sich, dem sie ein Seil aus Ziegenhaar um ein Horn gebunden hatten. Jeder repräsentierte auf seine Art einen typischen Balti: Der barfüßige alte Mann mit Habichtsnase und zerzaustem Bart war groß und dünn und in Lumpen gekleidet. Der mittlere, kleinere Mann trug eine geflickte Decke, hatte einen riesigen Kropf und eine quäkende Stimme. Und der einäugige junge Mann, der die Ziege führte, hatte ein breites mongolisches Gesicht, machte einen etwas zurückgebliebenen Eindruck und hinkte. Als sie neben uns haltmachten, erwiderte der alte Mann murmelnd meinen Gruß, und dann starrten sie uns erst einmal alle drei eine Weile schweigend an, bevor sie sich zögernd auf der Felsplatte niederließen. Danach starrten sie uns weiter still an – ebenso wie das *dzo* und der Ziegenbock –, und plötzlich erwischte ich mich bei dem Gedanken (oder eher dem Gefühl), daß es zwischen ihnen und ihren Tieren wahrscheinlich mehr Gemeinsamkeiten gab als zwischen ihnen und uns. Im gleichen Moment schämte ich mich auch schon meiner unwillkürlichen Reaktion auf drei meiner Mitmenschen; einer Reaktion, die die Lehren einer jeden Religion und jeden Ethikkodex gröblich verletzte, nicht zu reden von der UN-Menschenrechtscharta und meinen eigenen persönlichen Prinzipien. Aber kann es sein, daß einen gefühlsmäßige Reaktionen gelegentlich der Realität näher bringen, als es einem lieb ist? Seither habe ich lange darüber nachgedacht, wie »gleich« die Menschen tatsächlich sind – mal abgesehen von Prinzipien und Idealen. Wenn jene drei sofort nach der Geburt in ein relativ wohlhabendes Haus in Pakistan oder Irland gekommen und von liebenden, gebildeten Pflegeeltern aufgezogen worden wären, welchen Eindruck würden sie dann heute auf uns machen?

Ich habe den Verdacht, daß die Balti in ihrer vorislamischen Zeit vom Buddhismus nur oberflächlich beeinflußt waren. Die Tatsache, daß sie ihren Glauben so bereitwillig aufgegeben haben, scheint mir darauf hinzudeuten. Im eigentlichen Tibet haben christliche oder moslemische Missionare dagegen kaum jemals Anhänger gewinnen können. Wie die Nomaden Westtibets – ihre vergleichsweise nahen Nachbarn – waren die Balti wahrscheinlich im tiefsten Innern primitive Animisten mit einer nur sehr vagen Idee von dem, was Buddhismus ist.

Shigar, 19. März

Zu den Glanzpunkten dieses Rasthauses gehört eine Rolle blaßrosa Klopapier, die einer der beiden Gäste, die sich 1974 im Gästebuch eingetragen haben (eine Amerikanerin und ein Franzose), im letzten Sommer hier zurückgelassen hat. Rachel war ganz aufgeregt: »Wie kommt das denn hierher?«, und als ich es ihr erklärt hatte, meinte sie herablassend: »Das müssen schöne Waschlappen gewesen sein. Klopapier mitzunehmen!« – »Muß nicht unbedingt sein«, warf ich ein, »nicht jeder ist durch eine so harte Schule gegangen wie du – mit Schneebällen und Steinen.«

Das Leben in Baltistan lehrt einen, das wenige, das man hat, vielfältig zu nutzen. Ich kann mir kein besseres Gegengift gegen die technikversessene Subkultur des Westens denken. Unser Sack zum Beispiel enthält normalerweise unser Gepäck, aber in seiner »Freizeit« dient er uns je nach Bedarf als Gardine, Tischdecke, Matratze, Kissen, Pferdedecke oder als Schutz für den neuen Bodenbelag des Rasthauses. Ebenso benutzte ich den Deckel einer alten Complan-Dose als »Meßlöffel« für unseren Tee, als Spiegel (Innenseite) und als Kerzenhalter (Außenseite), während unsere Bratpfanne gelegentlich zu Hallams Getreidefreßnapf, unser Kessel zum Teetopf, unsere Nagelbürste zur Kleiderbürste, zum Topfschrubber, zur Zahn- wie Kartoffelbürste und unser *dechi* zum Abwaschbecken und – *in extremis* – zum Nachttopf wird. Wahrscheinlich ist es auch für die westliche Welt langsam an der Zeit, zu lernen, wie vielseitig man die meisten der neumodischen Apparate einsetzen kann.

Keine Zierde dieses Rasthauses ist dagegen seine Wasserversorgung, trotz der zahlreichen glitzernden Bäche in seiner nächsten Umgebung. Heute, als der *chowkidar* nicht da war, habe ich entdeckt, warum unser Tee immer so stark nach Seife geschmeckt hat: Er füllt unseren Wassereimer zehn Yards stromaufwärts von hier, wo die Frauen abgeschirmt zwischen zwei großen Felsen ihre Wäsche waschen.

Wir haben den Morgen damit verbracht, in der Umgebung von Shigar herumzuwandern und Hallam zu einem Zehn-Meilen-Trott zu verhelfen. Am Nachmittag habe ich dann ein Sonnenbad genommen, während vier nette Jungen Rachel mitgenommen haben, um sie den Frauen ihrer Familien vorzuführen. Der Gedanke, mich demnächst wieder meinen Pflichten und Arbeiten und den vielen sonstigen Anforderungen der »Welt da draußen« stellen zu müssen, hat sich heute nicht gerade günstig auf meine Stimmung ausgewirkt. Als ich so in der Sonne lag und den Blick über die stille, weiße Pracht der Gipfel schweifen ließ, hatte ich den kindlichen Wunsch, Baltistan möge die einzige Welt sein, mit der ich zukünftig leben müßte.

Über unserer heutigen Rückkehr nach Skardu lag zwangsläufig ein Hauch von Melancholie – unsere letzte Wanderung mit dem treuen Hallam. Aber in dieser Umgebung kann man nicht lange traurig sein. Überall spürt man den Frühling: Der Schnee in den Obstgärten ist weggetaut, die Bäume tragen die ersten Knospen, und die Luft ist vom Gesang der Vögel erfüllt. Winzige, zartgrüne Pflanzen beginnen schon wieder an den Ufern zu sprießen, die noch vor acht Tagen unter tiefem Schnee lagen. Jetzt bedeckte den Boden des Tals eine sanfte, graubraune Sandschicht, und der Weg war fest und trocken.

Nachdem wir den hohen Sattel überquert hatten, hielten wir am Fuß eines einzelnen Berges eine zweistündige Mittagsrast. Rachel baute eine ihrer fantasievollen Sandburgen und Straßensysteme, während ich mir, an einen großen Felsbrocken gelehnt, mein Mittagessen zubereitete, indem ich Aprikosenkerne spaltete. Vor drei Monaten noch habe ich dabei meist auch den Innenkern zertrümmert; jetzt genügt ein gekonnter Schlag, und die Schale fällt sauber auseinander. Ein Balti würde diese Schalenstücke jetzt sorgfältig aufsammeln und als Brennmaterial mit nach Hause nehmen. Vielleicht fühle ich mich in Baltistan auch deshalb so wohl, weil die Genügsamkeit der Menschen hier meinem eigenen Lebensstil entgegenkommt, während ich mich in Europa jeden Tag über unsere »Konsumgesellschaft« ärgere, die hirnlos Nahrungsmittel, Sachen und Energie verschwendet.

Eine Stunde später überquerten wir ein letztes Mal den »jungen« Indus. In der Mitte der Brücke blieben wir stehen, um einen Blick auf seine grünen Fluten zu werfen, die zwischen riesigen, glänzenden Felsbrocken hindurchwirbelten. Wenn wir ihn das nächste Mal beim Fort Attock kreuzen, wird er ein ausgewachsener, breiter, brauner, mächtiger Strom sein.

Skardu hat sich mit der Schneeschmelze ziemlich verändert – dies war das erste Mal, daß wir die Stadt nicht in eine dicke Schneedecke gehüllt sahen. Im Frühling kommt ihr dörflicher Charakter noch mehr zum Vorschein: Alle sind damit beschäftigt, ihre Felder zu pflügen, die zwischen den Basaren und den baufälligen Regierungsgebäuden sowie den langweiligen neuen Verwaltungsvierteln liegen. Jeder Haushaltsvorstand bewirtschaftet unabhängig von seiner sonstigen Tätigkeit ein paar Äcker, und so arbeiteten auch alle unsere Bekannten an diesem Nachmittag draußen, schwitzten und waren bereits braungebrannt. Einige führten Ochsengespanne, während andere aus Ledersäcken oder Weidenkörben die Saat ausbrachten oder mit primitiven Holzharken den frischgepflügten Boden glätteten. Einer unserer Nachbarn, ein kleiner alter Mann mit einem kurzen grauen Bart und fröhlichen Augen, hatte ein arbeitssparendes Gerät erfunden, auf das er offensichtlich sehr stolz war: Unter einem hölzernen, von einer großen Kiste stammenden Deckel hatte er irgendwelches hartes, dorniges Buschwerk befestigt – und auf diesem Deckel saß seine strahlende kleine Enkelin, die sich herrlich amüsierte, während Opa sie Streifen für Streifen über das frischgepflügte Feld zog.

Heute abend habe ich mich nun endlich dazu durchgerungen, unseren Abfahrtstermin festzulegen: den 24. – wenn Allah will und es das Wetter erlaubt. Wenn wir schon abreisen müssen, ist es besser, dies schnell zu tun.

Skardu, 21. März

Heute ist Now Ruz, ein für Schiiten sehr wichtiges Fest, wie es dies für viele Völker und Konfessionen seit Jahrtausenden gewesen ist. Im Grunde ist der 21. März ein sehr viel einleuchtenderer Neujahrstag als der 1. Januar. Leider spielte in diesem Jahr in Skardu das Wetter nicht mit. Der Morgen war grau und frostig, und die dunklen Wolken hingen unbeweglich in den Bergen, als wir auf der Suche nach irgendwelchen Festesvorbereitungen durch den Basar bummelten. Freunde umarmten sich lächelnd, wenn sie sich auf der Straße trafen, man stand plaudernd in Gruppen zusammen, und viele schlenderten Hand in Hand umher und verglichen ihre rot, orange, rosa oder blau angemalten »Ostereier«. Zu Now Ruz trägt man traditionell neue Kleidung. Aber nur ein paar wohlhabende Kaufleute hatten sich zu diesem Tag völlig neu eingekleidet, inklusive wunderschön bestickter Lederwesten. Ein großer Teil der Bevölkerung hatte sich indessen nichts Neues leisten können, und der Rest hatte sich auf ein Kleidungsstück beschränkt, zumeist ein Hemd oder *chalwar*, die aus irgendeinem billigen Material gefertigt waren. Diese Farbtupfer in den Straßen, in denen man normalerweise nur selbstgefertigte Sachen sieht, waren die einzigen Hinweise auf das Fest. Obgleich Now Ruz ein offizieller Feiertag ist, waren viele Geschäfte geöffnet. Mir scheint, daß die qualvolle Trauer des *Muharram* im Grunde dem einheimischen Temperament mehr entspricht als dieser freudige Anlaß. Anders als die Menschen in Khapalu haben die Skarduer wenig Talent zur Fröhlichkeit.

Am Nachmittag hörten wir in der Ferne die Klänge einer auf Balti-Verhältnisse transponierten »Blasmusik«. Sadiq erzählte uns, daß das alljährliche Fußballspiel zwischen den Polizeianwärtern und den Schülern der High School stets von einer Kapelle begleitet wird. Der Gedanke an Fußball zu den Klängen von Marschmusik beflügelte meine Fantasie, und so eilten wir zum Exerzierplatz, wo sich zahlreiche Männer und Jungen am Spielfeldrand versammelt hatten und die etwas ungeschickt agierenden, aber wohlerzogenen Teams unterschiedslos anfeuerten, ohne das Spiel sehr ernst zu nehmen. Auf einer kurzen Stuhlreihe an der Seitenlinie saß die Prominenz, und als wir erschienen, wurde sofort ein weiterer Stuhl dazugestellt. Trotzdem war auch hier das unterschwellige Unbehagen gegenüber einer »emanzipierten« Frau zu spüren. Dies hat nichts mit mangelnder Freundlichkeit zu tun, sondern mit der totalen Unfähigkeit der Männer, sich in Gegenwart einer unbegleiteten – und daher wahrscheinlich unmoralischen – westlichen Frau zu entspannen. Eine allein reisende Frau schockiert die isolierten, orthodoxen Schiiten in Skardu genauso wie den Durchschnitts-Dubliner eine nackte Frau auf der Straße. Insofern sollte man die Toleranz dieser Menschen hier loben, statt sich über ihre Reserviertheit zu beklagen.

Wir genossen die zweite Hälfte des Spiels, bei dem die Kapelle jedesmal ihr Tempo steigerte, sobald das Spiel schneller wurde, und abrupt zu spielen aufhörte, wenn der Ball im Aus landete, was öfter passierte. Am Ende stand es eins zu eins. Danach bereitete die Polizei alles für einen Volkstanz vor, worauf die Zuschauer begeistert auf das Spielfeld strömten, um drei Seiten eines Vierecks zu bilden. Die vierte Seite bestand aus unserer Stuhlreihe. Die Kapelle saß uns gegenüber auf dem Boden – zwei Trommler und ein Flötist. Die Tänzer traten in Gruppen zu zweit, dritt oder viert aus der Menge und machten ihre Sache recht gut, boten aber wenig Besonderes bis auf zwei ältere Männer, die sich mit Holzschwertern ein »Duell« lieferten. Zwei Tänze erinnerten mich auffallend an Tibet. Es stellte sich heraus, daß sie aus der Gegend um Khapalu stammten. Alle Vorführungen wurden vom rhythmischen Klatschen der Zuschauer begleitet, und ich habe die Skarduer noch nie so ausgelassen gesehen.

Für uns hatte Now Ruz noch einen unangenehmen Ausklang: Rachel lag schon im Bett, und ich hatte mit meinen Eintragungen begonnen, als ich eine klägliche, leise Stimme hörte: »Was mich hier beißt, fühlt sich nicht wie Flöhe an.« Ich nahm meine Kerze, um das Opfer zu inspizieren. Die Bisse sahen in der Tat nicht wie Flohstiche aus. Ich holte eine zweite Kerze, um besser sehen zu können: Rachels Kleidung wimmelte buchstäblich von winzigen grauen Kleiderläusen. Dies war ein wirklich ernstes Problem. Ich warf alle unsere schmutzigen Sachen weg, die wir ausgezogen hatten, bevor wir nach Shigar gingen, so daß wir im Augenblick nur noch das besitzen, was wir anhaben. Nachdem ich mich überzeugt hatte, daß ihr Körper frei von Läusen war, stopfte ich sie nackt und zitternd in meinen Schlafsack. Dann zog ich mich selbst aus, um auch meine Sachen zu untersuchen.

Glücklicherweise waren in ihnen keine Läuse, aber ich fing drei Flöhe. Rachel schläft jetzt mit meiner Weste und meinem Sweater unter ihrem Schneeanzug. Kleiderläuse tragen ihren Namen zu Recht. Nicht eine einzige Laus saß in ihren Unterhosen, Strumpfhosen oder Strümpfen trotz der grauen Schreckensschwärme in den Kleidungsstücken, die sie auf dem Oberkörper trug. Ich warf die befallenen Sachen draußen in die hinterste Ecke des Feldes. Als erstes müssen sie morgen früh ausgekocht werden. Ich reagiere auf Flöhe und Läuse sehr unterschiedlich. Flöhe haben etwas so unwiderstehlich Komisches an sich, daß man ihnen nicht eigentlich böse sein kann. Flöhe zu fangen ist eine Art Sport, wozu man eine gewisse Geschicklichkeit braucht. Ihre freche Agilität kann man nur bewundern. Aber diese schwerfälligen Krabbler von heute abend finde ich ekelhaft.

Skardu, 22. März

Vor diesem Tag habe ich mich gefürchtet. Wir haben Hallam für Rs 400 an Sadiqs Bruder verkauft, der hier in der Nähe lebt. Mir ging das Ganze noch näher als Rachel, und ich reagierte ausgesprochen bissig, damit sie nicht in Tränen ausbrach. So wurde sie wieder einmal ungerecht angefaucht, wo sie eigentlich Trost gebraucht hätte. Ich hatte nicht gedacht, daß es so schlimm sein würde: Ich habe genauso gelitten wie bei der Trennung von einem Hund. Hallam war uns ein prächtiger Team-Kamerad und auf seine ruhige Art eine echte Persönlichkeit. Und nun herrscht nebenan jene schreckliche Leere und Stille …

Skardu, 23. März

Ein weiterer Tag ohne Sonne – das ganze Tal ist eine Studie in Grau und Braun unter einem trübseligen Himmel. Wenn sich das Wetter nicht bessert, fliegt die Maschine morgen nicht. Vorsichtshalber habe ich aber heute morgen schon einmal unsere Sachen sortiert und gepackt.

Um 14.30 Uhr gingen wir zum Polofeld, um uns das erste Spiel dieser Saison zwischen Skardu Town und den Karakoram Scouts anzusehen. Dies ist die Sportart (von Vigne als »Hockey zu Pferd« beschrieben), für die sich die Balti wirklich begeistern, und so hatten sich Hunderte von Zuschauern am Fuß »des Felsen« versammelt. Rachel war vor Freude über den Anblick so vieler herumtänzelnder Ponys ganz außer sich, die, prächtig herausgeputzt, die allgemeine Aufregung vor dem Spiel offensichtlich genossen. Als das Spiel begann – mit zweistündiger Verspätung nach einem tollen Zeltbau-Wettbewerb –, vermißte ich ein wenig die mörderische Verve jenes Spiels, das ich vor Jahren in Yasin gesehen hatte, und auch die ausgefeilte Technik des Polospiels im Tiefland. Die Ponys waren am Ende des Winters noch nicht in Topform: die der Städter waren zu dünn und die der Offiziere zu fett. Polo im Karakorum kann jedoch gar nicht langweilig sein, und mit dem Ergebnis von sechs zu sechs schienen alle zufrieden. Danach eilten wir zu einer Abschiedsparty, auf der ich tief bewegt sah, wie zu meinen Ehren eine gehütete Zwei-Unzen-Dose Nescafé geöffnet wurde – meine erste Tasse Kaffee seit dem 18. Dezember.

Bei Sonnenuntergang begann ein südlicher Wind mit Sturmstärke durch das Tal zu heulen. Gerade eben (21.30 Uhr) war ich draußen, um nach dem Wetter zu sehen. Der Wind hat sich inzwischen gelegt, und nach drei bewölkten Tagen ist der Himmel jetzt klar. Alexander Cunningham meinte, »Skardu« könne »Sternenort« bedeuten; und heute abend schienen die Sterne in der Tat so nah, daß ich das Gefühl hatte, ich könnte sie vom dunklen Himmel pflücken, wenn ich nur die Hand ausstreckte.

Es ist schwer zu akzeptieren, daß wir wahrscheinlich in weniger als zwölf Stunden wieder »da draußen« sein werden.

Islamabad, 24. März

Wir sind wieder »draußen« – und es ist auch alles ziemlich scheußlich. Mit Sicherheit liegt meine negative Reaktion zum

Teil am Höhenunterschied. Ich fühle mich ungewöhnlich deprimiert, der Kopf tut mir weh, sollte mich jemand schief angucken, werde ich wahrscheinlich losheulen, und mir ist alles egal. Außerdem ist mir der Luxus in meiner unmittelbaren Umgebung zuwider, genauso wie der Lärm, die Geschäftigkeit und die Gerüche einer Stadt im 20. Jahrhundert. Ich vermisse Hallam, ich vermisse die Schneegipfel, die Stille, die Zufriedenheit, die dünne, klare Luft, das Gefühl der Leichtigkeit und Energie und den *Frieden* ...

Es kann nur eine Frage der Zeit sein, wann wir nach Baltistan zurückkehren – vielleicht für eine Wanderung im Frühherbst, wenn wir die Jeep-Straße verlassen und auf schmalen Pfaden über hohe Pässe ziehen können.

Liste der Ausrüstungsgegenstände

Allgemeines:

1 leichtes Hochgebirgszelt
1 Reit-/Packsattel mit
  Schwanzriemen, Zaumzeug
  und Steigbügel
1 kombinierter Kompaß/
  Schrittmesser
1 Wasserflasche (1,14 l)
1 kleiner Kerosinofen
1 Plastikkanister (9 l)
1 Blechkessel
1 Blech-*dechi*
1 Gabel
2 Messer
2 Löffel
2 kleine Plastikschüsseln
2 große Plastikbecher
1 Dosenöffner
1 Schere
1 kleines Handtuch
1 Dose Zahnputzpulver
2 Zahnbürsten
1 Stück Seife
1 Boy-Scout-Verbandskasten
50 Penicillin-Tabletten
1 Tube Penicillin-Salbe
50 Wasseraufbereitungs-
  tabletten
50 Sulphaguanadine-
  Tabletten

200 Vitamin-C-Tabletten
200 Multivitamintabletten
15 m Nylonseil
1 Kamera
10 Filme
4 Karten
3 dicke Notizbücher
10 Kugelschreiber
20 farbige Filzstifte
1 großer Zeichenblock
6 Schulbücher
3 Schulhefte
1 große Reißverschlußtasche
  aus Segeltuch
1 sehr großer Rucksack
1 sehr kleiner Rucksack
2 Taschenlampen
12 Batterien

Kleidung für mich:

1 Husky-Suit
1 Nylonanorak
1 Freizeithose
2 wollene Unterhemden
2 wollene Unterhosen
1 Pullover
1 Paar Socken
1 Paar Wanderstiefel
1 Schal

1 *chitrali*-Mütze
1 Paar seidene Skihandschuhe
1 Paar Lederhandschuhe
1 deutscher Armeeparka
1 Astronautendecke
1 Hochgebirgsschlafsack
1 baumwollgefütterter Schlafsack
1 Umhang/Regenplane aus
Nylon

2 wollene Unterhosen
1 Paar Strümpfe
1 Paar pelzgefütterte Stiefel
1 Viyella-Hemd
1 wollene Strumpfhose
1 Paar Schaffellhandschuhe
1 wollener Kopfschützer
1 Reitkappe mit Kinnschutz
1 daunengefütterter Schlafsack
1 aufblasbares Kissen
1 Stoff-Eichhörnchen

Meine Bücher:

Fillipo de Fillipi, The Karako-
ram and Western Himalaya
Ian Stephens, The Horned
Moon
Ian Stephens, Pakistan
Tolstoi, Krieg und Frieden
Tolstoi, Anna Karenina
Simone de Beauvoir, The
Mandarins
J. B. Priestley, Literature and
Western Man
The Seven Ages of Men
(Shakespeare-Anthologie)

Rachels Bücher:

Joan Aiken, The Kingdom
Under the Sea
Sally Patrick Johnson (ed.),
A Book of Princesses
Richmal Compton, William
the Fourth
Hugh Lofting, Dr. Dolittle on
the Moon

Notrationen:

3 Kilopakete Bachelors dried
soup
3 Dosen Complan
1 Kilo pakistanischer Käse
4 Dosen australischer Käse
4 Dosen Thunfisch
4 Dosen Corned beef

Kleidung für Rachel:

1 gefütterter Schneeanzug
2 Pullover
1 Freizeithose
2 wollene Unterhemden

Glossar

ata:	Weizenmehl
bungo:	kleines Mädchen (Balti)
burka:	langes, den ganzen Körper verhüllendes Gewand, das die moslemischen Frauen in der Öffentlichkeit tragen
chai-khana:	Teehaus
charpoy:	hölzerner Bettrahmen mit Stoff oder Gurten in der Mitte
chapatti:	dünnes, ungesäuertes Brot, das ohne Fett in einer Pfanne gebacken wird
chowkidar:	Hausmeister oder Nachtwächter, Verwalter
chota:	klein
chu:	Wasser (Balti)
DAK-Bungalow:	Gasthaus der Regierung
dal:	Linse
dechi:	henkelloser Kochtopf
dhobi:	Wäscher
dula:	äthiopischer Wanderstab (amharisch)
dzo:	Kreuzung zwischen Yak und Rind (tibetisch)
ferenghi:	Fremde(r)
ghee:	Butterschmalz
ghora:	Pferd
hakim:	Arzt
hartal:	Generalstreik, in der Regel aus religiösen bzw. politischen Gründen ausgerufen
Id-I-Kurban:	moslemisches Fest zum Gedenken an die Opferung Isaaks durch Abraham
khana:	Butter
lathi:	langer, eisenbewehrter Bambusstock, der als Waffe benutzt wird
nullah:	enges Flußbett in den Bergen, im Winter oft ausgetrocknet
P.W.D.:	Public Works Department
paratas:	dicke, gebratene *chapattis*
Punial water:	hausgemachter Wein mit unterschiedlichem Alkoholgehalt aus dem Bezirk Punial
roti:	Brot bzw. Brötchen
Rupie (Rs):	Landeswährung; Wert einer Rupie etwa 5 Cent
seer:	Gewichtseinheit, etwa 1 Kilo
satu:	geröstete und danach gemahlene Gerste (Balti)
shalwar-kameez:	weite Hose und weites, knielanges Hemd
tsampa:	Gemisch aus gerösteter, gemahlener Gerste und Buttertee (tibetisch)
tahsildar:	örtlicher Steuereinnehmer

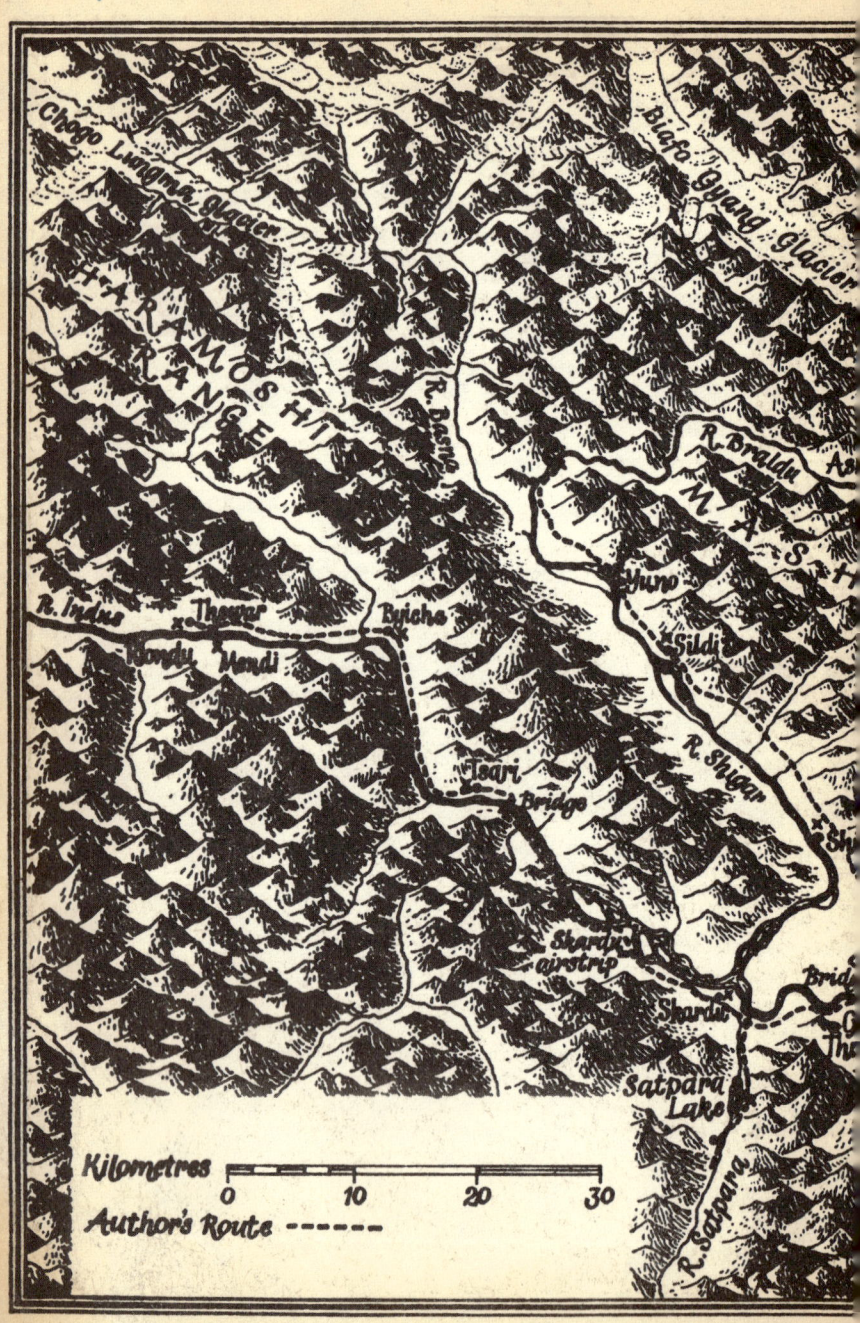

Chogo Lungma Glacier

HARAMOSH RANGE

Biafo Gyang Glacier

R. Basna

R. Braldu

MA S

Juno

R. Indus
Thowar
Bulche
Sildi

Jondu
Mendi

R. Shigar

Tsari
Bridge

Shardu
airstrip

Sh

Shardu

Brid
G
Th

Satpara
Lake

R. Satpara

Kilometres

0   10   20   30

Author's Route ------

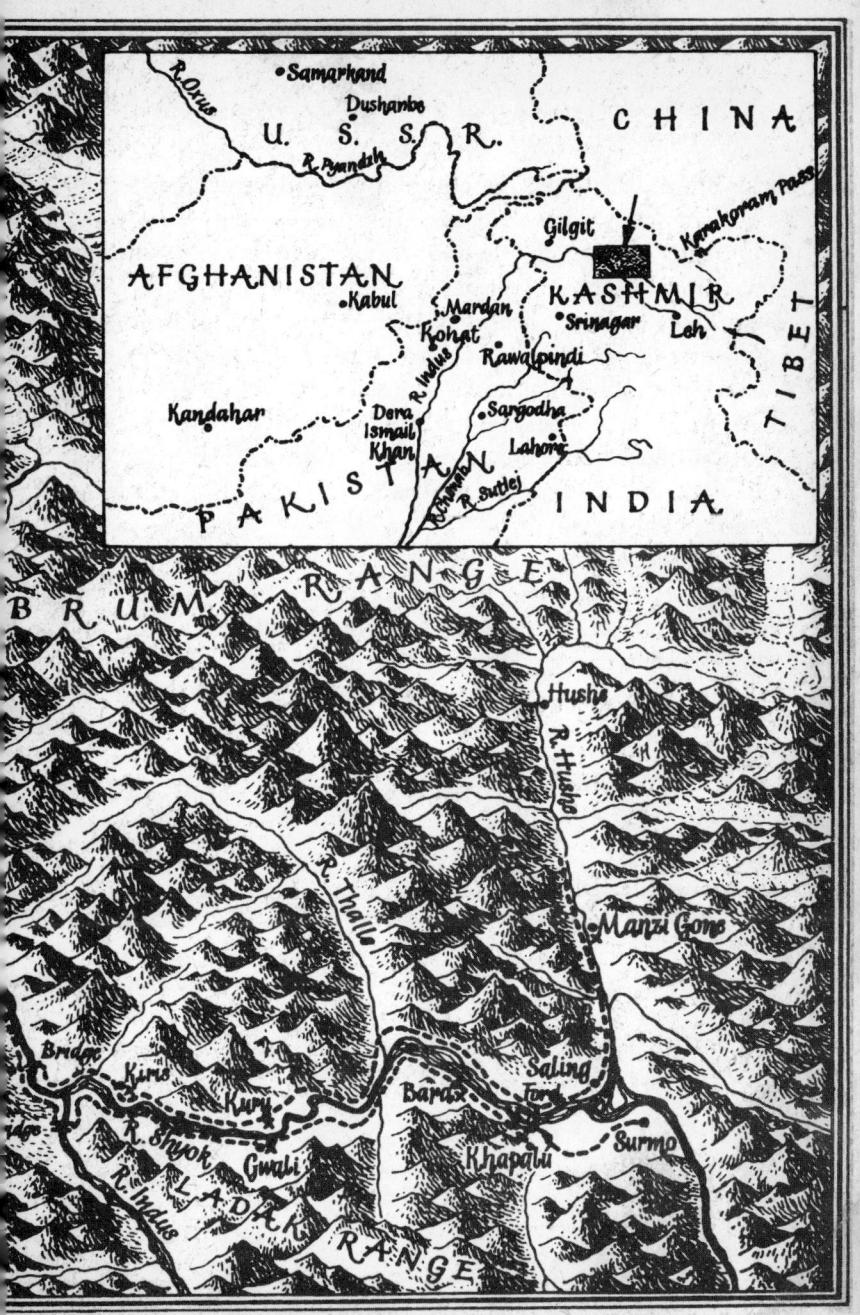

Danksagung

Diese Reise wäre ohne die einfühlsame Unterstützung der pakistanischen Behörden nicht durchführbar gewesen, die trotz der gegenwärtig angespannten politischen Lage in den Northern Areas nie versucht haben, mich in meiner Bewegungsfreiheit einzuschränken. Sie wäre aber auch ohne den Stoizismus, die Anpassungsfähigkeit und den absoluten Schneid meiner Tochter Rachel nicht möglich gewesen, die sich selbst in den schwierigsten Situationen nie beklagt hat. Und sie wäre ohne die Freundschaft und die überreichlich gewährte praktische Hilfe des Radscha von Khapalu und von Abbas Kazmi in Skardu weit weniger angenehm verlaufen.

Für die redaktionelle Unterstützung möchte ich mich bei Jane Boulenger, Diana Murray und John Gibbons bedanken, und bei Alison Mills und Daphne Pearce für ihren heldenhaften Einsatz beim Abtippen meines Manuskripts, das weniger kämpferische Naturen für völlig unleserlich erklärt hätten.